Нормальное рождение христианина

Нормальное рождение христианина

Дэвид Посон

Copyright © 2023 Дэвид Посон Ministry CIO

Нормальное Рождение Христианина
(издание на русском языке)
The Normal Christian Birth (Russian language edition)

Авторское право Дэвида Посона на эту книгу подтверждено им в соответствии с законом об авторских правах Copyright, Designs and Patents Act 1988.

Впервые опубликовано в 2020 году
Настоящее издание на русском языке опубликовано в 2023 издательством
Anchor, которое является торговым наименованием компании David Pawson Publishing Ltd, Synegis House,
21 Crockhamwell Road, Woodley, Reading RG5 3LE

Никакая часть данной публикации не может быть воспроизведена или передана в какой бы то ни было форме или каким бы то ни было способом, электронным или механическим, включая фотокопирование, запись или любую систему хранения и поиска информации, без предварительного письменного разрешения издателя.

Если не указано иное, цитаты из Священных Писаний взяты из Синодального русского перевода Библии (современная редакция), 2015 г

Дополнительную информацию об учениях Дэвида Посона, включая DVD и компакт-диски, можно найти на сайте www.davidpawson.com

ДЛЯ БЕСПЛАТНОГО СКАЧИВАНИЯ
www.davidpawson.org

Для получения дополнительной информации
по электронной почте
contact@davidpawsonpublishing.com

ISBN 978-1-909886-11-7

Отпечатано в Ingram Spark

«Потому что тесны врата *и* узок путь, ведущие в жизнь, и немногие находят их»

(Мф. 7:14)

«Иисус отвечал: истинно, истинно говорю тебе, если кто не родится от воды и Духа, не может войти в Царствие Божие»

(Ин. 3:5)

«Петр же сказал им: покайтесь, и да крестится каждый из вас во имя Иисуса Христа для прощения грехов, – и получите дар Святого Духа»

(Деян. 2:38)

СОДЕРЖАНИЕ

ПРОЛОГ. Обращение к «духовным акушерам»   9

Часть Первая.
РОЖДЕНИЕ СВЫШЕ ПО МЕРКАМ ВЧЕРАШНЕГО ДНЯ
Богословский аспект

1	Четыре пути духовного возрождения	17
2	Покаяться в грехах своих перед Богом	33
3	Веровать в Господа Иисуса Христа	43
4	Принять водное крещение	59
5	Принять Духа Святого	77
6	Родиться свыше	107

Часть Вторая.
МЕСТА ПИСАНИЯ, «КАК НА СЧЕТ..?»
Библейский аспект

7	Великое Поручение (Мф. 28:19-20)	125
8	Постскриптум Марка (Мк. 16:9-20)	135
9	Распятый разбойник (Лк. 23:40-43)	139
10	Рождение свыше (Ин. 3:3-8)	145
11	Реки воды живой (Ин. 7:37-39)	157
12	Известный незнакомец (Ин. 14:17)	163
13	Первые одиннадцать учеников (Ин. 20:22)	171
14	Пятидесятница (Деян. 1:4-5; 2:1-4)	181
15	Три тысячи (Деян. 2:38-41)	195
16	Обращенные из Самарии (Деян. 8:4-25)	207
17	Евнух Ефиоплянин (Деян. 8:36-39)	217
18	Римский сотник (Деян. 10:44-48; 11:11-18; 15:7-11)	221

19	«И весь дом твой» (Деян. 11:14; 16:15, 31; 18:8)	231
20	Ученики из Ефеса (Деян. 19:1-6)	241
21	Лакмусовая бумажка или тест на подлинность (Рим. 8:9)	259
22	Освященная семья (1 Кор. 7:14)	271
23	Многосоставное тело (1 Кор. 12:13)	275
24	Крестящиеся для мертвых (1 Кор. 15:29)	289
25	Новое обрезание (Кол. 2:9-12)	293
26	Баня возрождения (Тит. 3:5)	303
27	Начатки учения (Евр. 6:1-6)	309
28	Вера из дел (Иак. 2:14-26)	319
29	Спасенные от потопа (1 Пет. 3:18-22)	325
30	Закрытая дверь (Откр. 3:20)	335

Часть Третья:
СОВРЕМЕННОЕ СТАНДАРТНОЕ РЕШЕНИЕ
Пасторский аспект

31	Одно стандартное решение	343
32	Как помочь ученикам покаяться	355
33	Как помочь ученикам уверовать	369
34	Как помочь ученикам принять крещение	379
35	Как помочь ученикам принять Духа Святого	387
36	Окончательно спасен	401

ЭПИЛОГ. Слово к «семье» — 413

ДОПОЛНЕНИЯ
1	Крещение младенцев	419
2	«Святой Дух» без определенного артикля	437
3	Троица или Троебожие?	445

Об авторе — 449

Пролог

Обращение к «духовным акушерам»

Эта книга служит справочником по духовному «*родо*вспоможению». Она предназначена не только для евангелистов, хотя имеет особое отношение именно к их служению. Книга также будет полезна для пресвитеров, молодежных лидеров, служителей церкви и, разумеется, всех верующих, кто печется о приобретении душ для Христа, для всех тех, кто находится в положении «оказывающего помощь» человеку при его «рождении свыше».

По сути, эта книга о том, как стать христианином. Предлогом для ее написания стала попытка улучшения качественной стороны «обращения» (а также количество обращенных в веру людей, что так стремятся все увидеть).

Процесс рождения оказывает влияние на последующую жизнь. Это относится к нашему физическому рождению. Благоприятным исходом «родов» при нормальной продолжительности, со спокойным течением и без осложнений является здоровое дитя. Длительные болезненные роды с осложнениями могут причинить вред новорожденному, как со стороны физиологических, так и психологических факторов, что приведет к ослаблению здоровья ребенка и к его замедленному развитию.

То же самое справедливо и для духовного рождения. Для большого количества христиан, в том числе и меня самого, процесс рождения прошел с нарушениями. Причиной тому было либо посвящение, затянувшееся на многие годы, либо этот процесс так и не был завершен. Во многих случаях пуповина, связывающая нас с прошлым, так и не была перерезана и перевязана. Некоторые так и остались не омытыми в крещении. На других так и не возложили рук, чтобы вобрать воздух в легкие и сделать первый крик! А кто-то находится в полуживом состоянии, а то и вовсе в близком к погибели (как это было с Израильским народом, согласно сказанному в тексте Иез. 15:4-5).

В христианской литературе ощущается заметный пробел по этой теме. С одной стороны, есть много небольших призывных трактатов, в которых дается разъяснение, как человек может ответить на Благую Весть. В большинстве случаев, и мы это увидим далее, такие книги упрощают весь процесс вплоть до искажения истины и введения людей в заблуждение, что, как правило, исходит от неправильного истолкования двух отдельных мест Писания: Ин. 1:12 и Откр. 3:20 (см. Главы 5 и 30). Типичной молитвы покаяния становится явно недостаточно (см. Главу 31).

С другой стороны, за последние годы хлынул поток просветительских томов на тему «комплекса посвящения», написанных богословами для богословов (на память приходят такие имена, как Фредерик Дэйл Бруннер, Джеймс Д. Данн и Джорж Р. Бисли-Мюррей). Появление этих публикаций вызвало желание объединить сакраментальные или пятидесятнические взгляды с традиционной евангельской точкой зрения. Саму эту цель я разделяю, хотя по поводу такого сочетания пришел к моим собственным выводам!

Между тем, что заботит интересующихся христианством людей и богословов, лежит некий пробел, восполнить который мы и хотим в данной книге. Это серьезное исследование для тех, кто готов приняться за изучение данной темы с открытой Библией и открытым сердцем, кто не боится войти на неизведанную территорию, и кто любит Господа всем разумением своим. Это не научный трактат. От вас не требуется знание греческого или еврейского языков (хотя некоторые вопросы будут упомянуты и истолкованы с этой точки зрения). Здесь вы не встретите много ссылок на других авторов (хотя проницательный читатель поймет, какое количество работ было изучено для написания этой книги); и наконец, для понимания затрагиваемых в ней истинных проблем, достаточно средних умственных способностей. Тем не менее, очень

ПРОЛОГ

важна готовность читателя *разучиться*, или отказаться от привычного понимания, поскольку здесь подвергаются анализу многие традиционные представления.

Особый интерес у меня вызывает феномен слияния двух направлений: евангельского и пятидесятнического. Эти два течения представляют собой две главные точки роста в христианском мире, и (согласно некоторым статистическим данным) объединение их в одно целое в большинстве случаев пятикратно увеличит эффективность распространения евангельской вести. Однако складывается впечатление, что в настоящее время взаимоотношения между этими двумя направлениями больше основаны на солидарной терпимости, чем на общих истинах. И хотя сейчас имеет место намного меньше разногласий или волнений по поводу вопроса «даров Духа», все же их разделяет глубокая пропасть в понимании вопроса «крещения Духом», который в частности имеет непосредственное отношение к нашей теме.

Читателям, желающим бегло ознакомиться со спорными моментами по этой теме, поможет обзор основных проблем, освещенных на страницах данного Пролога (хотя таковым настоятельно рекомендуется не отказываться прочитать всю книгу только потому, что они не согласны с какими-то ее частями!).

Последователям евангельской традиции предлагается пересмотреть свои взгляды на то, что понятия «уверовать во Христа» и «принять Духа» синонимичны и происходят одновременно (часто объединенные в одну фразу «принять Христа»). Пятидесятнической традиции предлагается пересмотреть их предположение о том, что понятия «принять Духа» и быть «крещеным Духом» *не* являются синонимами и не происходят одновременно (последнее обычно относится ими к некоему «второму» этапу или особому благословению). И тем, и другим предлагается пересмотреть свою точку зрения на то, что водное крещение скорее символ, чем акт исполнения заповеди (опасения по поводу «возрождения через крещение» становятся нелогичными и не соответствуют библейской истине).

Позиция, которую занимаю я, находится на равном расстоянии между позицией евангелистов и пятидесятников. Такая позиция, оставаясь на нейтральной территории, может разочаровать приверженцев обеих сторон! Либо же она может быть воспринята как реальная точка пересечения взглядов, где может произойти истинно библейское объединение этих двух протестантских течений.

Если говорить кратко, моя точка зрения заключается в том, что нормальное рождение христианина состоит из чистосердечного покаяния и искренней веры, выраженной и совершаемой через водное крещение, с сознательным принятием Личности Святого Духа во всей Его силе. Такое понимание «посвящения» получило трехстороннее развитие:

Богословский аспект. Первая часть книги заключает в себе понимание процесса в целом с последующим исследованием его четырех составных элементов и завершается главой, где раскрывается их связь с доктриной о возрождении.

Библейский аспект. Обычно разбор соответствующих мест Писания должен предшествовать каким-либо полученным выводам. Несмотря на то, что эта часть книги была написана первой (некоторые любознательные исследователи Библии, скорее всего, начнут читать именно с нее), она была намеренно расположена во второй части, чтобы читатели могли увидеть лес, прежде чем рассматривать отдельные деревья! Отрывки из Писания для изучения были выбраны по признаку их ключевого значения и противоречивости. При первом прочтении нет необходимости (да и особой пользы) в подробном изучении всех этих отрывков. Однако читателям рекомендуется обратить внимание на главы 9, 10, 13, 16, 20, 21, 23, 27 и 30, в которых раскрываются основополагающие принципы изложения библейского аспекта. Разумеется, каждый вправе также выбрать свой излюбленный отрывок для исследования!

Пасторский аспект. Важно избежать искушения броситься читать третью часть книги о практическом применении! Попытка применять эту систему взглядов до того времени, как вы убедитесь посредством работы Святого Духа в том, что она соответствует библейским истинам, может привести к очень плохим последствиям. К сожалению, наш прагматический век больше занимает вопрос, будет ли это работать, а не тем, правильно ли это. Прагматичных христиан больше волнует не то, насколько то или иное учение соответствует библейским принципам, а есть ли в нем благословение. Настоящий ученик Христа учится вначале понимать принципы, а затем уже применять их на практике. Абсолютно неприемлемо с нравственной точки зрения относиться к людям как к подопытным кроликам! Тем не менее, у меня есть надежда, что это исследование произведет больше, чем изменение чьего-то мнения, поэтому в последнюю, третью часть книги, вошло много практических советов и рекомендаций в деле приобретения душ для Христа.

В Приложениях раскрываются некоторые специфические темы, не имеющие непосредственного отношения к основной дискуссии, однако могущие представлять интерес для некоторых читателей. Здесь я высказал свое искреннее убеждение, что крещение детей не может быть частью концепции духовного рождения, о котором говорится в данной книге. Я надеюсь, что те, кому данная точка зрения покажется оскорбительной, все же не отвергнут всю книгу, и найдут много полезного для применения в своем служении. В отношении определенного артикля («the»), я не был первым, кто заметил его бросающееся в глаза исключение из многих формулировок в Новом Завете, когда упоминается Святой Дух (к примеру, в таком выражении как «крещение Духом Святым», «исполненные Духом», или «Вы приняли Духа Святого?»). Как и другие исследователи, я вижу важность в таком употреблении артикля, как с богословской точки зрения, так и грамматической, но мой основной аргумент основан на другой мысли, поэтому эта глава вынесена в Приложения. И все же в этой главе представлено интересное подтверждение моего тезиса, что принятие Духа (с определенным артиклем) является осознанным процессом, подтверждаемым речевым доказательством.

Как и любое другое серьезное произведение, эта книга создавалась много лет. Она выковывалась между молотом и наковальней: изучением Библии и пасторским служением попечения. Основной тезис был вначале опубликован в 1977 году в моей книге *Truth to Tell (Hodder & Stoughton)*, девятая глава которой («У вас есть комплекс обращения в веру?») содержит основную мысль данной книги. Тогда-то и было дано обещание позднее «сделать более глубокое и детальное рассмотрение этого вопроса». Это обещание, о котором мне напомнила моя супруга, теперь нашло воплощение в данной работе. Раскрываемый здесь материал проходил усовершенствование путем использования в семинарах для руководителей церквей различных деноминаций как Великобритании, так и за ее пределами.

Я хочу посвятить эту книгу целому ряду моих друзей, разделяющих мои убеждения о том, что евангельские христиане и пятидесятники имеют много общего. Среди них: Гордон Бейли, Джон Барр, Алекс Бучанан, Клайв Калвер, который пригласил меня проповедовать на эту тему во время тура организации «Молодежь для Христа» в двадцать одном городе, под названием «Пусть говорит Господь», Майкл Кэссиди, Джеральд Коатс, Майкл Коул, Барни Комбс, Дерек Коупли, Ник Катберт, Дон Дабл, Брайан Гилберт, Боб Гордон, Джим Грэм (мой преемник в Голд Хилл, Чалфонт Сент-Питер), Ян Грант, Линн Грин, Майкл Грин, Майкл Гриффитс, Крис Хилл, Грэм Кендрик, Сесил Керр, Гилберт Кирби, Дуглас МакБэйн, Дэвид МакИннес, Брайан Милз, Джон Ноубл, Ян Петит, Дерек Принс, Ян Смейл («Исмаил»), Колин Урквагарт, Терри Вирго, Филип Вогель, Роб Уайт и многие другие, кто пытался разобраться в вопросе синтезирования особых переживаний Духа Святого верующими пятидесятнического направления и толкования Писания евангельскими христианами, которые своим личным примером вдохновляли меня «идти и поступать так же». Вряд ли стоит упоминать, что никто из этих людей не ответственен за те взгляды, которые представлены в данной книге (я хочу остаться с ними друзьями!).

И последнее, но не по важности: я бы хотел упомянуть мою супругу, которая воодушевляла меня, заботилась о подкреплении моих физических сил продолжать писать, веря в то, что это самое важное дело, которое я когда-либо мог совершить в своем служении. Она смиренно исполняла роль того самого «рядового читателя», тщательно изучая каждую главу с этой точки зрения. Без поддержки моей супруги эта книга никогда не увидела бы свет.

Дэвид Посон,
г. Шерборн Сент-Джон

Часть первая

РОЖДЕНИЕ СВЫШЕ ПО МЕРКАМ ВЧЕРАШНЕГО ДНЯ

Богословский аспект

Глава 1

ЧЕТЫРЕ ПУТИ ДУХОВНОГО ВОЗРОЖДЕНИЯ

Основное положение, которое предлагается в данной книге, может быть выражено следующим утверждением: *посвящение представляет собой совокупность четырех элементов — покаяния перед Богом, веры в Господа Иисуса Христа, водного крещения и принятия Святого Духа.* Каждый из этих элементов имеет отличительные особенности, но все они необходимы для того, чтобы войти в Царство Божье. Эти элементы не являются взаимоисключающими, а всецело дополняют друг друга, составляя единый процесс «становления христианина». Они могут следовать друг за другом в быстрой последовательности или через определенный отрезок времени. Но важно не то, в какой последовательности происходят эти события, а то, чтобы они имели завершенный вид.

ПРОПОРЦИОНАЛЬНЫЙ ПОДХОД

Поскольку все четыре элемента одинаково необходимы, нет смысла классифицировать их по степени важности. Тем не менее, различные движения церкви тяготеют к приданию особого значения одному из этих элементов, иногда за счет других. *Либеральное течение* больше сосредоточено на покаянии, особенно с точки зрения радикальной перемены взглядов и образа жизни, хотя в последнее время акцент делается больше на социальную несправедливость, чем на личную безнравственность. Взгляды *евангелистского направления* сконцентрированы в большей мере на вере, в частности, ее индивидуальных и внутренних духовных аспектах, хотя иногда ударение больше делается на богословскую истину, чем на личное доверие. *Сакраментальная традиция* подчеркивает большую важность водного крещения, хотя в большинстве случаев ощущается необходимость в дополнительном обряде «конфирмации», где субъектами выступают младенцы (а не взрослые верующие). *Пятидесятники* сделали повторное открытие крещения Духом, хотя они рассматривают этот элемент больше как последующее событие, чем неотъемлемую часть инициации или посвящения.

Я считаю, что все четыре мнения справедливы в том, что они утверждают, и неправы в том, что они склонны недооценивать, пренебрегать и даже отвергать. Мы попытаемся синтезировать все то лучшее, что есть в каждом из этих мнений. Однако мы не собираемся совершать эту попытку ради экуменической инициативы: наша задача в большей степени заключается в том, чтобы дать библейское толкование, которое может служить основанием для настоящего объединения, где есть честное стремление помочь исправить ситуацию, а не достичь нечестивого компромисса.

Все эти четыре нити вплетены в канву Нового Завета: посвящение христианина понимается здесь как сочетание духовного преображения, верных взаимоотношений, внешнего ритуала и возрожденной жизни.

Суть ереси всегда состоит в том, чтобы взять часть истины и сделать ее чем-то цельным. Так часто полная библейская истина о том или ином предмете понимается только тогда, когда различные, а то и несопоставимые аспекты сходятся в определенном противоречии. К примеру, данная книга неизбежно должна специализироваться на *человеческих* аспектах рождения свыше: на нужде в покаянии, крещении и получении Духа, а также на необходимости «верить в Господа Иисуса Христа», что может вызвать удивление у некоторых читателей, мол, совместимо ли это с принципом Реформации об «оправдании *только* по вере».

Именно по этой причине необходимо изначально категорически заявить о двух убеждениях, лежащих в основе каждого высказывания, приведенного в данной книге:

Во-первых, тот труд, который Иисус Христос совершил на кресте, является *объективно достаточным* сам по себе для того, чтобы спасти все *человечество* от греха. К этому нечего, да и не нужно ничего добавлять. Посредством Своей смерти, погребения и воскресения, Христос совершил все, что нужно было сделать «для нас людей и нашего спасения». Он совершил искупление за грех, примирив нас с Отцом. Я полагаю, что эти моменты со всей ясностью разъясняются тем, кто желает принять спасение.

Во-вторых, совершенный Иисусом Христом труд не является *субъективно эффективным,* в смысле спасения какой-либо отдельной *личности* от грехов. Он должен быть получен и применен лично каждым. Получатель этих «привилегий страданий Христа» должен быть скорее активным, чем пассивным. Евангелие призывает к покаянию. Человек может иметь право на наследство, но не будет им обладать, пока оно не будет им востребовано; при этом его активная позиция по присвоению наследства ни в коем случае не подразумевает того, что он его заслужил.

Полемика, следовательно, состоит не в том, что должно быть *добавлено* к вере, а в том, как вера должна быть *проявлена* для того, чтобы получить то, что предлагается благодатью. Рассматривать водное крещение, к примеру, как дополнение к вере, посредством чего люди считают себя более достойными или заслуживающими спасения, превращает все в ужасную пародию. Взгляд на выражение и совершение веры, посредством которых раскаявшийся верующий отождествляется с Христом посредством Его смерти, погребения и воскресения — это совсем иной подход. Крещение тогда уже рассматривается как средство для *личного переживания*, а не зарабатывания, того освобождения, которое достигается через эти события.

С этой точки зрения вера является самым определяющим элементом из всех четырех, и собственно, лежит в основе остальных трех компонентов. Покаяние связывается с верой с первых слов Евангелия от Марка (Мк. 1:15). Крещение же связывается с верой в последней главе того же Евангелия (Мк. 16:16). Святой Дух дается по вере, не по делам (Гал. 3:2). Отсюда следует, что на практике иметь веру — значит покаяться, принять крещение и получить Духа Святого (Деян. 2:38; см. Главу 15).

ДУХОВНЫЙ ПОДХОД

Итак, мы уже начали вводить ссылки из Писания. И все же, выдвинуть тезис, опираясь на отрывочные тексты из Писания, подтверждающие его, не может быть приемлемым способом установления библейской истины. Стратегия тщательного всеобъемлющего изучения должна совмещать анализ контекста отдельных отрывков. И уже *после* этого должны делаться выводы, даже если они представлены в начале всего изложения.

Сама тема посвящения *христианина* обусловила некоторые из основных направлений нашего изучения. В частности, так была определена отправная точка библейского исследования. Очевидно, это подразумевало сосредоточение внимания на *Новом Завете* даже при наличии «пророческих» ссылок в Ветхом Завете. Однако с чего начать в Новом Завете?

Неподходящие варианты

Удивительно, но события, имеющие отношение к Евангелиям, являются слишком *преждевременными* для нашего замысла цели исследования. Освещающие события от рождения

ЧЕТЫРЕ ПУТИ ДУХОВНОГО ВОЗРОЖДЕНИЯ

Иисуса Христа до Его вознесения, Евангелия не могут дать полную картину обычной модели посвящения с точки зрения церкви периода после дня Пятидесятницы (что является прецедентом для «века», в котором живем и мы). Хотя в Евангелиях мы встречаем упоминание о покаянии, вере, крещении и Духе Святом, если поразмышлять над их значением, мы увидим, что ни одно из упомянутых понятий не могло приобрести качество полноценного смысла понятия «христианин», который они приобрели после Пасхальных событий и дня Пятидесятницы. Например, крещение, которым крестил Иоанн Креститель (и ученики Иисуса Христа), настолько отличалось от более поздней практики крещения «во имя Иисуса Христа», что требовалось повторное крещение (Деян. 19:1-6; см. Главу 20). Опять же, в период событий, описанных в Евангелиях, Дух Святой пребывал *с* учениками, но только после дня Пятидесятницы Он мог пребывать *в* них (когда они приняли Его), что могло произойти только после того, как Иисус будет *«прославлен»* (Ин. 7:39; 14:17; см. Главы 11 и 12). И даже вера могла основываться только на силе Иисуса как Мессии исцелять и избавлять; она еще не могла признать Его как Спасителя мира (что стало возможным после Его смерти) или как Сына Божьего (что было провозглашено после Его Воскресения), и еще меньше как Господа всех. Это одно из объяснений, почему разбойник на кресте не должен быть принят за образец христианского посвящения (см. Главу 9). Парадоксально, но полное Евангелие нельзя найти в четырех Евангелиях! В то время как все элементы присутствуют в зародыше, процесс их созревания далеко не завершен. Разумеется, именно по этой причине Господь дал нам остальные книги, вошедшие в Новый Завет!

Однако Послания и Книга Откровения по времени стоят слишком далеко, чтобы быть использованными для наших целей исследования. И Послания, и Откровение были написаны верующим, которые уже прошли посвящение! Поэтому не существует последовательной или систематической трактовки нашего объекта исследования. Неспособность осознать этот факт привела к неправильному применению библейских текстов (текст Откр. 3:20 стал классическим примером: будучи увещеванием для верующих, этот стих стал почти во всем мире применяться в качестве приглашения неверующих принять Иисуса; см. Главу 30).

Надо сказать, что в Посланиях и Откровении мы встречаем частые упоминания различных граней посвящения, выбор которых зависел от их значимости для непосредственных нужд тех верующих, к которым обращались авторы (см. ниже несколько примеров); однако сделать соответствующий обзор из этих второстепенных ссылок практически не представляется возможным. Как мы увидим далее, авторы Посланий везде рассматривают водное крещение и крещение Духом тех, к кому они обращались, как нечто само собой разумеющееся, но мы нигде не встречаем описания ни того, ни другого события! Упоминаются лишь эффект и результаты, которые они возымели.

Подходящая отправная точка

Итак, если события в Евангелиях происходили слишком рано, а Послания слишком поздно для того, чтобы стать отправной точкой в нашем исследовании, что же остается? Книга Деяний! Это единственная книга в Новом Завете, являющаяся главной ссылкой на распространение Благой Вести в период после дня Пятидесятницы. Книга полна детальных описаний того, как неверующие люди приходили к вере, как грешники становились святыми. Это летопись божественных и человеческих аспектов спасения, повествующая нам о деяниях апостолов, которые несли весть о Христе людям, и о деяниях Святого Духа, приводившего людей к Иисусу Христу. Большая часть учения, записанного Лукой, обращена к людям неспасенным. Благодаря этому мы получаем ценные размышления о том, как доносилась проповедь Евангелия; нам показан ожидаемый и полученный отклик на благовествование. Только здесь мы можем видеть Петра, Иоанна и Павла по-настоящему вовлеченными в процесс благовестия.

ЧЕТЫРЕ ПУТИ ДУХОВНОГО ВОЗРОЖДЕНИЯ

На примерах того, как опрашивали попечители интересующихся темой спасения людей, мы можем разглядеть их понимание процесса посвящения.

Некоторые возражения против применения Книги Деяний

Некоторые богословы настроены очень негативно по поводу использования Книги Деяний в качестве источника вероучения. Эти возражения получили двоякое выражение. Суть *общей* критики состоит в том, что вероучение может основываться только на дидактических (наставнических) книгах Библии (таких как Послания), и не должно опираться на исторические книги (такие как Деяния Апостолов). *Конкретная* критика заявляет, что Лука был историком, а не богословом. Согласно обеих этих аргументаций нам следовало бы начать с Посланий, в особенности Посланий апостола Павла (который *был* богословом), и уже в свете его вероучения читать Книгу Деяний. Помимо того что такой подход трудно применим к адекватному пониманию вопроса посвящения (основная идея которого изложена выше), обеим концепциям присущи серьезные недостатки.

Гениальность откровения в Писании состоит в том, что истина воплощается в конкретных ситуациях, а не в абстрактных суждениях. Вся Библия имеет повествовательный характер — от описания Эдемского сада до Нового Иерусалима. Великие истины сотворения и искупления заключены в повествовании череды событий. Бóльшая часть Ветхого Завета и довольно значительная часть Нового Завета написана в повествовательной форме. Библия представляет собой преимущественно историю ситуационного теизма, чем учебник по систематическому богословию. Так вот всё это «повествование» было написано нам «в наставление» (Рим. 15:4; 1 Кор. 10:6). *Все* Писание «полезно для научения», потому что оно богодухновенно целиком (2 Тим. 3:16).

Мы можем получать наставления как из деяний Бога, так и из Его слов; поистине, они тесно взаимосвязаны и поясняют друг друга. Повествование событий дается в такой же мере для духовного назидания, как и для исторического сообщения. Библия не дает картину современной истории мира, Израильского народа или Церкви. Это — *сборник* знаменательных событий, сопровождаемых *истолкованием* этих событий пророками при равном участии Святого Духа. (В одной только 15 главе Деяний содержится гениальный пример разрешения богословского спора посредством повествования о делах Божьих, подтверждаемых Писанием).

Лука был не только историком, хотя он утверждает о полноценности достоверного повествования в своей первой книге (Лк. 1:1-4). Он выбирает события, которые описывает, равно как и детали самих событий. Затем автор вплетает их в общую картину на основании своего глубокого проникновения в их суть. Если богословие означает познание Бога, то Лука был настоящим богословом! Мысль о том, что извлечь «богословие Луки» из его произведений невозможно, как это можно сделать из Посланий Павла, является мифом, который необходимо опровергнуть. (По вопросу Луки как *богослова* рекомендуем прочесть книгу Роджера Стронстада «*Харизматическое Богословие Луки*» (Roger Stronstad, *The Charismatic Theology of Luke*)).

Попытка вбить клин между описательным повествованием Деяний и наставническим характером Посланий обречена на неуспех. И Деяния, и Послания были написаны в один и тот же период времени, рассказывая об одних и тех же событиях (не будем забывать, что Павел и Лука путешествовали вместе). В Деяниях есть места, где даются наставления, в то время как в Посланиях мы встречаем описания событий (ср. Деян. 15 и Гал. 1-2). Эти книги объединяет единство взглядов, что превосходит по своему значению разнообразие выразительных средств.

Деяния Апостолов как источник вероучения посвящения

Итак, мы можем с уверенностью приступать к рассмотрению Книги Деяний. Писать «с места событий» имеет свои преимущества, как сказал один автор. Описываемые события становятся свидетельствами очевидцев, полученными из первых рук и записанными со слов других людей о том, как апостолы начинали проповедовать Евангелие всему миру. То, что они говорили и совершали, дает нам исходный материал по богословию посвящения.

С чего же нам следует начать в Книге Деяний? Безусловно, это те отрывки, которые содержат наиболее подробное изложение происходивших событий в то время, когда люди становились христианами. Два таких случая, которые в первую очередь всплывают в памяти, записаны в главе 8 и 19 Деяний. События, происходившие в Самарии и Ефесе, тесным образом связаны друг с другом. В обоих случаях посвящение верующих не было завершено, что заставило обеспокоенных этим фактом апостолов предпринять надлежащие меры, чтобы исправить эти упущения.

Единственным отличием между этими двумя группами людей было то, что самаряне «продвинулись» намного дальше, чем ефесяне, когда на арене событий появились апостолы, а потому меньше нуждались в «дополнительной» опеке. Однако главная суть и последовательность в инициации или посвящении и тех, и других были идентичны: модель посвящения, состоящая из четырех частей: покаяния, исповедания веры, крещения и принятия Святого Духа. Поскольку в этот процесс были вовлечены три основных апостола (Петр, Иоанн и Павел), мы можем с полной гарантией считать, что их «методика» в таких случаях отражала общепринятую среди них практику, результатом которой был ответ на проповедь Евангелия в таком виде, как это ожидалось в Ранней Церкви.

Часто можно слышать возражения такого толка, что описываемые обстоятельства были исключительными в обоих случаях, и поэтому такое посвящение нельзя принимать за норму. Поскольку в наше время благовестие не направлено на евангелизацию жителей Самарии или учеников Иоанна

Крестителя, нас хотят убедить в том, что данные события из книги Деяний не могут служить для нас прецедентом. Такая критика несостоятельна, так как проводит различия между уникальными и типичными особенностями тех событий. Она упускает главное, что апостолы заботились о том, чтобы привести в соответствие *ненормальную* ситуацию с *нормальной* моделью посвящения. Этап представления этих новообращенных мог отличаться от других, но процесс их посвящения был одинаковым (возможно, некоторые читатели сочтут полезным в этой связи обратиться к подробному исследованию двух отрывков: 16 и 20 главы из книги Деяний).

Держа в своей памяти вышеприведенную структуру из четырех частей, посмотрим на описание Лукой других случаев «обращения», обращая внимание на то, сколько элементов упоминается в каждом их этих отрывков:

Деян. 2 Петр упоминает покаяние, крещение и принятие Духа Святого, но не ссылается на исповедание веры (хотя в вопросе к слушателям она может подразумеваться, а фраза «приняли Слово Божие» может привести нас к такому выводу).

Деян. 8 Согласно лучшим спискам оригинального текста, Ефиоплянин был только «крещен» (в некоторых манускриптах добавлено об исповедании веры и в одном источнике есть дополнительное упоминание о принятии Духа (см. Главу 17 данной книги).

Деян. 9 Павел «крестился» и «исполнился Святаго Духа» (ср. ст. 18 и 22:16). Но мы не находим здесь конкретного упоминания о его покаянии или исповедании веры (хотя и то, и другое явственно подразумевается в его разговоре с Иисусом Христом и в дальнейших комментариях и действиях).

Деян. 10 Мы ясно видим то, что Корнилий «покаялся» (ср. 10:35 и 11:18) и «уверовал» (ср. 10:43 и 11:1, а также 15:7), однако он «получил Духа» до того,

ЧЕТЫРЕ ПУТИ ДУХОВНОГО ВОЗРОЖДЕНИЯ

как «крестился водою» (это был единственный пример такой последовательности; см. Главу 18 данной книги для разъяснения).

Деян. 16 Темничный страж «уверовал» (и весь дом его), «крестился» (и весь дом его), хотя мы не находим ничего о его «покаянии» или «исполнении Духом» (см. Главу 19 этой книги о значении и смысле слова «дом»).

Другие случаи, встречающиеся по всему тексту книги Деяний, ограничиваются одним словом для обозначения посвящения — «уверовали». Кроме случаев в Самарии и в Ефесе, мы не встречаем больше конкретного упоминания всех *четырех* элементов посвящения, хотя эпизод с Корнилием и всем его домом является наиболее приближенным примером. Крещение чаще всего упоминается в описании, в то время как наиболее часто исключаемым элементом становится элемент покаяния.

Что это все нам дает? Почему Лука не упоминает все четыре элемента в каждом из описанных случаев посвящения? Помимо других причин, литературное мастерство Луки не позволило бы ему допускать повторы слишком часто! Однако имеется и логическое обоснование его избирательности: в каждой ситуации он приводит читателю наиболее яркие или значительные характерные детали. Сцена крещения трех тысяч людей одновременно в одном водоеме (Вифезде?) или шумные восклицания целого семейства, на которое изливается Дух Святой прямо посреди проповеди, вполне могли оттеснить любые другие моменты на дальний план. То, что было абсолютно обычным явлением для иудейского верующего, становилось «новостью», если обращение происходило в среде жителей Самарии, а среди язычников и подавно!

Было бы ошибочным прийти к выводу, что упущенные элементы указывают на то, что все четыре составляющих посвящения не нужны для каждого человека. Если бы мы понимали Деяния именно так, то тогда бы это значило, что большинству новообращенных не нужно было каяться, многим не нужно было исповедовать свою веру, кому-то не нужно было получать Святого Духа, и совсем от немногих не требовалось принимать водное крещение! Тем не менее, очевидно то, что для Луки все четыре элемента составляли суть «нормального» посвящения (инициации), несмотря на то, что он выбирает из них наиболее подходящие для отражения отдельных событий. Как мы сможем удостовериться далее, та же процедура отбора по значимости встречается и в Посланиях.

Следует далее отметить следующее: весь процесс посвящения от «покаяния» до «получения Духа» занимает определенный промежуток времени, иногда короткий, иногда довольно длинный:

применительно к двенадцати апостолам этот процесс занял *годы;*

для учеников в Ефесе для этого, возможно, понадобились *месяцы;*

для новообращенных из Самарии, — может быть, *недели;*

для апостола Павла это произошло в течение нескольких *дней;*

для тюремного стража в Филиппах — за несколько *часов;*

Корнилий и все его домашние прошли этот процесс, очевидно, в течение *минут.*

Несомненно, что существенное значение имеет не скорость процесса, а его завершенность. И Лука, и апостолы намного больше заботились об эффективности процесса, а не о том, как быстро он происходит!

Примеры посвящения в Евангелиях

Имея основу из четырех составляющих для посвящения, которые мы извлекли из книги Деяний, теперь можем перейти к Евангелиям. Первое открытие состоит в том, что все четыре элемента мы встречаем в служении Иоанна Крестителя! Он проповедовал необходимость покаяния в грехах (Лк. 3:8);

пришел для того, чтобы многие смогли уверовать (Ин. 1:7); начал крестить в воде (Мф. 3:11) и предсказывал крещение Духом (все четыре Евангелия делают ударение на последний элемент — Мф. 3:11; Мк. 1:8; Лк. 3:16; Ин. 1:33). Иоанн Креститель полностью сознавал свою несостоятельность и ограниченность его служения. Свершаемое им крещение могло помочь разобраться с прошлым, но не с будущим; для этого его последователям понадобилась сила, получению которой он не мог содействовать (да и сам Иоанн, возможно, не обладал ею, будучи наименьшим в Царстве Божьем и не сотворившим ни одного чуда — см. Лк. 7:28 и Ин. 10:41; ср. также с Лк. 1:15).

Иисус Христос продолжил то, что начал Иоанн Креститель, проповедуя покаяться и верить (Мк. 1:15), крестя (Ин. 4:1-2) и обещая послать Святого Духа (Ин. 7:37-39). Несмотря на это, в этих понятиях уже произошли некоторые изменения. Вера в «приблизившееся» Царство (т.е., которое близко), теперь стала более личной, потому что «Царь» также стал ближе, и имя Ему было Иисус Христос. Вера стала «верой во имя Его» (Ин. 1:12; 2:23). Грядущее «крещение» Духом Святым и будет той «водою», которая «сделается в человеке источником воды» (здесь есть интересная параллель между текстами Ин. 4:14 и 1 Кор. 12:13; см. Главы 11 и 23 книги). Более того, крещение Духом призвано не только дать *силу* человеку, поскольку «Дух Святой» является также и *Личностью,* т.е. еще одной Ипостасью, также как и Иисус Христос (Ин. 14:16).

Более показательно то, что все четыре аспекта посвящения заметно фигурируют в наставлениях Иисуса, которые Он дал Своим ученикам после Его воскресения, но перед вознесением. Совокупность всех четырех Евангелий служит всеобщим миссионерским поручением, которое всецело объясняет модель апостольского служения, которую мы уже видели в книге Деяний. Им поручалось проповедовать покаяние (Лк. 24:47), проповедовать Евангелие так, чтобы люди могли уверовать (Мк. 16:15-16) и крестить их, если они уверовали (Мк. 16:16; Мф. 28:19). И самое главное, что это служение не могло даже начаться, не будь апостолы сами крещены Духом (Лк. 24:49; Ин. 20:22; Деян. 1:5), сила которого также была обещана их новообращенным (Мк. 16:17, что объясняет смелое обращение Петра к его слушателям в тексте Деян. 2:39).

О посвящении в Посланиях

Теперь наступило самое время нам обратиться к Посланиям. У нас не остается ни тени сомнений касательно того, что, в свете тщательного наставничества, которое он давал ученикам в Ефесе (Деян. 19:1-6; см. Главу 20 книги), Павел принимает все четыре элемента посвящения как нечто само собой разумеющееся, когда пишет церквам, основанным им лично. Во всех его Посланиях читателям мы находим разбросанные упоминания о том, что они:

покаялись (2 Кор. 7:9; 1 Фес. 1:9);
уверовали (1 Кор. 15:11; Еф. 1:13);
крестились (Гал. 3:27; Еф. 5:26);
получили Духа (2 Кор. 1:22; Гал. 3:2).

Павел даже упоминает все четыре элемента, когда пишет к той церкви, которую не утверждал лично (Рим. 2:4; 3:26; 6:3; 8:9). Верно и то, что Павел никогда не упоминает все четыре элемента вместе в одном и том же контексте (по той же причине, по которой это редко делает Лука в книге Деяний; он выбирает наиболее значимые элементы для достижения его непосредственной цели). Характерно также и то, что когда бы Павел ни упоминал *любой* из этих аспектов, он предполагает, что *все* получатели его Посланий знают из их собственного опыта, о чем идет речь. Некоторые заявляют, что то, что Павел говорит о водном крещении в текстах Рим. 6:3 и Гал. 3:27, является исключением из «правил». Однако же, хотя его слова и могли подразумевать то, что некоторые могли быть не крещены, фраза «все мы», а не «те из нас», говорит о том, что это сопоставление касается некрещенных из числа неверующих, а не тех людей, которые были верующими.

ЧЕТЫРЕ ПУТИ ДУХОВНОГО ВОЗРОЖДЕНИЯ

Именно по той причине, что Павел принимал все четыре элемента посвящения за нечто само собой разумеющееся по отношению ко всем получателям своих Посланий, мы не встречаем ни в одном из них ни призыва, ни увещевания креститься водой или Духом Святым. Будет неправильным сделать вывод, что все четыре элемента должны приниматься как должное и *в наше время*, как часто полагают те, кто разрывают Послания Павла и Книгу Деяний Апостолов Луки друг от друга, строя свое вероучение о посвящении на первом в отрыве от последнего. Несмотря на то, что Павел принимает четыре элемента как должное в своих Посланиях, он сам вместе с другими апостолами, *не* принимает их как должное в Деяниях! Напротив, в своем служении благовествования они настаивали на проверке, а затем восполнении того важного элемента в процессе посвящения, который мог быть упущен. Например, Павел мог принимать как должное тот факт, что все читатели его Первого послания церкви в Коринфе были «крещены Духом», потому что он основал эту церковь, и сделал все для того, чтобы ее члены гарантированно прошли полное посвящение (1 Кор. 12:13; см. Главу 23 данной книги, где мы будем более тщательно рассматривать этот важный вопрос). Посети Павел многие церкви в наше время, он скорее задал бы вопрос: «Приняли ли вы Духа Святого, уверовавши?» (Деян. 19:2) вместо того, чтобы выразить уверенность, что все «крестились Духом»!

Есть еще один проницательный аргумент в пользу того, что Послания Павла должны изучаться в свете сказанного в книге Деяний Апостолов: некоторые из его «дидактических» наставлений не могут быть в полной мере поняты без учета богатых описаниями сведений, оставленных Лукой. Павел *никогда* не привязывал глагол «крестить» или существительное «крещение» к слову «водой». Из-за этого многие почтенные богословы, занятые изучением вероучения Павла, склонны утверждать, что его концепция крещения (в таких стихах как Рим. 6:4; Гал. 3:27; Еф. 4:5) не имеет ничего общего с водой! Основываясь только на случаях, связанных с Павлом лично, включая его собственное крещение и крещение других лиц, приведенных в книге Деяний, а также конкретное указание Луки на воду (например, Деян. 8:36), мы можем предположить, что Павел связывал эти два понятия (только в одном контексте, в Еф. 5:26, Павел использует слово «вода» [«*банею водною*»] без слова «крещение»).

Подобно этому, Павел использует фразу «Духом крестились» (в 1 Кор. 12:13) без какого-либо определения или описания того, что он имеет в виду. То же самое мы можем сказать об употреблении этой фразы в Евангелиях. *Только* из описания Лукой событий в книге Деяний мы точно понимаем, что включает в себя понятие быть «крещенным Духом». Как только такие фразы отделяются от того смысла, который вкладывал в них Лука в Деяниях, им могут придаваться совершенно иные значения, которые могут произвольно избираться любой предвзятой богословской точкой зрения (свобода истолкования, искажающая истину учения).

Другие авторы книг Нового Завета также обращались к понятию посвящения. Апостол Петр, к примеру, единственный автор Посланий, кто использовал слова «крещение» и «водой» вместе (1 Пет. 3:21; см. Главу 29). Иоанн писал больше о вере в Иисуса Христа и принятии Духа Святого (1 Ин. 3:24; 4:13; 5:1-5). А неизвестный автор Послания к евреям перечисляет все четыре составных части посвящения в одном предложении и в естественной последовательности (Евр. 6:1-2, см. Главу 27). На основании рассмотренного в этой главе материала мы можем сделать вывод, что существует модель христианского посвящения, состоящая из четырех аспектов и тщательно *сформулированная* в книге Деяний Апостолов, ясно *предвиденная* в Евангелиях и последовательно *принятая* в Посланиях. Давайте посмотрим на эти «четыре духовных пути», ведущие в Царство Божье на земле.

Глава 2

Покаяться в грехах своих перед Богом

Покаяние является, пожалуй, одним из наименее противоречивых из всех четырех частей посвящения, но именно по этой причине ему меньше всего уделяется внимания, да и пренебрегается чаще, чем другими.

Само это слово было более понятно иудеям, чем неиудеям. Покаяние вплетено в канву истории Израиля, в особенности со времен выхода Израильского народа из Египта, когда пророк за пророком стремились предотвратить надвигающуюся опасность, призывая народ к покаянию. Всем, кто читал книгу пророка Амоса (4 главу) или книгу пророка Иеремии (18-19 главы), прекрасно известно значение слова «покаяние». Возможно, по этой причине в Новом Завете его значение почти не раскрывается.

Определение покаяния как чего-то большего, чем просто «чувство сожаления», стало уже почти штампом. Это переживание может передавать целое разнообразие оттенков чувств. Иногда это простое раскаяние в том, что наши действия привели к определенным последствиям для *нас самих*. Это состояние немного сильнее, чем жалость к себе, которая обнаруживает эгоистичность души человека (Каин и Исав представляют собой яркие примеры такого чувства — Быт. 4:13 и Евр. 12:17). Более достойным является то чувство глубокого сожаления о последствиях, к которым привели наши действия по отношению к *другим людям*, что, по крайней мере, менее эгоистично (Павел, должно быть, имел такие чувства, когда вспоминал, как он гнал церковь — ср. Деян. 9:1-2 и Флп. 3:6).

Истинное же покаяние начинается с осознания последствий наших действий для *Бога* (и Его Сына); это такая «благочестивая скорбь», которая сама по себе не является покаянием, но которая может привести к нему (2 Кор. 7:9). Состояние, когда мы понимаем, что «согрешили против неба» и против других людей, и в каком-то смысле против себя (Лк. 15:18, 21), можно сравнить с прозрением. Только тогда мы начинаем понимать, что мы бросили вызов власти Бога, нарушили Его законы, осквернили Его творение, пренебрегли Его благоволением, возбудили на себя Его гнев и заслужили Его осуждение. Тогда наше сожаление приобретает уже оттенок страха.

Исходя из этого эмоционального фона, интенсивность которого будет находиться в огромной степени в зависимости от индивидуального характера и состояния просвещенности человека, давайте посмотрим на истинное покаяние, к которому могут и должны привести эти душевные переживания.

Духовное покаяние затрагивает три аспекта жизни: мышление, слова и дела. Проходя через стадии ментального, словесного и практического выражения, происходит переход от «внутреннего душевного состояния» к «внешней жизни». Выражение второе без первого было бы агрессивным (пророческое увещевание гласит «Раздирайте сердца ваши, а не одежды ваши» — Иоил. 2:13). А исповедовать первое, не вспоминая о втором, значило бы лицемерить. Разобраться в этом поможет простая иллюстрация: лондонский таксист везет иностранного гостя в аэропорт Хитроу самым дальним маршрутом, чтобы заработать немного больше денег; испытав угрызения совести за то, что воспользовался неведением пассажира о реальном расстоянии до места назначения, таксист извиняется и возвращает всю стоимость проезда. Этот человек *изменился* — в сознании, словами и на деле; он действительно покаялся в своем грехе.

МЫШЛЕНИЕ – ОБЛИЧЕНИЕ О ПРЕЖНИХ ГРЕХАХ

Слово «покаяться» (по-гречески «*metanoeō*») буквально означает «изменить решение» или «передумать». Это значит — пересмотреть заново, в частности, свое прошлое поведение. Типичным примером в Новом Завете можно считать призыв Петра к собранию иудеев, чтобы они пересмотрели свое отношение к распятию Христа и осознали, что это было узаконенное убийство никого иного, как самого Мессии, Сына Божьего (Деян. 2:32-38; 3:13-19).

Покаяться — значит посмотреть на вещи с точки зрения Бога, согласиться с Его мнением и признать Его вердикт. Это значит согласиться с Божьим положительным решением, и отнестись с одобрением к Его запретам; научиться говорить «Аминь» тому, что говорит Божье Слово; иметь ясное представление о том, что человеческий грех при столкновении с Божественной праведностью неизбежно приводит к наказанию (Ин. 16:8). Покаяться — это прийти к «познанию истины» (2 Тим. 2:25) о Боге и о себе.

На первом уровне такое открытие будет иметь данное представление в *общих* чертах. С одной стороны, человек начинает более глубоко осознавать, что Бог выглядит намного *лучше,* чем это изображают обычные представления о Нем. Господь абсолютно свят, Он абсолютно непорочен и абсолютно справедлив. С другой стороны, человек начинает с болью осознавать, что он сам гораздо *хуже*, чем думал о себе раньше. Вместо мнения о себе как о человеке в целом неплохом, который время от времени совершал плохие поступки (взгляд «гуманистов»), теперь человек открывает для себя, что он в целом человек нехороший, которому удавалось лишь изредка сделать что-то доброе (взгляд Иисуса Христа на человеческую природу — Лк. 11:13; ср. Ин. 2:24).

Более того, даже то хорошее, что он совершал, может быть неугодным для Бога, как и плохое, и поэтому требует покаяния (в тексте Ис. 64:6 человеческая праведность описывается как «запачканная одежда» (на языке оригинала «запачканный менструальной кровью»), а в тексте Флп. 3:8 она вообще сравнивается с человеческими экскрементами!). Открытие того факта, что Бог считает самоправедность еще более противной и трудноразрешимой проблемой, чем самый тяжкий грех, становится огромным потрясением для человеческой гордости и завершает переворот в сознании, как неотъемлемой части истинного покаяния.

Как только человек достиг этой стадии, новый образ мышления переходит на уровень *индивидуальный*. Вот это и есть тот самый важный признак покаяния: то, что оно касается скорее конкретных «грехов» (множественное число), чем общего «греха» (единственное число). Пока абстрактное понятие «греха» не будет переведено в детальное и конкретное, продвижение к следующим этапам покаяния будет довольно затруднительным. Иисус Христос пришел, чтобы спасти нас от наших грехов, не греха (Мф. 1:21). Очень важно понимать, что это те грехи, от которых нам нужно спастись.

До этих пор мы рассматривали только *внутренние* аспекты покаяния. Но за ними должны следовать аспекты *внешние*. Для одних покаяние происходит слышимым образом, а для других этот процесс становится, кроме этого, еще и *видимым*!

СЛОВО – ИСПОВЕДАНИЕ ПРЕЖНИХ ГРЕХОВ

Изменившееся мнение о прежних поступках должно сопровождаться соответствующим *словесным* выражением. Наши уста, как правило, служат средством коммуникации

ПОКАЯТЬСЯ В ГРЕХАХ СВОИХ ПЕРЕД БОГОМ

между нашим внутренним и окружающим нас внешним миром (Мф. 12:37; Мк. 7:18-23; Иак. 3:9-12).

Служение Иоанна Крестителя было сосредоточено на покаянии, которое было важно для приближающегося Царства. Водное крещение служило кульминацией или завершением этапа покаяния (Мф. 3:11; обратите внимание на важность употребленного предлога: «*в* покаяние»). Исповедание грехов (множественное число) было существенным дополнением к крещению (Мф. 3:6). Это не было ни формальным церковным обрядом, ни единым «общим» покаянием (можно исповедаться в чем-то, что не было сделано из того, что должно было быть сделано, и было сделано то, что не следовало делать, так и не вспомнив хотя бы одной конкретной вещи!). Иоанн Креститель предполагал выраженное словами публичное признание личной вины в конкретных поступках. Дела тьмы должны быть выставлены на свет перед Богом и людьми.

Такое покаяние во грех*ах* (в отличие от греха) имеет два больших преимущества. О первом преимуществе мы уже говорили, но не будет лишним повторить снова, а именно: его *частный характер*. Объявление грехов предполагает в первую очередь их выявление. Неопределенные общие выражения здесь просто неуместны: «Ну, я признаю, что я когда-то где-то согрешил; но, в конце концов, разве другие не грешат?» Реальность наших грехов считается признанной, когда сделано конкретное исповедание: «Я сделал это... и то... и вот это!» Разумеется, такое саморазоблачение подразумевает подавление своей гордыни; признавать свою неправоту всегда нелегко. Тем не менее, намного лучше сделать это добровольно и сейчас, чем сделать это принудительно и потом. То, что человек откроет сейчас, будет покрыто Божьей милостью; а что будет скрыто человеком сейчас, будет открыто на Божьем суде.

Второе преимущество исповедания словесного состоит в принятии *ответственности*. Оправдания не могут быть частью исповедания грехов; смягчающие обстоятельства не признаются. Человек признает как свою подотчетность перед Богом, так и ответственность перед самим собой. Признать свою нужду в помощи (или, современным языком, «внутреннего исцеления») относительно легко; это не затрагивает наше самоуважение! Истинное исповедание — это признание, что истинная проблема лежит в сознательном (произвольном) грехе, а истинная нужда человека состоит в незаслуженном прощении. Исповедание грехов открывает источник для излияния потока благодати (1 Ин. 1:9).

Весьма полезно к словесной части исповедания грехов добавлять *отречение*, особенно когда грехи были одержимого или оккультного характера. В таких случаях отречение, воплощенное в слова, возымеет исцеляющее и освобождающее действие. Толковый Оксфордский словарь английского языка дает такие определения слова «отрекаться»: «оставлять, отказываться, бросать (привычку), отрекаться, отказаться от признания, ослаблять связь с чем-либо, презирать связь с чем-либо, удалять что-либо, прекращать делать что-либо, отвергать». Один школьник дал более краткое описание этого слова: «сожалеть настолько, чтобы прекратить»! Итак, мы постепенно подошли к третьему аспекту покаяния.

ДЕЛА – ИСПРАВЛЕНИЕ ПРЕЖНИХ ГРЕХОВ

Слова покаяния требуют подтверждения *делами* покаяния. Иоанн Креститель настойчиво утверждал, что крещаемые сначала должны «сотворить достойные плоды покаяния» (Лк. 3:8). Когда его просили разъяснить, что именно они должны *делать* для этого, ответ Иоанна был конкретным и прагматичным: отдавать лишнюю одежду неимущим, честно предъявлять отчет проверяющему, не обижать и не искать корысти, довольствоваться своим жалованием (Лк. 3:10-14). Интересно отметить, что ни один из этих грехов не носил «религиозного» или «духовного» характера.

Примером в служении Иисуса Христа (Лк. 19:1-10) является случай с Закхеем, который не только пообещал «исправиться» в *будущем,* но и воздать тем, кого обманывал в *прошлом* (с процентами и большим вознаграждением). И Иисус радостно провозгласил, что вместе с этим в дом Закхея пришло спасение.

Павел также поощрял выражение покаяния практическим путем. «Небесное видение», которому он не воспротивился, стало служением язычникам, призывая их, «чтобы они покаялись и обратились к Богу, делая дела, достойные покаяния» (Деян. 26:20).

Иоанн Креститель, Иисус Христос и Павел — все они показывают, что покаяние подразумевает исправление прошлого, если это возможно.

Часть этого процесса исправления прошлого может принять форму *отрицательного* воздействия. Это может быть истребление источников искушения (к примеру, ефесяне сожгли огромное количество оккультной литературы — Деян. 19:19). Возможно, будет необходимо прекратить неправильные взаимоотношения, особенно, в случае внебрачных или гомосексуальных связей («и такими были некоторые из вас» 1 Кор. 6:11). Пуповина, соединяющая с прошлым, должна быть перевязана и перерезана. С прошлым необходимо покончить.

Но большая часть этого процесса исправления принимает форму *положительных* действий, как в случае с Закхеем. Это состояние описывается словом *восстановление состояния (реституция),* которое означает выплату соответствующей компенсации потерпевшим. Прощение восстанавливает взаимоотношения с Богом таким образом, как если бы они никогда не были разрушены. Что касается Бога, то с Его стороны прошлое забыто и прощено (каким чудесным образом Бог управляет Своей памятью!). Причина, по которой нам так тяжело «простить себя», состоит в отсутствии у нас способности «изгладить» воспоминания из прошлого. На уровне человеческих взаимоотношений прощение Богом не освобождает человека от обязательств перед другими людьми, будь то брачные, торговые или даже криминальные долговые обязательства. Божья благодать склонила многих уплатить долги, восстановить брак, и даже признаться в совершении тех преступлений, за которые они не понесли наказания. Во многих случаях еще одним из плодов покаяния является *примирение* обиженной стороны с теми, кто нанес ей обиду (Мф. 5:23-24).

Все это представляет самую трудную часть настоящего покаяния. Некоторые сомневаются, способен ли грешник на такие действия при первом обращении его к Богу и полагают, что такое покаяние должно следовать за посвящением, а не быть его первым этапом. Они забывают, что Божественная помощь будет всегда предоставлена любому, кто по-настоящему пожелает покаяться (обратите внимание, что Бог «дал» покаяние Корнилию и его дому, что позволяло им «поступать по правде» еще до того, как они услышали Благую Весть — Деян. 10:35). Павлу не просто было отправить Онисима (значение его имени «полезный») назад к его хозяину, а Онисиму — уезжать от Павла, да и самому Филимону принять его назад (обратите внимание на то, что Павел предлагает восстановить их взаимоотношения по согласию Филимона — Флм. 12-14, 19).

Если восстановление представляет собой самую трудную часть покаяния, то оно не останется без вознаграждения. Когда вина заглажена, появляется глубокое облегчение (та радость, которую разделил и Искупитель, хотя Ему Самому в этом не было необходимости). Радость отца от того, что вернулся его блудный сын, вылилась в радость сына за то, что он, наконец, поступил правильно.

Такое «отвращение от грехов» и возращение к Богу составляет суть еще одного слова, которое мы встречаем в Новом Завете, — «обращение». Буквальное значение этого слова означает «повернуться вокруг», «изменить направление», «идти в обратном направлении». Вот почему это слово так близко по значению к слову «покаяние», но особенно тесно связано с его третьим аспектом. Измененная жизнь является свидетельством покаяния, хотя это не обязательно

ПОКАЯТЬСЯ В ГРЕХАХ СВОИХ ПЕРЕД БОГОМ

доказывает возрождение человека (см. Главу 6). Такое свидетельство покаяния ожидалось от человека *перед* тем, как ему было преподано крещение — поскольку этот обряд знаменовал окончательное оставление прошлой греховной жизни и считался высшей точкой Божьего искупительного прощения (Мк. 1:4; Деян. 2:38).

Даже на стихийные бедствия можно смотреть как на призыв к покаянию, так как они напоминают нам о том, что нам всем принадлежит скорая погибель, если мы не покаемся в своих грехах (Лк. 13:1-9). В предвосхищении ужаса от грядущего суда Божьего любая жертва, принесённая ныне, имеет смысл и стоит того — те вещи, которые притягивают наши глаза, к чему тянутся наши руки, куда мы устремляем наши стопы (Мф. 5:29-30). Лучше отвернуться от грехов сейчас, чем потом от нас отвернется Бог.

Возвращение к Богу сейчас означает, что и Он может повернуться к нам! В Библии с определённой долей смелости говорится, что когда мы раскаиваемся перед Богом, то и Он раскаивается по отношению к нам! Когда это слово употребляется в отношении Бога, то оно, безусловно, используется скорее в ментальном, чем нравственном смысле. Он «изменяет своё мнение» («передумывает»). Если мы меняем наше мнение о наших грехах, то Бог может изменить Своё мнение о нас.

Одно из наиболее ярких утверждений этой мысли в Библии мы находим в словах Божьих, обращённых к пророку Иеремии, наблюдавшему за работой горшечника с глиной (Иер. 18:1-10). Ни одна метафора так не была превратно понята, чем эта! Большинство толкователей высказывают мнение, что глина не играет никакой роли в том, какую конечную форму она приобретёт (точка зрения, стоящая намного ближе к исламу, чем к философии иудеохристианства!). В действительности, именно глина выбирает, каким сосудом она станет. Если она не соответствует изначальному замыслу горшечника, то он принимает решение сделать из неё грубый сосуд вместо изящной чаши. Глина находится в активном и живом взаимодействии с горшечником; каждый из них воздействует друг на друга, хотя последнее слово остается за горшечником, поскольку он обладает полным контролем над ситуацией (без него глина не в состоянии ничего создать из себя). Это — метафорическая картина Божьего народа, Израиля. Если народ «обратится от злых дел», Бог «отложит зло» и сделает из него красивейший сосуд, наполненный милостью; но если народ не покается, то Бог сделает из него безобразный сосуд, исполненный Его осуждения.

Поэтому именно покаяние делает возможным то, что прощение может быть даровано кающемуся грешнику. Это истинно также и на человеческом уровне. Иисус говорил Своим ученикам, что согрешающему брату должно сначала «выговорить», но затем простить его — семь раз в день, сорок девять раз в неделю, одна тысяча четыреста семьдесят раз в месяц ... *если покается* (Лк. 17:3-4). Точно также Бог может «изменить Свое решение» с осуждения на милость над нами, только если мы по-настоящему покаемся в тех вещах, которые заслуживали первого Его решения, а нуждались во втором. Это представляет собой сильнейший стимул, который только может иметь человек для покаяния в своих грехах. «Итак покайтесь и обратитесь, чтобы загладились грехи ваши. Да придут времена отрады от лица Господа, и да пошлет Он предназначенного вам Иисуса Христа» (Деян. 3:19-20).

Однако для того чтобы сделать покаяние единственным, или даже первичным фактором, значило бы впасть в сети спасения «своими руками». В этом случае акцент бы делался на том, что человек делает для Бога, а не на том, что Бог делает для человека. Тогда звание «христианин» определялось бы на основании нравственного возрождения: «благодетельная» версия христианства наиболее распространена вне церкви, но неведома внутри нее!

Библия не учит нас оправданию через покаяние, но оправданию по вере. Отвращение от греха в покаянии служит надлежащей прелюдией обращения к Христу по вере, к теме которой мы и обратимся в следующей главе.

Глава 3

Веровать в Господа Иисуса Христа

Важность аспекта веры для посвящения нельзя переоценить, если только она не возводится до крайней степени, когда остальные компоненты представляются необязательными или менее существенными. Из всех «четырех духовных путей» этот является, безусловно, наиболее значимым, и без него остальные три аспекта теряют свой смысл и действенность. Вряд ли кого-либо можно было считать искренне раскаявшимся в своих грехах, если бы они не «веровали» в непреложный факт грядущего суда и возможность спасения (вероятно, поэтому апостол Петр не упоминает о вере, когда собравшиеся люди в день Пятидесятницы спрашивали его, что им делать; см. Главу 15). Ключевым элементом для принятия водного крещения является вера крещаемого в силу Божью, способную воскресить умершего и погребенного (Кол. 2:12; см. Главу 25). Также по вере человек принимает Духа Святого (Гал. 3:2). Поэтому весь процесс посвящения представляет собой применение и выражение веры. Не удивительно, что тогда самый простой ответ на вопрос «Что мне делать, чтобы спастись?» звучит так: «Веруй в Господа Иисуса Христа, и спасешься...» (Деян. 16:30-31).

Можем ли мы, даже в среде евангелистов, считать достаточно понятным элемент веры? Возможно, не во всей ее полноте. Существует ряд различных аспектов этой концепции Нового Завета, любая из которых может быть преувеличена за счет других. К примеру, словесное выражение веры крайне важно (Рим. 10:9); однако если *«исповедание веры»* принимается как достаточное доказательство того, что человек «верует», то это может привести в результате к серьезным ошибочным суждениям, пагубным для церкви и самого человека. Верой необходимо обладать и важно ее применять, но также важно ее исповедовать и провозглашать!

Существует пять базисных принципов, совокупность которых составляет полноценную веру согласно апостольскому вероучению: исторический, личный, словесный, практический и принцип непрерывности.

ИСТОРИЧЕСКИЙ ПРИНЦИП ВЕРЫ

Прописная истина гласит, что вера основывается на фактах, а не чувствах. Но эта истина хороша не во всяком употреблении, особенно в условиях экзистенциальной культуры, где лишь субъективный опыт становится пробным камнем реальности. Это привело к невероятной крайности, суть которой вера в саму веру! Многие считают, что именно *шаг* веры, а не *факты*, в которые верят люди, делают веру действенной. Вера во что-нибудь гораздо лучше, чем вера ни во что. Выражаясь разговорным языком: «Неважно, во что ты веришь, пока ты искренне веришь». Религия становится ложным успокоением!

В условиях релятивизма и легковерия, считается оскорбительным заявить о том, что действенность веры зависит от объективной реальности, а не от субъективной искренности. И, тем не менее, это — христианское заявление, которое должно быть сделано вопреки духу нашего времени. Единственная *спасительная* вера (как бы ни было возможно, или невозможно этого достичь с помощью других типов веры) основана на исторических событиях, которые уже произошли, и тех, которые грядут.

ВЕРОВАТЬ В ГОСПОДА ИИСУСА ХРИСТА

По своей сути Библия — это история мира. Описанные в ней события начинаются раньше, чем любая другая подобная летопись, прежде всего благодаря тому, что ее авторы имели доступ (через Божественное Откровение) к таким эпохам истории (в прошлом и будущем), каких не мог наблюдать или записать ни один из живущих на земле. Только Бог мог знать, как все началось, и как все закончится, поскольку Он является причиной обоих этих событий.

В настоящее время, как никогда ранее, очень важно начать с рассмотрения большого круга вопросов, касающихся веры. Раньше были времена, когда в какой-либо «христианской» стране вера в единого Бога как Создателя в прошлом и Судьи в будущем могла приниматься бездоказательно. Те времена прошли, принимая во внимание атеистическую философию и религиозный плюрализм современного общества. Стало необходимостью не только спрашивать у людей, верят ли они в Бога, но также и уточнять, в какого именно Бога они веруют!

К счастью, Библия предвидела, что будет необходимость в основополагающей вере в «благого Бога». Любой, кто стремится взыскать Бога, должен в первую очередь «верить» в Его существование, и что Он желает быть найденным (Евр. 11:6). Примечателен тот факт, что, когда апостолы проповедовали среди неиудеев (в отличие от иудеев), они без исключений стремились установить «Божьи пределы» *прежде того, как* они начинали говорить об Иисусе Христе (Деян. 14:15-17; 17:22-31).

Тем не менее, вера в Бога касается не только Его деяний по сотворению и достижению кульминационной точки в истории человечества. Вера также должна принимать факт вмешательства Бога в сердцевину истории (разделив ее на две эпохи — до нашей эры и после нашей эры), преследующую цель спасения мятежного человеческого рода. Вера подразумевает признание Божьего решения о евангелизации всех народов через один народ (иудеев) и всех людей в отдельности через одного Человека (Иудея по имени Иисус). Век релятивизма, в котором все считаются знающими *какую-то* истину, и при этом признается, что *всей* истины не знает никто, находит это «преткновение конкретности» глубоко оскорбительным. Едва ли можно найти более чуждым современной мысли, утверждение, что иудеи в целом, и один Иудей в частности, имеют монополию на спасение (Ин. 4:22; 14:6; Деян. 4:12; и т.д.). И, тем не менее, это утверждение также важно для спасительной веры.

В самой сути такой веры лежат важнейшие события, составляющие «переломный момент истории», а именно: смерть на кресте, погребение (обратите внимание насколько заметно выделяется этот факт в Писании и в Символах веры) и воскресение в теле — все они произошли с разрывом в несколько дней в жизни исторической Личности, имя которой Иисус из Назарета (1 Кор. 15:3-4 перечисляет все эти события как основополагающие для христианской веры). Эти исторические события получили свое объяснение и записаны в Библии. Вера должна включать в себя принятие не только *важности* этих событий, но и самого факта, что они *произошли*. Поскольку Иисус, Который был распят, погребен и воскрес из мертвых, доказал таким образом, что Он был тем, за Кого Он Себя выдавал — воплощенным Сыном Божьим, то эти события приобретают важность для всей истории всего человечества.

Если Бог держит всю историю под контролем, то ее ход определяется личным выбором, а не результатом обезличенного случая, согласно моральным суждениям, а не материальным силам, что противоречит популярной точке зрения о том, что история является случайным набором произвольных событий. Поскольку Бог вечен, деяния рук Его лучше видны с позиций отдаленной перспективы, чем на ближнем плане. Исключением можно считать короткий период земного пребывания Его Сына. Если в течение всей истории Бог медлил применять Свои наказания, то Его милость проявлялась сразу (эта разница сама по себе служит ключом к пониманию Его характера — Ионы 4:2). Смерть и воскресение Иисуса Христа через искупление грехов и победу над смертью стали центром истории спасения.

Эта последовательность от Бога всей истории к истории Христа стала стержневой основой веры, которую проповедовали апостолы. Например, двумя столпами проповеди Павла было свидетельство о «Царстве Божьем» и «об имени Иисуса» (Деян. 28:31); это же было главным и в проповеди Филиппа (Деян. 8:12). Поэтому «историческое» Евангелие было как *экстенсивным* («правление» Божье обладает всем миром — Пс. 104:18), так и *интенсивным* (власть Бога «сконцентрирована» в Иисусе, Который есть Господь всех). Оно также имеет *исключительный* характер по отношению к другим вероисповеданиям и религиям мира.

Очень важно сделать особое ударение на этом историческом основании спасительной веры. Социальное давление против такого утверждения сегодня настолько же велико, как и во времена Римской империи, если не больше. И все же такая вера победила мир однажды (1 Ин. 5:5) и сможет это сделать снова!

ЛИЧНЫЙ АСПЕКТ ВЕРЫ

Остановиться только на исторической стороне вопроса значило бы превратить веру в исповедание Символа веры, то есть принятие разумом определенных истин веры. Действительно, Символы веры составлялись как раз для этой цели — ради сохранения важнейшего исторического компонента (как фактов, так и их значения) для будущих поколений. Тем не менее, можно произносить наизусть слова Символов веры искренне и даже с убеждением, но без того отношения и посвященности, которые являются неотъемлемыми составляющими спасительной веры.

Все символы веры начинаются со слов от первого лица («*Я верю…*»), но их недостаток состоит в том, что они не касаются личного исповедания веры. Сказать «Я верю, что это истина» не одно и то же, что «Для меня лично это истинно». Верить в то, что Иисус Христос является Спасителем мира — не одно и то же, что верить в то, что Он является также и моим личным Спасителем. «Доказательством» об Иисусе Христе является как свидетельство, осуществляемое лично, так и косвенно через Символ веры!

Христианская вера — это вера в одну Личность, а не в серию предложений. Это не просто верить, *что* Иисус Христос умер и воскрес; это вера *в* Иисуса Христа, Который умер и воскрес. Акцент на предлоге *в* имеет существенное значение, перенося аспект веры из сферы мышления, где ей надлежит начаться, в сферу воли и желания (являющейся оплотом человека как такового и близкой к тому, что Библия называет «сердцем»). Это — переход от объективного (информация об Иисусе) к субъективному (уверенность в Иисусе). Тогда как в предыдущем параграфе мы выдвигали на первый план опасность субъективной веры без объективного содержания, теперь мы должны осознавать возможность противоположной опасности!

Примечателен тот факт, что авторы Нового Завета, в частности, Иоанн, часто используют глагол «верить» вместо существительного «вера», тем самым подчеркивая, что это, скорее, действие, а не обладание чем-то (см. ниже раздел: Смешение понятия веры и принятия Духа Святого). Несмотря на то, что они иногда подразумевают под верой «объект истины» (употребляя слово с определенным артиклем, как и со словом «вера», что характерно для «пасторских» Посланий Павла к Тимофею и Титу), общепринятый смысловой оттенок слова вера — это «отношение доверия».

Такое доверительное отношение подразумевает действие послушания. Обращение Марии, матери Иисуса, к служителям в Кане («...что скажет Он вам, то сделайте» — Ин. 2:5) является собой глубокое выражение веры в ее Сына. Говоря богословским языком: вера в Иисуса включает в себя послушание Ему как Господу и доверие Ему как Спасителю. Если мы действительно доверяем кому-либо, мы готовы без колебаний сделать то, о чем он нас попросит. (Это одна из причин, почему принятие крещения является неотъемлемой частью веры и, следовательно, спасения; открыто заявлять о том, что мы доверяем Богу, когда мы не сделали первого, о чем Он повелел, является явным противоречием, если не сущим лицемерием).

Однако даже послушание может быть обезличенным, если оно ограничено «законом Христа», о котором пишет Новый Завет. Если сутью веры становятся личные взаимоотношения с воскресшим Иисусом, лучше всего выражаемые при помощи библейского понятия «познать» человека (Ин. 17:3; Быт. 4:1), тогда соблюдение Его повелений в Писании, или даже вера в то, что Его искупительная смерть может быть применима лично и действенно, вряд ли будут способствовать поддержанию таких близких отношений. Чего-то здесь все же недостает...

СЛОВЕСНОЕ ИСПОВЕДАНИЕ ВЕРЫ

В современном мире существует такое заблуждение, что словесное озвучивание своего желания способно привести к его материализации (призывы, подобно таким как «Произнесите это», «Заявите об этом!»), психологически воздействуя на самого человека или оказывая парапсихологическое влияние на других. Это имеет больше общего с языческим понятием так называемых священных сил, свойственных естественному человеку, чем с верой в Бога Библии. Тем не менее, в такой философии есть доля правды — а именно, наши слова усиливают и отражают наши мысли.

Новый Завет дает ясное учение о том, что вера должна исповедоваться словами. Но ударение делается не на человека, чьими устами они произносятся; главным являются те личности, *к* кому они обращены. Простое воплощение в слова может быть выражено в уединении, хотя разговор с самим собой (каким бы поучительным и благоприятным процессом это ни было бы!) обычно не считается признаком психического здоровья, еще меньше способом, приносящим какую-либо пользу в духовном смысле. Спасительная вера выражается посредством разговора с другими. Только будучи произнесены вслух, чтобы быть услышанными теми, к кому они обращены, и только благодаря тому, что они будут услышаны, слова веры становятся действенными.

Самым основным примером такого словесного выражения является непосредственное обращение к имени Иисуса, когда человек ищет спасения. С этой целью в своей первой проповеди в день Пятидесятницы апостол Петр цитирует пророка Иоиля («... всякий, кто призовет имя Господне, спасется» — Иоил. 2:32 в Деян. 2:21), и вскоре из его проповеди станет очевидным истолкование, что это пророчество относится к Иисусу Христу. Поразительно, насколько часто далее в книге Деяний мы встречаем обращение к *«имени»* Иисуса (2:38; 3:6; 4:7,10,12,17,18,30; 5:28,40,41, и т.д.). Другие непрямые ссылки указывают на то, что новых учеников поощряли «призывать» имя Иисуса Христа, особенно в момент их крещения (Деян. 22:16).

В Евангелиях мы находим массу примеров, когда мужчины и женщины именно так и поступали. Классический пример этому эпизод со слепым Вартимеем, который не хотел молчать и взывал к Иисусу, пока Он не услышал его (Мк. 10:46-52); ответные слова Иисуса Христа «Иди, вера твоя спасла тебя» не должны пониматься так, будто взыванием к Богу этот человек исцелил себя самого, но так, что те определенные слова, с которыми он обратился, были средством проявления исцеляющей силы Иисуса для его тела. Возможно, авторы Евангелий записали так много подобных историй именно для того, чтобы призвать последующие поколения христиан делать так же, несмотря на то, что у них не будет возможности видеть и слышать Иисуса физически — в конце концов, слепой из Иерихона тоже не мог видеть Иисуса!

ВЕРОВАТЬ В ГОСПОДА ИИСУСА ХРИСТА

Обратиться к имени Иисуса — значит выразить веру в Его присутствие сейчас и Его существование в дальнейшем. Именно потому, что Он жив и присутствует повсюду Духом Своим Святым, такие слова веры становятся действенными. Слова «Я воззвал к Господу, и Он услышал меня...» настолько же истинны по отношению к Иисусу Христу в Новом Завете, как и к Яхве в Ветхом Завете.

Маловероятно, что совместное чтение молитв во время богослужений можно было определить как «слово веры». Одному Господу ведомо, сколько членов собрания, повторяющих «Господи Иисусе, помилуй нас» во время определенной части богослужения, действительно ищут найти милость к себе (или просто осознают, насколько они в ней нуждаются). Повторение чужих слов, если только они не приходят на ум спонтанно, вряд ли могут быть искренним воплем души, взывающей к Богу о помощи (см. Главу 31 о критике использования «молитвы покаяния» в евангелизации). «Взывать» — значит повышать голос от уровня его естественного звучания до уровня сильного беспокойства при осознании реальной опасности. Говоря кратко, это — крик о крайней нужде в «спасении».

Слова апостола Павла о необходимости воплощения веры в слова являются, пожалуй, наиболее широко цитируемыми: «Ибо, если устами твоими будешь исповедывать Иисуса Господом и сердцем твоим веровать, что Бог воскресил Его из мертвых, то спасешься; потому что сердцем веруют к праведности, а устами исповедуют ко спасению» (Рим. 10: 9-10). Но эти слова требуют осторожного истолкования. Здесь Павел применяет к Евангелию принцип, который изначально приписывался Моисеем закону (Втор. 30:11-14). Связующим звеном между ними служит слово «праведность», которая требуется по закону и предлагается Евангелием. И в первом, и во втором случае, эта «праведность» не является каким-то недостижимым стандартом, но настолько близка к человеку, как слова на его устах; и, действительно, выражение праведности в словах — это первый шаг к ее достижению (ср. Нав. 1:8). В случае с праведностью по закону, она содержит в себе перечисление положений закона Моисеева; а в случае с праведностью по вере, она касается исповедания Иисуса Христа Господом. Следует отметить, что заповеди закона были замещены Иисусом «путем» праведности.

Но вот вопрос, «исповедовать» перед кем? Большинство людей, прилежных исследователей Библии, слишком поспешно приходят к предположению, что это относится к исповеданию перед людьми, либо в форме символа веры с другими верующими (те переводы Библии, в которых фраза «Иисус есть Господь» стоит в скобках, вызывают вопросы), либо в форме простого свидетельства неверующим людям. Однако контекст говорит о том, что нужно верить в Господа и призывать Его имя (см. стихи 11-13), и поэтому в первую очередь это касается обращения к Самому Иисусу Христу как Господу (что Павел и сделал по дороге в Дамаск — Деян. 22:8,10).

Однако два направления такого «исповедания» не являются взаимоисключающими. Возможно, Павел сам имел двоякий взгляд на его применение. Исповедание Иисуса Господом перед Ним требовало, чтобы за этим последовало такое же исповедание перед лицом других, особенно тех, кто еще не уверовал, и, тем не менее, однажды будет вынужден признать Его положение «выше всякого имени» (Флп. 2:9-11). И Евангелия, и Послания объединяет основная идея о том, что наше исповедание взаимоотношений с Христом перед людьми, и Его исповедание взаимоотношений с нами перед Его Отцом, очень тесно переплетены (Мк. 8:38; 2 Тим. 2:11-13).

Исповедание нашего признания Иисуса Христа Господом непосредственно Ему Самому является актом веры, позволяющим иметь Его праведность в нашей жизни; исповедание веры перед другими — это акт веры, говорящий о том, что она крайне необходима в нашей жизни! Такое исповедание может стать самым первым истинным «актом» веры, сделанным учеником Христа, но он не должен стать последним его шагом.

ВЕРОВАТЬ В ГОСПОДА ИИСУСА ХРИСТА

ПРАКТИЧЕСКИЙ АСПЕКТ ВЕРЫ

Мы уже отметили, что вера больше связана с действием, чем с обладанием (с чем связано предпочтение в использовании в Новом Завете глагола и его форм, а не существительного). В Евангелии от Иоанна мы находим интересный диалог между Иисусом и множеством людей, которые спросили Его: «Что нам делать, чтобы творить дела Божии?», и Он ответил: «...вот дело Божие, чтобы вы веровали в Того, Кого Он послал» (Ин. 6:28-29). Современный евангелист, возможно, бы, ответил так: «Вам не нужно даже пытаться что-то делать; просто верьте»! Но это будет слишком упрощенным объяснением этой истины. Верить — значит «покориться вере» (Деян. 6:7). Вера Нового Завета — это очень практичное понятие.

К большому сожалению, слово «дела» получило очень негативную окраску, в особенности среди тех, кто строит свое вероучение в целом, если не полностью, на учении Павла. Само по себе это слово имеет вполне нейтральный смысл, и принимает положительный или отрицательный оттенок только в связи с другими понятиями. Очень важно осознавать, что в большинстве случаев Павел говорит о «делах закона» и решительно осуждает любую мысль о том, что таковые могли вмениться верующим людям в заслугу (не говоря уже о том, чтобы достойно ее достичь!), особенно, что касается оправдания, т.е. того, как Бог приемлет нас. И хотя мы не можем быть спасены *посредством* таких дел (Еф. 2:9), Павел равным образом подчеркивает, что спасены мы *на* «добрые дела» (Еф. 2:10). Мы можем быть настолько одержимы неправильным представлением о «делах закона», что не замечаем правильного места «делам любви», «добрым делам», и, что актуально для нас здесь, — «делам веры» в нашей жизни.

Дело в том, что значение слова «дело» состоит в «действии». Оно относится к осуществлению чего-то на практике. Именно этот смысл вкладывал Иаков в свои слова, когда говорил, что «вера без дел [действий] мертва» (Иак. 2:20), и что она бесполезна для спасения кого-либо! Иаков не противоречит здесь Павлу, а дополняет его мысль, когда говорит: «Но скажет кто-нибудь: "Видите ли, что человек оправдывается делами, а не верою только?"» (Иак. 2:24 — стих, ошибочно рассматриваемый как противоречащий таким стихам, как Гал. 2:16). Павел рассуждает о «делах закона», а Иаков говорит о «делах веры». Столь различные примеры, которые Иаков выбрал для иллюстрации своей мысли (блудница Раав и патриарх Авраам), показывают, что нравственное состояние не бралось им во внимание. Но своей верой в Бога они оба рисковали всем своим будущим (мы вернемся к этому более подробно в Главе 28).

Иаков настоятельно подчеркивает ту мысль, которую выразил ранее в той же 2-й главе о том, что исповедания вероучения самого по себе недостаточно для спасительной веры, если она не имеет практического выражения. Иаков обращает наше внимание на то, что бесы тоже веруют в Бога, но они не верят Богу (Иак. 2:19)! Павел и Иаков согласились бы в том, что *«оправдание возможно только посредством действующей веры»*. Спасительна только та вера, которая действует.

Еще одним автором Нового Завета, внесшим неоценимый вклад в наше понимание аспекта практичности веры, стал неизвестный автор Послания к евреям. (См. главу 27, где рассматривается исторический фон и цель написания этого уникального Послания). Одиннадцатая глава Послания к евреям является классической экспозицией природы веры, не только того, чем она является — «осуществление ожидаемого и уверенность в невидимом» (ст. 1), но и (в большей степени) того, что вера может творить, превращая то самое невидимое — в видимое, будущее — в настоящее, небесное — в земное, «там и тогда» — в «здесь и сейчас».

Все примеры, которые приводит автор, являются «делами веры», которые *совершали* мужи и жены, потому что доверяли Господу: Авель принес лучшую жертву; Ной приготовил ковчег; в возрасте восьмидесяти лет Авраам сменил дом на шатер, родил сына от жены в преклонных годах, и был готов принести его в жертву; Исаак и Иаков оставили в наследство своим сыновьям состояние, которым им не суждено было владеть; Иосиф завещал похоронить его в земле, которую не видел с отрочества; родители Моисея рисковали жизнью, укрывая своего младенца от посягательств на его жизнь со стороны фараона и египтян; Моисей оставил царский дворец, чтобы вести свой порабощенный народ и оказаться в западне между войском фараона и морем; Иисус Навин, ходивший вокруг стен Иерихона; Раав, сокрывшая соглядатаев у себя в доме и т.д.

Здесь не сказано ни единого слова о том, что все они думали или как относились к своей вере; автор говорит только о том, что они сделали благодаря своей вере. Несмотря на то, что все приведенные примеры относятся к истории Израиля (что соответствует названию Послания «к евреям»), они являются образцом и для христианской веры — на самом деле ожидая, чтобы и христиане поняли это (ст. 40)! Внутренняя уверенность в будущем этих героев веры имела доказательство в их образе действий в настоящем.

Другими словами, вера означает не только *принятие* истины Божьего Слова; она означает также *действие* согласно этой истине. Здесь всегда есть доля риска: если оно не истинно, будут потери в будущем; если оно истинно, будут приобретения в будущем. Необходимо проявлять доверие и послушание, пока вера не станет видимой. Обратите внимание на удивительное утверждение в ст. 13: «Все они умерли в вере», что подтверждает описание характера веры.

НЕПРЕКРАЩАЮЩИЙСЯ ХАРАКТЕР ВЕРЫ

В своей сути вера также имеет свойство *продолжаться* на основании Божьего Слова, как долго ни пришлось бы ждать для исполнения обетований. Вот почему все то же Послание к евреям далее увещевает верующих следовать примерам святых Ветхого Завета и «*с терпением* проходить... поприще»,

НОРМАЛЬНОЕ РОЖДЕНИЕ ХРИСТИАНИНА

взирая на Иисуса Христа, «начальника и совершителя их веры» (то есть Того, Кто стоял у ее истоков и свершил ее до конца), Того, Кто пошел на смерть и претерпел до конца ради радости, которая Ему предстояла (см. Евр. 12:1-2).

Особое ударение на непрекращающийся характер веры делается уже в Ветхом Завете. В ответ на опасения Аввакума о том, что нависший над Израилем Божий суд (Вавилонское вторжение) не будет разбирать между горсткой праведников и множеством беззаконников, Бог заверил его, говоря: «... праведный своею верою жив будет» (Авв. 2:4). Слово, переведенное как «вера», не совсем обычно для Ветхого Завета. В разных контекстах оно обозначает «верность», «надёжность»; «сохранение преданности кому-то» (еврейское слово *emunah*). Оно описывает нечто, чья целостность будет нарушена, если не будет им поддерживаться.

Слово «жить» в этом контексте означает буквально «пережить грядущий суд». Слово «праведный» относится к тем, кого Бог (не человек) считает праведным в Своих глазах. Поэтому этот текст в книге Аввакума можно перефразировать следующим образом: «Те, кого Бог считает праведными, переживут грядущий суд, *сохранив веру* в Него». Пророк сам был одним из тех, кто сохранил свою веру в Бога Израиля во время бедствия, даже когда халдеи уничтожали все растения и скот, что было их беспощадной политикой захвата чужих земель (Авв. 2:17; 3:17-18).

Этот «золотой стих» из книги Аввакума часто цитируется в Новом Завете (столетия позднее, во времена Реформации его использовали в качестве боевого клича). Когда этот стих используется в апостольских посланиях, ударение делается на непрерывный характер веры, сохранение веры в Бога. Именно поэтому Павел цитирует этот стих («вера от начала до конца» или «от веры в веру» — Рим. 1:17), что совпадает с позицией автора Послания к евреям («а если [кто] *поколеблется*», где применяется морской термин, означающий «*спускать паруса*» — Евр. 10:38).

ВЕРОВАТЬ В ГОСПОДА ИИСУСА ХРИСТА

Как на еврейском, так и на греческом языке «вера» и «верность» — это одно и то же слово (*pistis*). Оно переводится в первом случае, как дар Духа (1 Кор. 12:9), а в другом, — как плод Духа (Гал. 5:22). На самом деле, иногда трудно понять, какое из этих двух значений использовано, поэтому смысл нужно понимать из контекста. Быть исполненным верой — это то же самое, что быть «верным».

Еще один указатель на такую характеристику веры, как ее непрерывность, находим в грамматических временах греческого глагола «верить». Когда речь идет о самом первом шаге веры, с которого начинается новая жизнь верующего, глагол ставится в форме аорист, выражая однократность события или момента (примеры этому находим в Деян. 16:31; 19:2). Однако во многих других случаях этот глагол используется в настоящем времени, указывая на продолжающееся действие или настоящее (в отличие от прошедшего) состояние. Иоанн особенно любил использовать эту вторую форму: «Ибо так возлюбил Бог мир, что отдал Сына Своего Единородного, дабы всякий верующий [т.е. *продолжающий* верить, или верующий *в настоящее время*] в Него, не погиб, но имел [здесь и сейчас, а не в будущем — см. стих 36] жизнь вечную» (Ин. 3:16); «... вот дело Божие, чтобы вы веровали [т.е. *продолжали* верить] в Того, Кого Он послал» (Ин. 6:29); «Сие же написано, дабы вы уверовали [*продолжали* верить, или верили], что Иисус есть Христос, Сын Божий, и, веруя [*продолжая* верить], имели [продолжали иметь] жизнь во имя Его» (Ин. 20:31). (Обратите внимание, что употребление этих грамматических форм делает Евангелие от Иоанна более применимым для верующих, чем для еще неверующих, поскольку его целью было то, чтобы его читатели скорее сохранили, чем обрели веру; это объясняет тот факт, что это Евангелие было написано позднее трех остальных).

Павел никогда не полагался только на свой шаг веры в *прошлом*, который произошел по дороге в Дамаск. В середине своего жизненного пути он полагался на свою веру в *настоящем*. «А что ныне живу во плоти, то живу верою в Сына

Божия...» (Гал. 2:20). А в конце своей жизни он мог сказать, что «веру сохранил» (2 Тим. 4:7). Проповедуя Евангелие, Павел часто предупреждает о необходимости «пребывать» в вере (Деян. 11:23; 14:22; Рим. 11:22; 1 Кор. 15:2; Кол. 1:23; 1 Тим. 2:15). С прискорбием он говорит о тех, кто «уклонились от веры (1 Тим. 6:10,21), или даже «потерпели кораблекрушение в вере» (1 Тим. 1:19). Неудивительно, что Павел увещевает коринфян словами: «Испытывайте самих себя, *в вере ли вы?* [подразумевается в настоящем времени]; самих себя исследывайте» (2 Кор. 13:5).

Смысл этого свидетельства понятен: истинная вера подразумевает «сохранение веры». Истинная вера — это то, с чем мы останемся в итоге, а не то, с чего мы начали. Мы получаем оправдание в момент нашего уверования, но освящение и пребывание во славе зависит от долговечности нашей веры. (Смысл этого в отношении понятия «спасен однажды, спасен навсегда» будет обсуждаться более подробно в Главе 27, где будут рассматриваться стихи из Послания к евреям об отступничестве, а также в главе 36, которая решает вопрос, когда человек может считать себя «спасенным»).

Спасительная вера — это не просто один *шаг*; это — *хождение*, то есть целая последовательность шагов, ведущих из этой жизни в будущую (1 Кор. 13:13). Однажды уверовавший в Господа Иисуса Христа, свой следующий шаг веры проявляет посредством желания принять водное крещение.

Глава 4

Принять водное крещение

Вопрос включения крещения как неотъемлемого элемента процесса христианского посвящения вызывает беспокойство в широких кругах. У некоторых вызывает опасение факт *человеческого* участия, который открывает дорогу теории о «спасении по делам», подрывая доктрину «оправдания только по вере». Но, как мы уже отметили выше, такие наблюдатели вполне приемлют «включение» в процесс посвящения таких элементов, как покаяние, вера и словесное исповедание. Дело в том, что истинное волнение по поводу крещения лежит глубже и вызывает общую обеспокоенность по поводу «необходимости» крещения.

Основная проблема состоит в том, что крещение представляет собой явное *физическое* действие, в то время как христианское посвящение считается по своей сути понятием «духовным». Каким образом вещественный ритуал может оказать влияние на нравственные реалии (или даже символизировать их)? Безусловно, нам не нужно долго думать, чтобы вспомнить, что остальные три элемента также имеют отношение к физическому проявлению. Покаяние может включать использование таких материальных реалий, как одежда (Лк. 3:11), денежные средства (Лк. 19:8) и книги (Деян.

19:19). Вера может включать использование языка («уста») (Рим. 10:10, что делает его «неотъемлемым» для того, чтобы получить спасение). Принятие Духа Святого много раз происходило посредством возложения рук (Деян. 8:17, 9:17; 19:6). Однако эти три элемента все же имеют «ощущение» более духовного, чем физического! Но почему это должно быть такой проблемой?

Неспособность установить связь между физическим и духовным началом в мироздании приобретает характер эпидемии в Западном мире, уходя своими корнями в одно из направлений греческой философии, которой было характерно разделение физического и духовного «миров». Это мышление серьезно повлияло на мировоззрение греков, которое привело к двум крайностям: терпимости с одной стороны, и аскетизму — с другой. Это нанесло ущерб также верованиям греков, что нашло выражение в великом споре о том, что является более «реальным» материальный мир (по Аристотелю) или духовный (по Платону). На Западе «мирское» мышление приняло философию Аристотеля, в то время как «духовная» мысль последовала за Платоном. Это все привело к непомерной «спиритуализации» в христианстве (по случайной иронии, имеющей много общего с восточным мистицизмом). Такое понимание лежит в основе определения «таинства» как «видимого знака, внешним образом выражающего внутреннюю (духовную) благодать». Очень многие считают крещение «чисто» символическим действием, в то время как его «реальная» составляющая — всецело «духовная». Такое разделение между «внешним» и «внутренним» аспектами идет дальше, предлагая возможность иметь «духовную реальность» крещения без исполнения физического ритуала.

Есть и такие, кто искренне верит, что сам Новый Завет побуждает к такому последовательному разделению (дихотомии) между физическим и духовным «мирами». Взяв пророческие высказывания Ветхого Завета, в которых делается ударение больше на реальность, чем на ритуал (например,

ПРИНЯТЬ ВОДНОЕ КРЕЩЕНИЕ

см. Ис. 58:6-7 и Ос. 6:6), они усматривают кульминацию такой тенденции в том, что Иисус Христос относился к внешним ритуалам омовения, как не имеющим важного значения (Мк. 7:1-23) при Его настойчивом требовании содержать в чистоте сердца. Подобным образом пророческое понятие «обрезания сердца» (Втор. 10:6) было подхвачено апостолом Павлом (Кол. 2:11). Но больше всего такие люди находят подтверждения своим идеям в Послании к евреям, где сравниваются «земные» материальные «явления» из «первого» завета (скинии, жертвенники, жертвы, священство, одеяния, курения, и т.д.), и противоположные им «небесные» духовные — из «нового» завета. Вывод соответственно делается такой, что верующие должны обращать внимание на духовное, забывая о материальном.

Но это не полная истина, касающаяся «нового» завета. Иисус Христос, Который подвергал критике иудейские предания об омовении перед принятием пищи, Сам же дает заповедь о крещении всем Своим последователям (Мф. 26:17; см. Главу 7 книги). Тот же Павел, который говорил об «обрезании сердца», связывал его с крещением (Кол. 2:11-12; см. главу 25 книги). Тот же автор Послания к евреям, говоривший о необходимости приступать к Богу «с искренним сердцем и полною верою», добавляет: «омыв *тело* водою чистою» (Евр. 10:22; см. Главу 27 книги). Заметим, что все эти три новозаветных автора были иудеями, а не греками. Учение же иудеев было лишено античного греческого заблуждения о разделении духовного и физического миров, поскольку Господь, будучи Духом, сотворил материальный мир для принятия и пользования им. Библия осуждает аскетизм как ересь! Сексуальные взаимоотношения имеют духовную важность (только греки верили, что безбрачие являлось более возвышенным состоянием, чем брачные отношения).

В Писании материальные вещи указываются не только в качестве удачных метафор и подходящих аналогий для обозначения духовных вещей; физическое может быть фактическим средством передачи духовного. Так, этот принцип был обоснован с самого начала сотворения, начиная с древа жизни и древа познания добра и зла, растущих в Едемском саду, и праха, из которого создан был человек, и завершая брением, используемым Иисусом для исцеления слепых. Физическая сущность находит высшее выражение в самом процессе воплощения, когда Слово стало плотью. Именно *Телом Своим* Иисус вознес наши грехи на древо (1 Пет. 2:24), и именно воскресение *Его Тела* принесло надежду на вечную жизнь. Не удивительно, что христианство было названо «самым материалистическим из всех религий в мире» (это высказывание приписывают архиепископу Англиканской церкви Уильяму Темплу).

Нет ничего удивительного в том, что Господь повелевает Его последователям исполнять две физические заповеди, одна из которых связана с началом жизни ученика Христа, а другая — с ее продолжением. И та, и другая имеют огромное влияние. Что касается Вечери Господней, Павел подробно описывает, какие положительные стороны имеет исполнение «причастия», а также негативные последствия «осуждения», которые проистекают из нарушения этой «заповеди» (1 Кор. 10-11).

Разобравшись в том, какое определение данной «заповеди» давали греки, попытаемся теперь дать ей иудейское определение! Это *физическое действие, имеющее духовный эффект*. Помня об этом, мы можем приступать к учению о крещении и его месту в посвящении верующего, поставив четыре основных вопроса: где, как, зачем и когда люди принимали крещение?

ГДЕ ПРИНИМАЛИ КРЕЩЕНИЕ?

Каковы истоки данного обычая? Кто первый начал его проводить?

Идея ритуала омовения имеет практически универсальный смысл — от омовения новобрачного перед вступлением в

ПРИНЯТЬ ВОДНОЕ КРЕЩЕНИЕ

брак, древней и широко распространенной традиции, до симптома тщательного мытья рук, с которым сталкиваются современные психиатры. Однако, когда же омовение стало именно религиозным актом, и каковы истоки совершения крещения ранней христианской церковью?

Маловероятно, что истоки водного крещения в Новом Завете берут начало в язычестве (хотя возможно, что такое крещение, принятое у язычников, имеется в виду при упоминании крестящихся «для мертвых» в 1 Кор. 15:29; см. Главу 24). Более вероятной версией можно считать то, что крещение происходит от иудейской традиции. Нет сомнения, что Ветхий Завет содержит детали обрядовых омовений, в особенности в случае с обрядами, существовавшими для священников. В пророческих книгах мы также встречаем призывы к очистительному омовению людей (обратите внимание на выражение «чистою водою» в Иез. 36:25).

Об этом свидетельствуют и ритуальные купели, найденные среди поселений ессеев в Кумране, что представляло собой, по крайней мере, одно звено в иудейской традиции обыкновенного омовения с погружением в воду. При этом поражает схожесть этой практики, осуществляемой Иоанном Крестителем и Самим Иисусом как географически, так и во временном отношении. Тем не менее, несмотря на некоторую схожесть идей, нет ни одного доказательства прямой связи между ними, в особенности в умах тех людей, которые были крещены в Иордане. Похоже, что они видели себя отчужденными не от своего общества, а от своих грехов — в ответ на первый пророческий призыв за многие столетия (обратите внимание, что Иоанн Креститель перенял стиль одежды у пророка Илии) и провозглашение близкого пришествия Мессии.

Многие богословы усматривают прецедент в иудейском крещении «прозелитов», нашедшем свое развитие в Диаспоре («рассеянное» сообщество евреев, живущих за пределами их страны) как средство обращения язычников и принятие их в качестве полноценных членов иудейской общины.

НОРМАЛЬНОЕ РОЖДЕНИЕ ХРИСТИАНИНА

Однако самые ранние конкретные свидетельства существования такой практики уходят корнями во времена первого века нашей эры, поэтому неизвестно имела ли место эта практика во время жизни Иисуса Христа на земле. В любом случае, имели место реальные различия между иудейским и христианским видами крещения. Первое сопровождала процедура обрезания; оно осуществлялось человеком самостоятельно; крестили целые семьи, исключая детей, рожденных после крещения семьи; и, самое главное, оно предназначалось для снятия расового осквернения, а не нравственного греха. Если этот вид крещения был известен еще до того, как Иоанн Креститель начал свое служение, то насколько оскорбительным должно было быть для *Иудеев* требование совершать его?

Несмотря на весь этот исторический фон, нас трудно будет ввести в заблуждение, если мы будем рассматривать крещение как изначальную практику, введенную Иоанном Крестителем при непосредственном откровении и повелении ему Богом. Это позволит нам иметь верный ориентир, несмотря на то крещение, которое могло быть легко воспринято на фоне всех существовавших в то время физических и духовных омовений водой.

Выдающаяся особенность проповеди и совершения обряда крещения Иоанном Крестителем состоит в сильном упоре на *нравственное* его содержание. Он провозгласил долгожданную новость о том, что Царство Божье (правление, не имеющее границ) вот-вот ворвется в историю человечества, принеся с собой такие стандарты праведности в жизнь людей, благодаря которым необходимыми условиями принадлежности к этому Царству станут покаяние и прощение грехов. Иоанн Креститель понимал акт погружения в Иордан (см. следующий раздел) и как крещение покаяния, и как провозглашение прощения грехов (Мф. 3:11; Мк. 1:4; Лк. 3:3).

Связь между крещением Иоанна и последующей практикой крещения христианами двояка. Во-первых, Иисус Сам принял крещение от Иоанна, хотя для Иисуса Христа это было актом «исполнения правды», а не покаяния (Мф. 3:15). Такое подчинение креститься от Иоанна и Его слова служат упреком тем, кто считает крещение необязательным! Во-вторых, когда Иисус вышел на служение, Он Сам продолжал крестить других людей. На самом деле, мы встречаем, что однажды Иоанн и Иисус крестили в одной и той же реке на расстоянии нескольких миль друга от друга, что привело к возмутительному соперничеству между двумя группами (Ин. 3:22-26). В действительности, Иисус не крестил людей лично, а поручил это Своим ученикам (возможно, по той же причине Петр и Павел отдавали это в руки своих помощников — ср. Ин. 4:2 с Деян. 10:48 и 1 Кор. 1: 14-17).

Удивительно, но почти за весь период земного служения Иисуса Христа мы не находим ни одного упоминания о крещении, даже когда Двенадцать и Семьдесят были посланы с миссией в разные места. Тем не менее, оно встречается как раз перед последними наставлениями Иисуса апостолам в промежутке между Его воскресением и вознесением. Отчетливое включение повеления о крещении в Великое Поручение (Мф. 28:19; ср. Мк. 16:16) является более чем достаточным объяснением его всеобщего исполнения в период Ранней церкви. К тому времени, как мы это скоро увидим, значение практики крещения претерпело значительное развитие, однако, способ и метод его совершения остались неизменными.

КАК ОСУЩЕСТВЛЯЛОСЬ КРЕЩЕНИЕ?

На картинах, изображающих Иоанна Крестителя, совершающего крещение в Иордане, верующие художники последних столетий часто представляют крещаемых, стоящими в воде по колено, или выше, иногда по пояс, а Иоанна, окропляющим их головы водой из раковины моллюска. Такие полотна являют собой некий компромисс между тем, что записано в Библии и более поздней канонической традицией, практикующей погружение в воду нижней части туловища и обливание верхней! Насколько же важно читать Писание, не одевая «очки традиции»!

В Новом Завете ясно говорится, что как Иоанново крещение, так и крещение апостолами осуществлялось полным погружением в воду (более удачно даже будет сказать «погружением с головой»). Иоанн избрал конкретный участок реки Иордан, так как была нужна определенная глубина или «много воды» (Ин. 3:23). Мы читаем, как Филипп и евнух Ефиоплянин «сошли в воду» (Деян. 8:38). Существует возражение, что в Иерусалиме не было достаточно большого водоема для крещения трех тысяч людей одновременно, однако это противоречит существованию таких мест, как купальни Вифезда и Силоам — кроме того, мы не встречаем в Писании упоминания о том, что все это множество народа находилось в воде одновременно!

Само слово «крестить» означает именно такое полное погружение. В новозаветные времена это слово не стало *определяющим* термином для обозначения церковного обряда. Это было обыкновенное греческое слово (*baptizein*), имеющее *описательный* характер. Оно использовалось для описания тонущего корабля (а не его спуска на воду!), окунание чаши в сосуд с вином, пропитывание ткани в емкости с красителем. Оно использовалось в таких контекстах, где бы мы употребили такие слова как: «промокание», «погружение», «ныряние», «окунание», «потопление»; или «пропитывание», «впитывание»; а также глагол «затоплять», «вымачивать», «промокать насквозь». Это же слово использовалось в метафорическом значении «переполнять» (о чувствах). Иоанн был назван «Крестителем» (*«the Baptist»*) не потому, что это был некий титул, и еще в меньшей степени это означало принадлежность к одной из деноминаций, которая получила такое название. Это было описательное прозвище Иоанна, означавшее «Погружающий», «Окунающий» (такое же описание мы встречаем об Иисусе, «крестящем» Духом

ПРИНЯТЬ ВОДНОЕ КРЕЩЕНИЕ

Святым — Ин. 1:33; поэтому Иисуса можно считать таким же Крестителем, как и Иоанна!).

Значение понятия крещения постигалось на протяжении целых веков. Даже когда его стали употреблять для крещения младенцев (см. Приложение 1), первоначально их погружали в воду полностью (об этом свидетельствуют размеры купален времен Средневековья). Греческие православные церкви до сих пор крестят младенцев способом *погружения* (трижды во имя трех Лиц Троицы!), возможно, по той причине, что они знают греческий язык! Сущей трагедией можно назвать то, что в наших переводах Библии это слово редко переводится на английский язык. Оно лишь является транслитерацией греческого слова, подчиненного правилам английской орфографии, (прим. пер. английское слово baptism (крещение) заимствовано из греческого языка и имеет тот же корень, что и греческий эквивалент). В действительности, теперь его значение приобрело настолько формальный смысл, что оно почти утратило свое первоначальное значение. Словосочетание «крещение окроплением» для грека имело бы столько же смысла, как квадратный круг или горячий снег!

Для крещения в Новом Завете была нужна вода и даже «много воды», однако для этого требовались также и *слова*. Иоанново крещение требовало от крещаемого словесного исповедания конкретных грехов (о чем мы уже говорили в Главе 2). При крещении, преподаваемом апостолами, крещаемый должен был «призвать» имя Иисуса Христа. Те, кто крестил, также должны были крестить *во* имя Господа Иисуса (Деян. 19:5). Похоже, что не было какого-то определенного догмата, на чем все чаще настаивают сегодня, кроме обязательного включения имени «Иисус» (см. Главу 7, где подробно рассматривается странное разногласие между тринитарным «именем» в Евангелии от Мф. 28:19 и «унитарным» использованием имени Иисуса Христа в книге Деяний).

И, наконец, что касается метода крещения. В то время, как акт крещения никогда не осуществлялся самостоятельно, его действенность, по-видимому, зависела больше от духовного состояния крещаемых, чем их крестителя (Иисус Христос был крещен человеком, который сам не был крещен — Мф. 3:14).

ПОЧЕМУ НУЖНО ПРИНИМАТЬ КРЕЩЕНИЕ?

Мы уже отметили, что Иоанново крещение подразумевало крещение покаяния и содержало в себе заявление о прощении грехов. Такая двойственная цель крещения явственно перенесена в осуществление заповеди крещения христианами (Деян. 2:38-39). Однако дополнительную новую силу эта практика получила лишь после смерти, погребения и воскресения Иисуса Христа.

Крещение как баня очищения для тех, кто нечист

Крещение осуществлялось для омовения грехов (Деян. 22:16, Еф. 5:26; Евр. 10:22). Его очищающее действие имело больше внутренний, чем внешний характер; очищение совести, а не тела (1 Пет. 3:21). Даже такое описание процесса крещения выходит за рамки понимания его Иоанном Крестителем. Однако совершенно новую его сторону раскрывает следующая концепция.

Крещение как погребение для тех, кто мертв

Необходимой прелюдией к крещению должна быть необходимость «отвержения себя», как это сделал Иисус Христос, и сораспятия Ему. Это и было тем «обрезанием нерукотворным», о котором говорил Павел (Кол. 2:9-12; см. Главу 25). «Погребение» в воде является важнейшим связующим звеном между смертью для прежней жизни верующего и его воскресением для новой жизни (Рим. 6:4; Кол. 2:12; 1 Пет. 3:21). Насколько же соответствует такое значение акту полного погружения в воду — погружение с головой и появление из воды, т.е. погребение и воскресение (все остальные способы крещения сосредотачивают свое внимание больше на аспекте омовения, чем на аспекте погребения).

ПРИНЯТЬ ВОДНОЕ КРЕЩЕНИЕ

Очень примечательным фактом является то, что во всех ссылках на крещение в Новом Завете их формулировка имеет больше практический, чем символический характер. Это не символ водной «бани», это *действительно* омовение. Это не просто подобие погребения; это *не что иное, как* погребение. «Знак» в действительности несет в себе осуществление того, что он символизирует. Когда крещение понимается просто как символ, указывая на духовную реальность вне его, это открывает путь суждению о том, что оно указывает на нечто, что может «произойти» в другой раз, либо до крещения (в случае крещения уже уверовавших) или намного позднее (в случае крещения младенцев). (Одной из лучших работ по вопросу практического понимания крещения является книга G. R. Beasley-Murray *Baptism in the New Testament* (Eerdmans, 1962), хотя она и не проводит четкого различия между водным крещение и крещением Духом).

Формулировка, описывающая, что же происходит во время самого крещения, в Новом Завете имеет как характер *совпадения*, так и его совершения. Это делает ударение на *Божественное* проявление во время крещения, а не человеческое участие. Рассматривать его только как «акт послушания» или «свидетельства» (что-то вроде доказательства выхода из воды) означало бы упустить главную его цель. Крещение — суть «средство благодати», средство *спасительной* благодати. В отношении крещения авторы книг Нового Завета без колебаний и сомнений использовали слово «спасает» (Мк. 16:16; Деян. 2:40-41; 1 Пет. 3:21 — из всех трех последний стих является самым сильным заявлением, благодаря словам заверения, что «крещение спасает...»). В этой «бане возрождения» (Тит. 3:5; см. Главу 26) происходит «рождение от воды» (Ин. 3:5; см. Главу 10).

Неудивительно, что апостолы ассоциировали этот акт с предшествуюшими событиями истории искупления. Петр видел подобие христианского крещения в событиях потопа Ноя, когда Ной и его семья были посредством воды отделены от развратившегося общества, живущего вокруг них

(1 Пет. 3:20; см. Главу 29). В свою очередь Павел сравнивает христианское крещение с переходом Израиля через Чермное море (1 Кор. 10:1-2). Трудно не прийти к заключению, что по отношению к фараону переход Израильтян через Чермное море является тем же, что и по отношению к сатане принятие христианином водного крещения (несомненно, «грех не должен над нами господствовать» после крещения — Рим. 6:11-14). Суть этой заповеди состоит в порыве с прошлым и началом новой жизни с чистого листа.

Некоторым читателям будет довольно трудно принять это и, несомненно, они будут подозревать меня в проповедовании чудовищной доктрины «возрождения через крещение». Однако боязнь такого искажения может привести к низведению этого действия до простого символа. Избежать такого заблуждения поможет напоминание о том, что в Новом Завете мы не встречаем ни единого намека на то, что крещением самим по себе могут достигаться выше упомянутые результаты как внутри человека, так и на внешнем уровне (практическое описание этой механической, даже в чем-то магической, идеи заключено в латинской фразе *ex opera operato,* что означает «в силу содеянного»). Крещение становится «действенным» только при условии достижения самим человеком определенного духовного состояния. Вода сама по себе не способна ни на что, кроме как смыть грязь с тела. Только силой Бога посредством Духа Его Святого в ответ на покаяние человека и по его вере дается возможность физическому акту приобрести духовный смысл. Это естественным образом подводит нас к нашему последнему вопросу.

КОГДА ДОЛЖНО СОВЕРШАТЬ КРЕЩЕНИЕ?

Когда апостолы крестили людей? Ответ очень прост: как только они могли убедить их в том, что они действительно покаялись и уверовали. Поэтому это могло произойти в тот же день, когда они впервые услышали Благую Весть (Деян. 10:48), или даже ночью, не дожидаясь наступления следующего дня (Деян. 16:33).

ПРИНЯТЬ ВОДНОЕ КРЕЩЕНИЕ

Несомненно, при этом имело место человеческое суждение, а также случались и ошибки (Деян. 8:13), хотя они решительно исправлялись, как только обнаруживались (Деян. 8:18-23). Важный момент состоит в том, что именно доказательство, а не простое исповедание являлось критерием для оценивания покаяния (Деян. 26:20). Однако, тогда как покаяние было единственным требованием для Иоаннова крещения, христианское крещение требует еще, чтобы человек веровал в Господа Иисуса Христа (Деян. 19:4-5).

С этой точки зрения духовное состояние крещаемого было намного важнее, чем количество воды или слов, произносимых во время ритуала, поскольку без веры с истинным раскаянием это было бессмысленно для человека и неприемлемо для Бога. (Так как крещение имеет тот же характер таинства, что и Вечеря Господня, то крещение нераскаявшихся неверующих могло иметь действительно пагубные последствия). Поэтому принятие крещения должно быть шагом *доброй воли* нравственно ответственных людей (Деян. 2:41; 1 Пет. 3:21; см. Главу 29). В деле личного спасения не должно быть места *уполномоченного* покаяния или веры. Каждый человек должен дать его личный ответ на Евангелие и сделать личное заявление о желании принять крещение (обратите внимание, что в тексте Деян. 2:38 «каждый из вас» относится и к покаянию, и к крещению; см. Главу 15).

Это объясняет необычное употребление среднего залога глагола «крестить» (например, в Деян. 22:16). Действительный залог подразумевает «крести себя сам». В страдательном залоге этот глагол несет значение «будь крещен» (т.е. кем-либо другим). А средний залог означает «позволь себя крестить» (т.е. кому-то другому). Поскольку это действие осуществляется другими, то решение по этому поводу принимает *сам человек*. Здесь задействована как воля, так и сознание индивидуума. Крещение — это осознанный добровольный поступок.

КРЕЩЕНИЕ «МЛАДЕНЦЕВ»

Все это неизбежно поднимает вопрос крещения «младенцев» (использование слова «ребенок» вместо «младенец», поможет прояснить ситуацию, сделав вполне очевидным, что вопрос касается тех, кто не способен покаяться или верить самостоятельно — и, разумеется, не способных даже совершать грехи, которые смываются крещением!). Более подробно этот вопрос будет рассматриваться в последующих главах (см. Главы 15, 19, 34 и в Приложении 1); здесь мы рассмотрим только новозаветные тексты, связанные с темой крещения.

Большинство богословов признают, что в Новом Завете нет ни одного очевидного свидетельства крещения детей (вне зависимости от того, из какой они семьи: верующих или неверующих родителей) ни во времена служения Иоанна Крестителя, ни в период Ранней церкви. Многие продолжают объяснять такое «молчание» тем, что это было «первое поколение» христиан, так что крещаемые были *взрослыми* новообращенными верующими. Тем не менее, трудно представить, чтобы у этих новообращенных не было бы родителей, бабушек и дедушек, и что ни один из тысяч, приходивших креститься к Иоанну на Иордан или к апостолам в день Пятидесятницы, не имел бы семьи! Молчание становится оглушительным.

Однако есть более реальное доказательство того, что крещение не совершалось над детьми. Если в Писании говорится о том, что Иоанново крещение было крещением покаяния, и что люди исповедовались в своих грехах, то ясно, что среди крещенных лиц не могло быть детей. Четко указывается, что крестившиеся в день Пятидесятницы были «охотно принявшими слово» (Деян. 2:41; те же слова используются, когда речь идет о крещении целых «домов» — см. Главу 19 для более подробного изучения).

Другие места из Писания используются как косвенные доказательства крещения детей. Слова Петра «вам принадлежит обетование и детям вашим» относятся к крещению

ПРИНЯТЬ ВОДНОЕ КРЕЩЕНИЕ

Духом, а не к водному крещению, т.е. к крещению тех, кто принял и ответил на Божественный призыв, что равным образом относится и ко «всем дальним» (Деян. 2:39; см. Главу 15). Павел говорит о верующей жене, что ее «... дети ... святы» (1 Кор. 7:14; см. Главу 22), но то же самое касается и ее неверующего мужа; кроме того, Павел говорит здесь в отношении развода, а не крещения. В Посланиях Павла мы встречаем обращение к детям «в Господе» (Еф. 6:1; Кол. 3:20), однако эти дети должны быть достаточно взрослыми, чтобы быть способными нести нравственную ответственность.

Большинство богословов признают, что в Новом Завете нет прямых доказательств крещения младенцев, однако некоторые стремятся доказать обратную точку зрения, состоящую в том, что доказательств об отсутствии таковых также нет. Но дело вовсе не в этом. Проблема состоит в том, что теорию крещения Нового Завета, т.е. его значение и смысл, согласно вышеизложенному, просто невозможно применить к младенцам без того, чтобы эта практика не стала в лучшем случае просто символом (надежды на будущее), а в худшем — откровенным суеверием (спасения ребенка от мук ада), с находящимся где-то посредине между двумя предыдущими легким чувством сентиментальности (посвящение ребенка в качестве официальной церемонии «выхода в свет»). Для того чтобы такое крещение рассматривать как омовение грехов или как погребение грешника, нужна вера, которая подразумевается Писанием. Простой факт заключается в том, что слова Нового Завета о крещении просто невозможно применить в их значении к крещению младенцев. Либо же его условия и результаты должны значительно поменяться, если не быть отброшены совсем, для того чтобы подходить к ситуации новорожденного.

Действительные основания для крещения младенцев имеют скорее библейскую направленность, чем текстуальную (в чем мы попытаемся разобраться в материалах Приложения 1). Суть этого замечания состоит в следующем: библейская концепция, которая может иметь силу в пределах своего собственного контекста, возводится до принципа, применяемого для толкования вопросов, лежащих вне присущей ей сферы действия. Три доктрины, которые нашли применение подобным образом (для более полного объяснения читайте Приложение 1): доктрина «первородного» греха, учение о наследственной преемственности и концепция предварительной благодати. Ни одна из них не имеет прямого отношения к крещению в Новом Завете: крещение существует для очищения от настоящих грехов, а не «первородного»; оно предназначено лишь для тех, кто рожден от Духа, а не от плоти; и это таинство относится к получению спасительной, а не предварительной благодати.

ЧТО НЕСПОСОБНО ДАТЬ КРЕЩЕНИЕ

Крещение служит знаком окончания прошлой жизни и наступления новой, знаменующей смерть грешника и рождение святого, погребение ветхого человека и воскресение нового творения. Крещение служит «банею возрождения», которая дает не просто новое начало в жизни человека, но и новую жизнь, которой человек начинает жить!

Однако такое выражение может пробуждать слишком высокие ожидания! Многие люди предвкушают, что крещение не только позволит им *начать* новую жизнь в непорочности, но также и сохранит их в этой *чистоте,* будто актом крещения они решат не только грехи прошлого, но и будущего, что это станет «двойным избавлением» человека: от власти греха и осквернения грехом. Первое прегрешение, которое случается в жизни верующего после крещения, наносит ему огромную травму! Возникают вопросы: неужели я не совершил истинного крещения? Нужно ли мне теперь принимать крещение заново? На самом деле, нам в таких случаях нужно лишь омовение ног (Ин. 13:10)!

ПРИНЯТЬ ВОДНОЕ КРЕЩЕНИЕ

На самом деле водное крещение не может решить все эти вопросы. Оно разрешает вопросы нашей прошлой жизни, но не решает вопросы будущего. Нам следует помнить, что Иоанн Креститель признавал ограничения, которые несет в себе крещение водой. Он признавал необходимость обретения крещенным человеком помимо чистоты, еще и силы. По данному ему откровению он познал, что требуется еще одно «крещение», которое станет возможным вскоре. Ему даже было дано знать, кто будет крестить этим крещением. Благодаря своей пророческой проницательности Иоанн постиг двоякую цель служения Мессии: взять «на Себя грех мира» (Ин. 1:29) и «крестить Духом Святым» (Ин. 1:33) — и таким Человеком, которому предстояло это совершить, был его родственник, возможно двоюродный брат, Иисус!

Каждому верующему человеку необходимо принять *оба* эти крещения — одно, совершаемое другим христианином, а второе — Иисусом Христом. Принимая святое водное крещение, мы получаем дар Сына Божьего, состоящий в уподоблении Его смерти, погребению и воскресению из мертвых; а посредством крещения Духом мы получаем дар Святого Духа, состоящий в причастности к Его силе и чистоте. Священники из левитов Ветхого Завета освящались посредством омовения водой и помазания елеем (Исх. 28:4,7; Лев. 8:6,12). Поскольку в Новом Завете все Божьи люди являются по существу священством, то и они нуждаются в этом двойном посвящении. От нашего изучения вопроса «омовения» мы переходим к вопросу «помазания».

Глава 5

Принять Духа Святого

Несмотря на то, что ранние верующие никогда не называли себя «христианами», они, скорее всего, не посчитали бы возможным назвать этим именем кого-либо, кто еще не принял Святого Духа. Имя «Христос» означает «помазанник» и уходит корнями к обычаю помазания нового царя священным елеем (в современной практике коронования эту часть по-прежнему называют «миропомазанием»). Согласно Библии, елей считался символом Духа Божьего, поэтому ожидаемый Мессия, «Помазанник» (Пс. 2:2 является единственным прямым употреблением этого значения), Христос (по-гречески: *christos*), должен будет помазан Духом (Ис. 61:1). Иисус был признан Христом Петром (Мф. 16:16) и Марфой (Ин. 11:27).

Последователи Христа естественным образом приобрели имя «христиане», но самое удивительное состоит в том, что впервые это произошло в языческом городе (Антиохии), где впервые христианство было признано новой религией (Богом которой является «Христос»), а не иудейской сектой (как это было в Иерусалиме).

Тем не менее, если бы ученики приняли этот титул для себя самих, что и было сделано последующими поколениями, это наверняка сделало бы его смысл более глубоким. Помимо подчеркивания значения «последователь Помазанника», оно бы передавало более глубокий смысл «помазанного последователя Помазанника», или, буквально, тот кто «Крещенный» (современным языком говоря, «окрещенный именем»). Для Евангелия было принципиальным, что тот, кто крещен Духом, будет крестить других, таким образом умножая Свое служение через них (Мф. 3:11; Мк. 1:8; Лк. 3:16; Ин. 1:33; и в особ. Ин. 14:12). Если бы в Ранней церкви использовали слово «крещение именем», то они бы применяли это слово не к водному крещению, как это принято сейчас, а к крещению Духом. И это бы напоминало всем четвертую стадию посвящения (инициации), но не третью.

Принятие Духа можно также рассматривать как «подтверждение», так и «крещение именем»! Апостолы Петр, Павел и Иоанн не считали завершенным отклик на Благую Весть до тех пор, пока учениками не был принят Дух Святой (см. Главу 16 книги, посвященную анализу 8 главы Деяний, и Главу 20, изучающую 19 главу Деяний). Они не считали этот процесс законченным, потому что не были уверены в их полном обращении! Дар Духа Святого, получаемый слышимым и видимым образом, был Божественным «подтверждением» или доказательством того, что раскаявшийся верующий, принявший крещение, был принят Богом и теперь принадлежит Ему. Опыт «получения Духа» новообращенных Павла в Коринфе, который дал возможность реализоваться всем духовным дарам в их среде, Павел рассматривал как «подтверждение» данных слов в его проповеди, а также как факт обращения этих людей в веру (1 Кор. 1:6-7). Таким образом, принятие Духа являлось знаком христианина (см. Главу 21 относительно Рим. 8:9), видимой печатью принадлежности Богу (см. ниже) и главным основанием уверенности верующего (1 Ин. 3:24; 4:13). Это было основным условием для вхождения в Царство (см. Главу 10 относительно текста Ин. 3:5) и для жизни по «новому» завету (2 Кор. 3).

Вопрос принятия Духа Святого требует его изучения с трех точек зрения. Во-первых, необходимо провести четкое различие между этим и тремя остальными элементами посвящения. Во-вторых, необходимо сделать обзор того разнообразия формулировок, которые существуют по этому поводу. В-третьих, необходимо задать вопрос, каким образом это принятие Духа происходит на уровне отдельно взятого последователя Иисуса Христа.

ОСОБАЯ НЕОБХОДИМОСТЬ В ДУХЕ СВЯТОМ

Очень важно обратить внимание на то, что в Новом Завете принятие Святого Духа *никогда* не отождествляется или смешивается с покаянием, верой или водным крещением. Все эти четыре понятия имеют отличительный характер, и при этом все они необходимы.

Смешение покаяния и принятия Святого Духа

Из Писания нам вполне очевидно, что первое событие предшествует второму. Необходимо сначала избавиться от *грехов*, прежде чем *Святой* Дух поселится в новой душе. И наоборот, очень опасно, избавившись от злого духа, не заполнить образовавшуюся пустоту (Мф. 12:43-45)!

Таким образом, было бы неправильно понимать служение Иоанна Крестителя, если рассматривать его как завершенное само по себе, хотя он и помог многим пройти от покаяния своих грехов к опыту истинного прощения через водное крещение (Мк. 1:4). Осознавая незаконченность процесса, Иоанн указывает своим ученикам на крещение Духом, признавая, что оно настолько отличается от крещения покаяния, что он не в силах его совершить над нами. Однако мы нигде не найдем и намека на то, что это превосходящее по силе крещение, совершаемое столь превосходнейшим Крестителем ставит покаяние или водное крещение в положение утративших важность.

НОРМАЛЬНОЕ РОЖДЕНИЕ ХРИСТИАНИНА

Смешение понятия веры и принятия Духа Святого

Предположение, что этапы «верить в Иисуса Христа» и «получить Духа Святого» являются синонимами (а потому происходят одновременно) получило такое широкое распространение, что эти две фазы посвящения, между которыми неизменно проводится различие в Новом Завете, соединяются вместе во время евангелизационных призывов, предлагая аудитории «принять Иисуса Христа». Безапелляционно считается, что любой, кто «принял Христа» автоматически «получает Духа», вне зависимости от того, было ли при этом какое-либо осознанное переживание и внешнее проявление или нет! Однако такое мышление противоречит учению Нового Завета по двум основным аспектам:

Во-первых, *очевиден тот факт, что в ряде случаев фазы «уверования» и «получения» происходили не одновременно, а потому не могут считаться синонимичными.* К примеру, считается, что именно так произошло в случае с двенадцатью апостолами. Разумеется, что они уверовали в Иисуса Христа за несколько лет до того, как получили Духа (Ин. 7:39; обратите внимание на слово «верующие», которое является причастием во времени аорист, указывая здесь на уже сделанный шаг веры раз и навсегда). Однако этот пример часто отбрасывается по той причине, что это был период до дня Пятидесятницы, и апостолы просто не могли получить Духа Святого, когда они уверовали, потому что «Дух еще не был (дан)».

Такой аргумент мог быть обоснованным, не будь таких примеров после дня Пятидесятницы, однако это выглядит совсем не так. На самом деле, был целый ряд ситуаций, при которых люди «уверовали» в определенный момент времени до того, как они получили Духа. Самый очевидный пример этого мы находим в описании событий в Самарии, где были «уверовавшие» (опять время аорист) люди, но без «принятия» Духа (Деян. 8:17). Некоторые пытаются обойти этот момент, подвергая сомнению, соответствовало ли их «верование» христианской вере в ее «полноте»; но Лука ни разу об этом не говорит, также как мы не находим никаких исправлений по этому поводу ни у Павла, ни у Иоанна. Некоторые указывают на уникальность обстоятельств, которые могут стать объяснением такой «задержки», но это не может даже служить попыткой ответа на реальные вопросы, которые поднимает этот инцидент (например, как кто-то мог знать, что они не получили Духа?). Факт остается фактом, что их этап «уверования» и «принятия» Духа *произошли* с разрывом во времени (см. Главу 16 для более глубокого анализа этого события).

Даже *одного* случая такого разделения во времени в период *после* Пятидесятницы было бы достаточно, чтобы защитить позицию, которая настаивает на проведении различия между этими понятиями, но мы находим другие примеры в Книге Деяний, в особенности в Ефесе (см. Глава 20). Сам тот факт, что Павел задает «ученикам» в Ефесе такой вопрос: «Приняли ли вы Святого Духа, уверовавши» (Деян. 19:2; снова использовано время аорист), раскрывает то, что он сам понимает, что между этими двумя этапами должно быть различие как в понимании, так и на практическом уровне. Наряду с тем, что Павел действительно впоследствии обнаруживает, что даже вера их была недостаточной, значение его изначального вопроса остается правомерным. А «более полная» вера, к которой он привел их, *перед* тем как крестить их во имя Иисуса Христа, все же отличалась от принятия ими Духа Святого, что произошло *после* их крещения. Похоже, что для большинства учеников Нового Завета последовательность вера-крещение-принятие Духа представляет собой общепринятую модель (см. Главу 27 по Евр. 6:1-6; *единственным* исключением такой последовательности, известным нам из Писания, стал «дом» Корнилия — см. главу 18 книги).

Во-вторых, фраза «принять Христа» никогда не использовалась в проповедовании Евангелия апостолами. Практически повсеместное употребление этой формулировки в наши дни считается соответствующим библейской истине, однако это исходит от поверхностного чтения Писания, а не от внимательного его изучения. Существует определенное изменение в применении слов «принять Духа», которые встречаются во всех четырех Евангелиях с одной стороны, и в Деяниях Апостолов и Посланиях — с другой, что отражает временные периоды до и после Пятидесятницы. Видимо, лишь некоторые обратили внимание на такое изменение, несмотря на то, что оно имеет глубокий богословский смысл и историческую пользу.

Когда воплощенный Божий Сын был здесь на земле, среди народа Своего, Он был отвержен многими, но также «принят» некоторыми; и тем, кто соответственно принял Его, была дана «власть» (*exousia,* но еще не та сила, *dunamis,* поскольку она не была доступна до дня Пятидесятницы) быть чадами Божьими, потому что их принятие/уверование означало, что они «родились от Бога» (Ин. 1:11-13; следует обратить внимание на употребление глаголов во времени *аорист,* которое сужает применение такого утверждения до рамок исторического периода воплощения Христа). Слово «принять» продолжает применяться по отношению к Иисусу Христу как Им Самим, так и другими, высказывающимися о Нем, в течение остального периода Его служения (Ин. 5:43). Тем не менее, после того, как Иисус Христос вознесся на небеса и послал вместо Себя «Другого», чтобы занять Его место здесь на земле, глагол «принять» соответственно переходит от Второй Личности Троицы к Третьей, то есть к Святому Духу (Деян. 2:38; 8:17; 10:47; 19:2; 1 Кор. 2:12; Гал 3:2, и т. д.)

Мы находим только два явных исключения из этого «правила». В одном из этих случаев Иисус Христос сказал, что принятие одного из Его апостолов равносильно принятию Его Самого, что в свою очередь было бы равносильным принятию Пославшего (Его Отца), для Которого Иисус Христос был Апостолом, «Посланником» (Ин. 13:20; глагол *apostellein,* «посылать», и существительное *apostolos,* «посланник», в сущности выражают одно и то же). Поскольку эти слова

ПРИНЯТЬ ДУХА СВЯТОГО

Христос говорит в последнюю ночь перед Своим распятием, скорее всего они относятся к периоду служения Его апостолов после Пятидесятницы. Очень важно отметить, что Иисус Христос не говорит здесь, что «всякий, верующий в Евангелие, принимает Меня» (тот принцип, который Иисус Христос уже изложил в отношении последнего суда — Мф. 25:31-46). Павлу было суждено открыть для себя обратную сторону этой истины, когда он гнал церковь (Деян. 9:4). Текст не уравнивает понятия «верование» и «принятие», более того, Дух Святой в нем даже не упоминается.

Второе «исключение» мы встречаем в словах увещевания Павла в его Послании к Колоссянам: «Посему, как вы приняли Христа Иисуса Господа, [так] и ходите в Нем, будучи укоренены и утверждены в Нем и укреплены в вере, как вы научены, преуспевая в ней с благодарением» (Кол. 2:6-7). Первое, что нужно отметить, это то, что эти слова сказаны не с целью благовествования неверующим, а с целью увещевания верующих; ни у Павла, ни у других апостолов мы не находим, чтобы они увещевали грешника «принять» Спасителя.

Более примечательно то, как слово «приняли» переведено: здесь употреблено не простое греческое слово *lambanien* («обретать»), но *paralambanien*, составное слово с префиксом, значение которого *«около», «при», «рядом»*. Этот глагол «приобретать» оказался не таким прямым словом, чем «получать», чтобы передать значения получить что-то через кого-то — услышать о ком-то, узнать о ком-то, получить понимание или информацию в отношении кого-то. Такое «косвенное» принятие совпадает и с позицией Павла, и в точности с контекстом его высказывания. Он напоминает церкви в Колоссах об изначальном наставлении, «полученном» ими по поводу последующей жизни под властью Иисуса Христа. Оставайся они «в Нем», это изначальное наставление должно было бы сохраняться и находить применение, либо их отношения с Христом были бы утрачены, особенно, если бы они стали увлекаться разными философиями (стих 8).

Этот непрямой глагол [*paralambanien*] в значении «принять» используется также в отрывках, рассмотренных нами ранее (Ин. 1:11-12). Здесь говорится о тех, кто «не принял Его», указывая на *слышавших* о Нем, но не переживших личную встречу с Христом, вероятно в отношении священников и национальных лидеров, в отличие от тех, кто имел непосредственный контакт с Иисусом Христом.

Итак, мы можем сделать вывод, что нет основания для использования термина «принять Иисуса Христа» в период после Пятидесятницы. Употребление этого выражения в наше время следует рассматривать как ведущий к неправильному толкованию вариант термина «веровать в Иисуса Христа», однако не должен пониматься в значении «принятия Духа Святого». Слишком много путаницы в понимании и переживании этих событий привело к смешению этих двух совершенно разных реалий. Смысл термина «веровать в Иисуса Христа» в первую очередь относится к человеческому участию; «принятие Духа» имеет отношение к Божественному участию в этом процессе. Когда мы говорим о «правильном» посвящении, то первое из этих двух событий происходит до принятия водного крещения, а другое следует после него.

Смешение понятия водного крещения и принятия Духа Святого

Этой опасности особенно подвержены те, кто желает должным образом отдать крещению всю присущую ему важность как священной заповеди (а не как простого символа). Правильно понятое возрождение как окончание старой жизни и начало новой, водное крещение (имеющее непосредственное отношение к прошлому) и крещение Духом (имеющее непосредственное отношение к будущему) слиты вместе в единое событие и переживание. Такая тесная связь «воды и Духа» в собственном учении Иисуса Христа о рождении свыше могла способствовать возникновению такой ошибки (см. Главу 10). Обыкновение Павла использовать слово

ПРИНЯТЬ ДУХА СВЯТОГО

«крещенные» (напр. в Гал. 3:27) и существительное «крещение» (напр. в Еф. 4:5) без указания их определения привело к тому, что некоторые богословы вообразили, что апостол сам свел оба крещения в одно. Тем не менее, в Новом Завете имеется два указания, свидетельствующих об обратном.

Во-первых, не существует ни единого письменного свидетельства, чтобы кто-либо когда-либо принял Духа *во время* водного крещения. Мы находим, как это однажды произошло непосредственно *перед* крещением (Деян. 10:47). Однако в большинстве случаев это происходило сразу *после* крещения (напр. Деян. 19:6), а один раз мы видим, что это имело место долгое время спустя (Деян. 8:16). Такая модель представляла собой повторение опыта самого Иисуса Христа, принявшего Духа, после того как Он вышел из воды (Мф. 3:16).

Второе, Новый Завет ясно учит, что могли иметь место случаи одного крещения без другого. Те, кто был крещен Духом, также нуждаются в водном крещении (как Корнилий и его дом); а те, кто принял водное крещение, нуждаются также в крещении Духом (как Самаряне). Одно не отменяет другое.

Все вышесказанное говорит о том, что между двумя этими крещениями просматривается реальная связь. Как правило, водное крещение, хотя и не без исключений, вело к крещению Духом. Когда Павел обнаруживает, что его ученики из Ефеса не приняли Духа, он немедленно подверг сомнению истинность их водного крещения (Деян. 19:3; см. Глава 20)! Мы находим эту связь в понятии воскресения. Так же как за смертью и погребением Иисуса Христа следует Его воскресение из гроба силой Святого Духа (Рим. 8:11), так и погребение раскаявшегося верующего в водной «гробнице» крещения приводит его к состоянию воскресшей жизни посредством той же силы Святого Духа. (Это особенно явствует из текстов Рим. 6:3-4 и Кол. 2:9-12 – см. Главу 25; 1 Пет. 3:18-22 – см. Главу 29). Как смерть, погребение и воскресение Иисуса представляют собой единое целое в Евангелии, так и водное крещение и крещение Духом неразрывно связаны в деле отклика человека на Благую Весть, хотя в обоих случаях эти две части не должны отождествляться или смешиваться друг с другом.

И все же, в чем состоит суть крещения Духом? Мы начнем ответ на этот вопрос, посмотрев на то, какими словами описывается это понятие в Новом Завете.

ОПИСАТЕЛЬНЫЙ ХАРАКТЕР

Если судить о принятии Духа, исходя из словесных описаний этого процесса, то можно заключить, что это поистине невероятное переживание! Для этого использовано множество метафор и сравнений, а также существительных и глаголов в прямом смысле. Прежде чем начать изучать любые из них более подробно, нельзя не подчеркнуть особо, что слова имеют описательный (для более широко понимания), а не определительный характер (ограничивающий смысл). Все они должны трактоваться как функционирующие в реальной речи, а не богословские термины, для того чтобы быть воспринимаемыми в реальной жизни, а не интеллектуально на логическом уровне. Используемые глаголы имеют более яркую окраску, но мы начнем с существительных.

Обетование Духа

Это слово соединяет пророчество и его исполнение. Оно подтверждает событие, которое было предсказано, и потому было ожидаемо его исполнение. Прежде всего, слово «обетование» показывает пример верности Бога в соблюдении Его обещаний. Поскольку в Библии содержится около семисот отдельных предсказаний (восемьдесят процентов из которых уже сбылись!), само это слово играет огромную роль в Писании и даже считается ключом к богословию Ветхого Завета. Лука в Деяниях использует это слово в день Пятидесятницы, когда пишет о присоединении к числу Двенадцати учеников Христа 120 душ и 3 тысяч (Деян. 2:33, 39). Несомненно, что

ПРИНЯТЬ ДУХА СВЯТОГО

Святой Дух был обещан Самим Иисусом Христом еще до Его смерти (Ин. 7:37-39), а также после Его славного воскресения (Деян. 1:5). Иисус Христос повторил обетование, уже данное Его Отцом (Лк. 24:49) через пророков Израиля столетия назад (в основном, это Книга Иоиля 2:28-29; но также и тексты Ис. 32:15; Иез. 36:27 и многие другие). Более того, Павел говорит, что это излияние Духа было явлено в обетовании, данном Аврааму еще с начала времен (Гал. 3:14)!

Дар Духа

Будучи тесно связанным со словом «обетование» (часто в том же самом контексте — Деян. 1:4), это слово подчеркивает как Божественный источник, так и природу изливаемого Духа, предоставляемую даром. Его нельзя заслужить, получить в результате сделки или заработать; он может быть только «получен» с благодарностью (или же отвергнут!). Богословы спорят по поводу важности родительного падежа, в котором стоит это слово в тексте Деян. 2:38 — то есть состоит ли дар из Духа Святого или он передается при Его посредстве; первый вариант кажется более вероятным (ср. Деян. 10:45 и 11:17), исходя из чего дар Самого Духа реализует все другие дары *от* Духа (1 Кор. 1:7). Греческое «*charisma*», т.е. дар Духа в единственном числе, дает «*charismata*», т.е. дары во множественном числе. В Послании к евреям интересно соединены две фразы: «... вкусивших дара небесного... соделавшихся причастниками Духа Святого» (6:4; см. Главу 27), что делает ударение на эмпирической природе дара.

Залог Духа

Греческое слово (*arrabon*) переводится по-разному: «взнос», «залог», «предвкушение», «частичный платеж», «гарантия», «начатки (первые плоды)», чем не исчерпывается полное число возможных вариантов. По всему видно, что данное слово представляет собой коммерческий термин. В наше время оно могло бы быть использовано, в основном, в отношении денег и служило бы для описания первого взноса, который обеспечивает стоимость всего покупаемого товара в рассрочку (значение «задаток»). Во времена, описываемые в Новом Завете, оно больше имело отношение к товару и представляло собой первую поставку большого заказа, служа гарантией того, что остальной товар находится в пути (значение «залог»). И то, и другое применение этого слова может быть заменено фразой «первый взнос». Павел использует это слово трижды («начаток» Рим. 8:23; «залог» 2 Кор. 1:22 и Еф. 1:14).

В то время как «обетование» определяет место слова *дар* в отношении прошлого времени, то слово «залог» обращено в будущее. Принять Духа — это только начало! Предстоит *многое* впереди не только здесь на земле; но *много* больше ожидает нас на небесах. Поистине жизнь в Духе является предвкушением небесного рая! Одним из признаков этого является та радость, которая сама раскрывается в музыке и песнопениях прославления (Еф. 5:18-20). Другой признак — это то общение, которое есть у людей Божьих между собой и с Богом. И еще одно: умножающееся познание Божьей мудрости (через Слово, познание, пророчества и толкование).

Обновление Духом

Это слово мы встречаем только один раз в отношении «принятия Духа» (Тит. 3:5; см. Главу 26). Здесь слово «обновление» является разъясняющим словом, имея в виду возвращение чего-то в свое начальное состояние, восстановление того, что было утрачено. Библия учит нас тому, что «образ Божий» в человеке был искажен, и что Дух может быть отобран от него (Быт. 6:3; отметьте, что в результате грехов людей произошло «великое развращение человеков»). Именно посредством Духа этот «образ Божий» теперь находится в процессе восстановления (2 Кор. 3:17-18). И этот процесс начинается тогда, когда Дух «изливается» на нас (см. ниже).

ПРИНЯТЬ ДУХА СВЯТОГО

Дарование и принятие Духа

Эти два слова как нельзя лучше подходят к слову «дар», хотя первое описывает Божью сторону при принятии Духа, а второе — человеческую. Однако слово «принят» не совсем полностью пассивное действие; для принятия этого дара требуется активное сотрудничество, как и при любом другом акте дарения и принятия дара (см. Главу 13, в части текст Ин. 20:22, а также Главу 35).

Во всяком случае, глагол «давать (даровать)» встречается чаще, чем существительное «дар» (см. Деян. 8:19; 11:17; 15:8; Рим. 5:5; 2 Кор. 1:22; 5:5; 1 Ин. 3:24; 4:13). Одна из характеристик Слова Божьего, делающая его «живым и действенным», заключается в более частом использовании глаголов, чем существительных, которые имеют тенденцию быть более «статичными»; и еще — более редкое употребление прилагательных (ср. 1 Кор. 13:4-7; «любовь» — это не только то, чем вы *обладаете*, но и то, что вы *совершаете!*)

Крещение Духом

Это слово иногда используется в качестве синонима слову «получил» (ср. Деян. 10:47 и 11:16). Существительное «крещение» *ни разу* не используется в отношении принятия Духа (в отличие от того, что проповедуется в современных пятидесятнических церквах). Для этого в оригинальном языке используется исключительно глагол «крещены», за которым идет предлог «en» (с греческого «в») и слова «Дух Святой» (в дательном падеже *pneumatic* и без определенного артикля; по поводу последнего читайте Приложение 2). Полная фраза «крещены в Святом Духе» используется Иоанном Крестителем, Иисусом Христом, и Павлом [в Главе 23 разбираются причины существования мнения о том, что стих 1 Кор. 12:13 содержит именно эту фразу, хотя большинство переводов на английский язык лишили его этого значения, заменив предлог «в» на предлог, выражающий творительный падеж, сделав соответственно Его посредником, а не средой крещения].

НОРМАЛЬНОЕ РОЖДЕНИЕ ХРИСТИАНИНА

Для любого крещения необходим *посредник* (тот, кто совершает крещение) и *среда* (в которой осуществляется крещение), а также *цель* (для чего оно совершается). Как Иоанн Креститель был «посредником» при осуществлении водного крещения, так Иисус Христос является Посредником в крещении Духом; таким образом, они оба приобрели титул «Крестителя» и «Крестящего» (на греческом: *ho baptizon* — Мф. 3:1; Ин. 1:33). Однако этот титул имеет больше описательный, а не нарицательный характер!

Ситуация со средой несколько иная: «в воде» и «в Святом Духе». Однако само действие имело сходство. И в одном, и в другом случае употребление слова «крещены» имеет большое значение. Дэвид Уотсон в своей книге *«Быть в Духе»* (David Watson *One in the Spirit*, Hodder & Stoughton, 1973) на странице 68 очень ясно излагает эту мысль:

> Термин «крещение» или «крестить» имеет много значений, и в светской литературе означает «погружаться», «затопить», «тонуть», «промокать», «переполнять (подавлять)». Человек может быть переполнен в смысле подавлен (букв. крещен) одолевшими его долгами, горем, навалившимися трудностями; или изнуренным (букв. крещенным) жаждой или овладевшим сном. Эврипид в своей «Одиссее» использовал слово bapto, когда описывал попадание воды во внутрь корабля через борт, но при помощи baptize описывал корабль, находящийся под водой, или тонущее судно.

Это слово как нельзя более естественно подходит для употребления в Новом Завете, особенно учитывая события, описанные в Книге Деяний.

Цели же этих упомянутых крещений довольно различны. Водное крещение имеет целью очищение с началом новой чистой страницы в жизни христианина, отрезанной от прошлого, которое теперь мертво и погребено. Крещение же Духом имеет отношение к силе (Деян. 1:8; 10:38); не просто к продолжению христианской жизни (2 Тим. 1:16), но к осуществлению активной роли как члена Тела Христова (1 Кор. 12:13) и, прежде всего, в том, чтобы быть свидетелем Иисусу Христу для всего мира (Деян. 1:8). Следует обратить внимание, что цель крещения как раз и выражается предлогом «в» (по-гречески: *eis*); Иоанново крещение было «в покаяние» (Мф. 3:11), христианское водное крещение производится «во имя Иисуса Христа» (Деян. 19:5), а крещение Духом имеет целью крещение «в одно тело» (1 Кор. 12:13) (для объяснения того, что предлог «в» означает «осуществление чего-то», а не «введение во что-то», см. Главу 23).

Исполнение Духом

И снова существительное «исполнение» ни разу не используется в Новом Завете, и потому было бы неправильно использовать его сегодня. То, что слово «исполненный» является синонимом выражению «крещенный», явствует из дословного сравнения (например, ср. Деян. 1:5 и 2:4). И все же существует разница в оттенках. Слово «крещенный» несет в себе оттенок инициации чего-то; это состояние, которое возможно пережить только один раз в жизни человека, быть впервые «исполненным» (не было еще человека, который бы пережил несколько «крещений Духом»). Однако слово «исполненные» используется для описания последующих излияний Духа (напр. Деян. 4:31). На самом деле, увещевание Павла «исполняться Духом» (Еф. 5:18) стоит в настоящем продолженном времени, а предлог «в» и определенный артикль отсутствуют, поэтому фраза должна была бы звучать «продолжайте исполняться в Духе», явственно подразумевая продолжительность действия. Слово «крещенный» в этом смысле не может быть использовано по той причине, что крещение Духом относится к единственному исходному событию.

Есть еще одно более широкое значение, которое получило это слово. Человек, который был «исполнен» Духа при его посвящении, т.е. «крещен» Духом, и который с того момента продолжает «исполняться» Духом, заслуживает называться «исполненным» Святого Духа (напр., Деян. 6:3). Такая формулировка несет в себе нотку зрелости или освящения, и, тем не менее, в первую очередь касается получения силы (Деян. 6:8); однако, человек, продолжающий исполняться Духа, производит плод Духа и Его дары (Гал. 5:22-23).

Отсутствие определенного артикля в выражении «исполненный Святого Духа» основано на концентрации мысли больше на субъективную силу, чем на объективное пребывание Духа в человеке (см. Приложение 2). Иными словами, в выражении «исполненный Духом» ударение стоит на предоставляемых Духом полномочиях, а не на Его месте пребывания в душе человека.

И наконец, «исполненный» обычно подразумевает смысл «переполнения». Мы еще обратимся к этой идее позднее в этой главе. Здесь будет достаточно упомянуть лишь следующее: где бы ни использовалось это слово в Новом Завете, за ним следует явное излияние силы *от* тех, которые пережили излияние Духа *на* них самих. Если само событие вначале происходит «внутри» человека, его последствия всегда имеют «внешнее» выражение, неизменно имеющее звучный характер, как мы увидим позднее (само уже увещевание «исполняться Духом» подразумевает цель — наполнять себя «псалмами и славословиями и песнопениями духовными»).

Напоение Духом

Еще одно слово, снова имеющее отношение к жидкости (!) в отношении к «принятию» Духа, мы находим в словах Иисуса Христа (Ин. 7:37-39) и Павла (1 Кор. 12:13). В то время как слово «крещенные» передает идею внешнего погружения, *напоенные* предполагает внутреннее наполнение. Здесь есть некий тонкий переход от пассивного подчинения действию, выполняемому другим человеком (быть погруженным), к активному участию самого человека (глотание). Это слово неизменно употребляется во времени аорист (однократное действие) и никогда не употребляется в настоящем времени (продолжительное действие), что больше связывает его с понятием «крещены» Духом, чем «исполнены» Духом. Это говорит о том, что оно не несет идею *продолжения быть напоенными в Духе*. Так сказать, хороший глоток воды запускает источник! После утоления жажды реки воды живой продолжают течь в человеке (Ин. 4:14; 7:38; см. Главу 11). Получив *однажды* Духа извне, человек может *продолжить* исполняться Им изнутри. Дух входит в душу человека, чтобы постоянно пребывать там.

Сошествие Духа или излитие Духа

Эти драматические термины уходят корнями в Ветхий Завет (скорее всего, из перевода Ветхого Завета на греческий язык, Септуагинты, получившей такое название, потому что, по общепринятому мнению, Ветхий Завет написан *семьюдесятью* древнееврейскими авторами), и за ними стоит длинная история. Они означают неожиданное явление «духовного» действия, часто пророческого характера.

Особенно импонировали такие термины Луке, который использовал их попеременно со словом «приняв», «крестившись» и «исполнившись» (Деян. 1:8; 2:17, 33; 8:16; 10:44, 45; 11:15; 19:6). Павел также иногда использует их в том же контексте посвящения (Рим. 5:5; Титу 3:6).

Эти термины указывают на внешний характер источника этого события (так же, как и быть «напоенным»). Это означает, что это не имеет никакого отношения к созерцательным способам выхода «Божественного» Духа, который, по мнению некоторых, воплощен в человеческой природе от рождения. [В тексте Ин. 1:9 говорится о Свете, воплощенном в Слове, находящемся вне, но «освещающем всех, кто приходит в этот мир»]. Данные словосочетания также указывают на источник, находящийся на небесах, а не на земле. Это — как внешнее, так и внутреннее переживание.

И наконец, отметим наличие драматических ноток — эффект неожиданного, а не постепенно появляющегося; экстраординарного, а не обыденного; явственного, а не скрытого. Такие события, как излитие Духа, непременно вызывают всплеск!

Печать Духа

Эта явная метафора, опять же взятая из коммерческого языка (как в случае с «залогом»), легко поддается пониманию. Это видимый неизгладимый знак, который ставился на товар, указывающий другим заказчикам, что этот товар уже принадлежит другому покупателю. Сегодня это слово используется большей частью в отношении документов, в качестве подтверждения того, что соглашение или сделка совершена и не подлежит изменению. Так как современное значение не подходит для нашей цели (напр. в Еф. 4:30), древнее значение этого слова дает нам возможность лучше понять его смысл. Павла, прежде всего, занимал вопрос наглядного свидетельства того, что вера конкретных людей была угодна Богу (Еф. 1:13). Не удивительно, что он ставит это слово рядом с другими метафорами, взятыми из коммерческого языка (Еф. 1:14; 2 Кор. 1:22). Иоанн использует ту же идею в своем Евангелии (Ин. 3:34; 6:27).

Помазание Духом

Посредством этого слова мы как бы совершаем полный круг и возвращаемся к начальным параграфам этой главы. Слово «помазание» было использовано в отношении Иисуса Христа и Самим Иисусом Христом в связи с принятием Им Духа (Лк. 4:18; Деян. 10:38). Так как Иисусу Христу предстояло дать Духа другим, а также принять Духа Самому, слово «помазание» соответственно относится к верующим, если они продолжают то, что начал Иисус Христос (2 Кор. 1:21; 1 Ин. 2:27). Как мы уже говорили, такое «помазание» — суть истинное «крещение», так же как «запечатление» есть настоящее «утверждение».

ПРИНЯТЬ ДУХА СВЯТОГО

Все слова, которые мы проанализировали, указывают на богатое и глубокое переживание, которое носит активный характер. Делая ударение в первую очередь на божественный, а потом на человеческий аспект, на кратковременное, а затем на постоянное, на внешнюю сторону, а затем на внутреннюю, на субъективное отношение, а уж потом на объективное, авторы книг Нового Завета основательно покопались в словаре, для того чтобы дать адекватное представление такого многогранного понятия, как принятие Духа в силе. Однако в чем состоит суть самого этого переживания? Как оно происходит и откуда человек знает, что это произошло?

ЕГО ОПРЕДЕЛЕННЫЙ ХАРАКТЕР

Трудно представить, чтобы событие, описанное тем слогом, который мы только что с вами рассмотрели, могло произойти без ведома самого человека или людей вокруг него. Утверждать, что такая терминология могла быть использована по отношению к тому, кто даже не осознает, что именно с ним происходит, значило бы лишить слов их значения и свести их до уровня бессмыслицы.

Тем не менее, именно такое представление о рассматриваемом нами аспекте имеют те, кто считает, что «уверовать в Иисуса Христа» и «принять Духа» — суть одно и то же. Поскольку во многих случаях, если не в своем большинстве, «обращение» людей сегодня происходит без какого-либо «экстраординарного» проявления, широкое распространение получило мнение о том, что Дух принимается автоматически (и на подсознательном уровне!). Прийти к выводу, который бы сделали апостолы, о том, что таковые уверовали, но еще не получили Духа, воздвигло бы такую гору проблем для пресвитеров, что лучше было бы вообще не затрагивать этот вопрос. Возможно, существенным моментом здесь является то, что такой рациональный подход неизменно сопровождается нежеланием использовать тот язык Нового Завета, который характерен для описания понятия «принятия Духа» (такие слова как «крещенный в», «исполненный», «излитый на» — явно неуместны!)

Изучая отрывки Нового Завета о «принятии» Духа, можно прийти к одному ясному заключению, который отмечают многие богословы, а именно: «особому определенному характеру» данного явления во всех отрывках Писания. Одни говорят, что принятие дара Духа должно быть тщательно перепроверено. В то время как другие отмечают, что Павел говорит о принятии Духа, как если бы это было столь же явно и легко заметно, как симптомы гриппа. Мало кому удалось изложить это лучше, чем миссионеру и государственному деятелю Роланду Аллену[1] в его книге *Служение Духа* (*The Ministry of the Spirit,* World Dominion Press, 1960) на страницах 9-10:

> Дар, принятый апостолами, являлся определенным даром, полученным в определенное время. Это не было опытом непонятного происхождения, которое они испытывали относительно сильно в разные периоды времени: это произошло как определенный факт, в отношении которого они могли назвать время и место. Позднее Святой Дух был дан многим другим, но при этом неизменно принятие этого дара отмечалось особой определенностью. Всегда упоминалось время и место, когда новообращенный принял дар Духа. Было вполне естественным для апостола

---

[1] После нескольких лет служения в Китае, Рональд Аллен стал приходским священником в церкви Chalfont St Peter, (где мне довелось нести пресвитерское служение 50 лет спустя); после ухода с этого поста в 1907 году из-за скандала вокруг поголовного крещения младенцев, он посвятил себя написанию его основных работ, таких как *Missionary Methods — St. Pau's or Ours?* а также *Spontaneous Expansion of the Church*. Рональд Аллен сам предсказывал своим работам по теме о Духе Святом забвение в течение предстоящих 50 лет; и действительно они впервые увидели свет лишь в 1960 году! Ему было дано пророческое видение необходимости в миссиях, занятых обращением коренного населения, ростом церкви и духовным возрождением. Я искренне признателен ему за его новаторское мышление.

Павла задать определенной группе людей в Ефесе такой вопрос: «Приняли ли вы Святого Духа, уверовавши?» (Деян. 19:2). Само собой разумеется, что, задав конкретный вопрос, Павел ожидал получить конкретный ответ. Он ожидал от христиан, чтобы они познали Святого Духа, чтобы они знали, что они приняли Его, и чтобы они знали, когда именно это произошло... Таким образом, дар Святого Духа для всех последующих учеников обладает теми же характеристиками, что и первый дар Святого Духа, данный в день Пятидесятницы.

Такая «особая определенность» предшествовала периоду до Пятидесятницы. Сам Иисус Христос «принял» Духа видимым и слышимым образом (Мф. 3:16-17), хотя воплощенная форма голубя и голос с небес были уникальной особенностью Его «посвящения».

Более близкие параллели можно найти в Ветхом Завете при описании таких событий как «рукоположение» Моисеем семидесяти старейшин (Числ. 11:25) и утверждение Богом Саула на царство (1 Цар. 10:6). В этих случаях доказательство было «пророческим», что в точности соответствовало предсказанному излиянию Духа в «последние дни» (Иоил. 2:28-29).

Пророчествование

Вот он — знак принятия Духа, являющийся общим как для Ветхого, так и Нового Завета. Но что именно означает слово «пророчествовать»?

Это — *дар речи*. Ни для кого не удивительно, что свидетельство исходит из уст человека. Мы уже отметили, что слово «исполненный» подразумевает «переполненный» (точно так же мы узнаем, когда что-то наполнено, например, бензиновый бак автомобиля). Через все Писание проходит идея, что от «избытка сердца говорят уста». Это также истинно на эмоциональном уровне. Когда нас переполняет веселье, мы смеемся;

когда мы исполнены гневом, мы срываемся на крик; когда мы преисполнены горя, мы рыдаем; когда нас наполняет ужас, мы в страхе кричим. Это особенно верно в отношении нашей духовной жизни. Ничто, входящее в уста, не оскверняет человека, но то, что выходит из уст, вскрывает греховное состояние сердца человека. Если человек был исполнен до краев Духом Божьим, то вполне естественно ожидать, что при этом были задействованы его уста. Язык, «будучи воспаляем от геенны» (Иак. 3:2-12), теперь «воспаляем» от небес! «Неуправляемый член» нашего тела, которого никто не может укротить, теперь находится под контролем сверхъестественных сил.

Это — дар *спонтанной* речи. Побуждение выразить словами исходит изнутри наполненного Духом человека. Не от объявленного гимна, не от прочитанного Символа веры, не от исполненной литургии. Живой источник изнутри начинает бурлить и вырываться наружу. По своим признакам это состояние, которое лишено преднамеренности, чего-то запланированного заранее, непринужденное и естественное, одним словом, импровизация (см. Главу 35 о комментариях по поводу практики побуждать людей «издавать звуки»).

Это — дар спонтанной *духовной* речи. Слова исходят не от ума, а от духа (в тексте 1 Кор. 14:14-15 дается четкое различие), не задевая обычный процесс мышления, на котором основана речь. Дух знает «что говорить», потому что им руководит Дух Святой. Исполненный Духом человек продолжает фактически говорить (дыша легкими, вибрируя гортанью, двигая языком и губами), но при этом отсутствует намеренное формирование звуков в слова. Таким образом, несмотря на то, что человек может полностью осознавать, что он «пророчествует», его умственное осознание того, что именно он говорит, может быть как полным, так и частичным (1 Пет. 1:11-12), либо же не существующим реально (если это не на языке, который он знает умом). Эмоциональное сопровождение также может сильно разниться, в зависимости от темперамента, обстоятельств и многих других факторов. Фраза в Новом английском переводе Библии (NEB) «говорение в экстазе» [«ecstatic utterance»] (1 Кор. 12:10) является грубой ошибкой. На самом деле, Библия ничего не говорит о чувствах, которые испытывает человек при исполнении Духом, и единственный случай переживания особого «изумления» мы находим во второй главе Деяний, когда говорится о любопытствующей толпе народа (ст. 6, 12).

Такой дар речи может принимать целый ряд различных форм:

Говорение на языках

Странная фраза «говорения на языках» передает ощущение «неконтролируемого лепета». В переводе с греческого *glossai* означает просто «языки» (то же, что означало староанглийское слово «tongue»). Языки предполагают наличие должной грамматики и синтаксиса. Так как Бог дал все языки на земле (Быт. 11:7-9), Он может говорить на любом из них — через людей, исполненных Его Духом. Цель смешения языков при Вавилонской башне имела разрушительный характер, а дар языков в день Пятидесятницы имел созидающее значение. В последнем случае этот дар произвел полезный результат, послужив «знамением», и помимо этого указал на реальность Бога всех народов, желающего воссоединить то, что Он некогда разделил. Слушающим не *нужно* было слышать проповедь на своих родных языках (Петр использовал только один язык, когда проповедовал для всех); но то, что они услышали их от полуграмотных галилеян, убедило многих из них в том, что они стали очевидцами происходящего на их глазах сверхъестественного события. Важно отметить, что Петр понимал «говорение на иных языках», на самом деле, как «пророчествование», поскольку он без труда сопоставил это со словами, предсказанными Иоилем («И будет после того...», цитируя текст Иоил. 2:28-29 в своей проповеди).

НОРМАЛЬНОЕ РОЖДЕНИЕ ХРИСТИАНИНА

Если бы дар был абсолютно новым, по меньшей мере, со времен Вавилонской башни, Петр смог бы сделать такое отождествление благодаря лишь прямому откровению (как произошло, когда он понял, что Иисус есть Христос — Мф. 16:17). Однако, возможно, что такое «непонятное» выражение словами уже имело связь с ранним «предсказанием» Ветхого Завета (как в случае с семьюдесятью старейшинами и Саулом). Факт остается фактом: для Петра говорение на языках и пророчествование были по сути одним и тем же явлением.

Такое же внешнее проявление сопровождало и другие случаи принятия Духа, и, что примечательно, когда в этом не было ни необходимости, ни признания данных языков (Деян. 10:46; 19:6). Но было ли это *единственной* формой «пророчества» в те времена? Имеют ли «языки» исключительное свидетельство демонстрации полученного Духа?

С одной стороны, это единственный знак, упоминаемый каждый раз, когда описывалось такое «доказательство». С другой стороны — перечисляются и другие проявления: когда люди «величали» Бога в одном случае (Деян. 10:46) и пророчествовали (отдельно от говорения на «языках», и, по-видимому, на своих родных наречиях) в другом (Деян. 19:6); при этом нет ни одного случая, когда бы указывалось, что все говорили на иных языках (более понятным толкованием будет то, что кто-то говорил на одном, а кто-то — на другом).

Основываясь на этом свидетельстве, и при отсутствии какого-либо ясного подтверждения в Писании того, что единственным и необходимым знаком принятия человеком Духа *должно* было быть говорение на языках, было бы догматически неправильным требовать этого в каждом отдельном случае. Мысль о том, что «говорение на языках» *могло* быть доказательством, кажется оправданной; говорить о том, что это *должно* быть доказательством, не имеет под собой основания (больше по этой теме см. Главу 35). Точнее будет сказать, что «пророчествование» в какой-либо форме должно служить свидетельством принятого «Духа пророчества»

(Откр. 19:10). Обратимся и к другим формам проявления дара Духа Святого в речи.

Прославление

Эта форма, которая упоминается вместе с говорением на языках, когда Корнилий и весь дом его приняли Духа (Деян. 10:46), явно отличается от данного говорения на языках, поскольку мы видим здесь союз «и», несмотря на то, что в день Пятидесятницы смыслом того, что говорилось на языках, было восхваление великих дел Божиих (Деян. 2:11). Оно явилось спонтанным взрывом поклонения на их родном языке. Истинное поклонение нельзя назвать «естественным» действием, присущим человеку (хотя его можно склонить к участию в ритуале и литургии, если это приемлемо с точки зрения социальных условий); это духовное действие, осуществляемое Богом в человеке. Естественный взрыв восхваления, безусловно, будет указывать на то, что Дух Святой пребывает в принявшем Его!

Пророчество

На первый взгляд может показаться странным включение дара «пророчества» в список форм пророчествования! Тем не менее, слово использовано и в широком смысле, который включает говорение на языках (как в Деяниях 2), так и в узком, в котором рассматривается отдельно от языков, когда ученики Павла в Ефесе приняли Духа (Деян. 19:6), а также, когда Павел перечисляет дары Духа (1 Кор. 12:10) или дает наставления для общего поклонения (1 Кор. 14:5). Два основных различия состоят в следующем: а) говорение на языках обычно непонятно либо для говорящего, либо для слушающего, тогда как во время пророчествования смысл понятен и тем, и другим; и б) говорение на языках обращено к Богу, а пророчество — к человеку (1 Кор. 14:2-3). Их объединяет то, что содержание и того, и другого берет свое начало в Господе, а не в самом говорящем.

НОРМАЛЬНОЕ РОЖДЕНИЕ ХРИСТИАНИНА

Другие излияния Духа

В своих Посланиях Павел упоминает и другие спонтанные слова и фразы.

Классический пример представляет собой слово «Авва» (Рим. 8:15-16; Гал. 4:6). Толкование этого слова в качестве «внутреннего свидетельства» является грубейшим недоразумением, поскольку греческий глагол (*krazein*) означает «непроизвольно кричать» (ср. его употребление в Мф. 14:26, 30). Это слово, которое еврейский ребенок произносил, впервые обращаясь к отцу (английским эквивалентом будет «папа» или «папочка»), было любимым обращением Иисуса Христа и привычной формой обращения в молитве к Его Отцу, однако Он никогда не употреблял это слово, когда учил народ. Оно никогда не использовалось иудеями, даже в личной молитве; это связано с тем, что иудей никогда не допустит такого фамильярного обращения с Богом, Который предупредил о страшном наказании произносящих Его имя напрасно! Язычники также не могли применять это обращение, поскольку это слово иудейское. Его непроизвольное употребление, иудеем или язычником, безусловно, свидетельствует о Духе Иисуса, о том, что человек, «взывающий» таким образом, осмеливается с такой нежностью обращаться к Богу!

Другим примером является фраза «Иисус Господь» (1 Кор. 12:3). Следует сделать ударение на том, что Павел не говорит здесь о повторении наизусть Символа вероучения, как полагают многие толкователи Библии (можно научить и попугая заучить текст, не прибегая к сверхъестественной помощи!). Он говорит здесь о спонтанном словесном выражении признания Иисуса Господом (также как еврейский малыш крикнет «Авва» при виде своего отца). Контекст говорит также об излияниях, которые были побуждены другими сверхъестественными силами («произнесет анафему на Иисуса»), которые очевидно выражались во время богослужения в Коринфе.

ПРИНЯТЬ ДУХА СВЯТОГО

Имеется еще одно место, в котором говорится о «воздыханиях неизреченных» — Рим. 8:26, хотя следует отметить, что ни это, ни другие излияния Духа, указанные выше, не имеют конкретной связи с моментом посвящения верующего, и потому им не стоит придавать слишком большого значения в этой связи.

Принятие Духа

И последний вопрос, который мы должны задать: *каким образом* принимают Духа? Происходит ли это чисто случайно, неожиданным образом, или же для этого существуют условия, которые должен выполнить человек? Полностью ли пассивны получатели Духа или они при этом активно взаимодействуют с Ним?

Само собой разумеется, что дар Духа не будет востребован до того момента, пока не будет иметь место искреннее покаяние, исповедание веры и крещение. Отсутствие одного из этих элементов может препятствовать предоставлению этого дара (существовали особые причины, почему он был дан Корнилию до того, как он принял крещение, поэтому случай с ним не может служить прецедентом).

Основывая свои выводы на тексте первой главы Деяний, некоторые учат тому, что нужно «ждать» обещанного от Господа, можно полагать, что время предоставления этого дара полностью зависит от Его суверенного решения. Но такое ожидание требовалось только в период до дня Пятидесятницы, которое Бог «отметил в своем календаре» как день первого излития Духа, и даже тогда ожидание продлилось не больше, чем несколько дней. Очевидно, что и Петр, и Павел считали, что дар Духа дается непосредственно сразу после завершения процесса отклика верующего на Благую Весть посредством покаяния, исповедания веры и крещения. Тем не менее, мы встречаем наставление о том, что нужно быть твердым и постоянным в молитве о получении дара; Иисус Христос, в контексте вопроса принятия Святого Духа

(Лк. 11:13), призывал Своих учеников продолжать просить, пока не получат просимого. Безусловно, молитва была неотъемлемым элементом в процессе «принятия» Духа для Самого Иисуса Христа (Лк. 3:21-22) и для Его апостолов (Деян. 1:14), а также тех, для кого они несли свое служение (Деян. 8:15). Поскольку получение дара Духа не происходит автоматически, существует необходимость просить о нем у Бога.

Насколько важным было возложение рук? Возложение рук служило усиленной формой молитвенной нужды, ходатайства, направленного и сосредоточенного на конкретном человеке. Следует сказать, что существовали особые причины для двух исключительных случаев в Новом Завете, когда Дух был принят без возложения рук. В день Пятидесятницы не было ни одного человека, который бы уже принял Духа, а значит и *мог* бы возложить руки на учеников (поэтому это сделал Сам Иисус Христос через «огненные языки», которые «почили по одному на каждом из них»); также и в доме Корнилия не было никого, кто *бы это мог* совершить! Во всех остальных записанных случаях совершалось возложение рук, в большинстве случаев непосредственно сразу после крещения (Деян. 8:17; 9:17; 19:6). Вполне правомерно полагать, что физическое воздействие было обычным средством передачи Духа другим людям, поскольку именно этому учит Послание к евреям (Евр. 6:1-6; см. Главу 27), где возложение рук перечислено наряду с другими элементами основ учения, которым следует обучать новообращенных. Очевидно, если дар Духа дан и принят спонтанно (как в случае с Корнилием), возложение рук не требовалось, в остальных случаях это, очевидно, была обычная практика.

Нам также ясно, что как те, кто совершает служение для получающих Духа, так и сами получатели принимают активное участие в этом процессе. В пророчествовании есть взаимодействие двух сторон: Божественной и человеческой. Как мы уже отметили ранее, принимающий Духа сотрудничает с

Ним, участвуя своими легкими, гортанью и устами. Однако такое сотрудничество является добровольным или принудительным? Были ли ученики в Новом Завете настолько «переполнены» этой сверхъестественной силой, что они «не могли сдержать» то, что вырывалось из их уст? К сожалению, их нельзя сейчас подвергнуть перекрестному допросу! Библия просто повествует нам о том, что они сделали, а не о том, был ли у них выбор в этом вопросе!

Тем не менее, другие тексты Писания указывают на ответ. Святой Дух является не только силой, Он также является Личностью Святой Троицы. Он есть Утешитель для того, чтобы направлять и руководить. В отличие от Отца и Сына, Он не является царем, и не царствует с абсолютной властью. Дух может быть оскорблен (Еф. 4:30), Он может быть угашаем (1 Фес. 5:19) и Ему могут противиться (Деян. 7:51). Все вышесказанное не создает впечатления «непреодолимой силы». Дух никогда не попирает волю человека, как и не предлагает никому Своей силы и даров насильно. Более того, Святой Дух поручает управлять Его дарами самим получателям; и они не обязаны их использовать (1 Кор. 14:28).

Таким образом, мы можем сделать вывод, что Святой Дух будет дан только тем, кто желает Его принять и кто «поднимет паруса», чтобы идти в одном направлении с веянием Его ветра. И это желание важно иметь в тот самый день, когда действует Его сила! Насколько же велика привилегия иметь Духа Живого Бога, который поселяется внутри нас, посылая нам постоянное обновление наших сил, новые возможности для других, действенное свидетельство о Христе и сыновье благоговение перед Небесным Отцом!

Глава 6

Родиться свыше

Проблема понимания языков существует со времен Вавилонской Башни! Такое впечатление, что слова проживают свою собственную жизнь: иногда они становятся слишком податливыми и приобретают слишком широкое значение, а иногда употребляются в очень жестких рамках, принимая слишком узкое значение. Слово «любовь» является одним из примеров первой тенденции; примером второй может быть слово «gay» (английское слово «веселый, радостный, беспечный, и др., закрепившееся как имя нарицательное в отношении гомосексуалистов).

Библейские слова не избежали подобных перемен. Преподаватель, использующий библейскую терминологию, совсем не обязательно излагает библейскую истину (равно как частое цитирование мест из Писания не делает учение «библейским», особенно, если тексты цитируются вне контекста).

Довольно часто требуется «снять» со слов их современный смысл, чтобы вернуть им библейское значение. Но процесс «избавления от знаний», так сказать «разучивания» того, что мы знаем, происходит тяжелее, чем процесс научения новому. Избавиться от привычки намного тяжелее, чем приобрести ее (что может подтвердить любой любитель гольфа!). Не так-то просто побороть привычную манеру использования слов!

НОРМАЛЬНОЕ РОЖДЕНИЕ ХРИСТИАНИНА

«Обращение» и «рождение свыше» являются яркими примерами такой опасности, и избежать ее довольно трудно. Оба выражения переместились из категории податливых описательных форм в категорию жестких определений. Сказать «я — рожденный свыше христианин» практически настолько лишено смысла, как если бы мы говорили о круглой окружности или четырехугольном квадрате! Подобно этому, утверждение «Я не помню дня своего обращения» уже содержит вложенную в него предпосылку, которая противоречит библейской истине.

Проблема в том, что оба этих термина долгое время считались синонимами в кругу евангелистов. Их употребляли в одном смысле для определения осуществляемого в нас Богом труда, который переводит нас от смерти во грехе к новой жизни во Христе. В значение обоих слов вкрался скрытый смысл, состоящий в том, что это происходит мгновенно. Считается, что если человек может назвать момент своего обращения, или хотя бы его дату, это дает преимущество его свидетельству, поскольку делает его более наглядным. Однако «допускается» не знать конкретного (момента обращения, что является вариантом большинства опрошенных верующих).

Если (и это очень большое «если») считается допустимым, что оба термина относятся к сверхъестественному событию, произошедшему мгновенно, то возникает вопрос: какое отношение это имеет к четырем элементам посвящения (или инициации) верующего, которые мы разбирали в предыдущих главах? На какой стадии происходит обращение/возрождение?

И все же, насколько истинно с библейской точки зрения такое общепринятое понимание этих терминов? Это самый главный вопрос. В этой главе мы попытаемся показать, что внимательное исследование употребления этих терминов в Писании имеет скорее наглядный, чем определяющий характер, так что только одно из этих двух понятий дает описание производимой сверхъестественной работе, но ни одно, ни другое не происходит моментально!

ОБРАЩЕНИЕ В ВЕРУ

Кто хотя бы раз не слышал такую фразу проповедника: «Я не обратил ни одного человека в веру — только Бог может обратить душу человека»? Интересное замечание, но оно противоречит Библии. Согласно Писанию, Бог никого никогда не «обращал»!

В современном языке данное существительное употребляется часто («мое обращение»); когда же используется глагол, то он стоит исключительно в пассивном залоге («меня обратили»). В Новом Завете это существительное не употребляется ни разу, а глагол стоит в действующем залоге («обрати брата своего») или в среднем («обратитесь»). Глагол всегда употребляется в отношении к человеку, а не к Богу. (Если эта мысль покажется вам новой, предлагаю проанализировать следующие отрывки из Писания: Мф. 13:15; Мк. 4:12; Лк. 22:32; Деян. 3:19; 2 Кор. 3:16; Гал. 4:9; Иак. 5:20; 1 Пет. 2:25).

На самом деле, в Новом Завете греческое слово «обращать» не имеет того практического или богословского смысла, которое оно приобрело позднее. Это — обычное слово, одно из группы слов, происходящее от простого корня, означающего «поворачивать» (по-гречески: *strepho*). Особая форма слова, в большинстве случаев переводимая как «обращаться», имеет префикс *epi-*, придавая ему значение «повернуться *вокруг*» или «повернуться *назад*». Современное обозначение на автотрассах «разворот на 180º» [U-Turn] служит самым близким эквивалентом из всех возможных.

Это наиболее точное описание грешника, который отворачивается от своих грехов, поворачиваясь кругом на 180 градусов, и возвращается назад к Богу. Такое описание говорит о собственном поступке человека (не Божьем), вне зависимости от того, решил ли он сам сделать этот шаг, или его побудил это сделать кто-либо другой. Ничто в мире не может определить скорость этого разворота, будет он внезапным или медленным; это слово имеет отношение исключительно к направлению. Не имеет значения и то, был ли это один большой разворот или серия небольших поворотных движений. Важно лишь то, что человек, который шел в одном направлении (в ад), теперь идет в обратном направлении (в рай). Осознание всего этого служит источником утешения для многих верующих, которые раньше смущались, когда их просили «рассказать свидетельство»; важнейшим элементом в процессе обращения является изменение направления, а не тот срок, за который это обращение произошло. Один водитель мчится на большой скорости в неправильном направлении, но затем резко разворачивается (вид и звук такого зрелища захватывают, что хорошо используется в Голливуде!). Другой ведет машину более размеренно, делая тем самым процесс разворота более безопасным для окружающих. В любом случае, самое главное здесь — двигаться в правильном направлении! На самом деле, определить конкретную дату, когда человек покаялся или уверовал намного труднее; событие и дата водного крещения и крещения Духом запоминаются намного легче.

Проходя «четыре духовных отрезка пути», человек как раз и осуществляет этот «поворот» от греха к Богу. На каждом из этих этапов от самого человека требуется определенное действие, для того чтобы сделать «следующий» шаг. Все четыре употребляются в Новом Завете в повелительном наклонении, что подчеркивает их характер повелений:

«Покайтесь» (Деян. 2:38)

«Веруй» (Деян. 16:31)

«Крестись» (Деян. 22:16)

«Примите» (Ин. 20:22)

Безусловно, доля человеческого участия на каждом из этих этапов значительно отличается. Принимая крещение, это участие ограничено тем, что человек выражает свое желание и соблюдает эту заповедь (насколько важно, что глагол стоит в среднем залоге — «дать себя крестить»). Во время крещения Духом большую часть осуществляет Бог, хотя принятие Духа Святого имеет скорее активный, чем пассивный характер. На этапе покаяния и исповедания веры ударение ставится большей частью на человеческом участии, но не исключая участия Божественных сил.

Поэтому будет вполне приемлемым употреблять слово «обращение» в отношении всего процесса, рассматриваемого под углом человеческого участия в осуществлении всех четырех его этапов. Их совокупность необходима для *полного* «разворота». В частности, водное крещение отмечает момент окончательного разрыва с греховной жизнью, а крещение Духом становится началом новой жизни; и то, и другое имеет основополагающее значение для «обращения» и поэтому должны входить в состав свидетельства о встрече человека с Христом.

Однако возможно повторное «обращение»! То же самое слово в Новом Завете употребляется, когда верующие «возвращаются» назад к греху (Гал. 4:19; Тит. 3:11). Таковые должны быть снова «обращены» назад к Богу (Лк. 22:32; Иак. 5:20), хотя в этом случае ни водное крещение, ни крещение Духом не потребуются. Одна девушка из Армии Спасения, которая открыто призналась в том, что пережила десять обращений, причем каждое последующее из них превосходило предыдущее, была, по крайней мере, честна!

Очевидно, что слово «обращение» оказалось еще более гибким, чем мы представляли его в начале. Возможно, намного безопаснее было бы употреблять слово «повернуть обратно», что, впрочем, является его первоначальным значением. Тогда свидетельства людей стали бы более определенными и более объективными. Вместо того чтобы рассказывать о том, «как я был обращен», хотя эта фраза звучит намного короче, они бы рассказали о грехах, в которых они покаялись, о том, почему они поверили в Слово Божье, о том, когда они были крещены и как приняли Духа Святого. Такое свидетельство было бы более информативным и вдохновляющим!

ВОЗРОЖДЕНИЕ

Теперь обратимся к понятию «возрождения» — это еще одно слово, пострадавшее от превращения его в формальный богословский термин, которым определяется тот самый акт Божественной благодати, при котором грешник получает новую природу. Существует практически массовое предположение о том, что возрождение происходит одномоментно, во время которого может отсутствовать субъективное сознание, а понимание происходящего события, несомненно, придет позднее.

Такое «доктринальное» понимание неизбежно поднимет вопрос о том, какое отношение имеет этот момент возрождения к процессу посвящения. В какой момент происходит чудо? Есть три противоречивых ответа на этот вопрос, на которые нельзя не обратить внимания: позиция приверженцев кальвинизма, арминиан и католиков.

Кальвинистская позиция. Богословие Реформации, делающее особое ударение на суверенности Бога, как правило, ставит момент возрождения *перед* самим процессом посвящения, исходя из «логического» вывода о том, что падшая природа человека делает его просто неспособным покаяться в грехах, не говоря уже о принятии Духа Святого. Поэтому первоначально Бог проявляет Свою благодать в акте возрождения, таким образом давая возможность грешнику откликнуться на Благую Весть. Отсюда следует вывод, что выбор, быть грешнику рожденным свыше или нет, является полностью привилегией Бога.

Позиция арминиан. Большинство евангельских христиан и пятидесятников соглашаются с убеждением, согласно которому возрождение происходит после покаяния и исповедания веры, но до водного крещения. Евангельские христиане зачастую ставят знак равенства между возрождением и крещением Духом («рожденный» или «крещенный» в Духе Святом начинают восприниматься как синонимы, хотя последняя формулировка употребляется крайне редко). Пятидесятники делают четкое разделение между этими двумя понятиями. Так или иначе, они признают, что в выборе в пользу «рождения свыше» участвует как человек, так и Бог; когда человек отвечает на Благую Весть, Бог отвечает возрождением человека (таким образом, здесь ударение делается на «принятие решения»).

Позиция католиков. Сакраментальная традиция католицизма отождествляет возрождение с водным крещением, вне зависимости от времени его принятия: после (в случае крещения лиц сознательного возраста) или до (в случае крещения младенцев) исповедания веры. Служба крещения младенцев введена в Обязательные Общие Службы Англиканской Церкви, хотя позиция Свода Дополнительных Служб неоднозначна. В данном случае ответственность за выбор «быть рожденным свыше» лежит на родителях и священнике.

В то время как между этими тремя точками зрения лежат глубокие отличия в части выводов, их объединяет лежащее в основе каждого из них предположение, что возрождение происходит фактически мгновенно. Но находит ли эта идея подтверждение в Писании? Если нет, может ли это быть объяснением глубоких различий между тремя позициями? И еще, каким образом возникло это предположение?

«Возрождение» (как и «обращение») представляет собой вполне *обыденное* слово, имеющее характер скорее описания, чем определения. Его происхождение от простого корня вполне понятно. Глагол «быть» (по-гречески: *eimi*) посредством обычного префикса приобретает значение «появиться» или «становиться» (*ginomai*); при этом другой префикс дает новое значение «явиться снова» (*anagennao*), тем не менее, когда последнее выражено существительным, то употребляется другой префикс со значением «снова» (*palingenesia* — не трудно догадаться, как называется первая книга Библии, не правда ли?!).

Глагол означающий «появиться» встречается в Новом Завете более двухсот раз с разными оттенками значений: от самого обычного повествовательного («*Явился* Иоанн, крестя в пустыне и проповедуя крещение покаяния для прощения грехов» — ср. Мк. 1:4), несколько отличающегося от нашего слова «*случаться*», до экстраординарных событий, имевших место при сотворении («...так что из невидимого *произошло* видимое» (Евр. 11:3). Более узкий смысл глагола «становиться» также имеет два отличающихся друг от друга оттенка, и оба имеют отношение к нашему исследованию. Один из этих оттенков может относиться к совершенному новому началу, происходящему в самый первый раз, что как нельзя лучше подходит для описания Сотворения мира (это значение как раз употребляется в Ин. 1:3, 4, 10). Другой оттенок состоит в том, что оно может относиться к чему-то уже существующему, но приобретающему полностью новую форму, будь то естественный процесс (горчичное зерно «становится» большим деревом — Лк. 13:19) или посредством сверхъестественного вмешательства (вода «становится» вином — Ин. 2:9).

Такой двойной смысл слова «становиться» (на еврейском, арамейском, а также греческом языках) сделал его идеальным словом, которое использовал Иисус в разговоре с Никодимом. Оно смогло соединить событие физического рождения (когда человек становится частью старого творения) с понятием духовного рождения (в котором тот же человек становится частью нового творения). Второе попросту выражает значение «явиться снова» (его можно перевести как «явиться свыше», поскольку греческое слово может означать как «снова», так и «свыше» — см. Главу 10). В любом случае здесь имеет место

Божественное участие, не исключающее действия обработки (т.е. начало преобразовательного процесса из уже имеющегося материала). Да и физическое рождение не происходит «из ничего»; это результат процесса созревания из существующего генетического материала. Сам процесс воплощения несет в себе это соединение двух начал — Божественной Личности, которая существовала от вечности, и человека, который появился на свет в свое время. Целостность личности может сосуществовать с нецелостностью формы.

Несмотря на то, что существительное, выражающее значение «явиться свыше» используется только дважды в Новом Завете, оно относится как к человеку (Тит. 3:5), так и ко всему творению (Мф. 19:28). Бог, Который восстанавливает венец Своего творения до его первоначального состояния, сделает это и для всей вселенной! Небо и земля будут также «рождены свыше» (Откр. 21:1-5), хотя это будет совершено посредством крещения огнем, а не водой (2 Пет. 3:10-13)!

Ни в самом слове «возрождение», ни в контексте, в котором оно используется, нет ничего, что подразумевало бы моментальный характер данного «явления». Предметом спора является не то, что это *возможно* — более того, иногда это конкретно указывалось, например, когда нам будет дано новое воскресшее тело: «вдруг [т.е. мгновенно] во мгновение ока» (1 Кор. 15:51-52), хотя, нужно заметить, там использовано другое слово. Но утверждение о том, что возрождение *должно* произойти мгновенно, просто не соответствует истине. Процесс Сотворения (начало/происхождение — Бытие 2:4) проходил в несколько этапов, какой бы точки зрения не придерживаться о протяженности шести дней. Очевидно, что и возрождение неба и земли будет происходить также в несколько этапов. Подобным образом горчичное зерно не «стало» деревом за одну ночь. На самом деле, намного чаще это слово употребляется в Писании по отношению к вещам, «преобразование» которых в то, чем они являются, *занимало какое-то время* — короткое или длинное. Даже процесс Воплощения

(Слово «стало» плотью) длился девять месяцев. Причина появления, его природа и цель намного важнее, чем «скорость» происхождения!

Тогда зачем делать такое ударение на «мгновенности» возрождения? Возможно, это зависит от того, что все происходящее, изменяющееся медленно или постепенно, может быть «оправдано» в рамках «естественной» причинной обусловленности (как вода, превращаемая в вино посредством очищения и ферментации винограда), в то время как тот же самый процесс, происходящий мгновенно, свидетельствует о его «сверхъестественной» причине (как вино, появившееся из воды в Кане).

В основе такого суждения лежит огромное заблуждение, а именно: Бог не участвует в естественных и постепенно развивающихся природных процессах. Существует также неверное предположение о том, что природа Бога требует осуществления Его действий без какого-либо промедления. Так мы можем дойти до самого тяжкого преступления — низведения Бога до нашего образа, поскольку за всю историю человечества люди чаще всего выражали недовольство тем, что Он не реагировал на создавшиеся ситуации достаточно быстро! Глядя на Его действия при Сотворении, нам следует поучиться Божьему долготерпению (Иак. 5:7-9), особенно в эпоху, которая требует «мгновенного» удовлетворения людских потребностей.

Освободив понятие возрождения от ассоциаций с его «немедленным» исполнением, мы получаем возможность по-новому оценить его отношение к процессу посвящения. Оба эти понятия представляют собой скорее процесс, чем единичные события, и удивительным образом согласовываются друг с другом.

Рассматривать начало христианской жизни как рождение полностью совпадает с библейской истиной и восходит к словам Самого Иисуса Христа, хотя, во избежание недоразумений, следует отметить, что мы нечасто встречаем это в Писании (в действительности, «рождение» от Духа встречается в Писании реже, чем «крещение» в Духе, а именно: в пропорции шесть к семи, что часто не совпадает с соотношением этих понятий, употребляемых в проповедях евангелистов в наши дни!)

Поэтому мы можем говорить о существовании некой аналогии между физическим и духовным «рождением» (хотя Никодим воспринял это слишком буквально — Ин. 3:4!), что подразумевает наличие определенной степени схожести между этими понятиями. Физическое рождение человека, разумеется, представляет собой целую цепь событий. От первых схваток, появления новорожденного и отрезания пуповины, до первого вдоха и крика вся эта последовательность дает появление на свет новой жизни (хотя она уже существовала в темноте около девяти месяцев). Назвать любой из перечисленных событий «рождением» будет крайне трудно.

Задаваться вопросом о том, в какой точно момент фактически происходит рождение ребенка, наверное, не имеет смысла, да и неуместно. Весь процесс родов может быть как быстрым, так и относительно долгим. Главное то, что началась новая жизнь, а также тот факт, что было сделано все необходимое для дальнейшей здоровой жизни, и сделано должным образом. Рождение само по себе не имеет особого значения; это прелюдия к жизни, и ее качество является основополагающим моментом.

Писание предлагает нам рассмотреть данную аналогию «нового» рождения, применив слово «возрождение» и связанное с ним понятие к целостному процессу посвящения. Помимо некоторых явных параллелей, которые мы можем найти (первая боль «обличения», перерезание пуповины при «покаянии», омовение новорожденного при «крещении» и первый крик в Духе, когда его берут на руки — рукоположение!), этому также есть библейское основание.

Точно так же, как можно применить слово «обращение» ко всем четырем стадиям посвящения, стоящим в повелительном наклонении, указывая на необходимость участия в них человека, мы можем применить слово «возрождение» ко всем четырем стадиям инициации, так как они стоят в изъявительном наклонении, указывая на факт Божественного участия в процессе возрождения человека:

Бог Сам дает покаяние (Деян. 5:31; 11:18);

Бог дает дар веры (Евр. 12:2);

Бог воскрешает из погребения при крещении (Кол. 2:12);

Бог изливает Своего Духа (Тит. 3:5).

Весь процесс посвящения состоит из совершенных Богом действий. Посредством этого процесса Он «возрождает» человека (т.е. вызывает его «появление снова»). И каждый его этап необходим для начала «нормальной» жизни христианина, его правильного роста и развития.

Как мы уже видели, доля человеческого участия разнится от этапа к этапу. При этом участие Бога на каждом из этих этапов обратно пропорционально: если на первых двух этапах (покаяние и вера) большее значение отводится человеческому участию, то на третьем и четвертом (водное крещение и крещение Духом) происходит сдвиг в сторону большего участия Божественных сил. Этот постепенный переход может быть представлен следующей диаграммой:

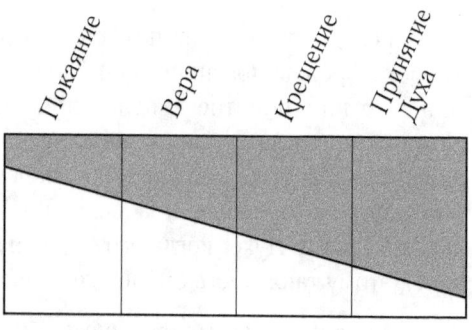

Разумеется, эта диаграмма представляет собой итоговую таблицу статических данных, основанных на исследовании текста, а не богословскую концепцию. Однако эта тенденция может иметь определенную духовную значимость: посвящение является расставанием человека с собственными усилиями и встречей с Божественной силой.

Итак, несмотря на то, что *весь* процесс посвящения может рассматриваться и как «обращение» (с точки зрения человеческого участия), и как «возрождение» (с Божественной точки зрения), второе понятие особенно применимо ко второй его половине, а именно: водному крещению и крещению Духом, которыми Бог завершает процесс обретения человеком новой жизни. Прежде чем евангельские христиане в ужасе отпрянут, прочитав это утверждение, я настоятельно рекомендую им еще раз обратиться к двум стихам в Библии, которые дают наиболее точное определение природы «рождения свыше». В тексте Ин. 3:5 (в буквальном смысле) говорится, что человек «появляется снова *из* воды и Духа» (см. главу 10, посвященную полному разбору этого интересного места Писания). Стих Титу 3:5 (опять же в буквальном смысле) говорит о «спасении», осуществленном «банею возрождения» и «излитием Духа Святого в обновлении» (см. Главу 26 о детальном толковании этого стиха). Как бы нам ни хотелось, чтобы Иисус Христос и Павел считали возрождение характерным признаком таких элементов посвящения, как покаяние и вера, мы должны принимать Писание таким, как оно есть. Слова, используемые в этих фразах, не представляют никаких трудностей для понимания, когда мы рассматриваем возрождение как цельный процесс, завершающий все дело посвящения.

Получение Духа, как четвертая и окончательная стадия «рождения свыше», передает смысл, отсутствующий в остальных трех элементах. Этот смысл заключается в *завершении* процесса возрождения, отмеченного началом новой жизни и завершением нового рождения, поскольку это новое существование и есть «жизнь в Духе» (Рим. 8:4-5). Кроме этого, это также есть *подтверждение* совершившегося возрождения и доказательство того, что новая жизнь началась. Обратившись на минуту к аналогии процесса физического рождения, получение Духа, от избытка которого «говорят уста», равнозначно первому крику только что родившегося младенца. Можно также увидеть библейскую параллель в «рождении» Адама: когда Бог «вдохнул в его ноздри дыхание жизни» («искусственное дыхание»), то это стало завершением процесса его «произведения» или «появления» путем вызывания его к жизни.

Если такое понимание двойного смысла «принятия Духа» (завершение и подтверждение) истинно, то ни покаяние, ни вера, ни крещение не могут стать доказательством или гарантией оправдания. По той причине, что каждый из этих элементов может быть исповедан или осуществлен на практике неприемлемым для Бога образом, поскольку только Он Один знает, что находится в сердце человека. Подтверждением Его одобрения и принятия является свидетельство того, что Он дает Духа, тем самым ставя «печать на Деле». На этом основана наша уверенность: «Что мы пребываем в Нем [т.е. в Боге] и Он в нас, узнаем из того, что Он дал нам от Духа Своего» (1 Ин. 4:13; ср. 3:24). Неудивительно, что апостолов очень беспокоили случаи, когда такой знак отсутствовал (см. Главы 16 и 20). Именно он был критерием того, является ли человек христианином (Рим. 8:9; см. Главу 21, где приводится ответ критикам такого толкования).

Отсюда вытекает два вопроса, более обстоятельные ответы на которые будут даны в главе 36. Первый вопрос: почему такое большое ударение ставится на *рождении*, а не на *жизни* духовных младенцев (в результате чего во время евангелизаций нас больше заботит «рождение свыше», а не уверенность в том, что обращенные действительно «живы»)? Второй: почему евангельские христиане так неохотно рассматривают водное крещение (также как пятидесятники неохотно рассматривают этот элемент *и* крещение Духом) неотъемлемой частью всего процесса возрождения?

По существу, оба вопроса имеют отношение к упрощенной точке зрения на спасение. Когда спасение проповедуется как таковое, что спасает от ада, а не от грехов; когда оно рассматривается как актуальное для века грядущего, а не нынешнего; необходимое для тех, кто уже прожил жизнь, а не рассчитывающих ее продолжить — тогда мнение о том, что человек был «рожден» от Духа, становится более важным, чем то, согласно которому он «живет» в Духе (необходимость в оправдании затмевает необходимость в освящении). Если наше понимание спасения сведено до такой «светской» точки зрения (в виду того, что она в первую очередь связана с этой жизнью, освобождая нас от наказания за наши грехи здесь и сейчас), то относительная значимость водного крещения и крещения Духом снижается, переходя их из статуса основных в дополнительные элементы.

Такой менталитет под названием «билет на небеса» не имеет библейского основания и говорит о неуравновешенном взгляде на концепцию спасения. «Оправдание» и «возрождение» рассматриваются как самоцели, а не как средства той «святости, без которой никто не увидит Господа» (Евр. 12:14). Но «новое рождение» — это не свидетельство об освобождении от адских мук и не абонемент для входа в рай. Новое рождение дается для того, чтобы человек жил безгрешной жизнью (1 Ин. 3:9) и мог наслаждаться вечной жизнью здесь на земле, а потом и на небесах. Процесс освящения является важнейшим связующим звеном между оправданием и прославлением. Являясь неотъемлемыми частями посвящения, водное крещение и крещение Духом считаются существенной частью всего процесса спасения. Это хорошо объясняет то, почему Павел употребляет глагол «спас» относительно их обоих (Тит. 3:5). А также почему Иисус рассматривал их основными составляющими нового рождения (Ин. 3:5).

Для очень многих новообращенных процесс возрождения является длительным и сложным. Люди могут уверовать задолго до того, как покаются прилюдно; крещение может быть принято через долгое время после момента уверования, (или, что еще более неясно, задолго до этого). Многие люди не имеют уверенности в том, «крещены» ли они в Духе, или нет; некоторые так никогда и не покаялись; другие так и не приняли крещение. В этом не всегда есть вина самих людей, поскольку вспоможение при их «рождении» осуществляли неопытные и необученные духовные «акушеры».

Целью написания этой книги является попытка улучшить эту ситуацию. Закончив *тематический* обзор по вопросу «нормального рождения христианина», нам следует обратить внимание на *практические* пути, посредством которых это учение может быть применено для дела благовестия и пасторского попечения.

Но прежде чем мы приступим к этому, нам необходимо убедиться, что выше очерченные общие принципы надежно укоренены в Писании. Для этого мы рассмотрим более двадцати ключевых мест Писания, которые имеют прямое отношение к нашей теме. При этом будет важно читать следующие главы с Библией в руках, и с открытым сердцем, поскольку нам придется узнать много нового, и расстаться со многими старыми верованиями.

Часть вторая

МЕСТА ПИСАНИЯ «КАК НА СЧЕТ...?»

Библейский аспект

Глава 7

Великое Поручение
(Мф. 28:19-20)

> «Итак идите, научите все народы, крестя их во имя Отца и Сына и Святого Духа, уча их соблюдать все, что Я повелел вам; и се, Я с вами во все дни до скончания века. Аминь». (Мф. 28:19-20)

Это миссионерское поручение апостолам, а через них и всей Церкви, заключает в себе два из наиболее потрясающих заявлений, когда-либо сделанных Иисусом Христом о Себе. Он начинает его с провозглашения Своей всеобъемлющей власти на всем *пространстве*, и заканчивает обетованием Его вечного присутствия во *времени*. Его «приказы к действию» могут быть поняты в полной мере только в свете Его абсолютной власти и положения. Здесь Христос осуществляет Свои правомочия, отправляя апостолов, чтобы они приобретали последователей по всему миру, а также чтобы они применяли к ним Его абсолютные стандарты.

Выражение «все народы» относится скорее к этническим группам, чем к политическим образованиям: оно происходит от Божьего стремления включить в Его Царство самые разнообразные группы рода человеческого (из всякого «рода, колена, наречия»), хотя слова «племена» или «народы» также являются синонимом еврейского слова, которым они назвали неиудеев. Весьма показательно, что это Великое Поручение вошло в Евангелие от Матфея, которое было написано главным образом для *Иудеев!* Нам становится абсолютно понятно, что Иисус Христос Сам инициировал благовестие миру язычников, что стало изменением политики призвания исключительно «погибшим овцам дома Израилева» (Мф. 15:24). Такая перемена предчувствовалась еще до Его смерти (Мф. 21:43 и 24:14).

Грамматический аспект этого наставления Христа является важным для нас. Один глагол в повелительном наклонении («научите») обусловлен двумя причастиями в настоящем продолженном времени («крестя» и «уча»). Они должны были больше заниматься наставничеством, чем приобретением учеников. Глаголы имеют более динамичный характер, чем существительные!

«Ученик» — это тот, кто учится, но учится больше от другого человека, а не из книг, проходя какой-то курс или занимаясь по какой-то системе. Ученик подразумевает в большей степени значение «подмастерья», «стажера», чем студента. Наставничество предполагает взаимоотношения с наставником, учителем, лидером. Итак, возникает вопрос: «Учить, избирая из *кого*? Из своей среды или других? Переходная форма глагола может принимать любое из возможных дополнений: Петр мог быть наставником учеников Петра или учеников Иисуса Христа. Эта дилемма разрешается самим контекстом: Тот, в чье *имя* они должны были креститься. Это не было именем ни одного из апостолов, а те *повеления,* которым они должны были учить, не были повелениями апостолов. Задачей последних было стать наставниками «учеников Иисуса Христа». Это подтверждается той осторожностью, с которой Петр и позднее Павел остерегались крестить своих новообращенных (Деян. 10:48; 1 Кор. 1:13-17); а также тем фактом, что ранние христиане получили собирательное имя «ученики», но их никогда не называли «учениками Петра,

Иоанна, Павла, и т.д. Тем не менее, поскольку вероучение Иисуса Христа воплощено в жизни наставников, процесс наставничества может осуществляться посредством подражания и следования наставлениям (1 Кор. 4:16; 1 Фес. 1:6; Евр. 6:12; 13:7; 3 Ин. 11).

Некоторые богословы придают слишком большое значение тому факту, что «научите» предшествует другому повелению — «крестить», делая вывод из этого, что крещение должно всегда следовать за наставлением. Удивительно, что такую точку зрения часто высказывают те, кто стоит за крещение младенцев, когда логическим выводом этой точки зрения является крещение верующего (Чарльз Симеон, евангелист-англиканец, был одним из приверженцев этой позиции, как и живший до него Джон Кальвин — см. Дополнение 1). Мы даем возможность представить эту точку зрения праведному Ричарду Бакстеру (отрывок из его книги «Споры о Праве Таинства» *Disputations of Right to Sacrament*, стр. 149, цитата из которой использована Т.Е. Уотсоном в его книге «Крещение не для Младенцев» *Baptism not for Infants* (Walter, 1967), стр. 27):

> Здесь мы имеем дело не с каким-то случайным историческим упоминанием крещения, а с тем самым Великим Поручением Христа Его апостолам проповедовать Евангелие и крестить, где особое ударение ставится на нескольких видах предстоящего перед ними труда, в нескольких местах и в определенной последовательности. Первая задача должна была осуществляться посредством наставничества как приобретать учеников, которых Марк называет верующими. Вторым заданием было крестить... И третьей задачей было научить их соблюдать все то, чему они будут научены в школе Христа. Пренебречь этим порядком — значит не признавать все повеления, стоящие в этой последовательности; а иначе, где мы можем их еще найти, как не здесь?

НОРМАЛЬНОЕ РОЖДЕНИЕ ХРИСТИАНИНА

Однако такое толкование не выдерживает критики с точки зрения грамматических форм, поскольку текст содержит не три последовательных повеления, а только одно с двумя причастиями: они должны были «научить, крестя и уча». И дело даже не в том, что здесь крещение стоит перед словом «уча», хотя некоторые стоящие на позиции крещения младенцев используют этот момент для оправдания догмы крещения младенцев задолго до того, когда они будут «научены». Такая противоположная точка зрения в равной степени не находит подтверждения самим текстом, поскольку глагол «наставлять» (англ. 'disciple' — прим. пер.) является ничем иным, как взаимоотношениями на основе полностью сознательного и добровольного выбора со стороны заинтересованного лица.

Слово «крестя» является скорее транслитерацией слова «крещение», чем его переводом. Как мы уже рассматривали, используемое греческое слово означает «погрузить в воду, окунать, промокать насквозь, или затоплять что-либо под водой» (например, погружать ткань в краску, чашу — в емкость с вином, или даже для описания тонущего корабля; см. Главу 4). Большинство комментаторов Писания связывают это слово больше с водным крещением, чем с крещением Духом, в частности благодаря такому «названию» этого элемента посвящения. Подтверждение этому мы находим в том факте, что, несмотря на видимость исчезновения практики водного крещения во время служения Иисуса на земле, она становится повсеместной в период Ранней Церкви, начиная со дня Пятидесятницы и позднее. Только то, что это повеление от Господа, могло гарантировать такую продолжительность соблюдения этой вещественной церемонии после того, как было явлено полное духовное крещение Мессией (ср. реакцию Петра на крещение Духом Корнилия в тексте Деян. 10:47). Такая настойчивость в этом вопросе апостолов может быть объяснена только тем, что Великое Поручение является подлинным отражением реальных слов Иисуса Христа.

Стало модным приписывать авторство этих слов Ранней Церкви, а не Иисусу Христу, хотя при видимом отсутствии любого другого повеления, которое бы дал Иисус для соблюдения его, создается другое препятствие, а именно: найти другое объяснение настойчивости Петра по поводу принятия водного крещения в день Пятидесятницы! Одна из многих других причин, которые приводятся в отношении установления авторства, состоит в том, что формулировка, приведенная в тексте Мф. 28:19-20, с упоминанием Личностей Троицы скорее служит напоминанием церковных лозунгов и противоречит использованию имени Иисуса Христа на протяжении всей Книги Деяний (напр. Деян. 8:16; 9:15). Действительно, прямых доказательств использования упоминания Личностей Святой Троицы во время крещения до второго столетия н.э. не найдено.

Если форма погружения в воду была одинаковой при крещении как апостолами, так и Иоанном Крестителем, то используемая *формулировка* при этом явно отличалась. В действительности, употребление имени во время крещения было явным нововведением апостолов. Общепринято, что формулировка Матфея состоит их трех имен: «Отца», «Сына» и «Святого Духа». Однако прочтение этой фразы на самом деле носило бы упрощенческий подход по ряду причин:

1. Формально, «Отец» и «Сын» — это не просто «имена», они отражают родственную связь.
2. «Имя» Отцу «Яхве», откуда происходит имя «Иегова».
3. «Имя» Сыну «Иисус».
4. Слово «имя» стоит в единственном числе (одно), а не во множественном (три).

Однако основная проблема позиции «трех имен» проистекает из того факта, что, несмотря на то, что апостолам было известно и использовано ими тринитарное благословение (например, 2 Кор. 13:14), нет ни одного зафиксированного свидетельства тринитарной формы крещения в Новом Завете. Такая форма бенедикции *(благословения),* во всех случаях исцеления и освобождения, совершалась исключительно в могущественное имя Иисуса Христа. Как же нам объяснить такое явное противоречие?

Многие богословы (от МакНила до Баркли) просто относят формулировку у Матфея к более поздней литургии церкви, где повторялись слова, произнесенные устами Иисуса Христа. Тем не менее, поскольку нет никаких рукописных свидетельств тому, чтобы считать это более позднее дополнение к Евангелию как письменный документ, такая гипотеза подвергает сомнению целостность Евангелия от Матфея, обвиняя его в неточном отражении событий!

Другие обвиняют также и Луку в неточном изложении событий, полагая, что его литературная цель возвысить Иисуса Христа привела к упрощению изображаемых им событий в Деяниях, тем самым сократив действительную формулировку при крещении для того, чтобы сделать ударение на имени Иисуса Христа. Однако нет ни одного признака, указывающего на то, что Лука стремился сократить тринитарную формулировку (см. Лк. 3:22 и Деян. 2:32-33; 20:21-22).

Крайняя точка зрения заключалась бы в том, что и Матфей, и Лука сообщают неточные данные, в этом случае давая хоть немного надежды на восстановление изначальной формулировки при крещении, и тогда не было бы смысла обсуждать эту проблему!

Тем не менее, возможно, что обе книги содержат точную информацию о восстановленных событиях. Употребляя только имя «Иисуса», апостолы либо пренебрегали «буквой» Великого Поручения, либо были убеждены, что они совершают его «смысл». Но могли ли они знать, что на самом деле имя «Иисус» было равноценно прямому упоминанию всех Личностей Троицы? В конечном итоге, им стало понятно, что Бог есть «Отец Иисуса Христа», а Святой Дух был «Духом Иисуса Христа» (Деян. 16:7). На самом деле, в описании «Последней Вечери» (Ин. 14-16) все три Личности Троицы настолько переплетены (см., например, Ин. 14:26), что обращение к

ВЕЛИКОЕ ПОРУЧЕНИЕ

Одной означало обращение ко всем Троим. Тогда употребление одного только имени «Иисуса Христа» могло подразумевать использование «краткого» имени Троицы.

Первые впечатления могут говорить о том, что такое предположение не так уж далеко от истины. Употребление только имени «Иисус» может не строго соответствовать тому, как это написано у Матфея, но и совместимо с ним, что подтверждает следующий разбор.

1. Весь текст изложен от первого лица (Я, Мне). Иисус Христос не говорит здесь от имени Троицы (Мы, Нам). Он не говорит «...уча их соблюдать все, что Мы повелели вам».

2. «во имя» стоит очевидно в единственном числе, а не множественном, указывая на то, что Одно имя может относиться ко всем Троим. Иисус не говорит им «крестя их во имена...»

3. Евсевий Кессарийский цитировал этот стих так: «... научите все народы, крестя их во имя Мое... уча их...». Несмотря на то, что такое прочтение вряд ли могло быть надежным свидетельством оригинального текста Матфея (никто больше не цитирует его таким образом), оно представляет доказательства общепризнанному пониманию применения Великого Поручения. Это полностью совместимо с тем, что записано в Деяниях (вне зависимости какой предлог при этом используется, в англ. переводе текста Деян. 19:5 использован предлог *'into'* вместо *'in'* — прим. перев.).

Последний пункт представляет важность для нас. В Деяниях крещение было не только «во» (по-гречески, *en*), но и «в» (по-гречески, *eis*) имя Иисуса Христа. Это означает больше, чем «делегированные полномочия» *крестителя*. Это символизирует отождествление с Иисусом Христом на личном уровне со стороны *крещаемого*, близкое единение, которое ведет к тому, о чем Павел позднее говорит в своем выражении «*во* Христа» (Гал. 3:27). Это значение не лишено связи с древней практикой воинов, которые приносили клятву предания себя в абсолютное владение и распоряжение императора (первоначальным значением слова «sacramentum» было присяга на верность). Таким образом, крещаемый в какой-то мере теряет свою принадлежность, и вместе с этим свое имя; и получает новое имя того, которому он теперь принадлежит, то есть «Иисусу Христу». Таким образом, крещение — это церемония «наименования» (при полной противоположности ритуалу крещения младенцев, которым дается их собственное имя; эта практика отличается от именования верующего при крещении, указывая на новое рождение, по сравнению с «прежним»).

Итак, наряду с другими словами или именами, используемыми в крещении, имя «Иисус Христос» должно занимать особое место, так как власть и сила всей Троицы пребывает в Его имени. Обратите внимание на то, что в книге Деяний фразы «имя Иисуса Христа» и «сила Духа» почти синонимичны и встречаются с одинаковой частотой, особенно в первых главах.

Тем не менее, было бы явным легализмом опасного толка, сеющим разногласия, лишать законной силы (или наоборот придавать законную силу) какой-либо отдельно взятой форме крещения, основанной на использовании одной исключительной формулировки, как если бы существовал единственный фактор, посредством которого крещение становится действительным (или недействительным). Настаивать на том, что формулировка *должна* содержать только «имя Иисуса Христа» или «всей Троицы» было бы сектантством и привело бы к большому количеству повторных крещений. Такого напряжения можно избежать, если использовать слова в более гибкой форме, например, «Во имя Отца, Сына и Святого Духа крестим тебя в Господа *Иисуса Христа*, в Его смерть, Его погребение и Его воскресение» (многие годы я использовал эти слова при крещении, что, кстати, всех вполне устраивало!),

ВЕЛИКОЕ ПОРУЧЕНИЕ

или: «Крестим тебя во имя Господа *Иисуса Христа*, Его Отца и Его Духа Святого». Мы уже упоминали ранее о практике Ранней Церкви, когда крещаемым предлагалось призывать имя Господа, когда они приступали к крещению (Деян. 22:16 — см. Главу 3).

И последнее, следует отметить, что «крещение» является лишь первым шагом в процессе «ученичества». Этот этап посвящения ведет к более длительному периоду наставничества. «Catechumenate» («научение, наставничество») *начинается* с крещения (в то время как в наши дни оно им заканчивается!). Будучи погребенным и воскресшим со Христом, крещенный нуждается в научении тому, как применять это в своей повседневной жизни (текст Кол. 2:20-3:17 представляет собой замечательный учебный план!).

В Пятидесятническом движении, начавшемся в Америке, существует одно направление, которое постепенно ушло в доктрину унитарности, основанной на Личности Иисуса Христа. Отрицая триединство Святой Троицы, они рассматривают Иисуса Христа как *полное* воплощение Бога Израиля. Не приемля все тринитарные формы, они крестят исключительно во имя «Иисуса Христа», и стали известны как «движение единства» («единственники»). Поскольку те, кто крестит только во имя Иисуса Христа, могут разделять и не разделять эту ересь, необходимо, когда такие случаи происходят, обязательно уточнять, на каком вероучении основывается их позиция.

Глава 8

Постскриптум Марка
(Мк. 16:9-20)

Воскреснув рано в первый [день] недели, [Иисус] явился сперва Марии Магдалине, из которой изгнал семь бесов. Она пошла и возвестила бывшим с Ним, плачущим и рыдающим; но они, услышав, что Он жив и она видела Его, — не поверили.

После сего явился в ином образе двум из них на дороге, когда они шли в селение. И те, возвратившись, возвестили прочим; но и им не поверили.

Наконец, явился самим одиннадцати, возлежавшим [на вечери], и упрекал их за неверие и жестокосердие, что видевшим Его воскресшего не поверили.

И сказал им: идите по всему миру и проповедуйте Евангелие всей твари. Кто будет веровать и креститься, спасен будет; а кто не будет веровать, осужден будет. Уверовавших же будут сопровождать сии знамения: именем Моим будут изгонять бесов; будут говорить новыми языками; будут брать змей; и если что смертоносное выпьют, не повредит им; возложат руки на больных, и они будут здоровы.

НОРМАЛЬНОЕ РОЖДЕНИЕ ХРИСТИАНИНА

И так Господь, после беседования с ними, вознесся на небо и воссел одесную Бога. А они пошли и проповедывали везде, при Господнем содействии и подкреплении слова последующими знамениями. Аминь. (Мк. 16:9-20)

Изначальный вариант окончания Евангелия от Марка безвозвратно утерян. Самые ранние его манускрипты на греческом языке заканчивались словами «потому что боялись». Более поздние рукописи имели самые разные «окончания», которые отличались как стилем написания, так и словарным запасом, от остального текста Евангелия, и потому предполагают, что они принадлежали разным авторам, которые пытались «закончить» это произведение. В современные версии перевода Библии вошел «более длинный» вариант окончания этих рукописей.

Неизвестный автор, по всей видимости, взял основу для своего изложения из трех других Евангелий и Деяний (на что указывает более поздний срок его редакции). В отрывке нет чего-то, что нельзя найти в других местах Писания. Даже обетование о защите от змей и «смертоносного» яда встречается в Евангелии от Луки (19:19) и Деяниях (28:3-6), хотя благоразумнее будет отнести это к непроизвольному риску, чем преднамеренной неосмотрительности.

Несмотря на то, что авторство этого отрывка возможно и не принадлежит апостолам, это не значит, что он полностью лишен их авторитета. Эти слова могут в точности повторять те, которые были сказаны Самим Иисусом в течение шести недель наставления Его учеников в период между событиями воскресения и вознесения. Мы находим не так много из того, что Им было сказано, но то, что мы имеем, отражает одну последовательную модель, с которой сочетается наш отрывок. (Хотя следует отметить, что до периода Пятидесятницы только здесь мы встречаем упоминание «языков» и то, что Иисус назван «Господом»; однако, ср. это с текстом Ин. 20:28).

ПОСТСКРИПТУМ МАРКА

Однако даже в качестве более поздней редакции завершения книги, наличие этого свидетельства для перспективы церкви начала первого века имеет реальную ценность. В частности, нам оставлена полная картина понимания благовестия церкви, что является основной темой этого отрывка.

С одной стороны, крещение рассматривается как необходимость и неотъемлемый элемент для «спасения», что полностью совпадает с апостольским вероучением (см. Тит. 3:5 и 1 Пет. 3:21, более детально это изложено в Главах 26 и 29). Тем не менее, обратите внимание на тот факт, что человек будет «осужден» лишь за свое неверие, а не за свое непринятие крещения.

С другой стороны, «знамения» рассматриваются как необходимое подтверждение евангельской истины; что опять же совпадает с опытом, пережитым апостолами (ср. Рим. 15:18-19; 1 Фес. 1:5; Евр. 2:4). Заметьте, что здесь выражено ожидание, что *все* уверовавшие будут обладать такими «экстраординарными» силами, а не только апостолы. Благая весть должна быть *видимой* и *слышимой* (эта мысль развита более полно в Главе 33). Таким образом, благовестие будет трудом, осуществляемым совместно Господом и Его последователями. Они понесут *весть*, а Он даст *знамения и чудеса* (Деян. 4:29-30; 6:8; 11:20-21; 14:3). Сам факт запоздалого включения «более длинного» варианта окончания книги на самом деле усиливает точку зрения, что Ранняя Церковь ожидала, что такая совместная миссия будет продолжаться некоторое время после ухода апостолов с земной арены!

Глава 9

Распятый разбойник
(Лк. 23:40-43)

> Другой же, напротив, унимал его и говорил: или ты не боишься Бога, когда и сам осужден на то же? и мы [осуждены] справедливо, потому что достойное по делам нашим приняли, а Он ничего худого не сделал.
>
> И сказал Иисусу: помяни меня, Господи, когда приидешь в Царствие Твое!
>
> И сказал ему Иисус: истинно говорю тебе, ныне же будешь со Мною в раю. (Лк. 23:40-43)

Рано или поздно, любая дискуссия о посвящении в христианскую жизнь затрагивает вопрос: «А как на счет разбойника на кресте?» Обычно этот вопрос поднимается для поддержки точки зрения о том, что обращение в веру — это всего лишь простой шаг, а не сложный процесс. В частности, эта точка зрения принимается как доказательство тому, что спасение может быть получено и без водного крещения, и без крещения Духом. Для этого достаточно одной веры, какой бы простодушной она ни была.

Если это так, то большая часть этой книги теряет смысл, а то и может вводить в заблуждение. Получается, нет смысла изучать другие библейские тексты, кроме этого отрывка!

НОРМАЛЬНОЕ РОЖДЕНИЕ ХРИСТИАНИНА

На самом же деле, мы не находим подтверждения такому упрощенческому подходу к посвящению ни в одной из наших ключевых ссылок (Деян. 2:38 — см. Главу 15), ни в ключевых отрывках (Деян. 19:1-6 — см. Главу 20).

Существует целый ряд явных причин, почему это событие не может быть принято за правильную модель обращения в христианство для нашего времени.

Во-первых, обстоятельства, в которых оказался этот разбойник, были уникальными. Он находился в считанных часах от смерти; и смерть эта была следствием наказания, а не естественных причин. Это был молодой человек, осужденный на смертную казнь. Поэтому этот случай служит хорошим прецедентом для всех, кому грозит неминуемая и заслуженная смертная казнь. (Не случайно этот эпизод использовали Джон и Чарльз Уэсли, когда были отправлены вместе с осужденными уголовниками в Тайберн, современное название Марбл Арк, где они были казнены через повешенье; а также Падре Гереке во время Нюрнбергского процесса над военными преступниками нацистской Германии). В более широком смысле его можно применить для того, чтобы призвать к ответу или поддержать тех, кого ожидает неминуемая смерть как следствие естественных или случайных обстоятельств. Однако использование этого случая для убеждения здоровых людей, которые рассчитывают на продолжение нормального образа жизни уверяя, что это «все, что им нужно сделать», не кажется обоснованным призывом.

Во-вторых, полное посвящение этого человека было невозможно. Не так многое остается человеку, в подобной ситуации. Действительно, что он может сделать, будучи прибитым гвоздями ко кресту! Правда, уста его не были связаны, чтобы проклинать или молиться, так что разбойник сделал выбор в пользу последнего. Но у него не было никакой возможности совершать соответствующие поступки: принести плоды покаяния или креститься в воде. Он сделал все, что мог: исповедал свои грехи и исповедал своими устами веру в

РАСПЯТЫЙ РАЗБОЙНИК

Иисуса Христа (см. ниже). Использовать этот случай для того, чтобы заверить тех, у кого есть возможность пойти дальше в своем посвящении, в том, что им *не нужно* делать большего, — является опасным советом.

В-третьих, разбойник находился рядом с Иисусом Христом, когда Он был во плоти. Эта история записана в одном из Евангелий, а не в Книге Деяний. Установление отношений с Иисусом Христом, когда Он был здесь, на земле, отличается от взаимоотношений с Ним после того, как Он вернулся на небеса и воссел одесную Отца. Здесь встреча со Христом осуществлялась через физическое восприятие, через виденное и слышанное, как во время земного служения Иисуса, так и в общении непосредственно на кресте. К тому же, у него была возможность «принять» Иисуса Христа по «вере в Его имя», так что возрождение сопровождалось их взаимоотношениями на личном уровне (Ин. 1:12-14). Изменение в этих взаимоотношениях произошло при вознесении Иисуса Христа, то есть, когда Он «вознесся на небо» (Мк. 16:19). Начиная со дня Пятидесятницы и после него, христианами становились только через «принятие Святого Духа», Который занял место Иисуса Христа здесь, на земле. Разбойник на кресте не мог получить Духа Святого; он родился и умер слишком рано (Ин. 7:39).

Итак, *полная* картина посвящения христианина в наше время должна состоять из проповеди Евангелия апостолами в период после Пятидесятницы и их практического опыта. Тем не менее, мы можем объяснить те части, из которых состоит эта полная картина, основываясь на изложенных в Евангелиях эпизодах, где они часто встречаются в «зародышевом состоянии». Вот почему Закхей являет нам прекрасный пример покаяния на практике, а разбойник на кресте служит примером проявления необычной величины веры, которая в его случае была выражена особенным образом.

В тот страшный день разбойник на кресте был единственным, кто поверил в то, что надпись над головой Иисуса была истинной. Всего за одну неделю до этого дня тысячная толпа была уверена, что Иисус был «Царем Иудейским», а теперь наступило разочарование, приведшее к отчаянию в рядах Его последователей (Лк. 24:21). Слова Пилата, в которых нашли выход его упорствующее негодование и разочарование в судейском решении, только добавили общего скептицизма (Лк. 23:37). Но только не для разбойника на кресте, который совершил невероятный прыжок веры, заявив во всеуслышание о своей уверенности в том, что однажды умирающий рядом с ним на кресте Человек установит Свое Царство так, что сменит Свое место на кресте — на престол, терновый венок — на корону, наготу — на царские одежды, гвозди — на скипетр и подножие!

Мы будем блуждать в области догадок, если будем пытаться решить, где и когда, как он ожидал, Иисус «приидет в Царствие Свое». Но тот факт, что он просит «помянуть» его, указывает на то, что он думал о каком-то более длительном времени, в течение которого Иисус может забыть о его прошении («Когда Ты придешь в Свое Царство, пожалуйста, вспомни тогда, как Ты умирал на кресте рядом с разбойником, который поверил в Тебя...»). Во многом так же, как Иисус Христос помог Марфе перенести свою веру из будущего в настоящее (Ин. 11:25), здесь Он говорит разбойнику, что ему не придется долго ждать, так что не надо бояться, что его просьба окажется забытой! Подчеркнутая форма восклицания «Истинно, истинно» (на еврейском: *атеп, атеп;* слово, близкое по значению английскому «Правдиво») служит заверением в том, что Иисус Христос никогда не даст ложного обещания человеку, находящемуся в одном шаге от смерти (ср. Ин. 14:2). Это также является подтверждением того, что в слова, которые Он скажет, будет невозможно поверить. — Молитва этого человека будет отвечена уже *сегодня*! Его мечта сбудется через несколько часов! В этом пророчестве есть элемент предвидения: казнь на кресте, как правило, происходила от двух до семи дней. Разбойник умер в тот же день, что и Иисус Христос, потому что его ноги были перебиты, о чем Иисусу было известно, в то время как Сам Христос *избрал для Себя* умереть в тот самый день и час, когда будут закланы Пасхальные агнцы, что стало соблюдением заповеди Божьей и Его контролем над Собой до последнего вздоха (ср. Исх. 12:6; Лк. 23:46; Ин. 10:18).

«Рай» — это не просто синоним слову «небеса». Его изначальным значением было «сад», а именно, царский сад, где царские особы принимают почтенных гостей (так же, как и сейчас Королева Великобритании устраивает различные приемы в садах Букингемского Дворца): это особое место для особых людей. Эта обещанная Христом привилегия была больше, чем дань за особую веру проницательного преступника; вполне вероятно, что это говорило о том, как важно было для Самого Иисуса получить моральную поддержку и понимание хотя бы от одного человека, который разделил с Ним ту же агонию физических страданий, но также непостижимым образом постигшего и моральную тяжесть страданий, возложенных на Него (Лк. 23:41).

Иисус Христос переключает мысли разбойника на будущее, сосредотачивая его внимание на то, каким человеком он станет, а не на то место, где он окажется. Фраза «Будешь со Мною» звучит как выдающееся заверение. Крепость этих дружеских взаимоотношений, имевших место в последние часы жизни, не под силу разрушить смерти! Как только души их обоих оставят крест, они проследуют в царский сад — *вместе*! Несмотря на то, что плоть их была «умерщвлена», но они «ожили» духом (1 Пет. 3:18). Слова Иисуса, обращенные к разбойнику на кресте, обосновывают позицию в пользу идеи о состоянии полного сознания в момент между смертью и воскресением, в отличие от сомнительной концепции о посмертном пребывании «души во сне». Павел вряд ли мог бы стремиться к бессознательному существованию как к «приобретению» и «несравненно лучшему» по сравнению с его удивительной, хотя и изнуряющей, жизнью здесь (Флп. 1:1-23).

Весь этот эпизод пронизан милосердием и справедливо приводится в качестве выдающейся демонстрации оправдания по вере. Этот преступник никаким образом не мог заслужить благосклонность или прощение, и не было другой причины, по которой он мог просить Иисуса, кроме его собственной нужды. Врата рая широко распахиваются для тех, кто признает собственную ничтожность. Зарабатывавшим на жизнь проституцией и вымогательством (кем, по сути, в те времена были «сборщики налогов») было проще «брать штурмом» Царство, чем людям религиозным и почтенным, именно по той причине, что они хорошо знали, насколько никчемными они были. Разбойник на кресте стал вершиной среди многих примеров такой «награды благодати».

Однако разбойник пропустил очень многое, что могло принести ему спасение при других обстоятельствах. Его искупление произойдет только в другом мире, а его жизнь в этом мире можно считать только как потраченную зря. Ему также не довелось познать радость жизни с пользой здесь и сейчас, без преступных мотивов, привычек и дурной компании. Он лишил себя возможности выразить свою благодарность в верном служении Тому, Кого он назвал «Господом», и потому не сможет надеяться на получение венца или служения в веке грядущем. Прощение не может восстановить утраченное время и возможности.

Вот почему этот эпизод недопустимо считать «моделью» христианского посвящения. Если рассматривать его такой моделью, мы получим христиан «минималистов», которые с неохотой будут спрашивать: «Какие минимальные условия я должен выполнить, чтобы быть уверенным, что попаду на небо?» Господь ожидает христиан «максималистов», которые с готовностью скажут: «Насколько я могу быть уверен в своей святости здесь, и в счастье, которое будет в будущем?» Последние будут желать намного большего из того, что когда-либо мог иметь разбойник на кресте. Они будут стремиться к тому, чтобы принять водное крещение и крещение Духом, не испытывая тайной зависти к разбойнику, который «был принят», не приняв ни того, ни другого. Как же жаль этого несчастного человека, который умер до того, как мог их получить!

Глава 10

Рождение свыше
(Ин. 3:3-8)

> Иисус сказал ему в ответ: истинно, истинно говорю тебе, если кто не родится свыше, не может увидеть Царствия Божия.
>
> Никодим говорит Ему: как может человек родиться, будучи стар? неужели может он в другой раз войти в утробу матери своей и родиться?
>
> Иисус отвечал: истинно, истинно говорю тебе, если кто не родится от воды и Духа, не может войти в Царствие Божие. Рожденное от плоти есть плоть, а рожденное от Духа есть дух. Не удивляйся тому, что Я сказал тебе: должно вам родиться свыше. Дух дышит, где хочет, и голос его слышишь, а не знаешь, откуда приходит и куда уходит: так бывает со всяким, рожденным от Духа. (Ин. 3:3-8)

Сколько из всех сказанных проповедей и написанных трактатов на тему «Должно вам родиться свыше» объясняют, какое отношение к этому имеет «вода», и зачем Иисус упоминает ее? Боязнь привидения под названием «возрождение через крещение» привела к заговору молчания среди евангелистов по этому вопросу, лишив события «рождение свыше» какого-либо отношения к физическому действию. Никодим был не одинок в своем непонимании этого учения Иисуса, оставаясь вместе со многими другими «во тьме»!

Подавляющее большинство толкователей Библии (включая отцов Церкви, римских католиков, протестантских реформаторов, пуритан в Англии и большинство современных богословов) признают, что стих 5 является объяснением стиха 3, раскрывающего смысл «второго рождения» более детально.

Мнения разделились по поводу того, имеет ли греческое слово *anothen* значение «снова» или «свыше». В пользу последнего говорит ссылка на «небесное» в выражении «от Бога родились» (Ин. 1:13). То, что Иисус Христос здесь говорит о божественном, а не о человеческом участии, очевидно. Поэтому Он противопоставляет понятия сверхъестественного и естественного рождения (стих 6). Никодим понял Его слова, как родиться «снова» (стих 4) и сам себя сбил с толку, восприняв это как повторение относительно первого рождения. В других местах в Евангелии от Иоанна это слово однозначно несет значение «свыше» (см. 3:31; 19:11, 23). Также стоит учитывать то обстоятельство, что, если Иисус говорил тогда на арамейском языке, то в нем не существует наречия «снова». Некоторые переводчики, как, например, Уильям Баркли, перестраховались и перевели эту фразу на английский как «получить новую жизнь свыше»! Как бы ни была переведена эта фраза, ее перевод близок к первоначальному смыслу слов Иисуса в стихе 5, где Он исправляет ошибочное понимание Никодима о том, что второе рождение должно быть тем же *самым*, что и первое, однако, объясняя, чем оно будет *отличаться*: в отличие от рождения от плоти, оно будет «от [по-гречески: *ek* — буквально «из»] воды и духа».

Вот здесь и начинаются трудности истолкования! Говоря в общих чертах, существует три возможных пути толкования этой фразы, переведенной [NIV «of water and the Spirit»] как «от воды и Духа»:

1. Два рождения — одно физическое, а другое — духовное.
2. Одно рождение, исключительно духовное.
3. Одно рождение, имеющее две стороны: физическую и духовную.

Рассмотрим каждый из них более подробно.

ФИЗИЧЕСКОЕ И ДУХОВНОЕ РОЖДЕНИЕ

Вкратце при таком толковании параллелизм в стихе 6 в отношении противопоставления «плоти» и «Духа» повторяет то, что говорится в стихе 5, а понятие физического рождения в стихе 4 отправляет нас к стиху 5. Никодим неправильно считал, что человек должен был дважды родиться физически, и Иисус исправляет его, объясняя, что человек должен один раз родиться физически («от воды») и один раз духовно (от Духа»).

Поэтому «вода» здесь является синонимом слова «плоть», и должна в определенной степени относиться к телесному рождению. Некоторые современные евангелисты считают, что вода здесь символизирует «разрыв околоплодных оболочек», что происходит перед родами (см. в качестве примера сноску Кеннета Тэйлора в пересказанном варианте Библии Living Bible). Этой точке зрения присущи следующие противоречия.

Во-первых, нет ни одного доказательства, что в древнем мире термин «родиться от воды» когда-либо использовался для обозначения телесного рождения. Изредка можно встретить упоминание слова *semen* в значении «вода» (а также, «росы» и «дождя»), но это могло бы иметь отношение скорее к зачатию, чем к рождению; кроме того, не понятно, как это может быть связано с другими словами: «родиться от».

Во-вторых, если именно это имеется в виду, то Иисусу было бы проще сказать «родиться от плоти и Духа». Зачем нужно было еще больше запутывать Никодима, добавляя еще слова «от воды»?

В-третьих, при таком толковании первая часть утверждения становится несколько *non sequitur (лат.* нелогичное заключение)! Сделать утверждение такого рода как «Человек не может войти в Царство, если не родится в плоти...» вряд ли могло иметь смысл! Человек (или «кто») по своему определению является тем, кто уже рожден. Особое положение союза «если» в предложении является определяющим, подчеркивая важность этого критерия для входа в Царство.

В-четвертых, «вода» сопровождает процесс рождения человека, но она не является его причиной. Употребление *одного и того же* предлога (*ek* = «из») к обоим словам означает, что такое рождение находится в одинаковой причинно-следственной связи по отношению как к средствам, так и к цели. Рождение не может сопровождать одно, и вызывать другое, поскольку в этом случае будет утрачена параллель между рождением «из» воды и рождением «из» духа.

В-пятых, грамматические формы этого отрывка указывают на то, что речь идет об одном рождении, а не о двух событиях. Иисус Христос говорит не «родится от воды и родится от Духа», и даже не «родится от воды и от Духа», а именно «родится от воды и Духа» (что фактически делает их «двойным» основанием для рождения).

И в-шестых, очень маловероятно, чтобы Никодим связывал слово «вода» с первым (телесным) рождением.

По вышеизложенным шести причинам мы вынуждены отвергнуть такое толкование.

ИСКЛЮЧИТЕЛЬНО ДУХОВНОЕ РОЖДЕНИЕ

В то время как первая точка зрения рассматривала «воду» и «плоть» как синонимы, данный подход считает синонимичными понятия «воды» и «духа». Выражение «рожденное от Духа есть дух» в стихе 6 воспринимается как эквивалент фразы «родится от воды и Духа» в стихе 5.

В поддержку этого тезиса выражается мнение, что Иоанн часто употребляет слово «вода» в качестве метафоры при описании нематериальных, духовных реалий, в частности Святого Духа (напр. Ин. 4:14; 7:38). Это служит продолжением того, как оно использовалось в Ветхом Завете (напр. Иез. 36:25, где «чистая вода» использована для описания внутреннего очищения сердца).

На первый взгляд, благодаря этому проблема кажется легко разрешимой, однако более пристальное ее рассмотрение обнаруживает, что это слишком упрощенное решение. Она не может дать объяснения следующим моментам.

Во-первых, слово «вода» кажется лишним дополнением, если смотреть на него как на синоним слова «дух». Тогда зачем делать такое двойное утверждение, употребляя слова в косвенном и прямом смысле? Выражение «родиться от духа [т.е. «воды»] и Духа» вряд ли могло принадлежать величайшему Учителю всех времен!

Во-вторых, у Иоанна слово «вода» *всегда* употребляется в значении материального вещества (H_2O!). То есть по всему тексту в начальных главах Евангелия и далее в этой же главе (1:26, 33; 2:7; 3:23). В нескольких отрывках далее, там, где Иоанн употребляет его в переносном смысле по отношению к Святому Духу, оно неизменно уточняется дополнительно прилагательным. Например, «живая»; или оборотом — «которую Я дам ему»; или существительным: «источник» или «реки». Но это слово *никогда* не употребляется в значении просто «вода».

В-третьих, крайне сомнительно, чтобы Никодим, к кому было обращено это утверждение, смог бы понять его как переносное значение Святого Духа. Его бы еще больше запутало, если бы Иисус для того, чтобы помочь ему понять Свою мысль, почти сразу стал бы использовать вместо слова «Дух» метафору «ветер»! «Если кто не родится от воды и ветра...»!

Вот почему, основываясь на этих доводах, такое толкование также должно быть нами исключено.

ДВЕ СТОРОНЫ ОДНОГО РОЖДЕНИЯ: ФИЗИЧЕСКАЯ И ДУХОВНАЯ

Согласно этому толкованию, Иисус говорит Никодиму, что ему нужно пережить трансформацию опосредованно через физические и духовные средства, исходя из чего, второе рождение является событием, имеющим физический и духовный аспекты. «Вода» относится к физическому действию принятия крещения, но само по себе крещение и его принятие не может осуществить новое рождение, если оно не будет сопровождаться Божественным участием со стороны Духа Святого. В пользу такой интерпретации можем сослаться на следующие точки зрения:

Во-первых, существует здоровый принцип изучения Библии, который воспринимает библейский текст в его самом прямом значении, если только нет какой-то серьезной причины сделать это иначе. В данном случае «вода» понимается, как «вода», а «дух», — как «дух»!

Во-вторых, наше толкование справедливо с точки зрения грамматических форм, где оба существительных управляются одним и тем же глаголом и предлогом. Размещение рядом слов «воды и Духа» принимается в качестве двойного основания для подтверждения того, что речь идет об одном событии.

В-третьих, Никодим наверняка понял употребление слова «вода» в рамках ритуального очищения, хорошо разбираясь в пророческих обетованиях и обрядах, соблюдаемых фарисеями. К тому же предпосылкой к этому разговору послужило не только служение Иисуса Христа, Творившего чудеса, но и служение крещения посредством покаяния Иоанна Крестителя (1:19-28; 3:22-26). Нам известно, что фарисеи отвергали и отвергают крещение (Мф. 3:7; Лк. 7:30). Можно усмотреть даже некое пренебрежение в словах Никодима по отношению к Иоанну (Ин. 3:2), который не творил чудес (Ин. 10:41). Также можно заметить небольшой укор Иисуса в адрес Никодима, когда Он использует слово «вода», поскольку фарисеи, одним из которых был Никодим, прекрасно знали, что Иисус также крестил в то время (Ин. 4:1). Разве Иисус не говорит Никодиму о том, что он не может понять тайну действенного служения, при этом отрицая необходимость крещения, будь-то Иоанново или Его крещения Духом?

В-четвертых, соединение слов «вода» и «дух» не является новой темой во всех Евангелиях, в одном из которых Иоанн проповедует два крещения, одно в воде, другое — в Духе (Мф. 3:11; Мк. 1:8; Лк. 3:16; Ин. 1:33). Было бы очень удивительно полагать, что третья глава Евангелия от Иоанна не имеет отношения к той связи, которая существует между этими двумя крещениями.

В-пятых, данное толкование полностью совпадает с конструкциями в творительном падеже, используемого авторами Нового Завета по отношению к водному крещению (см. Главу 4). Они, очевидно, считали, что крещение «совершало то, что оно символизировало», и осуществлялось как с участием Бога, так и человека. Стих Ин. 3:5 удивительным образом аналогичен тексту Тит. 3:5, поскольку фразы «родиться от воды» и «банею возрождения» не так уж и отличаются друг от друга.

В-шестых, на протяжении веков подавляющее большинство исследователей Библии, как католики, так и протестанты, считали, что термин «вода» имеет непосредственное отношение к крещению.

Причины, которые обычно приводятся для отклонения этой линии толкования, находятся не во внутренней сфере, и не в сфере текстологии; они скорее носят внешний и богословский характер. С одной стороны, в западном мире имеется закоренелое разделение физического и духовного, за что мы должны быть в большей степени обязаны философии Платона, чем библейскому вероучению. С другой стороны, у евангелистов есть фобия под названием «возрождение через крещение», которая затмила многие умы, не видящие простого значения слов нашего Господа. «Цвинглианская» точка зрения по вопросу о Таинстве Причастия, рассматривающая «дары» Вечери Господней только как символы, сопротивляется тому, чтобы духовные результаты поставить в зависимость от физических действий, несмотря на страшные последствия съедания вещественного плода от «древа познания» (Быт. 2:17) или принятия хлеба и вина в Вечере Господней недостойным образом (1 Кор. 11:29-30).

Я разделяю беспокойство по поводу той позиции, что человек может «родиться свыше» только от воды (при условии, что подходящий для этого человек употребляет подходящие для этого слова!). Такая точка зрения особенно неуместна, когда употребляется по отношению к младенцам, которые не в состоянии покаяться или исповедать свою веру. Но если «вода» относится к крещению искренне раскаявшегося уверовавшего человека, то это совсем другое дело, не имеющее ничего общего с суеверными и магическими понятиями, которые по традиции понимают как концепцию «возрождения через крещение». Более того, тесная связь, которую установил Иисус Христос между понятиями «вода» и «дух» служит удостоверением того, что никто не может утверждать, что оно могло когда-либо совершаться только через водное погружение. Без существенного содействия Святого Духа новое рождение невозможно. Это подводит нас к последнему вопросу: «Что именно означает слово «дух» в таком контексте?»

Внимательные читатели заметят, что при тщательном прочтении английского варианта перевода Библии NIV, слово «Дух» (с артиклем в оригинале) употребляется непосредственно в тексте Ин. 3:3-8, в то время как слово «дух» (без артикля) предпочтительно используется в тех местах, которые касаются спорного толкования слов «вода» и «дух». В случае с последним, обращает особое внимание тот факт, что в стихе 5 перед словом «дух» отсутствует определенный артикль «родиться от... духа» ('born of... spirit'). Тогда это значит, что выражение в стихе 5 «родится от... духа» не одно и то же, что выражение в стихе 6 «рожденное от Духа *(с определенным артиклем)* есть дух» ('*the* Spirit gives birth to spirit') (хотя даже в этом случае в некоторых ранних манускриптах артикль опущен). Тем не менее, мы видим, что при переводе NIV этот вопрос зависел от решения переводчиков.

В то время как «вода» связана с «крещением», «Дух» обычно относится к работе Святого Духа во время совершения самого таинства. В то время как посредник в лице человека использует воду как «среду», Божественный посредник (Святой Дух) использует это событие, чтобы совершить внутреннюю духовную работу. Бесспорно, что без этого участия Святого Духа невозможно духовное влияние на физическое событие, поскольку ни человек-посредник, ни сама материальная среда не имеют силы осуществить это. Однако служит ли это полным оправданием столь необычных грамматических особенностей этого утверждения Иисуса Христа?

Эти особенности, как мы уже отметили ранее, состоят в опущении определенного артикля, а также в том поразительном факте, что существительные «вода» и «дух» управляются одним и тем же предлогом (*ek* = «из»). Это подразумевает их равноценное отношение к новому рождению, принимая во внимание, что, согласно рассмотренному нами мнению, «вода» является средой, а «Дух» — посредником.

Разногласия могут быть полностью разрешены, если выражение «от воды и Духа» будет пониматься как относящееся к водному крещению и крещению Духом, которые тесно связаны, но вместе с тем не получили полного определения в учении Нового Завета. Последующие рассуждения посвящены данной теме.

НОРМАЛЬНОЕ РОЖДЕНИЕ ХРИСТИАНИНА

Во-первых, как мы уже отметили, понятия «воды» и «Духа» уже были соединены в служении Иоанна, проповедовавшего оба «крещения»: одно осуществляемое им, второе — Мессией. Никодим был прекрасно знаком со служением Иоанна; он был внимательным наблюдателем происходивших в то время особых событий!

Во-вторых, управление общим предлогом и его необычное значение теперь приобретают ясный смысл. Даже физическое рождение является выходом «из» предыдущего состояния, имевшего место «в утробе матери» (это подчеркивает Никодим в стихе 4, а именно: что невозможно вернуться в это состояние, чтобы выйти «из» него опять!). Иисус утверждает, что второе рождение происходит не «из» утробы матери, а от «воды и Духа». Крещенные «в» воде и «в» Духе проходят это двойное событие и выходят «из» него в новую жизнь. И «вода», и «Дух» представляют собой ту *среду*, в которой происходит рождение (см. Главу 23 по вопросу толкования текста 1 Кор. 12:31).

В-третьих, опущение определенного артикля указывает на субъективное переживание силы Святого Духа; Его присутствие сосредоточено на объективном существовании Личности Святого Духа (см. Дополнение 2 для более полного рассмотрения этой пренебрегаемой позиции). В выражении «крещен в Духе Святом» никогда не употребляется определенный артикль; ударение делается на самом переживании, которое испытывает получатель этого дара. Во время водного крещения, крещаемый вряд ли осознает внутреннюю работу Духа, осуществляемого во время этого таинства, но во время крещения Духом это сознание становится главным признаком как для крещаемого, так и для всех присутствующих при этом событии. В своем разговоре с Никодимом Иисус Христос ставит ударение на состоянии осознанного понимания участия Святого Духа, как если бы это было дуновение ветра в лицо, или когда мы *слышим* его звук — утверждение, которое нельзя отделять от событий дня Пятидесятницы, когда они

РОЖДЕНИЕ СВЫШЕ

все «крестились в Духе». Когда человек «рождается от Духа», этот момент может быть невидимым, но это не может *пройти* неслышным образом!

Интересно, что Иисус также дает ответ на вопрос о том, как учитель может производить дела и слова. Иисус Сам не мог производить их, пока Он не был крещен в воде и не принял Духа. Такие дела также являют собой знаки Царства Божьего (Мф. 12:28).

Итак, пришло время подвести итоги. Родиться свыше — значит родиться от воды и духа, то есть быть «крещенными водой и Духом» и, родившись «из» них, жить новой жизнью во Христе Его Духом. Та же истина получила выражение в словах апостола Павла, когда он говорит, что «Он нас спас... банею возрождения и обновления Святым Духом, Которого излил на нас обильно» (Тит. 3:5-6, — см. Главу 26) [здесь опять два существительных управляются творительным падежом; — *в английском одним и тем же предлогом — прим. пер.*]. Таким образом, водное крещение и крещение Духом не просто являются неотъемлемой частью посвящения; они представляют собой основополагающие принципы для понимания возрождения и спасения!

Глава 11

Реки воды живой
(Ин. 7:36-39)

> Что значат сии слова, которые Он сказал: «будете искать Меня, и не найдете; и где буду Я, [туда] вы не можете прийти?» В последний же великий день праздника стоял Иисус и возгласил, говоря: кто жаждет, иди ко Мне и пей. Кто верует в Меня, у того, как сказано в Писании, из чрева потекут реки воды живой. Сие сказал Он о Духе, Которого имели принять верующие в Него: ибо еще не было на них Духа Святого, потому что Иисус еще не был прославлен. (Ин. 7:36-39)

На Ближнем Востоке праздник Кущей наступал после шести месяцев засухи, и этот праздник «Благодарения за урожай» достигал своей высшей точки, когда проводилась церемония молитвы за то, чтобы был послан «скорый дождь». Во времена Нового Завета воду из купальни Силоам брали для возлияния на жертвеннике в восьмой «великий день» Праздника Кущей. Дождь всегда считался великим знамением божественного благословения, посылаемого на землю и людей, точно также как отсутствие дождя понималось как проклятие, посылаемое Господом (Втор. 28:12, 24).

НОРМАЛЬНОЕ РОЖДЕНИЕ ХРИСТИАНИНА

Именно в этот день Иисус обещает отмену «периода засухи»; впредь наступит непрерывно восстанавливающее силы изобилие воды, которая будет изливаться изнутри каждого человека. Однако было два важных условия, которые требовались, чтобы принять это предложение.

Во-первых, это благотворное излияние живой воды зависит от участия человека. Мы видим здесь три глагола в повелительном наклонении: «Иди... пей... веруй». И все три сосредоточены на Иисусе Христе. Подразумеваемый смысл этого всего заключается в следующем: «Вы просите *Бога*, чтобы *Он* послал воду; *Я — Тот, Кто даст ее вам!*»

Объяснение Иоанна (в стихе 39) дает нам понять, что слова Иисуса имеют переносный смысл (точно также, когда Иисус заявил, что воздвигнет храм за три дня). Иисус Христос говорил о духовном возрождении, которое даст больше, чем простое обновление физических сил. Это то, что Он называет «водою живою» или «водой жизни».

Во-вторых, она не будет дана незамедлительно. Иисус не предлагает моментального благословения!

И опять важно объяснение, которое дает Иоанн. Поскольку здесь говорится о даре Святого Духа, понадобится год или два, прежде чем Его сможет принять каждый, так как этот дар не будет дан, пока Иисус Христос не вернется в Его предшествующее положение на небесах. Только после дня Пятидесятницы это обетование могло быть исполнено.

В самом тексте есть несколько важных моментов, на которые следует обратить особое внимание. Самым трудным из них для понимания является то, что здесь есть ссылка на обетование по этому поводу в «Писании», то есть Ветхом Завете. Нет одного явного пророчества, связанного с пришествием мессианского века, которое можно было бы привести в качестве перекрестной ссылки к этому конкретному утверждению Иисуса Христа. Среди вариантов предлагаются следующие места Писания из Ветхого Завета:

Ис. 12:3, где говорится о том, что будут «почерпать воду из источников спасения»;

Ис. 58:11, «источник, которого воды никогда не иссякают»;

Иез. 47:1-12, где говорится о том, вода лилась прямо из храма;

Зах. 14:8, «живые воды потекут из Иерусалима».

Последняя ссылка особо примечательна тем, что является частью целого пророчества о явлении Мессии в Иерусалиме на Праздник Кущей. Однако следует признать, что мы не можем быть полностью уверены в том, какое же именно место Писания Иисус Христос (или Иоанн, истолковавший слова Иисуса Христа) имеет здесь в виду. Другие характеристики самого текста дадут нам более убедительное основание для толкования.

Интересно отметить, что такие явления, как «уверовать» и «принять Духа Святого», для последователей Христа в те дни были двумя отдельно стоящими событиями. Они уже уверовали в Иисуса Христа, но еще не получили Духа. Во всяком случае для того поколения верующих верить в Иисуса Христа не было тем же самым, что и получить Духа Святого. Слово, переведенное как «верующие в Него» в стихе 39, это греческое слово *pisteusantes,* причастие времени аорист единственного числа, которое выражает уже совершенный решительный шаг, в то время как действию «принятия Духа» только предстояло совершиться.

Разумеется, что все эти события происходили до дня Пятидесятницы, когда они могли верить, но еще не могли принять Духа, как бы им этого ни хотелось (потому что Дух еще не был «на них» — см. ниже). Различение двух понятий «веровать» и «принять Духа» могло сохраниться уже в период *после* Пятидесятницы только благодаря общему признанию двух следующих особенностей:

НОРМАЛЬНОЕ РОЖДЕНИЕ ХРИСТИАНИНА

Во-первых, существование *хотя бы одного* случая *после* Пятидесятницы, когда люди уверовали в Иисуса Христа, не приняв Духа. На самом деле, такие люди были, включая Павла, но самым ярким примером здесь служат Самаряне (см. Главу 16, разбирающую Деян. 8, где опять употребляется время аорист: *episteusan*).

Во-вторых, апостольское вероучение делало различие между двумя этими явлениями. Это явствует ясно из вопроса Павла, который он задает ученикам в Ефесе: «Приняли ли вы Святого Духа, уверовавши?» (см. Главу 20 по Деяниям 19, где, как и в Иоанна 7:39, мы встречаем время аорист: *pisteusantes*).

Мы можем сделать вывод, что как до, так и после Пятидесятницы, события «уверовать в Иисуса Христа» и «принять Духа» не были синонимичными по своему значению и не могли происходить одновременно (см. Главу 16 и 20, где приведены другие доказательства в пользу этого вывода).

Вторая половина стиха 39 содержит также редкую конструкцию, которая имеет особое значение для нас. Большинство переводов Библии привнесли в текст дополнительные слова, которые не соответствуют греческому оригиналу. Эти дополняющие детали скорее проясняют смысл, чем искажают его, тем не менее, изменяют суть и смысловое воздействие, которые несет оригинальный текст. Буквальный перевод этого текста звучал бы таким образом: «Потому что не было еще Духа». Из такого толкования проистекает два важных момента, проливающие свет на другие отрывки.

Во-первых, это совсем не означает, что Святой Дух еще не *существовал*. Он является одним из трех Личностей вечной Троицы. Правильное понимание состоит в том то, что средства Святого Духа еще не были полностью доступны для человека. Принятое дополнение слова «дан» (англ. 'given' – *прим. перев.*) указывает на проявление Личности Святого Духа и Его силы в будущем. В Книге Деяний почти та же самая конструкция употреблена в ответе ефесян Павлу на его вопрос: «Мы даже и не слыхали, есть ли Дух Святой» (Деян. 19:2 — см. Главу 20); и снова, если добавить к ним слово «дан», это придаст их словам смысл. Они слышали о грядущем крещении Духом (в конце концов, они все были учениками Иоанна Крестителя, а он сказал всем своим последователям о скором наступлении этого события); одного они не знали, что этот дар стал теперь доступен. Большая часть переводов Библии ошибочно перевела их ответ так, как будто они не имели понятия о существовании Духа, что является заблуждением.

Во-вторых, в оригинале как текста Ин. 7:39, так и текста Деян. 19:2 в этих фразах опущен определенный артикль, что имеет существенное значение. Приводим комментарий епископа Уэсткотта из его книги *Евангелие от Иоанна* (John Murray, 1903), стр. 123, где он объясняет причину такого упущения: «Когда выражение встречается в таком виде [то есть без артикля], это объясняет работу, проявление или дар Духа, но не Личность Духа Святого». Обратите внимание, что в начале стиха сделано особое ударение на Личности Святого Духа посредством употребления определенного артикля (см. также Дополнение 2 для более подробного рассмотрения этой характеристики в текстах, где есть ссылка на Святой Дух в Новом Завете).

И, наконец, следует отметить прогресс, который мы наблюдаем в этом отрывке: от призыва «пей» до обетования «потекут». «Пей» равноценно значению «принять Духа», и употребляется в этом смысле в тексте 1 Кор. 12:13 (см. Главу 23). Хотя там данный глагол стоит во времени аорист (то есть, выражая действие самого первого «глотка» воды), здесь он стоит в настоящем времени в повелительном наклонении, что означает длительное действие, т.е. «продолжай пить». Суть этого различия очевидно состояла в том, чтобы количество «потребления» соответствовало «расходу». Человек в таком случае становится источником, а не резервуаром с водой! Те, кто будет продолжать насыщаться Духом Святым, смогут передавать это благословение другим. Особое ударение на продолженном характере действия также отражено в употреблении причастия настоящего времени «верует» в стихе 38 (греческий вариант: *ho pisteuon* = «тот, кто верует», а не «верующие», как в стихе 39).

Обе книги Луки, Евангелие и Деяния, были написаны главным образом для неверующих людей, поэтому основное ударение в них делается на *первоначальном* принятии излитого Духа (также как и в выражениях о «сошедшем, излитом» Святом Духе, указывающих на то, что Дух при этом действовал извне человека). Иоанн же, который писал для верующих («дабы вы *продолжали верить... и продолжали* иметь жизнь вечную» — см. Ин. 20:31), подчеркивает *бесконечный процесс* излияния живущего внутри Духа (поэтому эти фразы в переводе Библии версии AV звучат как «из чрева», то есть, из самой глубины человеческого существа, подчеркивая пребывание Духа внутри человека).

Насколько это важно серьезно относиться ко всем точкам зрения авторов книг Нового Завета, обобщая их в цельную и взвешенную богословскую картину. Ни в одном другом учении это не представляет такую важность, как в учении о Личности Духа Святого и об осуществляемом Им труде. Лука, Иоанн и Павел — каждому из них довелось сделать свой особый вклад в это учение, что достойно изучения в таком же порядке для понимания истины!

Глава 12

Известный Незнакомец
(Ин. 14:17)

> «Духа истины, которого мир не может принять, потому что не видит Его и не знает Его; а вы знаете Его, ибо Он с вами пребывает и в вас будет».
> (Ин. 14:17)

В ночь, перед тем как Ему предстояло умереть в агонии, Иисус Христос был вынужден успокаивать Своих учеников! Предчувствие нависшей беды возникло у них после того, как Иисус объявил им о Своем скором уходе. Обещание, что Его заменит другой, «Помощник» (более удачный перевод слова «Утешитель»), мало чем помогло. Как это возможно, чтобы Его место в их сердцах и жизни заняла совершенно незнакомая Личность?

Вдруг за этим следует ошеломляющее сообщение, что они уже знакомы с Его «Заместителем»! Иисус Христос не говорит здесь об общем влиянии Духа на мир, поскольку оно никогда не было и никогда не станет основанием для личных взаимоотношений. Мир никогда не видел Его, и не мог иметь личные взаимоотношения с Ним. Но ученики хорошо знали о Его личном присутствии, хотя они могли и не осознавать, кем Он являлся.

НОРМАЛЬНОЕ РОЖДЕНИЕ ХРИСТИАНИНА

Их взаимоотношения с «Духом истины» (здесь «истина» — то же самое слово, что «реальность» в греческом) можно объяснить только как парадоксальное явление. Та же самая Личность будет «оставаться» с ними, при этом Она будет «послана» им. Это не будут совершенно новые взаимоотношения, но при этом они будут в определенном смысле новыми. Он уже пребывал *с* ними, но будет пребывать *в* них.

Некоторые переписчики манускриптов Нового Завета решили устранить эту двусмысленность, изменив время глаголов так, чтобы они оба стояли в настоящем времени («Он с вами и в вас»), или даже чаще оба глагола ставили в будущем времени («Он пребудет с вами, и Он будет с вами»). Однако в более авторитетных рукописях они указаны в прошедшем и в будущем временах. Писание следует воспринимать таким, каким оно есть, не меняя в нем ничего, чтобы сделать его имеющим «смысл» для нас; иначе есть риск превратить истину в нонсенс! Такое смешанное употребление глаголов в прошедшем и будущем временах указывает на целостный и изменяющийся характер взаимоотношений.

ЦЕЛОСТНОСТЬ ВЗАИМООТНОШЕНИЙ

«Он [уже] пребывает [или остается] с вами». Есть два возможных пути, посредством которых Дух мог уже быть с ними (на самом деле, в греческом тексте употребляется предлог *para,* то есть «возле, при» них).

Во-первых, через *присутствие Иисуса Христа телесно.* Поскольку Он принял Святого Духа «не мерою» (то есть безмерно) (Ин. 3:34), ученики уже испытывали присутствие Духа, выраженное в характере Иисуса Христа, Его разговоре и поведении. Его проповедь и чудеса, которые Он творил, были работой Святого Духа (Мф. 12:28).

Во-вторых, *когда Иисус Христос не присутствовал с ними телесно.* К полному изумлению учеников, они обнаружили, что могут исцелять и изгонять бесов, когда Иисус отправил их самостоятельно исполнять служение. И этот реальный опыт дал им повод для радости (Лк. 10:17).

Собственно говоря, именно второе из этих двух событий могло сохраниться и в будущем, т.е. после того, как Иисус окончательно должен был покинуть их (и потому имело главную ссылку на эти слова Иисуса Христа). И все же, поскольку оба события «кажутся» такими похожими, второе из них так же хорошо, как и первое, и даже лучше (Ин. 16:7). Действительно, трудно провести различие между этим двумя событиями с точки зрения реального опыта (Ин. 14:20, 23). Это объясняет «великую радость» учеников, когда Иисус вознесся, оставив их окончательно (Лк. 24:53).

ИЗМЕНЕНИЯ ВО ВЗАИМООТНОШЕНИЯХ

Должен был произойти коренной сдвиг во взаимоотношениях от внешнего («около») к внутреннему («находящемуся внутри») познанию Личности Духа Святого. Но в чем состоит особенность этого сдвига, который большинство богословов сразу же отнесли за счет до- и пост-пятидесятнического периодов ученичества (см. также Главу 13, разбирающую текст Ин. 20:22)? Самые значительные перемены, которые произвели события дня Пятидесятницы, можно перечислить нижеследующим:

От подсознательного к осознанному. Полная уверенность присутствия Духа Святого дала им возможность говорить о Нем как о Личности так же естественно, как они говорили об Иисусе Христе (мы встречаем непосредственное упоминание Духа Святого около сорока раз в первых тринадцати главах Деяний).

От временного к постоянному. Раньше ученики изредка испытывали силу Духа Святого, например, когда их посылал Иисус Христос в «апостольские» походы; в других случаях они осознали, что этого влияния Духа иногда не было достаточно (Мк. 9:28). Теперь у них появилась постоянная и осознанная способность пользоваться средствами, которые предоставляет Святой Дух.

От сомнений к уверенности. Им были знакомы неудачи в служении, их моральный дух был полностью сломлен у креста Голгофы. После событий Пятидесятницы они отличились своей храбростью (по-гречески: *parrhesia* = «говорить со смелостью»). Их оппоненты ошибочно приписывали их смелость тому, что они прежде были с Иисусом (Деян. 4:13), тогда как это было результатом их нынешнего общения с Его Духом.

От передачи полномочий до непосредственного владения. Если во время жизни Иисуса на земле ученики были полномочными Его представителями, теперь они используют Его имя с той «властью», «обладание» которой они уже почувствовали на себе сами («А что имею, то даю тебе...» — Деян. 3:6).

Эти и другие сопоставления представляют изменение уровня взаимоотношений, а не их природу, тем не менее, эти перемены происходили скорее неожиданно, нежели постепенно.

Возможно, самым важным здесь будет отметить, что словесное выражение «постоянного пребывания» Духа стало возможным для учеников только после перемен, произошедших после дня Пятидесятницы. То есть после того как они «получили силу»; после того как были «крещены Духом Святым», после «исполнения» и «помазания» их Духом. Употребление этого выражения сохраняется в остальных книгах Нового Завета (напр., Павел пишет: «Не знаете ли, что тела ваши суть храм живущего в вас Святого Духа, Которого имеете вы от Бога...?» — 1 Кор. 6:19). Такое понимание находится в противоречии с современным евангельским учением о том, что Дух «пребывает» в человеке с того самого момента, как он уверовал в Иисуса Христа (см. Главу 21 по вопросу толкования текста Рим. 8:9).

ИЗВЕСТНЫЙ НЕЗНАКОМЕЦ

Мы можем наблюдать подобные перемены во взаимоотношениях со Святым Духом в жизни самого Иисуса Христа. Поскольку Иисус был зачат от Святого Духа (Луки 1:35), трудно представить, чтобы в период Его детских лет и юношества Он испытывал бы меньшее присутствие Духа, чем Его двоюродный брат Иоанн, который исполнился Духа Святого «еще от чрева матери своей» (Лк. 1:15). Тем не менее, в возрасте тридцати лет и, что примечательно, сразу же после Своего крещения, помолившись (Мф. 3:16; Лк. 3:21), Иисус был «помазан Духом Святым и силою» (Деян. 10:38). После этого Он вышел на служение и творил чудеса, которых Иоанн, не будучи ни крещенным в воде (Мф. 3:14), ни помазанным Духом Святым, никогда не мог бы совершать. Это может служить объяснением, почему Иисус Христос, питая глубокое уважение к Иоанну, считал его менее значительным, чем «меньший в Царстве Небесном» (Мф. 11:11).

Говоря иначе, существует определенное соответствие между пережитым событием Иисусом Христом в реке Иордан и тем событием, которое произошло с учениками в день Пятидесятницы (в обоих случаях на них «сошел» Дух Святой, то есть это произошло извне). Оба случая выступали в качестве помазания Святым Духом на служение. Первое произошло на физическое тело Иисуса Христа для посвящения Его на служение как Мессии; второе — на Его нематериальное Тело (Церковь) для продолжения Его служения (см. Деян. 1:1).

Имеют ли место подобные перемены в событиях, переживаемых последующими поколениями верующих, даже до наших дней? Было бы совсем неправильным отвергнуть стих Ин. 14:17, считая его не более чем изложением исторических событий, имевшим отношение только к одному мимолетному этапу в истории спасения. Существует практическая возможность, когда все верующие могут пережить такой же парадоксальный сдвиг в их взаимоотношениях со Святым Духом.

Начиная с самых первых штрихов вашего духовного пробуждения, на всем пути искреннего поиска Бога до полного подчинения Его воле, Дух Святой был «с» вами. Без Его присутствия не могло быть обличения в грехах, праведности и осуждения. Именно Дух Святой подготавливал вас к новому рождению и провел вас через весь этот процесс. Именно Дух Святой применяет к вам божественный «дар» покаяния и веры. Именно Дух Святой ведет вас к воде крещения, чтобы посредством этого события совершить над вами деяния погребения и воскресения. Во всем этом Святой Дух явственно пребывает «с» вами, потому вы «знаете» Его присутствие, испытывая Его работу в вас.

Однако радикальная перемена во взаимоотношениях происходит, когда верующие проходят «крещение Святым Духом». Теперь они «получают» или «принимают» Его в явленной силе, (то есть с более могущественным проявлением). То, что произошло с Иисусом Христом на реке Иордан и с учениками в день Пятидесятницы, теперь происходит с ними, производя такую же осознанную уверенность в них, и являя чудотворное служение для них. Итак, смена предлога «с» на «в» может быть применена в полном соответствии и на законном основании к верующим последующих поколений.

Важный момент состоит в том, что формулировки «принятие» и «пребывание» Духа Святого употребляются в Новом Завете только по отношению к тем, кто лично пережил события Пятидесятницы. Такие формулировки никогда не употребляются в Новом Завете для выражения участия Духа Святого в покаянии, вере или во время крещения (хотя, как мы увидим в Главе 36, термин «ученик» применим для этих ранних стадий посвящения). Вот почему невозможно быть раскаявшимся уверовавшим крещенным «учеником» без принятия и пребывания в нем Святого Духа (эпизод с Самарянами представляет собой классический пример аномалии в этой связи — см. Главу 16). До этого момента Святой Дух пребывает «с» учеником до известной степени, так что он уже не может принадлежать миру неверующих; но он все же еще не пребывает «в» нем так, как это будет после завершения процесса посвящения.

ИЗВЕСТНЫЙ НЕЗНАКОМЕЦ

Разумеется, такой вывод не может основываться исключительно на одном стихе из Евангелия от Иоанна; он просто не выдержит всей ноши такого серьезного умозаключения. По мере того, как мы будем разбирать остальные отрывки из Писания, в особенности из Книги Деяний и Посланий, мы найдем достаточно подтверждений этой позиции. Мы будем говорить о практических результатах сделанного вывода в последней части книги, особенно в главе 35.

Глава 13

Первые одиннадцать учеников
(Ин. 20:22)

«Сказав это, дунул, и говорит им: примите Духа Святого». (Ин. 20:22)

Какая связь между этим событием, имевшим место в доме, где собрались ученики в первую субботу праздника Пасхи, и событиями Пятидесятницы во дворе Храма двумя месяцами спустя? Почему ученики никак не отреагировали на это действие Иисуса Христа и Его повеление, или, как мы можем судить по тому, что записано, это не произвело никаких перемен в них самих? Почему после этого им пришлось «ждать» обетования Отца Небесного (Лк. 24:49)? И почему по прошествии восьми дней они все еще в страхе прятались за закрытой дверью?

Самым распространенным решением этих проблем является «либеральное» обвинение, суть которого состоит в том, что евангелист Иоанн исказил историю, преследуя свои личные цели в литературном плане. Поскольку Иоанн никогда не собирался дублировать события, записанные Лукой (этим он написал бы второй том по истории Ранней Церкви), тем не менее, ставя целью дать полное описание важных событий, относящихся к истории спасения человечества, он переносит день Пятидесятницы на другую дату, чтобы иметь возможность включить эти события в свое Евангелие. Упомянув ранее о том, что Святой Дух будет дан после того, как Иисус Христос будет прославлен (7:39), он почувствовал необходимость завершить историю, и исказил факты, чтобы добиться этого завершения!

Даже в общих чертах такое толкование является неприемлемым. Помимо дискредитации достоверности Евангелия от Иоанна (притом, что та историческая точность, с которой он отражал события, признается все в большей мере богословами, а некоторые даже заявляют, что в этом отношении он превосходит авторов синоптических Евангелий), такая подтасовка истины вряд ли может соответствовать убеждению о богодухновенности Писания.

Данное объяснение не может быть принято по той причине, что такое гипотетическое перемещение во времени существенным образом изменяет само событие: оно становится скорее частным, чем общественным явлением; здесь вовлечено гораздо меньше людей (одна двенадцатая от общего количества!). Кроме того, нет никаких результатов, которые бы отразились ни в тех, кого это касалось, ни через них в других людях. Довольно трудно согласиться с тем, что Иоанн здесь описывает то же самое событие, что и день Пятидесятницы.

По этим и другим причинам вполне приемлемо заключить, что Иоанн был очень точен в передаче исторических событий. В том же контексте утверждается, что Вознесение Иисуса еще предстоит в будущем (20:17), как и Его Второе пришествие на землю (21:22). Поэтому, мы можем это понять так, что Иоанн в точности передает слова Иисуса Христа и Его действия в день, когда Он воскрес. Однако, что именно тогда произошло? Есть, по крайней мере, три возможных ответа на этот вопрос: 1) ученики приняли Святого Духа; 2) это было их возрождение; или 3) это была «репетиция» событий Пятидесятницы.

ОНИ ПРИНЯЛИ СВЯТОГО ДУХА

Такой ответ подразумевает, что мы здесь имеем дело с исполнением обетования, которое было дано Иисусом Христом на Празднике Кущей (7:38-39 — см. Главу 11): те, кто уверовал в Иисуса, теперь приняли Святого Духа. Им было сказано, что они «примут», и вот теперь они это сделали. Требуемое для этого условие (чтобы Иисус прежде должен «быть прославлен» — 7:39) было удовлетворено в распятии Христа (12:23-33) и Его воскресении. Поэтому это событие было подходящим моментом для представления ученикам третьей личности Троицы.

На первый взгляд такое толкование кажется единственно возможным, однако дальнейшие размышления вызывают ряд сомнений.

Во-первых, если мы принимаем такое понимание эпизода, становится очень трудно связать его с событием, произошедшим позднее в день Пятидесятницы, которое в таком случае приобретает второстепенное значение. Таким образом, событие, даже не упоминаемое в Евангелиях от Матфея, Марка или Луки, и о котором говорится в единственном месте у Иоанна, становится переломным в жизни апостолов, наряду с которым Пятидесятница становится простым результатом высвобождения силы. Если ученики уже «приняли» Духа и Он «постоянно пребывал» в них, что нам делать с образами «схождения» и «излития» Духа, обычно используемыми для описания событий Пятидесятницы, средства выражения которых кажутся, по меньшей мере, неуместными?

Во-вторых, точно так же трудно соотнести этот эпизод в горнице с тем, что уже было реальностью для них прежде. Если Дух уже был «с» ними, и они уже «знали» Его (Ин. 14:17 — см. главу 12), трудно понять, какая решительная перемена произошла в этот момент. Отсутствуют доказательства тому, что была хоть какая-то коренная перемена в поведении или действиях учеников между этим событием и Пятидесятницей, кроме радости, которая полностью объяснима их встречей с воскресшим Иисусом.

В-третьих, если бы это толкование было истинным, оно бы вступало в прямое противоречие с прежним настойчивым утверждением Иисуса Христа, что приход Духа Святого зависел от того, когда Он покинет землю, чего также еще не произошло (16:7).

В-четвертых, разве смысл выражения «прославился» не означал для евангелиста Иоанна также и вознесения Иисуса Христа, как восстанавливающего Его исконную славу там, на небесах (напр. в 17:5)?

В-пятых, всегда считалось, что Петр, который присутствовал и при этом случае, и в день Пятидесятницы, «принял» Духа именно во время последнего события (см. Деян. 10:47; 11:17; 15:9; все эти ссылки рассматриваются в Главе 18 данной книги). Если апостолы сами не считали, что они «приняли» Духа до дня Пятидесятницы, вряд ли у нас есть право полагать, что они упустили важность произошедшего события в горнице, а мы нашим умом смогли понять это лучше, чем они!

В свете этих аргументов против трактовки этого события, как принятия Святого Духа, нам нужно искать этому событию другое объяснение.

ЭТО БЫЛ МОМЕНТ ВОЗРОЖДЕНИЯ УЧЕНИКОВ

Согласно этой точки зрения это событие понимается как момент, когда ученики «родились свыше» и были посвящены для «вечной жизни». Благодаря этому они были «подготовлены» к Пятидесятнице, поскольку «только рожденные от Духа могут быть крещены Духом».

Последняя цитата раскрывает суть богословских предположений, высказываемых сторонниками этой точки зрения. Речь идет о «пятидесятнической» доктрине двухэтапного спасения, или теории «второго благословения». Отделив крещение Духом от возрождения, приверженцы этой теории проповедуют, что у каждого верующего есть два момента «принятия» Духа. Первый раз Дух принимается для получения спасения и прощения (после покаяния и исповедания веры), а во второй раз Он принимается для помазания на служение и наделения силой. Текст Ин. 20:22 является почти единственным «доказательством» этой теории (возможно, потому что это — единственная ссылка в Новом Завете, где говорится о том, что Дух должен быть «принят» помимо «крещения Духом». Этот эпизод был принят за стандарт для всех последующих случаев обращения. Семь недель, разделявших «рождение» от Духа и «крещение» Духом апостолов, включая период «ожидания» в молитве, принято считать «нормой» для посвящения христианина в наши дни.

Эта точка зрения имеет преимущества в ее искусности, возможно, даже в излишней искусности! На самом же деле есть, по крайней мере, два явных признака, свидетельствующих о том, что это не был момент возрождения учеников.

Во-первых, в Писании уже встречаются слова, относящиеся к «возрождению» учеников, использованных до этого эпизода: текст Ин. 13:10 говорит о том, что они уже были «чисты»; текст Ин. 1:12-13 говорит, что все принявшие Иисуса Христа и верующие во имя Его «от Бога родились» (и это, разумеется, включает учеников, раз это касается всех!); в тексте Мф. 13:11 говорится, что им уже было открыто о Царстве Божьем; а также, что они могли «видеть» его (ср. Ин. 3:3).

Во-вторых, не все апостолы присутствовали во время встречи в горнице. Этот факт весьма очевиден, но на него никогда не обращают внимания. Присутствовало только десять из «Двенадцати». Когда же был «возрожден» Фома? А Матфий? И, если на то пошло, когда произошло «рождение свыше» тех 120 учеников, которые были «крещены Духом» в день Пятидесятницы? Если Пятидесятница считается вторым принятием Духа, когда же все эти ученики приняли Его в первый раз?

Судя по всему, второе толкование также нельзя признать удовлетворительным.

ЭТО БЫЛА «РЕПЕТИЦИЯ» ПЯТИДЕСЯТНИЦЫ

Вместо того чтобы задаваться вопросом, что произошло во время этого события, следует задать более радикальный вопрос: Произошло ли тогда вообще *что-нибудь*? То есть, произошло ли что-то помимо того, что сделал и сказал Иисус Христос? Ответить на этот вопрос мы можем в свете того, что фактически написано евангелистом Иоанном: а ответ удивительно прост — ничего не произошло!

Если это так, то в чем была суть этого эпизода? Зачем Иоанн описывает его и что он в себе таит?

Иисус готовит Своих учеников к совершенно беспрецедентному событию, которое им предстояло пережить через несколько недель. Это был «испытательный забег» для того, чтобы ознакомить их с некоторыми из аспектов предстоящего события, и чтобы при его наступлении они признали характер происходящего, и соответствующим образом отреагировали на него.

Для того чтобы подготовить учеников, Иисус дает ученикам и знамение (знак), и повеление (или наставление). Это служит классическим примером успешного подготовительного процесса, как следующее: «Когда произойдет это, сделайте то».

Знамение

Текст буквально говорит, что Иисус «дунул». Дополнительные слова «на них» (*в английском тексте Библии — прим. пер.*) употреблены в попытке перевести редкий греческий глагол *emphusao*, который означает буквально «вдувать» или «наполнить воздухом». И это «дуновение» будет услышано и прочувствовано учениками (ср. 3:8). Шум, который они услышат, будет напоминать «голос» ветра.

Когда спустя семь недель они услышат его (Деян. 2:2), они сразу же узнают, что это дуновение Иисуса Христа, наполняющего их Духом Святым. Кстати, в греческом то же слово — *pneuma* — используется для обозначения трех слов: «дыхание», «ветер» и «дух». В Ветхом Завете также есть слово *rauch*, звукоподражательное слово на еврейском языке (то есть слово, где его произношение и значение совпадают, в нашем случае *ch* произносится как в шотландском слове «loch»), которое используется вместо этих трех слов.

Повеление

Глагол «примите» стоит в повелительном наклонении; то есть это приказание. Оно также употреблено во времени аорист, указывая на однократное действие принятия Духа. Принятие Духа является активным процессом, а не апатичным ответом на призыв. Оно подразумевает стремление и овладение тем, что предлагается, а не просто позволение этому случиться. Требуется взаимодействие; также как Иисус «дунул», они должны были вдохнуть! Повелительное наклонение времени аорист не обязательно подразумевает, что Иисус повелевал Своим ученикам сделать это немедленно, находясь в данной конкретной ситуации. Да и содержание текста Ин. 20:22 не дает нам ни одного намека, чтобы ученики тот час ответили на повеление Христа. Но когда пришел день Пятидесятницы, они, конечно, сделали так, как Он повелел им. Когда ветер/дуновение Иисуса Христа подул на них, ученики «начали говорить на иных языках...» (Деян. 2:4). Они «подчинили свои тела» Его движению. И это охотное принятие Божьего дара Духа Святого явилось добровольным участием обеих сторон.

Дополнительные размышления

Когда мы смотрим на этот эпизод в горнице в первое Пасхальное Воскресенье в свете того, о чем он повествует, и не пытаемся истолковывать его по-своему, все разногласия исчезают, поскольку возникают они вследствие наших догадок о том, что могло бы произойти тогда. Если мы смотрим на это событие как на подготовительную репетицию или, говоря библейскими терминами, на «пророческое действие» мысленного представления будущего события, то текст Ин. 20:22 точнее умещается в его более широкий контекст. Подобные «пророческие действия» знакомы нам из Ветхого и Нового Заветов (напр. Иез. 4; Деян. 21:10-11). Нижеследующие дополнительные рассуждения представляют совокупные доказательства для такого толкования.

Во-первых, это предположение помогает понять сам текст. Мы уже отметили, что в оригинальном тексте на греческом языке отсутствует местоимение «им»; там говорится просто «Иисус дунул». Что еще более удивительно, так это тот факт, что повеление «примите» идет *вслед за* действием Иисуса, а не предшествует ему; если бы это было действие передачи Святого Духа ученикам, то Иисус тогда бы сказал: «Вы приняли Духа» (то есть не в повелительном, а в изъявительном наклонении).

Во-вторых, весь контекст указывает на будущее время, а не настоящее. В тексте Ин. 20:21 мы видим, что Иисус отправляет учеников, но не тот же час! Несмотря на то, что глагол стоит в настоящем времени, они не должны были идти сразу, как только услышали это. Эта «отправка» станет возможной только после Пятидесятницы. Согласно тексту Ин. 2:23, ученики (выражаясь устаревшим языком) должны были «отпускать или не отпускать грехи». И этому тоже не суждено было случиться тотчас; это произойдет только после Пятидесятницы. Первое упоминание об отпущении грехов мы встречаем уже в Деяниях, второй главе, а первое свидетельство, когда грехи не были отпущены, записано в пятой главе этой же книги. Если мы видим в стихах Иоанна 20:21 и 20:23 очевидную связь к будущим событиям, несмотря на употребление глаголов в настоящем времени, вполне вероятно, что к ним относится и стих 20:22.

В-третьих, ученики уже были знакомы с примером такого «преждевременного» (т.е. предваряющего будущее) события, связанного с Иисусом Христом, которое произошло в той самой горнице. Когда Иисус Христос взял хлеб и вино, Он повелел им принять хлеб, как Тело Его и пить вино, как Его Кровь — в тот самый день, когда Он будет предан смерти, перед тем, как Его Тело будет ломимо и пролита Его Кровь. У нас нет оснований считать, что во время той самой первой «Вечери Господней» хлеб и вино на самом деле служили знаками «причастия» к Телу и Крови Господней, которыми они впоследствии стали (1 Кор. 11:10-16). В ту незабываемую ночь, когда в Его Теле еще текла кровь, и Иисус Христос телесно еще пребывал с учениками, Он буквально «репетировал» то, чему предстояло стать центром их поклонения. Тогда Иисус Христос также дает им только знак (хлеб и вино) и повеление («сие творите в Мое воспоминание»). Подобным же образом, в исследуемом нами отрывке также не было какого-либо свидетельства тому, что ученики получили что-то еще, кроме этого знака. Это постановление становится заповедью только после наступления предвкушаемого впереди события; и действительно, мы не видим, чтобы до дня Пятидесятницы это событие повторилось!

В-четвертых, тот факт, что Евангелие ничего не говорит о том, что происходит с учениками после слов и действий Иисуса Христа, теперь представляет особую важность. Иоанн очень точен в отображении им тех событий. Несомненно, что Иисус передает ученикам полномочия Его *власти*, но Он пока еще не передает им Свою *силу*.

Итак, Иисус Христос истинно словом и делом связывает события Пятидесятницы прочной и тесной связью с самим Собой. Поэтому неудивительно, что когда наступило само событие — вслед за его пророческим «предварительным исполнением» — Петр смог в полной уверенности провозгласить, что «Он [Сам Иисус Христос]... излил то, что вы ныне видите и слышите» (Деян. 2:33). Это было окончательным доказательством того, что «Бог соделал Господом и Христом Сего Иисуса, Которого вы распяли» (Деян. 2:36).

Глава 12

Пятидесятница
(Деян. 1:4-5; 2:1-4)

«И, собрав их, Он повелел им: не отлучайтесь из Иерусалима, но ждите обещанного от Отца, о чем вы слышали от Меня, ибо Иоанн крестил водою, а вы, через несколько дней после сего, будете крещены Духом Святым». (Деян. 1:4-5)

«При наступлении дня Пятидесятницы, все они были единодушно вместе. И внезапно сделался шум с неба, как бы от несущегося сильного ветра, и наполнил весь дом, где они находились. И явились им разделяющиеся языки, как бы огненные, и почили по одному на каждом из них. И исполнились все Духа Святого и начали говорить на иных языках, как Дух давал им провещавать. (Деян. 2:1-4)

Поскольку Библия является книгой, которая истолковывает саму себя, то для осмысления любой из частей, необходимо изучать ее всю. Оценить полностью значение того или иного отдельно взятого события в Библии возможно только тогда, когда оно рассматривается как одно звено в цепи всей божественной истории. Некоторые из событий настолько значительны, что без них вся история теряет свою целостность. Пятидесятница является одним из таких событий.

День Пятидесятницы уходит корнями в Ветхий Завет, который, прежде всего, является хранилищем *пророческих* книг (от пяти томов Моисея до однотомника Малахии). Патриархи сами были пророками (Быт. 20:7; Пс. 104:15). Моисей выразил надежду, что однажды все Божьи люди, не только старейшины, будут «пророчествовать» (Числ. 11:25-29). Иоиль пошел дальше, предсказав, что «в последние дни» все будут пророчествовать (Иоил. 2:28-29).

Пророки говорили пророческие слова благодаря «Духу Господнему», Который мог «сходить» и «почивать» на них, «наполнять» их или был «дан» им. Вот почему по пришествии того дня, в который начнут пророчествовать все люди, это произойдет благодаря тому, что будет «излит» Дух Святой в большем масштабе, чем когда-либо до этого дня. В этом состояла вся суть «нового завета», который Бог утвердил вместо «ветхого» завета, данного на горе Синай (Ис. 32:15; Иер. 31:31-34; Иез. 36:26-27).

Это «обетование» подтверждено и изложено подробно в Евангелиях. Все четыре Евангелия содержат пророчество Иоанна Крестителя. Будучи последним представителем пророков «ветхого завета», он очертил два аспекта служения грядущего Мессии-Царя, а именно: 1) взять грехи мира и 2) вместо них дать Духа Святого. Однако Иоанн Креститель вводит новое выражение, которым выражается предреченное помазание, которое стало возможным благодаря начатой им практике крещения в воде, что явилось яркой аналогией того, чему предстояло произойти. Сам Иисус Христос будет крещен Духом и будет *«крестить»* других в Духе Святом. Оно не будет чем-то неизвестным, наоборот, это новое название является хорошо известной практикой в прошлом, и именно поэтому фактически синонимично понятиям Ветхого Завета, о чем мы уже упоминали ранее (см. Главу 5). Новое слово подчеркивает всеохватывающий и переполняющий характер этого помазания; принимающий его погружен, пропитан, углублен в Духе, то есть, происходит полное проникновение!

В последнюю ночь перед Своим распятием Иисус Христос дает более широкое объяснение ученикам сути этого «обетования», делая ударение на том, что Святой Дух суть *Личность*, а не просто *сила*, что Он будет продолжать служение Самого Иисуса Христа, обличая и проповедуя спасение, заполнив ту брешь, которая останется после Его ухода (Ин. 14-16). В день воскресения Иисуса Христа из мертвых Он провел с ними «репетицию» исполнения этого «обетования» (см. Главу 13). У Луки мы находим повеление Христа перед Его вознесением, чтобы ученики не отлучались из Иерусалима, пока не произойдет «облачение в силу» (еще одно выражение из Ветхого Завета — см. Суд. 6:14; 1 Пар. 12:18).

Таким образом, почва для драматического события Пятидесятницы подготавливалась в течение многих веков, и теперь нам необходимо обратиться к значимости самого этого дня. Будучи одним из трех ежегодных иудейских праздников, именно этот праздник знаменовал событие, когда народу был дан закон на горе Синай, которое произошло как раз через пятьдесят дней со дня заклания «пасхального» агнца в Египте, откуда и произошло название «Пятидесятница». Событие, когда народу был дан закон, закончилось Божьим наказанием трех тысяч иудеев, которые нарушили этот закон (Исх. 32:28)! С момента входа в землю обетованную этот день приобрел земледельческий подтекст, хотя это предусматривалось в законе, где он упоминается как праздник Седмиц (Исх. 34:22), праздник Жатвы (Исх. 23:16) и, что наиболее значимо для Нового Завета, День первых плодов (Числ. 28:26). В действительности, столетия спустя этот день стал днем «начатков» (первых плодов), когда три тысячи израильтян были возрождены от смерти к жизни («буква убивает, а дух животворит» — 2 Кор. 3:6).

«Подготовка» к этому событию велась при участии как божественной, так и человеческой стороны. Сто двадцать человек (Деян. 1:16), которые участвовали в этом событии, были последователями Христа, и все они были жителями Северной части Палестины, Галилеи (Деян. 2:7; ср. 1:11); единственного из Двенадцати, который был с юга, Иуду Искариота, к тому времени заменил другой апостол. Эти сто двадцать человек свидетельствовали о смерти и воскресении Иисуса Христа и делились друг с другом как глубокой безысходной скорбью, так и неистовой радостью. Они все вместе были свободны от эмоциональной сдержанности (так широко распространенного комплекса в наши дни, особенно в Англии!) и были готовы беспрепятственно подчиниться изливаемому Духу Святому. Они также единодушно пребывали вместе в молитве; Господь Иисус ясно дал понять, что «Отец Небесный даст Духа Святого просящим [тем, кто продолжит просить] у Него» (Лк. 11:13; обратите внимание на настоящее продолженное время). Все они желали быть «крещенными Духом Святым» и «принять силу» (Деян. 1:5,8).

И все же, какого результата ожидали ученики, когда их молитвы должны были быть отвечены, и понимали ли они, когда это должно было произойти? Или то, что произойдет в день Пятидесятницы, было для них совершенно неожиданным событием как по времени, так и по содержанию?

О том, чего ожидали ученики, мы можем только догадываться. Очень возможно, что они снова ожидали услышать шум от «дуновения» их вознесшегося Господа (см. Главу 13), хотя вряд ли кто-либо из них мог себе представить, что в этот раз это будет как вой шторма! С большой долей вероятности они предполагали, что результатом принятия обетованного Святого Духа будет излияние через их уста (им были хорошо знакомы такие примеры, как эпизод с Саулом из текста 1 Цар. 10:10, не говоря уже о других пророках). Однако вряд ли они могли ожидать, что смогут заговорить столь свободно на языках, которых они прежде не изучали, да и никогда бы сами не смогли различить.

ПЯТИДЕСЯТНИЦА

Что касается того, когда они ожидали «схождения» Духа на них, более чем вероятно, что они ожидали наступление этого события именно в праздник Пятидесятницы. Вряд ли они обошли вниманием тот факт, что Иисус Христос «устроил» так, чтобы Его смерть совпала с закланием пасхальных агнцев (в точности до минуты, в 3 часа пополудни в канун Пасхи — см. Исх. 12:6, «после середины полудня»). Было чем-то совершенно естественным ожидать, что следующее грандиозное событие произойдет во время очередного великого праздника, праздника Пятидесятницы, когда весь еврейский народ из всех уголков опять соберется в Иерусалиме. В любом случае, в одном из последних Своих обращений к ученикам Иисус сказал о том, что они будут крещены Духом Святым «через несколько дней после сего» (Деян. 1:5). На то, что они уже догадались о точном дне, указывает время и место, где они решили собраться.

В первой главе книги Деяния мы не находим какого-либо намека на то, что обычным временем для общей молитвы было 9 часов утра. Однако это был час молебна в *Храме*, и именно там они собрались «с одной целью» в первый день Праздника. То, что это было в Храме, а не в горнице, может быть логически выведено из того факта, что позже несколько тысяч человек пришли туда, где собрались ученики (а не наоборот); единственный случай, когда ученики сдвинулись с места, было когда все двенадцать поднялись, а остальные продолжали сидеть (Деян. 2:14). Скорее всего, читателей вводит в заблуждение слово «дом», которое они понимают как «домашний очаг»; но это же слово употреблялось в значении Храма, где обитает Господь (2 Цар. 7:5-6; Ис. 6:4; 56:7; Лк. 19:46; Деян. 7:47; и др.). Нам также известно, что это было постоянным местом встреч учеников периода Ранней Церкви после Пятидесятницы (Деян. 3:1; редкое выражение «в молитвах» в Деян. 2:42 также можно отнести к службе в Храме). Более чем вероятно, они встречались именно в Соломоновом Притворе, где могли находиться как мужчины, так и женщины (в таком случае, сегодня это место находится у мечети Аль-Акса).

НОРМАЛЬНОЕ РОЖДЕНИЕ ХРИСТИАНИНА

«Объективные» явления, происходившие «вне» учеников, явились «увертюрой» ко всему событию. Ветер и огонь представляют собой трудноуловимое сочетание. Следует также обратить внимание на то, что это было сочетание образа и звука; глаза и уши как два главных канала передачи информации душе, что позже было предложено Петром в качестве доказательства истинности его утверждения: «то, что вы ныне видите и слышите» (Деян. 2:33).

Значение образа ветра очевидно для любого иудея, который употреблял то же самое слово (*ruach*) в значении дыхание, ветер и дух. Воздух в движении является символом жизни и силы; слово ветер употребляется в переносном значении Божьей невидимой мощи (Иез. 37:9-10). Образ огня не такой очевидный, хотя часто используется как знак Божьего присутствия, например, горящий куст, явившийся Моисею (Исх. 3:2).

В большинстве случаев огонь указывает на наказание истреблением, потому что Бог есть «огонь поядающий» (Втор. 4:24; 9:3; Пс. 96:3; Евр. 12:29). Возможно, именно это имел в виду Иоанн Креститель, когда говорил о том, что грядущий Мессия будет крестить Духом Святым и огнем (ср. Мал. 4:1 и Мф. 3:11-12). Во второй же главе Деяний более чем вероятно, что «огонь» символизирует скорее присутствие Божье, чем Его наказание. Было бы неправильным представлять картину, что на голове каждого из учеников появился один язык пламени, направленный вверх (характерная форма епископской митры обязана такому неправильному представлению). Язык повествования подсказывает, что это был сильный огонь, нисходящий вниз и разветвляющийся на отдельные «языки», касающиеся своими концами их голов, не опалив при этом ни одного волоса.

Это было божественное явление, равносильное возложению рук! Поскольку мы видим, что огонь коснулся «каждого» одновременно, они «все» получили Святого Духа одновременно. Таким образом, это могло стать совместно пережитым событием для всех учеников, поскольку каждый из них пережил его индивидуально. В этом есть важный момент — группа людей не может быть исполнена Духом Святым, если при этом не будет исполнен Духом каждый участник этой группы. Дух Святой не дается «церкви» как коллективной единице, хотя это по обыкновению проповедуется на Праздник Пятидесятницы во многих церквах. Святой Дух дается каждому члену индивидуально, и через них — всему «организму». Поэтому церковь не может продолжать обладать Духом Святым, если ее члены не приняли Его; точно также служители церкви не могут передавать Духа Святого членам посредством церковного церемониала, если они сами не были крещены Духом.

Праздник Дня Пятидесятницы неправильно понимается как празднование уникального события, когда вся церковь как одно целое приняла Святого Духа; более правильным будет рассматривать это как первый, но далеко не последний, случай, когда члены церкви приняли Духа Святого, даже если они составляли группу людей и приняли Духа одновременно. В последующих упомянутых случаях, когда целая группа принимала Духа Святого вместе, это обычно не происходило одновременно; греческий текст объясняет, что они принимали Духа «один за другим», по мере того как на них возлагались руки (см. Главу 16 и 20, посвященным изучению 8 и 19 глав книги Деяний).

Следует отметить, что подразумеваемое в тексте Деян. 1:5 действие «быть крещеным Святым Духом» теперь описывается при помощи выражения «исполниться Духа Святого». Это говорит о взаимозаменяемости этих двух понятий, за исключением того, что один и тот же человек мог «исполниться Духа Святого» более чем один раз (как, напр., в тексте Деян. 4:31), в то время как «крещение Духом» закреплялось за моментом первоначального исполнения Духом. То же самое переживание позже будет описано с помощью таких выражений, как «Дух *излился*», «Святой Дух, которого Бог *дал*», «*приняли* Духа Святого», «Святой Дух *сошел*», и т.д., при описании того, как это происходило с другими (см. Главу 5, где перечислен весь перечень использованных фраз и выражений).

Здесь мы видим как «объективные» явления, происходящие извне, уступают место «субъективным», происходящим изнутри. Они были «переполнены» Духом Святым! Как мы уже упоминали, что «от избытка сердца говорят уста»; смешное находит выражение в смехе, гнев — в крике, скорбь — в рыдании, страх — в вопле. Человек, исполненный Духа Святого, начинает как бы «пророчествовать» (одно из значений слова *nahbi*, еврейское слово «пророк», или тот, чья речь «льется», «журчит»). Самопроизвольная речь является тем признаком, который сопровождает явление принятия Духа в этом и более поздних случаях. Языки, которые некогда были «*сами воспаляемы* от геенны» (Иак. 3:6), теперь произносят только те слова, которые вдохновлены Святым Духом.

В день Пятидесятницы все слова произносились на языках, неизвестных ранее самим говорящим, хотя они все были понятны Богу. И действительно, второй раз за всю историю Бог «сошел» и велел людям, говорившим на одном языке, говорить на многих языках. Однако во время Пятидесятницы это было действием обратного порядка, а не повторением событий при Вавилонской башне (Быт. 11:7). Тогда это было актом божественного наказания, намеренной целью которого было смешать, разделить и *рассеять*. (В другом смысле, позже «чужие языки» станут частью наказания уже самого Израиля — ср. Втор. 28:49 и Ис. 28:11-12; эти отрывки Писания лежат в основе аргументации Павла против использования иных языков во время поклонения в собрании — 1 Кор. 14:21-23). Здесь же, в день Пятидесятницы, та же способность была дана, чтобы ободрить, объединить и *присоединить*. Вместо отдаления друг от друга, народ соберется вместе (Деян. 2:6).

О том, что «языки» были настоящими наречиями (или, по крайней мере, различными диалектами), со своим грамматическим строем и синтаксисом, мы судим по тому, что это было признано окружающими наблюдателями, которые пришли в смятение. Слово «языки», использованное в английских переводах Библии, вводит нас в заблуждение, привнося, таким образом, впечатление, что это было бессвязное бормотание. (В Новой Английской версии Библии, к ее чести, использованное в данном контексте греческое слово (*glossai*) переведено более точно, как «иные языки», хотя затем в других местах Нового Завета мы встречаем противоречивое выражение «говорение в исступлении (экстазе)», выбор которого не обоснован). Единственный случай «исступления» мы находим во второй главе Деяний, где описывается состояние «пришедших в смятение» очевидцев, осознавших, что полуграмотные северяне говорили на их родных наречиях!

Следует отметить, что способность говорить на других наречиях стала результатом взаимодействия человека с божественным началом. *«Они»* начали говорить, что включает сознательное действие вибрирования голосовыми связками. Святой Дух только дал им действие «изречения», то есть Он контролировал их язык и уста, превращая звук в связную речь. Он не «заставлял их говорить», а давал им импульс «выражать» мысли и чувства, льющиеся из их уст. Ученики произносили слова самостоятельно, но Дух сообщал им, что говорить. Все дары Духа обладают этой двойной природой; никого нельзя заставить воспользоваться ими. Дары могут быть даны, но принять их необходимо только активным, а не пассивным путем.

Только после всего произошедшего множество людей, наблюдавших за этими событиями, собрались вместе. Ввиду того, что это был праздник Пятидесятницы, весь Иерусалим и особенно Храм были наводнены множеством паломников. Все эти люди не могли быть свидетелями «объективных» явлений ветра и огня (если бы так, то они были бы еще больше «изумлены»!), но их привлек странный выплеск несдерживаемой манеры поведения, которая часто бывает при опьянении! Когда они приблизились к ученикам, так что могли различать слова, они заметили некую деталь, которая не вписывалась в такое объяснение. Доказательство необычности происходящего имело как слышимый характер (они услышали их родные наречия), так и зримый (они увидели, что это были галилеяне, возможно, судя по их одежде). Позже Петр обратится к этому доказательству о зримом и слышимом явлении Святого Духа (Деян. 2:33).

Воспользовавшись заинтересованностью народа, двенадцать апостолов встали, и от их имени Петр на одном языке произносит свою первую и возможно самую великую проповедь. Остальное, как говорится, история.

Преследуя цель данной книги, а именно: понять учение Нового Завета о христианском посвящении — необходимо задать очень важный, но простой вопрос. Было ли это событие уникальным и неповторимым, или его можно считать прецедентом для последующих посвящений?

Придерживающиеся точки зрения об уникальности Пятидесятницы, и что это событие никаким образом нельзя считать за норму для последующих случаев, ставят ударение на общий аспект события. Пятидесятница считается «днем рождения Церкви». Они также полагают, что обетование о том, что Иисус Христос будет «крестить Святым Духом» полностью исполнилось посредством первой группы из 120 верующих. Вся Церковь в течение всех веков в тот день была крещена Святым Духом и сохранит результаты этого события в вечном своем владении. Вот почему нет необходимости в том, чтобы каждый отдельно взятый последователь Иисуса Христа стремился пережить «опыт Пятидесятницы» — крещения Духом Святым. Все, что ему нужно, — это присоединиться к церкви — по вере, как считают евангелисты, или через обряд крещения и конфирмации согласно католической традиции, после чего он автоматически разделяет «крещение Духом» истинной церкви, независимо от того, определена ли эта группа людей невидимым образом или путем формального учреждения (институционально). Однако мы уже отметили, что такой подход не отдаёт должного наличию явного ударения на индивидуальный аспект Пятидесятницы; равно как и не имеет достаточно веского объяснения, что произошло с другими людьми после Пятидесятницы.

Для точности следует сказать, что имелось несколько уникальных характеристик первоначального события, которые никогда больше не повторялись. Шум ветра и явление огня больше никогда не встречается в Новом Завете, хотя есть редкие свидетельства этому в более поздней истории Церкви. Также не найдено никаких зафиксированных случаев, когда «языки» были бы признаны реально существующими языками и наречиями, хотя, опять же, в более поздней истории Церкви встречаются подобные примеры. Таким образом, названным нами «объективным» явлениям нельзя найти аналогов в Новом Завете.

Однако «субъективные» явления имеют похожие случаи! В книге Деяний мы встречаем не менее трех случаев подобных событий, когда применяется тот же описательный язык, и демонстрируются те же практические результаты. В одном из случаев, Петр конкретно отождествляет произошедший эпизод с первоначальным событием (см. Главу 18, посвященную изучению текстов Деян. 10:47; 11:15 и 15:8, которые относятся к эпизоду с обращением дома Корнилия в Кесарии). Как же тогда сторонники уникальности событий дня Пятидесятницы могут объяснить эти «нетипичные» случаи, произошедшие в Самарии, Кесарии и Ефесе? Их ответ состоит в том, что следует применить «общую» концепцию и к этим случаям, рассматривая их не как группы, состоящие из отдельных людей, которые вместе были «крещены Духом Святым», а как новые этнические категории рода человеческого, представляющие собой постоянно расширяющийся состав Церкви. Таким образом, в Самарии произошла своя Пятидесятница для самарян, людей смешанной расы; Кесария стала местом Пятидесятницы для язычников. Ефес нельзя причислить в этот ряд, потому события там считаются случаем некоего исторического анахронизма, то есть Пятидесятницы для бывших учеников Иоанна Крестителя. Веря в то, что посредством этих четырех второстепенных событий Пятидесятницы было охвачено все человечество, сторонники этой позиции считают, что больше никаких (всеобщих) посвящений такого рода не произойдет. Следует полагать, что жители Китая, России и Америки были «крещены Духом» в Кесарии вместе с Корнилием.

Такие убеждения используются для «утешения» бесчисленного количества христиан. Рассматривая эти четыре события как фундаментальные, а потому исключительные, они ставят это себе в оправдание, чтобы не стремиться принять крещение Духом лично.

Однако правильно ли такое толкование? Соответствует ли оно истине самого Писания? При внимательном изучении того, чему учат пять учителей Нового Завета, мы обнаружим их единодушное предположение о том, что переживание «Пятидесятницы» повторится в жизни каждого отдельного верующего!

Иоанн Креститель. Пророчество Иоанна Крестителя о предстоящем служении Мессии «крещения Духом Святым» было настолько же широким в плане применения, как и его служение «крещения водою». Словами «Он будет крестить вас Святым Духом» Иоанн обращается в первую очередь к каждому из тысяч людей, пришедших к нему креститься крещением «в покаяние». Он говорил о том крещении, идущем вслед за его служением, которое будет простираться и достигать многих. Наверное, он был бы очень удивлен, если бы ему сказали, что его пророчество будет действительно не более одного дня (максимум, три-четыре дня!). Иоанн с уверенностью пророчествовал о «крещении Духом», которое будет доступно всем людям.

Апостол Иоанн. Четвертое Евангелие разделяет эту общую перспективу, подтверждением чего являются вошедшие в него слова Иисуса Христа как открытое приглашение *каждому*, кто жаждет, прийти к Нему и пить (Ин. 7:37-39), к чему добавлен комментарий самим автором Евангелия, отождествляющего это предложение Иисуса Христа с событиями Пятидесятницы. Он наверняка был бы также очень удивлен, если бы ему сказали, что это предложение будет ограничено только для ста двадцати человек, которые окажутся в нужное время в нужном месте!

Апостол Петр. Завершая свою первую проповедь, Петр с уверенностью призывает людей испытать на себе то, что они только что видели, твердо веря, что «обетование», которое только что осуществилось в жизни ста двадцати человек, теперь стало доступным повсюду для всех времен («и детям вашим») и народов («и всем дальним»).

Евангелист Лука. Описание Лукой событий в Самарии и Кесарии показывает, что единственная отличительная особенность в каждом из этих случаев заключалась в сроках. Во всем остальном, как мы увидим далее, эти эпизоды соответствовали обычной модели посвящения, которую приняли другие верующие, особенно в части тех явлений «Пятидесятницы», которыми сопровождалось «принятие» ими Духа Святого. Даже случай в Ефесе подпадает под эту норму.

Апостол Павел. Стиль повествования, отражающий события «Пятидесятницы», применим к процессу посвящения, который пережит каждым читателем посланий апостола Павла. Они были «крещены одним Духом» (1 Кор. 12:13 — см. главу 23), на них был «излит Дух» обильно (Тит. 3:6 — см. Главу 26, и таким образом они «получили Духа» (Гал. 3:2).

В свете представленных доказательств существует мало, а то и вовсе отсутствуют, основания в Новом Завете тому, чтобы считать явление Пятидесятницы событием общего характера, уникального и неповторимого, и в котором полностью исполнилось пророчество Иоанна Крестителя о грядущем крещении Духом. Описательный характер языковых средств, использованных при отображении «субъективного» пережитого опыта учениками в тот день, может свободно применяться к верующим, которые не присутствовали при том событии. Могут иметь место некоторые уникальные «объективные» явления, примечательные для этого первого случая, но по своей сути это был лишь первый из многих случаев «излияния» Духа Святого.

Мы можем сделать вывод, что в день Пятидесятницы произошла «инаугурация» последнего из элементов христианского посвящения — крещения Духом, уполномочившая его завершить процесс посвящения, состоящий из четырех частей, включая покаяние, веру и водное крещение. Таким образом, пережитый опыт тех, кто присутствовал в день Пятидесятницы, представляет собой принцип, устанавливающий норму для последующих поколений верующих.

Глава 15

Три тысячи
(Деян. 2:38-41)

> Петр же сказал им: покайтесь, и да крестится каждый из вас во имя Иисуса Христа для прощения грехов; — и получите дар Святого Духа. Ибо вам принадлежит обетование и детям вашим и всем дальним, кого ни призовет Господь Бог наш.
>
> И другими многими словами он свидетельствовал и увещавал, говоря: спасайтесь от рода сего развращенного. Итак охотно принявшие слово его крестились, и присоединилось в тот день душ около трех тысяч». (Деян. 2:38-41)

Почему Петр не призывает собравшихся людей к тому, чтобы они уверовали в Господа Иисуса Христа? Правильно ли понимать, что выражение «и детям вашим» поддерживает идею крещения младенцев? Почему мы не встречаем упоминания о каких-либо проявлениях Духа Святого среди новообращенных? Этот небольшой отрывок поднимает целый ряд вопросов и побуждает к возникновению большой полемики!

Мы можем назвать этот случай первым примером проповедования Евангелия после Пятидесятницы! Поэтому мы можем надеяться, что мы получим некоторые подсказки о том, каким будет христианское посвящение до конца времен существования церкви. Искренний вопрос слушателей проповеди Петра, которые хотели получить практические указания о том, как им следует откликнуться на Благую Весть, придает его ответу особую значимость. Здесь мы встречаемся с самым первым случаем, когда спрашивающие получили консультирование по вопросу спасения. Стремление разобраться в учении и методах Петра станет для нас вознаграждением за тщательное изучение этого отрывка.

Обращает на себя внимание одна особенность, а именно: отсутствие глагола «верить», как и существительного «вера». Ближайшим эквивалентом этому, как будет упомянуто нами позже, будет фраза, что «приняли слово» (2:41). Мы можем только предполагать, что Петр сделал вывод на основании их вопроса или интуитивно понял, что они уже поверили в то, что «Бог соделал Господом и Христом Сего Иисуса...» (2:36). Само собой разумеется, что они не выразили никакого желания противиться проповеди Петра или даже обсуждать ее. После проповеди они были настолько же уверены в реальности воскресения и вознесения Иисуса Христа, как и в известный им факт, что Он был распят и погребен. Заданный ими вопрос является подтверждением, что они прекрасно осознавали то, что восприятия этих фактов одним умом было явно недостаточно; знание должно побуждать к определенным действиям («... что нам делать, мужи братия?» — 2:37). Поэтому было излишним говорить им «уверуйте», когда они уже достигли того этапа, когда были готовы практически откликнуться на Благую Весть.

Однако их вопрос имел нравственный оттенок. Петр обвиняет в их причастности к распятию Христа («Которого вы распяли» — 2:36). Они принимают его обвинение без вопросов и извинений. Они заслужили обвинения в совершении самого тяжкого из преступлений — они, иудеи, совершили убийство их долгожданного Мессии! Вот почему их вопрос нужно рассматривать как крик души, а не уточняющий вопрос, идущий из головы. Это — отчаяние, смешанное с надеждой. Можно было бы так перефразировать суть их прошения: «Есть ли хоть какая-то возможность, чтобы загладить наше злодеяние?» Ударение в этом вопросе ставится на следующем: «Что мы *должны* сделать?»

Даже несмотря на их возможные сомнения по поводу того, могла ли эта ситуация быть изменена, Петр дает ответ, исполненный надежды. У них появилась возможность примириться с Богом. Они могут спастись (примечательно, что глагол в стихе 40 стоит в пассивном залоге), если будут следовать в точности тем указаниям, которые дает им Петр.

Его первое увещание состоит в повелении «Покайтесь», — то же самое слово, которое было использовано, когда Иоанн Креститель и Иисус Христос провозглашали, что Царство Божье «приблизилось» (то есть оно совсем рядом — см. Мф. 3:2; 4:17). Для тех людей, которые слушали Петра, это означало ту же радикальную перемену в мыслях, словах и делах. Осознав насколько тяжким было их осуждение Иисуса Христа, теперь они должны были открыто признать это преступление и перейти на Его «сторону» вместе с учениками, чего бы это им не стоило. Их покаяние было удостоверено публичным признанием того, что Иисус Христос был Господом и Христом.

Стих 38 «и да крестится каждый из вас» говорит о том, что с самого начала апостолы осознали, что служению водного крещения, истоки которого уходят к Иоанну Крестителю, и затем продолженному Иисусом Христом, суждено продолжаться наряду с крещением Духом Святым мессианской эры. Оба эти крещения характеризовали наступление «последнего времени». Только четкое повеление Самого Иисуса Христа, записанное евангелистом Матфеем (Мф. 28:19), способно объяснить тот факт, что Петр вместе с другими апостолами никогда не считали, что крещение Духом Святым сделало водное крещение отживающей традицией или излишним элементом в процессе посвящения (текст Деян. 10:47 иллюстрирует полностью противоположную ситуацию, когда крещение Духом способствовало неотложному крещению водой). Более того, Петр приводит тот же самый аргумент в пользу водного крещения, сказанный некогда Иоанном Крестителем, а именно: для «отпущения» или «прощения» грехов (ср. Деян. 2:38 и Мк. 1:4). Стилистика языка отражает явный *творительный* характер: Петр выражает уверенность, что *результатом* водного крещения является очищение. Для него, как и для других апостолов, омовение тела и очищение совести являлись внешней и внутренней стороной одного и того же процесса, где внешнее действие вызывает внутреннее изменение. В их понимании это было скорее «таинством», чем «символом». Говоря по сути, если бы у апостола Петра спросили, можно ли получить прощение грехов без крещения, это вызвало бы у него удивление; скорее всего, он бы подверг сомнению искренность покаяния и веры этого человека.

Два повеления («Покайтесь, и да крестится») адресованы каждому присутствовавшему человеку, а *не* одной семье или нации. Не может быть покаяния «по доверенности», как невозможно принятие крещения от имени кого-то другого. «*Каждый* из вас» должен был нести полную ответственность за «*свои* грехи», за которые нужно просить прощения. Апостол Петр требует этого только от тех, кто способен нести моральную ответственность за их собственное неправильное отношение и плохие поступки. Многие из слушавших тогда проповедь Петра, без сомнения, вспоминали со страшным чувством вины, как они кричали вместе с толпой «Распни Его!». Такое крещение не имело никакого отношения к младенцам, которые никак не могли участвовать в совершенных их отцами грехах. Для безнравственного человека крещение — это нравственный поступок, который должен быть сделан добровольно им самим, даже если крестить его будет другой человек.

Наметив суть такого двойного призыва, Петр далее выдвигает предложение: «И получите дар Святого Духа». Многие полагают, что из этого утверждения, где глагол стоит в изъявительном, а не в повелительном наклонении, учитывая при этом ту уверенность, с которой говорит Петр, вытекает два вывода, а именно:

Во-первых, для того, чтобы получить дар Святого Духа, не нужно больше абсолютно ничего, кроме покаяния и веры. Как только эти два требования удовлетворены, «принятие Духа» становится полностью пассивным действием, или, говоря иначе, *непроизвольным*.

Во-вторых, основываясь на таком заверении, мы можем быть совершенно уверенными в том, что каждый верующий принимает Духа Святого, даже если в тот момент *не происходит никакого внешнего подтверждения*. Верить в обетование, данное Петром, является достаточным основанием для такой уверенности.

Сам Петр был бы ошеломлен такими современными выводами, сделанными из его проповеди! Не говоря уже о том факте, что он ставит крещение, а не веру, необходимым условием для принятия дара Духа Святого, Петр указывает, что водное крещение обычно предшествует принятию Духа (случай с Корнилием является единственным исключением, описанным в Новом Завете). Да и последующие деяния Петра в Самарии показывают, что он не мог считать их приемлемыми, и соответственно, не мог действовать согласно этим выше упомянутым суждениям.

Исходя из того факта, что покаявшиеся верующие, крестившись, не имели явного внешнего доказательства того, что они «приняли Духа», Петр не допускал той мысли, как многие бы сделали сегодня, что эти верующие получили Духа автоматически и бессознательно; более вероятно, что он бы сделал вывод о том, что они не приняли Духа и предпринял бы срочные меры, такие как молитва с возложением рук, чтобы исправить незавершенный процесс их посвящения.

Тем не менее, Петр был уверен, что каждый человек, искренне ответивший на Евангелие, покаявшись и крестившись, имеет возможность и получает этот дар, вне зависимости от того, произойдет ли это сразу или же, в конечном итоге, в отдаленной перспективе. Когда Петр молился вместе с Иоанном за жителей Самарии, он это делал с той же уверенностью. Одно дело — констатировать тот факт, что каждый человек, ответивший на Евангелие в покаянии, исповедав свою веру и приняв крещение, *получит* Духа Святого (как в ст. 2:38). И совсем другое дело — заявить, что каждый человек, ответивший таким образом на Евангелие, *получил* Духа Святого — это позиция, согласно которой этот стих истолковывается неправильно.

ОБЕТОВАНИЕ

Убежденность Петра в том, что они *получат* Святого Духа, была прочно основана на тех самых условиях, оставленных в обетовании Отца Небесного, которые не будут иметь предела и ограничения. Событие, произошедшее в тот день для ста двадцати человек, получило всеобщее применение, и явственно распространилось на три других группы людей:

«Вам». Это слово было обращено не просто к трем тысячам, но к каждому слышавшему в тот момент человеку и другим, принадлежавшим к «роду развращенному», кто услышал об этом. Это личное местоимение включает всех современников Петра, живших в Израиле на тот момент.

«И детям вашим». Греческое слово, переведенное как «дети», обозначало не младенцев (*brephos* или *nepios*), и даже не малых детей (*teknion, paidion* или *paidarion*), но являлось общим термином для обозначения «потомков» (*teknon*). Это относилось не только к следующему поколению, но ко всем последующим поколениям людей. Это обетование не ограничивается современниками Петра, а распространяется на все века до конца истории человечества.

«И всем дальним». Это обетование не ограничено ни пространством, ни временем; оно настолько же обширно, как и повеление возносящегося на небо Иисуса Христа о том, что нам надлежит быть свидетелями «даже до края земли» (Деян. 1:8). Возможно, здесь Петр имеет в виду евреев, находящихся в рассеянии, которые были «вдалеке» от дома. Тем не менее, когда это обетование получил Корнилий, Петр быстро восстановил равновесие после его первоначального удивления! Возможно, опыт общения с людьми из смешанных племен, самарянами, подготовил его к этому, хотя понадобилось довольно яркое видение, чтобы дать ему прозреть! Петр был не первым проповедником, кто обнаружил себя говорящим о том, что было за пределами его собственного опыта, и только впоследствии осознавшим весь смысл произнесенных им слов.

В этом стихе есть целый ряд других важных моментов, на которые следует обратить внимание. Первое, что хочется подчеркнуть, это то, что «обетование» касается исключительно дара Духа Святого (2:33), а не более широкого понятия спасения. Если фразу «и детям вашим» вырвать из контекста и относить ее к более ограниченному понятию единицы рода, тогда следует обратить внимание на то, что Петр здесь обещает крещение Духом, а не крещение водой, детям — он предлагает скорее обряд «конфирмации», чем «крещения»!

Также важно понимать, что пределы обетования были намного шире, чем их конкретное применение. Дар был доступен для всех людей всех указанных групп, вот только получение его не будет происходить автоматически. Не все захотят воспользоваться этим предложением. Существует два требования, которым необходимо соответствовать, чтобы получить это обетование (истоки обоих находятся в тексте Иоил. 2:32).

Призыв Божий: фраза «которых призовет Господь» относится ко всем трем группам. Это избирательное приглашение сначала нужно услышать.

НОРМАЛЬНОЕ РОЖДЕНИЕ ХРИСТИАНИНА

Человеческий призыв: необходимо ответить на Божий призыв, и подходящим ответом будет «покаяние и крещение». Эта фраза также обращена ко всем трем группам («вам», «детям вашим», «всем дальним»).

Также как и с искуплением, совершенным Иисусом Христом на кресте, несмотря на то, что «обетования» достаточно для всех людей, действенным оно может стать только для каждого, кто примет его индивидуально. Оно осуществится не для всех тех, кто лишь услышит призыв Господа, но для «каждого», призвавшего Его имя, для «каждого», кто покается и примет крещение. Должно быть вполне очевидным отсутствие основания для возможности «уполномоченного» отклика на Евангелие главой семейства по поручению своей семьи или родителями по поручению детей. Крещение детей на основании этого стиха логически означало бы и крещение всех «дальних», вне зависимости от того, покаялись они или нет! И предложение, и требование Петра адресованы исключительно тем, кто в состоянии самостоятельно ответить на Благую Весть.

За предложением и требованием следует расширенное обращение, которое Лука выразил в одном высказывании. Фраза «Спасайтесь» — не совсем адекватный перевод греческого глагола, стоящего в повелительном наклонении времени аорист в пассивном залоге. Пассивный залог означает «быть спасенным», а не «спасаться» (Новый Завет не знает такого вида спасения, как «Сделай сам»!). Время аорист выражает действие, решительный шаг, который человек делает раз и навсегда. Повелительное наклонение указывает на то, что Петр повелевает слушающим, а не просит их что-то сделать. Это, скорее, настойчивое требование, чем приглашение к чему-то; оно передает ту же интонацию, с которой спасатель приказывает утопающему поймать брошенный ему спасательный жилет. Это увещевание сравнимо со словами Анании к Павлу из Деян. 22:16: «омой грехи свои» — еще один случай глагола в повелительном наклонении времени аорист, только здесь он стоит в среднем залоге, как и предыдущий глагол «крестись»; самым близким эквивалентом в переводе с английского будет выражение: «Крестись, и пусть грехи твои будут омыты».

Из той группы людей, к которой Петр обращается местоимением «вам», нам известно о трех тысячах человек, которые выразили желание получить это обетование, приняв крещение. Сторонники крещения кроплением заявляют, что непреодолимые препятствия организационного характера не могли позволить осуществить крещение погружением трех тысяч человек в один день в Иерусалиме; но для этого было достаточно той воды, которая была в купальнях Силоам и Вифезда (не считая недавно найденных ритуальных купален, находившихся у входа в Храм). Поскольку события Пятидесятницы происходили в утренние часы, они могли остаток дня уделить крещению людей.

Единственная организационная проблема заключалась в осуществлении наставничества новообращенных после столь успешно проведенной миссии. Каждый член церкви, только что сам принявший крещение Духом, должен был взять под духовную опеку в среднем до 25 новообращенных — и это был только первый день! В тексте Деян. 2:42-47 описано, что продолжение благовествования имело огромный успех. Сразу же после крещения люди начинали участвовать в учении, общении, поклонении, служении и благовестии. В том, что ученики могли с этим успешно справиться, у нас не может быть сомнения, поскольку Иисус Христос провел трехлетнюю подготовку с теми, кто должен был возглавить общины верующих.

В связи с крещением большого количества людей возникает интересный вопрос. Более чем вероятно, что многие среди них, а может и все, были крещены ранее Иоанном Крестителем — поэтому для них это стало «повторным крещением». Однако Петр не обращает на это внимание. Все, кто услышал его проповедь, так или иначе, крестились, было ли это для них в первый или во второй раз. Однозначно, что это крещение отличалось от предыдущего. Христианское крещение предполагает причастность к Господу Иисусу Христу, в частности путем упоминания Его имени. Вот почему без колебаний Петр крестит повторно тех, кто ответил на Христово Евангелие в его совершенной форме, на том же основании, на котором Павел позже крестил в Ефесе (см. Главу 20).

Остается еще один вопрос, который касается одного момента, неожиданно упущенного из всего описания этого события: нет ни единого упоминания о каком-либо внешнем проявлении принятия Духа Святого тремя тысячами человек. Если описание событий Лукой является полным, то все, что произошло с этими людьми тогда, было лишь погружением их в воду! Те, кто желают верить тому, что Дух Святой был получен ими непроизвольно, и в большинстве случаев без внешних тому подтверждений, хватаются за это упущение для подтверждения своих доводов. Однако это «аргумент, основанный на отсутствии информации», и потому дает, как общеизвестно, шаткое основание, поскольку его можно сразу же опровергнуть противоположным логическим выводом. К тому же, как мы увидим ниже, нельзя сказать, что в пользу нашего убеждения совсем нет никаких доводов.

Предлагаю предаться на какое-то время теоретическим предположениям. Когда Петр говорил слушающим, что они причислены к тем, кому дано это обетование, зримым и слышимым образом свершившееся в его собственной жизни, а также в жизни тех, кто стоял или сидел вокруг него, какие надежды Петр мог вселить в них? Разумеется, они не предполагали, что это будет сильный ветер, поскольку они его не слышали; и не пылающий огонь, которого они не видели. Но эти люди ожидали, что разделят с апостолами то же самое словесное выражение хвалы и будут пророчествовать на разных языках, которые они вначале ошибочно приняли за симптомы опьянения учеников. Да и сам Петр, несомненно, ожидал, что это произойдет и с ними. Самое меньшее, что они могли ощущать, это разочарование, а то и негодование, если бы то, что они «получили», было бы только погружением в воду! Такая ситуация вызвала бы еще большее «смятение», чем во время первоначального явления! Практически невозможно представить Петра, прибегнувшего к рационализму, который присущ большей части современных душепопечителей, и говорящего: «Не переживайте, если вы ничего не почувствуете» или «Не ожидайте чего-то необычного».

Тем не менее, поскольку это умалчивание далеко не полное, у нас нет нужды предаваться каким-то теоретическим измышлениям. Более поздние действия и проповеди Петра явно основываются на исходном условии, что эти три тысячи человек действительно «приняли Духа Святого» таким же образом, как и сто двадцать учеников (Деян. 10:47; 11:17; 15:8-9). И отсутствие внешних проявлений у верующих в Самарии, и их наличие у Корнилия, Петр оценивает в свете опыта всех верующих Иерусалима, чье посвящение он принимает за норму. Только при условии, что все предшествующие верующие приняли Духа с внешним сопровождением, Петр мог знать, что жители Самарии не так «приняли» Духа, а Корнилий принял так же, как и первые (эта важная мысль нашла свое развитие в главах 16 и 18). В обоих случаях, сроки принятия ими Духа Святого отличались от других эпизодов, а то и вовсе были уникальными; однако способ принятия Духа был в точности таким же, как и у остальных.

Отсутствие какого-либо упоминания об этом в исследуемом нами контексте имеет скорее литературную, чем богословскую значимость. Лука не был склонен к использованию ненужных повторений. По этой причине, здесь мы не находим упоминания, что они покаялись или уверовали. И то, и другое обстоятельство подразумевается. То, что они «приняли слово» может быть принято за синоним слову «уверовали». А принятие ими крещения можно считать доказательством их покаяния. Если бы Лука упоминал все четыре «духовных пути» всякий раз, когда он говорил об обращении, его литературный стиль страдал бы монотонностью и скукой. В каждом эпизоде Лука избирает для описания наиболее выдающийся или значительный элемент, характерный для этого конкретного случая.

Крещение одновременно трех тысяч человек само по себе уже достаточно поразительное зрелище, чтобы остаться в памяти, однако имеются более глубокие причины тому, почему крещение должно было быть выделено в этом конкретном случае. Здесь находились соучастники казни Иисуса Христа, публично отрекающиеся от того, что они совершили, и выявившие свое полное отождествление с Его смертью и воскресением, приняв Его имя как Господа (всей вселенной) и Христа (Иудейского Мессии-Царя). Тот факт, что такое количество людей ответило на впервые проповеданное Евангелие, и был тем знаменательным аспектом, который поразил Луку больше всего.

То, что их последующая жизнь служила доказательством принятия ими Духа Святого, является бесспорным. Верность в поклонении Господу, общение, учение и молитва; образец невероятного благоговейного страха; добровольная готовность делиться материальными благами; радостное прославление; постоянный рост — это результаты крещения Духом, а не водного крещения. Однако ученики знали о том, что они получили Духа не по этим сопутствующим признакам. Доказательством этого была та реальная действительность, наблюдаемая в тот момент, а не выведенный позже логический вывод; их первая реакция, а не поведение в отдаленной перспективе. Ярким примером этому является эпизод с жителями Самарии…

Глава 16

Обращенные из Самарии
(Деян. 8:4-25)

Между тем рассеявшиеся ходили и благовествовали слово. Так Филипп пришел в город Самарийский и проповедывал им Христа. Народ единодушно внимал тому, что говорил Филипп, слыша и видя, какие он творил чудеса. Ибо нечистые духи из многих, одержимых ими, выходили с великим воплем, а многие расслабленные и хромые исцелялись. И была радость великая в том городе.

Находился же в городе некоторый муж, именем Симон, который перед тем волхвовал и изумлял народ Самарийский, выдавая себя за кого-то великого. Ему внимали все, от малого до большого, говоря: сей есть великая сила Божия. А внимали ему потому, что он немалое время изумлял их волхвованиями. Но, когда поверили Филиппу, благовествующему о Царствии Божием и о имени Иисуса Христа, то крестились и мужчины и женщины. Уверовал и сам Симон и, крестившись, не отходил от Филиппа; и, видя совершающиеся великие силы и знамения, изумлялся.

Находившиеся в Иерусалиме Апостолы, услышав, что Самаряне приняли слово Божие, послали к ним Петра и Иоанна, которые, придя, помолились о них, чтобы они приняли Духа Святого. Ибо Он не сходил еще ни на одного из них, а только были они крещены во имя Господа Иисуса. Тогда возложили руки на них, и они приняли Духа Святого.

Симон же, увидев, что через возложение рук Апостольских подается Дух Святый, принес им деньги, говоря: дайте и мне власть сию, чтобы тот, на кого я возложу руки, получал Духа Святого.

Но Петр сказал ему: серебро твое да будет в погибель с тобою, потому что ты помыслил дар Божий получить за деньги. Нет тебе в сем части и жребия, ибо сердце твое неправо пред Богом. Итак покайся в сем грехе твоем, и молись Богу: может быть, отпустится тебе помысел сердца твоего; ибо вижу тебя исполненного горькой желчи и в узах неправды.

Симон же сказал в ответ: помолитесь вы за меня Господу, дабы не постигло меня ничто из сказанного вами.

Они же, засвидетельствовав и проповедав слово Господне, обратно пошли в Иерусалим и во многих селениях Самарийских проповедали Евангелие. (Деян. 8:4-25)

Ключевой вопрос, имеющий отношение к нашему исследованию, звучит просто: «Было ли обращение жителей Самарии настоящим, как утверждают пятидесятники, или ненастоящим, как считают евангелисты?» Богословская проблема, лежащая в основе этого спора, может быть выражена следующим образом: «Свидетельствует ли промедление, которое имело место между «уверованием в Иисуса Христа» и «принятием Святого Духа» самарянами, об отличии между этими двумя элементами (даже когда они происходят вместе), подразумевая, что верующие могут обойтись без одного из них?» Большинство исследователей Библии признают, что такое промедление между уверованием и принятием Духа действительно имело место в данном конкретном случае с жителями Самарии, однако дают этому иное объяснение.

Толкователи, исповедующие евангельские взгляды, сосредотачивают внимание на том, почему произошло такое промедление. Самаряне были потомками народа, который произошел от смешаных браков иудеев, оставшихся в данной местности, когда весь израильский народ был уведен в изгнание, и «местными» жителями Ханаана. Беря во внимание данные этнические особенности, эти толкователи справедливо рассматривают весь этот эпизод как качественный скачок для Церкви, за пределы ее границ, до того момента состоящей исключительно из верующих иудеев. Несмотря на то, что этот радикальный шаг был сделан скорее спонтанно, чем сознательно (Деян. 8:4), он полностью соответствовал ее миссионерскому поручению (Деян. 1:8).

Тем не менее, существовавшая глубокая неприязнь между иудеями и самарянами была настолько сильная, что иудей готов был идти в Галилею длинным обходным путем через Иерихон, чтобы только не встретить на своем пути самарянина (Лк. 10:33). Он никогда не пил из того же сосуда, что и самарянин (Ин. 4:9). Это несло первую угрозу раскола в общество нового народа Божьего, Церкви. Последствием этого могло стать разделение ее на две «национальных» церкви, что вскоре стремительно привело бы к образованию трех церквей (для иудеев, самарян и язычников). Во избежание такой угрозы, предполагается, что Бог сам задержал момент наложения «печати одобрения» на эту новую категорию верующих, пока Он не стал действовать опосредованно через представителей верующих из иудеев, таким образом, сохранив единство церкви на основе взаимозависимых отношений, а также предотвращая отдаление этнических групп друг от друга. Таким образом, распад Тела Христова, Его Церкви, был предотвращен актом божественной премудрости, отсрочивший принятия ими «дара», пока не появились Петр и Иоанн, два ведущих апостола.

Отвлечемся на какое-то время, и посмотрим на то, что некоторые находят в этом эпизоде начало понятию «апостольской преемственности», что позже было развито «монархическим епископством» в церемонию конфирмации и посвящения в духовный сан. То, что это с высокой долей вероятности невозможно, говорит тот факт, что апостолы не обладали монополией на наделение Духом, даже в тот конкретный момент времени (в следующей главе Деяний Анания преподает крещение Павлу — Деян. 9:17). Филипп мог бы утверждать, что он получил такие же «делегированные полномочия», будучи сам рукоположен апостолами (Деян. 6:5-6).

С другой стороны, маловероятно, чтобы Петр и Иоанн только лишь представляли верующих из иудеев в Иерусалиме (каковым мог быть Филипп). Они представляли верховную «власть» в церкви («Двенадцать» и, в данном случае, более узкий круг из трех апостолов в составе Петра, Иакова и Иоанна) и целиком отождествлялись с расширением границ Церкви. То, что началось практически случайно одним исполненным энтузиазма «священником», теперь представлялось стратегией, всецело соответствующей апостольскому подходу всей Церкви.

Отметив это, следует сказать, что все приведенное «объяснение» исследуемого нами случая промедления в деле «принятия» Святого Духа самарянами, является чистым домыслом, выходящим далеко за рамки формулировок Писания. Приведение этих аргументов могло быть вполне правомочным, однако Лука не делает никакого вывода. Он приводит чистые факты, без какого-либо их толкования. Он просто повествует нам о том, что произошло, при этом, не пытаясь высказывать свою точку зрения по поводу того, почему это произошло таким образом. Есть описание, но отсутствует какое-либо объяснение описанных событий. Этот эпизод является частью «точного свидетельства» Луки о том, как они несли Благую Весть из Иерусалима в Рим... через Самарию.

Даже если теория верна, не в ней суть всей истории. На самом деле, такие домыслы способны отвлечь, и в данном случае они вполне успешно отвлекают внимание от важных выводов, вытекающих из тех деталей, которые взял на себя труд записать Лука. Обсуждение того, почему Бог отсрочил «дарение Духа», является одним из способов избежать обсуждения того, как самаряне «приняли» Духа. Тем не менее, именно последнее имеет существенное значение для понимания учения Луки о посвящении.

Два вопроса помогут нам понять этот отрывок. Во-первых, откуда известно, что самаряне *не получили* Духа Святого? Во-вторых, если они приняли, из чего явствует то, что они *приняли* Духа? Ответ на оба эти вопроса, на самом деле, один: *каждое принятие Духа Святого, имевшее место до этого события и включая его, всегда сопровождалось явным внешним свидетельством.*

Это суждение заслуживает особого внимания, поскольку его смысл имеет далеко идущие последствия. Мы можем только сделать вывод, что каждое второе обращение, предшествовавшее событиям в Самарии, включало очевидное излитие Духа Святого, как в день Пятидесятницы, начиная с обращения трех тысяч и далее, и что это было единственным известным способом «принятия Духа». Более того, это «принятие Духа» потому и отличается от покаяния, веры и водного крещения (и даже от «великой радости, ст. 8), которые могут случаться и без него.

Чтобы избежать таких выводов, предпринимаются попытки подвергнуть сомнению полноту веры самарян до того, как туда прибыли Петр и Иоанн, что их веру нельзя было назвать полностью «спасительной». Показательно, что это доктринальное обоснование «подтверждается» полным отсутствием дальнейших наставлений апостолов, которые, без всякого сомнения, приняли их покаяние, веру и крещение как истинно действенные. Жители Самарии приняли верой Благую Весть о Царстве Божьем, крестились во имя Господа Иисуса и засвидетельствовали о своем исцелении и спасении (таким образом, они были намного впереди тех «учеников», которых встретил в Ефесе Павел — см. Главу 20). И заявлять о том, что все это было чем-то «околохристианским», значит идти вразрез с тем, что ясно написано.

Недостающий опыт самарян был связан не с отсутствием понимания или ответственности с их стороны. Это промедление было связано с Божьей реакцией на их обращение (неважно по какой причине это произошло, возможно, по той, которая была высказана выше), а не с их откликом на Его призыв. Петр и Иоанн вероятно считали, что уверовавшие самаряне удовлетворяли всем требованиям, необходимым для того, чтобы получить Святого Духа, почему по своем прибытии обратились в молитве к Богу, а не к самарянам с проповедью Евангелия!

Было бы слишком решительным заявить, что отсутствие внешних проявлений во время этого посвящения воспринималось апостолами как свидетельство *неполучения* Святого Духа. Современная точка зрения, состоящая в том, что самаряне, скорее всего, приняли Духа, но нуждались в «высвобождении» в Духе, довольно чужда терминологии Нового Завета, не говоря уже о его богословии. Апостолы возлагали руки на них не для того, чтобы «высвободить» то, что в них уже было, но чтобы они могли «принять» то, чему еще предстояло «сойти» на них (стих 16; ср. 1:8; 10:44; 11:15; 19:6).

К тому же, присутствие внешнего проявления понималось как свидетельство того, что Святой Дух *был* получен. Несмотря на то, что этот отрывок не уточняет точную природу этого явления в данном случае, оно было достаточно явным, чтобы убедить всех присутствующих там в том, что эти люди приняли Духа. Глагол в несовершенном прошедшем времени «принимали» указывает на то, что это происходило «одно за другим», по мере того, как Петр или Иоанн возлагали на них руки, а не целой группой, что выглядит более достоверным для события в день Пятидесятницы. Именно тогда, когда Симон «увидел», что это происходит, он так возжаждал той силы, чтобы это могло произойти с каждым, на кого и он возложит свои руки. Из этого явствует, что данное доказательство имело непосредственный характер, и не было выведено впоследствии логическим путем из тех «плодов», которые проявились в характере или поведении самарян.

Следует еще добавить о Симоне то, что его склонность «изумлять волхвованиями» возбудила его интерес больше к возможности давать эту силу другим, чем к тому, чтобы принять ее самому. Он был не последним, кто хотел обладать сверхъестественной силой для возвышения себя самого, а не ради служения другим людям, и не последним, кто думал, что дары благодати можно купить. Резкий ответ Петра, перефразированный вариант которого может звучать как: «Пусть пропадут пропадом ты и твои деньги!» отлучил его от какой-либо «части и жребия» (говорит ли здесь Петр о принятии или служении наделения Духом?) и подверг сомнению истинность его покаяния, а также возможности его прощения. Симон так и оставался волхвом — и ментально, и в состоянии своего сердца. Он не внял увещеванию апостола исповедать свои низменные мотивы непосредственно перед Господом, а вместо этого просит Петра, чтобы он принес заступническую молитву от его имени (Кодекс Безы содержит дополнительное описание, что «он не мог остановиться, сильно рыдая»). Мы не находим ничего, что говорило бы о принятии Петром этого предложения в стиле «духовенства», или того, что Симон снискал прощение, и еще меньше того, что он принял Духа.

Случай с Симоном служит напоминанием, что вера и водное крещение не гарантируют спасение, особенно если имело место неискреннее покаяние. Некоторые признают, что его вера была поверхностной, но ни Петр в том эпизоде, ни позднее Лука не посчитали необходимым сказать об этом. Одно доброе дело, которое этот человек совершил для нас, состояло в том, что он подтвердил нам, что принятие Духа Святого самарянами сопровождалось непосредственным внешним свидетельством, по мере того, как «дар» давался каждому в отдельности.

Этот эпизод также подчёркивает связь между принятием Духа и возложением рук. Это было первым упоминанием о том, что возложение рук совершалось для этой конкретной цели, и что оно является соответствующим деянием, которое должно совершаться в том случае, если Дух Святой не был принят «самопроизвольно» (т.е. без человеческого участия, как это произошло в день Пятидесятницы). Нашедшее выражение в сочетании действий удостоверения и заступничества, рукоположение не должно было вызвать никакого удивления в поведении апостолов. Возложение рук уже использовалось как часть процедуры назначения и помазания на конкретное служение (см. рукоположение Филиппа — Деян. 6:5-6).

Помимо этого, эпизод с верующими из Самарии свидетельствует о перемене отношения к самарянам самих апостолов. Последний раз, когда они приходили в Самарию, они были готовы просить, «чтобы огонь сошел с неба и истребил» этих людей за их оскорбительное поведение по отношению к Иисусу Христу, за то, что они воспрепятствовали Его походу в Иерусалим (Лк. 9:51-56)! Теперь мы видим, как они молятся и просят, чтобы на этих людей было ниспослано с небес нечто совсем другое.

Подводя итог, скажем, что это событие в Самарии не было чем-то уникальным или особым, как считают некоторые исследователи. Это событие не было «второй Пятидесятницей», которая должна была запечатлеть причисление к Церкви верующих Самарии, получив такое название со стороны многих комментаторов. По своему существу и содержанию принятие ими Духа Святого было совершенно обычным событием, идентичным тому, которое пережил любой другой верующий до этого времени. «Пятидесятница» повторно совершалась столько раз, сколько появлялось новых учеников!

Однако имели место два случая отклонения от нормы в случае с верующими из Самарии. Во-первых, у них наблюдался большой разрыв между временем принятия водного крещения и крещения Духом, которые, как правило, находились близко друг к другу, хотя и не происходили одновременно. Во-вторых, здесь имело место человеческое участие в виде рукоположения, которое встречается далее в Книге Деяний, но никогда не упоминается до этого случая. Надлежащее объяснение этому было приведено выше в отношении обоих этих особенностей, которые имели необычный, а, может быть, и исключительный характер.

Однако эти различия ни в коей мере не влияют на главный вывод, состоящий в том, что принятие Духа на личном опыте является необходимым элементом, присущим настоящему христианскому посвящению, который может и должен отличаться если не хронологически, то по содержанию, от таких элементов, как покаяние, вера и водное крещение. Если этот процесс происходит не так, как следует, надлежащими действиями должны стать молитва с возложением рук.

Прежде всего, эта история подтверждает, что даже после дня Пятидесятницы могли иметь место случаи того, что покаяние, уверование и крещение в воде происходили без принятия Святого Духа. Уже одного этого случая достаточно, чтобы доказать, что такое *возможно*, однако *вероятность* повторения такой ситуации не может быть непосредственно выведена — или исключена — на основании данного отрывка. Тем не менее, позиция апостолов по поводу того, что отсутствие непосредственного внешнего проявления должно толковаться как то, что Дух Святой еще не был принят, остается действительной в качестве неизменного критерия. Применительно к церкви наших дней, мы можем сделать вывод, что случай незавершенного процесса посвящения верующих Самарии далеко не уникален!

Задавать вопросы относительно духовного состояния самарян или состояния в период между водным крещением и крещением Духом (напр., «Пошли ли бы они в рай, если бы умерли до того момента, когда пришли апостолы?») означает привносить современные евангельские понятия в Новый Завет. Современные определения таких понятий как «спасенный» и «христианин» не очень хорошо укладываются в категории апостольского века. Очевидно, что апостолов скорее волновал вопрос, где должны оказаться верующие Самарии, чем то, где они были! В таком случае понятие быть «учеником» рассматривается в свете состояния хождения «на пути Господнем» (Деян. 18:25, 26; 19:9, 23), а не состояния человека, пересекшего финишную черту; это скорее похоже на сборы в путешествие, чем на прибытие в пункт назначения. И все же эти вопросы возникают сегодня, даже если Лука не придал им большого значения, поэтому мы будем разбирать их более подробно в Главе 36 книги.

Глава 17

Евнух Ефиоплянин
(Деян. 8:36-39)

> Между тем, продолжая путь, они приехали к воде; и евнух сказал: вот вода; что препятствует мне креститься? Филипп же сказал ему: если веруешь от всего сердца, можно. Он сказал в ответ: верую, что Иисус Христос есть Сын Божий. И приказал остановить колесницу, и сошли оба в воду, Филипп и евнух; и крестил его. Когда же они вышли из воды, Дух Святой сошел на евнуха, а Филиппа восхитил Ангел Господень, и евнух уже не видел его, и продолжал путь, радуясь. (Деян. 8:36-39)

Первое, что можно сказать об этом отрывке, это то, что его отличает сжатое изложение событий. К примеру, мы мало знаем о самом разговоре Филиппа, кроме главной его темы: Иисус Христос. Ему представилась лучшая исходная ситуация, о которой любой благовестник может только мечтать! Если и был хоть один человек, кто задал правильный вопрос, то им был этот Ефиоплянин; и потом, он уже знал Писания! Тем не менее, ответ на этот вопрос наверняка занял большое количество времени, несмотря на то, что, как можно предположить, иудеи знали Бога.

НОРМАЛЬНОЕ РОЖДЕНИЕ ХРИСТИАНИНА

Кроме того, нас, скорее всего, не удивит, что евнух сам затрагивает тему крещения. Филипп возможно уже упомянул о нем, так как Благая Весть начиналась со служения Иоанна Крестителя (Мк. 1:1-4). Но, оказавшись богобоязненным язычником, сторонником иудейской религии, а может и прозелитом, этот евнух был хорошо знаком с необходимостью проведения ритуального очищения для того, чтобы «присоединиться» к народу Божьему и признать их Мессию как своего. Однако возможно и то, что оскопление могло стать препятствием для его полноценного принятия в веру иудейскими священниками (в зависимости от того, придерживались ли они предписанного законом во Втор. 23:1 или Ис. 56:4-5).

Что привлекает наше внимание, так это то, что крещение, очевидно, было единственным откликом евнуха на «проповедь» Филиппа. Если так, то здесь мы имеем случай настоящего «возрождения через крещение»! О том, что евнух покаялся, мы можем судить из его искреннего желания быть паломником в Иерусалиме, что ставит его в такое же духовное состояние, какое было у Корнилия перед приходом к нему Петра; однако мы не находим никакого конкретного упоминания о проявлении им веры или принятии им Духа Святого.

Очевидно, что некоторые «переписчики» во времена Ранней Церкви были обеспокоены ненадлежащим посвящением этого человека (по крайней мере, в соответствии с тем, что говорят ранние манускрипты) и его негативное влияние на последующие «обращения» в христианство. Для того чтобы восполнить важные упущения, в более поздние манускрипты было внесено два дополнительных стиха.

В некоторых манускриптах был добавлен следующий стих (в некоторых переводах Библии стих 37): «Филипп же сказал ему: если веруешь от всего сердца, можно». Евнух сказал в ответ: «верую, что Иисус Христос есть Сын Божий»». В этом мы видим больше, чем простой признак последующих исповеданий веры, так как такое дополнение вошло в Символ веры, но оно действительно свидетельствует о том, что Ранняя

ЕВНУХ ЕФИОПЛЯНИН

Церковь стремилась прояснить, что этот евнух имел истинную веру перед крещением.

В одной из рукописей (известной как «Западный тип текста») стих 39 отличается от других: «Дух Святой сошел на евнуха, а Филиппа восхитил Ангел Господень». Генри Элфорд, преподаватель Нового Завета, выразил предположение, что такой вариант прочтения возник «из желания привести результаты крещения евнуха в соответствие с привычным способом божественного участия». Если это дополнение является подлинной традицией, восходящей ко времени происходившего события, то это означает, что служения Филиппа было вполне достаточно для завершения процесса посвящения в данном конкретном случае, что, скорее всего, было невозможно в случае с самарянами. Даже если это не имеет исторического подтверждения, эта поправка показывает нам, что Ранняя Церковь не считала «апостольское» рукоположение необходимым при крещении.

Оба дополнения представляют собой убедительные свидетельства о будущем Ранней Церкви, даже если они не были введены самим Лукой; они раскрывают стойкие убеждения о целом комплексе христианского посвящения.

Менее важный вопрос касается того, что выражения «сошли *в* воду» и «вышли *из* воды» указывают на то, что это было крещение погружением в воду, а не кроплением (обливанием); то есть сам человек сходил в воду, а не вода изливалась на человека! Было бы несколько нелепо стоять наполовину в воде, чтобы окропить верхнюю часть (несмотря на это, многие полотна христианской тематики именно так изображают это довольно курьезное сочетание, возможно, желая отразить переходный этап между этими способами крещения!).

Некоторые выдвигают возражение, имеющее отношение к области топографии, суть которого состоит в том, что Газа является пустыней, и вряд ли там мог быть водный ресурс, подходящий для полного погружения. Не говоря уже о том, что это дискредитирует точность отражения Лукой исторических и географических деталей, эту критику может опровергнуть один из следующих аргументов.

Согласно первому, в этой местности имелось «вади» (высохшее русло реки), в Писании упоминаемое как «река Египетская», которая время от времени наполнялась после редких ливней, имевших место на соседних возвышенностях; это может объяснить удивление евнуха, который увидел его. В качестве альтернативной точки зрения, их встреча могла произойти намного раньше на «пустынной дороге», которая вела от самой Газы до Иерусалима.

Придворный вельможа из Судана (библейское название «Эфиопия»), несомненно, стал первым крещенным язычником. Почему это не было упомянуто тогда, когда Петра расспрашивали о том, как он мог крестить Корнилия, который также был язычником? Это могло произойти по той простой причине, что евнуха считали иудеем по его религиозной принадлежности, или от рождения. Даже если бы этот эпизод был записан в первую очередь для того, чтобы показать влияние Святого Духа на распространение Благой Вести до края земли, в данном случае, на африканском континенте, он полностью укладывается в общую тему, раскрываемую Лукой в книге Деяний.

Глава 18

Римский сотник
(Деян. 10:44-48; 11:11-18; 15:7-11)

Когда Петр еще продолжал эту речь, Дух Святый сошел на всех, слушавших слово. И верующие из обрезанных, пришедшие с Петром, изумились, что дар Святого Духа излился и на язычников, ибо слышали их говорящих языками и величающих Бога.

Тогда Петр сказал: кто может запретить креститься водою тем, которые, как и мы, получили Святого Духа? И велел им креститься во имя Иисуса Христа. Потом они просили его пробыть у них несколько дней. (Деян. 10:44-48)

И вот, в тот самый час три человека стали перед домом, в котором я был, посланные из Кесарии ко мне. Дух сказал мне, чтобы я шел с ними, нимало не сомневаясь. Пошли со мною и сии шесть братьев, и мы пришли в дом [того] человека. Он рассказал нам, как он видел в доме своем Ангела святого, который стал и сказал ему: пошли в Иоппию людей и призови Симона, называемого Петром; он скажет тебе слова, которыми спасешься ты и весь дом твой.

НОРМАЛЬНОЕ РОЖДЕНИЕ ХРИСТИАНИНА

Когда же начал я говорить, сошел на них Дух Святый, как и на нас вначале. Тогда вспомнил я слово Господа, как Он говорил: «Иоанн крестил водою, а вы будете крещены Духом Святым». Итак, если Бог дал им такой же дар, как и нам, уверовавшим в Господа Иисуса Христа, то кто же я, чтобы мог воспрепятствовать Богу?

Выслушав это, они успокоились и прославили Бога, говоря: видно, и язычникам дал Бог покаяние в жизнь. (Деян.11:11-18)

По долгом рассуждении Петр, встав, сказал им: мужи братия! вы знаете, что Бог от дней первых избрал из нас [меня], чтобы из уст моих язычники услышали слово Евангелия и уверовали; и Сердцеведец Бог дал им свидетельство, даровав им Духа Святого, как и нам; и не положил никакого различия между нами и ими, верою очистив сердца их. Что же вы ныне искушаете Бога, [желая] возложить на выи учеников иго, которого не могли понести ни отцы наши, ни мы? Но мы веруем, что благодатию Господа Иисуса Христа спасемся, как и они. (Деян.15:7-11)

Эти события, имевшие место в Кесарии, часто называют «Пятидесятницей для язычников». Те, кто использует такой термин, полагают, что это был просто *третий* случай «исходного» излияния Святого Духа во времена Ранней Церкви (см. Деян. 4:31, где оно происходило как «исполнение Духом Святым»). Именно те самые необычные обстоятельства, происходившие вокруг этого случая, считаются тем, что исключает любое другое отношение, которое эти события могли иметь для богословия истинного посвящения в наши дни.

Тот факт, что тогда имели место необычные, а то и уникальные явления, не вызывает сомнения. Те обстоятельства, которые привели к встрече Петра и Корнилия, вряд ли можно отнести к обычным, с участием ангелов, видений и состояния «исступления»! Смысл этих сверхъестественных обстоятельств заключался в освобождении Петра от его расовых и религиозных предрассудков в отношении язычников, а также в реализации им всех результатов его проповеди в день Пятидесятницы. Это как раз то, что означает выражение «и всем дальним»!

Языческий аспект данного события может быть переоценен. Несмотря на то, что для Петра это была первая такая встреча, фактически его опередил Филипп (см. предыдущую главу). При этом необходимо отметить, что римлянин Корнилий, как и евнух Ефиоплянин, находился во внешнем круге приверженцев иудаизма, которых называли «боящимися Бога» (Деян. 10:2). Не лишен значимости и тот факт, что Петру, которому «было вверено благовестие» для Иудеев (Гал. 2:7), при Божьем водительстве предстояло послужить язычникам подобно тому, как и Павел, апостол язычников, находился в ситуациях, где он благовествовал иудеям. Таким образом, их сферы миссионерской деятельности никогда не носили монопольный характер.

Однако наш главный интерес заключается в исследовании случая посвящения Корнилия и всего его дома (см. следующую главу), самым необычным аспектом которого было внезапное и неожиданное излияние Святого Духа одновременно на него и всех его домашних, *прежде* чем они исповедали свою веру и были крещены, и даже до того, как Петр закончил свою проповедь. В своей проповеди Петр единственный раз упоминает о Святом Духе, когда говорит о служении Иисуса Христа (10:38), и единственное предложение Евангелия, упомянутое им, касалось прощения грехов. Разумеется, Петр не дошел до «призыва» в своей проповеди и не успел поведать слушавшим его о том, как они могут откликнуться на Благую Весть.

Вполне обоснованно будет полагать, что духовное состояние этих людей, охарактеризованное как «боящиеся Бога», уже включало покаяние. Фраза «поступающий по правде» в тексте Деян. 10:35 может быть рассмотрена как «достойный плод покаяния». Бог как «Сердцеведец», очевидно, видел их веру в то, что было сказано им в проповеди Евангелия, да и сам Петр приходит к тому же выводу (Деян. 15:7-9). Но это единственный записанный случай, когда Дух Святой был принят до водного крещения. В «привычных» вариантах инициации, Божье участие во всем этом событии следовало после завершения части, совершаемой с участием человека. Неудивительно, что изумление Петра и его спутников было столь великим, хотя их могли больше поразить сами происходящие события, чем их последовательность. До этого момента они, будучи иудеями, даже представить себе не могли того, что язычники будут иметь возможность наследовать «обетование», оставленное их праотцам.

Вопрос истолкования, который обычно задается в связи с обращением Корнилия, совпадает с тем, что и в случае с верующими из Самарии: «Почему Бог отступил от Его обычного «расписания» и порядка действий?» В случае с верующими в Самарии, Святой Дух был дан позднее, чем обычно; и здесь можно ожидать рационального объяснения, почему так произошло (см. Главу 16). В Кесарии же Дух Святой был дан раньше, чем обычно; и в этот раз мы имеем ясные объяснения этому в самом тексте.

Укоренившиеся предубеждения Петра в отношении язычников могли быть исправлены в несколько этапов. Для него было большим шагом войти в дом язычника и остаться в нем для проповеди. Вот почему маловероятно, что даже исповедание грехов в молитве покаяния и вера этих людей могли убедить Петра в том, что эти язычники были правомочны принять крещение. Господь был вынужден убрать и эту последнюю оговорку, действуя в одностороннем порядке, т.е., представив Петру убедительное доказательство того, что Господь принял язычников как полноправных членов в Его исполненном Духом Теле, пребывающем здесь, на земле. Если бы Господь не предпринял эту инициативу, крещение водой и Духом Святым никогда не имели бы места. Однако Петру следует отдать должное за безотлагательное принятие этой ситуации и его смелость бросить вызов любому, кто не был согласен с завершенным посвящением этих язычников как братьев во Христе.

В отношении крещения нам следует отметить три момента. Во-первых, Петр не проводил самостоятельно крещение водой, а оставил этот ритуал для своих сотрудников (также как это делал Иисус Христос до него, и Павел, последовавший его примеру — Ин. 4:2; 1 Кор. 1:14), возможно, во избежание недопустимых сопоставлений в среде крещаемых личностей крестящих служителей. Во-вторых, все крещения осуществлялись на добровольной основе ответственными «взрослыми» людьми. Поскольку только принявшие Духа приняли водное крещение, и только «услышавшие слово» приняли Духа, очевиден тот факт, что к таковым не могут быть причислены дети (см. следующую главу, которая посвящена тому, кто входил в число «домашних» в этой связи). Третье, и самое главное. Принятие Духа Святого не сводило водное крещение до состояния ненужного обычая; напротив оно возводило его в положение еще более необходимого обряда.

Если обе разновидности крещения несправедливо объединяются в одно понятие, то «внутренняя реальность» крещения Духом преуменьшает значение «внешней обрядности» крещения водного. Мы нигде не находим в Новом Завете, чтобы оба крещения были настолько тесно связаны одно с другим, чтобы одно служило «посредником» другому. Несмотря на то, что они могут отстоять близко друг от друга, нигде не упоминается, что эти два события происходят одномоментно.

До сего момента ничего не было сказано об испытании на себе язычниками события крещения Духом Святым, в смысле содержания этого события, в отличие от сроков его явления. Было ли это совершенно необычным, или даже аномальным событием, а потому представляющим чисто исторический интерес (как полагают многие толкователи)? Или это явление было абсолютно «обычным», а потому «нормативным», в том числе и для современных христиан?

НОРМАЛЬНОЕ РОЖДЕНИЕ ХРИСТИАНИНА

Каким образом Петр понял, что Святой Дух был «излит» на язычников? Доказательство имело слышимый эффект и выражалось в спонтанном эмоциональном выплеске вдохновенной речи. Упоминается две формы этого проявления — «говорение на языках» (иностранных языках, а не в значении бессмысленного бормотания) и «величание Бога» (по-видимому, на их родном языке). Соединительный союз «и» не позволяет нам соединить их в одну фразу «величание Бога на иных языках», допуская, что все присутствовавшие участвовали и в том, и в другом одновременно; здравый смысл подсказывает, что кто-то участвовал в одном, а кто-то — в другом из этих двух проявлений. Если это было так, тогда случившееся выходило за рамки свидетельств Нового Завета о том, что «языки» были единственным необходимым признаком принятого Святого Духа.

Такое сочетание говорения на языках и прославления явственно напоминает день Пятидесятницы (Деян. 2:11). А поскольку это было первое упоминание о «языках» с того дня (всегда с поправкой, поддерживаемой многими богословами, что это могло произойти и в Самарии), то стало принятым считать, и даже утверждено догматически, что такое «редкое» явление послужило исключительным признаком ознаменования входа в христианство язычников. Такое толкование, как и его догматическое применение, должно быть сразу же оспорено в свете того, как сам Петр комментирует это событие.

Как во время самого этого события, так и в дальнейших дебатах по этому поводу, Петр делал особое ударение на том, что свои действия он основывал на том факте, что опыт обращения этих язычников ничем не отличался от того, каким он был в случае с другими! Внешние проявления носили весьма стандартный характер, без каких-либо уникальных особенностей. Считая этот момент принципиально важным, Петр заставил замолчать всех своих критиков.

РИМСКИЙ СОТНИК

Первой группой людей, которых Петру предстояло убедить в этом, были «некоторые из братий иоппийских», которые пришли с ним вместе в Кесарию. Он побудил их крестить этих людей именно потому, что они «...как и *мы*, получили Святого Духа». Самым естественным истолкованием его слова «мы» является то, что Петр апеллировал к опыту его спутников. Однако мы не находим какого-либо намека на то, что они были из числа ста двадцати в день Пятидесятницы: скорее всего, они не могли там присутствовать по причинам географического расположения и статистических данных. Утвердительно можно сказать о том, что верующие из Иоппии были крещены Духом точно так же, как и весь дом Корнилия.

Мы можем продолжить эту линию исследования и для следующего эпизода, когда Петр обсуждал эти события после своего возвращения в Иерусалим (Деян. 11:1-18). На этот раз он столкнулся с верующими из «обрезанных» (то есть иудеями), которых к тому времени насчитывалось несколько тысяч человек, и большая часть которых лично не присутствовала в день Пятидесятницы. Ироничность ситуации заключается в том, что оппонентов Петра больше волновало то, что он ел с язычниками, а не то, что он их крестил! Петр использует тот же довод: «сошел на них Дух Святой, как и на *нас*». И снова здравый смысл его слов выражается в том, что он взывает к опыту своих оппонентов, предлагая им связать это с тем, что произошло в Кесарии. Посвящение Корнилия было обычным, а не исключительным событием.

Такая точка зрения может оказаться спорной, если обратить внимание на дополнительное слово, которое Петр добавляет на этот раз: «вначале». На первый взгляд это кажется ссылкой на предыдущие события дня Пятидесятницы, таким образом, ограничив это сопоставление до меньшего числа людей, присутствовавших там; и поэтому «нам» превращается почти в монаршее звание «мы», имевшее отношение к элитной группе иерусалимских верующих. Тем не менее, такое впечатление может происходить из-за обилия вариантов перевода Библии на английский язык, когда в выражении «at the beginning» [«вначале»] существительное в большинстве случаев стоит с определенным артиклем *the*, хотя он отсутствует в тексте оригинала.

Данное обстоятельство производит эффект, который вводит в заблуждение, превращая общее понятие в конкретное. Без артикля слово «beginning» [«вначале»] (по-гречески: *arche*) употребляется в значении христианского посвящения в общем смысле, как момент начала ученичества (пример такого употребления слова мы находим в тексте 1 Ин. 2:24); в то время как с определенным артиклем оно употребляется для указания определенного исторического события (например, в тексте Деян. 26:4). Если перевести слова Петра буквально, то получилась бы фраза: «который сошел на нас сначала» или «когда Он сошел на нас, когда мы начинали (свой путь к Богу)». В таком случае данная фраза приобретает общий характер и относится ко всем слушавшим Петра, а не к узкому привилегированному кругу тех, кто находился в день Пятидесятницы.

Такой подход находит свое подтверждение в детальном ответе Петра в свою защиту: «Бог дал им такой же дар, как и нам, уверовавшим в Господа Иисуса Христа...» (причастие «уверовавшим» стоит во времени аорист). Такая формулировка была бы противоречивым выбором слов, если бы Петр говорил здесь исключительно о тех ста двадцати человеках, которые присутствовали в день Пятидесятницы; это описание применено ко всей Церкви. Дальнейшие доказательства этому можно найти в цитировании Петром обетования Иисуса Христа, данного ученикам непосредственно перед Его вознесением: «Иоанн крестил водою, а вы будете крещены Духом Святым» (Деян. 1:5; 11:16); эта цитата была повторена им слово в слово, за исключением одной примечательной фразы: «через несколько дней», включение которой ограничивало это обетование до рамок дня Пятидесятницы.

РИМСКИЙ СОТНИК

Тот же самый вопрос возникает на соборе в Иерусалиме. Петр не возражает изложить снова свою позицию, когда вдруг находит неопровержимое доказательство: «Бог дал им свидетельство, даровав им Духа Святого, как и *нам*» (Деян. 15:8)! Есть некая неопределенность по поводу того, обращался ли Петр в этот момент к «апостолам и пресвитерам» (15:6) или ко «всему собранию» (15:12); но он не ссылается непосредственно на день Пятидесятницы и не проводит различия между присутствовавшими в тот день и теми, кто тогда там не был. Вся суть его речи сводилась к тому, что опыт Корнилия был идентичен тому, который пережили все те, перед кем держал свою речь Петр.

Такое воззвание стало победным и заставило замолчать критиков Петра и Павла, и даже вызвало у некоторых из них желание принести славу Богу (11:18). Привело бы это к столь единогласному отклику, если бы Петр стал доказывать, что крещение Духом язычников сопровождалось особыми проявлениями, которые не были явлены большинству верующих в Иерусалиме и Иоппии? Этим верующие из язычников были бы поставлены выше верующих из иудеев, что скорее вызвало бы полемику и ревность, чем удовлетворенность и радость! Но нет, убедительность слов Петра состояла именно в том, что Бог «не положил никакого различия между нами и ими» (15:9). Нет никаких оснований под «нами» подразумевать «некоторых из нас» или «тех из нас, у кого была привилегия испытать первое излитие Святого Духа в день Пятидесятницы».

В заключение, единственное «отклонение» от нормы в данном случае принятия Святого Духа язычниками состояло в его временном аспекте, то есть в том, что оно произошло прежде водного крещения. Во всем остальном оно было совершенно обычным и без каких-либо особенностей, представляя собой скорее правило, чем исключение из него. Несмотря на то, что Лука включил это событие в свое изложение апостольских деяний в первую очередь по причине его значимости в отношении язычников, оно не лишено всей важности и в вопросе условий распространения Благой Вести. Лука и Петр разделяли общие взгляды на то, что необходимо для того, чтобы войти в Царство Божье на земле.

Глава 19

«И весь дом твой»

(Деян. 11:14; 16:15, 31; 18:8)

> «Он скажет тебе слова, которыми спасешься ты и весь дом твой». (Деяния 11:14)
>
> Когда же крестилась она и домашние ее, то просила нас, говоря: если вы признали меня верною Господу, то войдите в дом мой и живите [у меня]. И убедила нас. (Деян.16:15)
>
> Они же сказали: веруй в Господа Иисуса Христа, и спасешься ты и весь дом твой. (Деян.16:31)
>
> Крисп же, начальник синагоги, уверовал в Господа со всем домом своим, и многие из Коринфян, слушая, уверовали и крестились. (Деян. 18:8)

Предлагаю рассматривать все эти три отрывка вместе (к ним можно добавить еще и текст 1 Кор. 1:16) в свете основного тезиса, свидетельствующего о том, что посвящение христианина является процессом, состоящим из четырех элементов: покаяния, исповедания веры, водного крещения и принятия Святого Духа. Естественно, что может возникнуть вопрос о том, важен ли *порядок*, в котором этот процесс происходит, или последовательность играет незначительную роль, а то и вовсе неважна при условии, что в конечном итоге наличествуют все четыре элемента.

К примеру, вполне очевидно, что Святой Дух может быть принят перед водным крещением, хотя в Новом Завете мы встречаем всего лишь один такой случай (Деян. 10:47).

Тем не менее, большую важность представляет собой вопрос, может ли водное крещение совершаться раньше остальных трех элементов посвящения. Считается, что покаяние и вера, как постоянные характеристики христианской жизни, будут развиваться после водного крещения как однократно происходящего события. Но может ли водное крещение быть действительным и иметь силу, что касается крещенного человека, когда оно принимается до того, как произошло покаяние или исповедание веры? Важность этого вопроса заключается в широко распространившейся практике крещения «детей», обычно младенцев нескольких месяцев от роду, которые не способны сознательно покаяться или верить.

Приверженцы крещения младенцев зачастую заявляют о библейском основании их позиции, обращаясь к записанным в Писании случаям крещения «всего дома» во время служения Петра и Павла, связанных с крещением «домов» Корнилия, Лидии, темничного стража в Филиппах, Криспа и Стефана. Эти случаи берутся за основание по двум причинам. На практическом уровне считается, что понятие «дом» должно включать в себя младенцев, которые в свою очередь должны быть причислены к крещаемым. (Выражаясь менее категорично, дети не всегда исключались из числа крещаемых). С богословской точки зрения считается, что крещение целых семей подтверждает непрерывный характер ветхозаветного понятия «завет», распространяющегося на самого человека и его потомков, как, например, завет, заключенный Богом с Авраамом. Поэтому детей крестят в знак того, что они принадлежат к этому завету благодати на основании их физической принадлежности (т.е. происхождения), при этом их крещение в Новом Завете приравнивается обрезанию в Ветхом Завете.

Во всем этом мы видим многое, в чем следует разобраться, а некоторые вопросы мы обсудим позже (см. Дополнение 1). Из выбранных нами текстов, формально можно *вывести* только принципы для практического применения. Смысл же богословских предположений может быть только *вложен* в них. Однако мы посмотрим на оба этих аспекта различным образом: на практический аспект, исходя из конкретных текстов Писания, а на богословский, — исходя из более общих истин.

Само слово «дом» в смысле «домашние» — это как раз то слово, с которого неплохо было бы начать. Современное употребление этого слова в значении т.н. «нуклеарной» семьи (состоящей из родителей и детей) имеет серьезные упущения. Библейское значение этого слова намного шире, чем наше понимание большой семьи, состоящей из нескольких поколений, несмотря на то, что в нее входят пожилые члены семейства (1 Тим. 5:4). Привычное употребление этого слова включало также всю прислугу, невольников и работников, имевших непосредственное отношение к семье, и их количество могло во много раз превосходить число членов семьи. Так было во времена Авраама, когда он сначала обрезал своего сына, затем — «весь мужеский пол людей *дома* его» (Быт. 17:23-27), количество которых одно время доходило до трехсот восемнадцати человек!

В данном контексте мы можем увидеть практически четкое различие между понятиями «семья» и «домашние», как и в эпизоде с Раав (Нав. 6:24). Но это половинчатое различие проходит через всю Библию, вплоть до истории Ранней Церкви. Один из отцов Ранней Церкви упоминал о «жене епископа, ее домашних и детях». Обратите внимание на порядок, в котором стоят эти слова! В нашем западном обществе с его приверженностью идее равноправия понятие «прислуги» давно вышло из моды, однако в Викторианскую эпоху оно бы нашло больше понимания, хотя тогда скорее использовались бы такие слова как «челядь» или «свита». Возможно, самым близким к понятию «дом» для нашего времени в этом смысле будет слово «персонал».

Все это вряд ли может послужить доказательством тому, что дети не были причислены к новозаветному пониманию слова «дом», однако мы увидели, что оно включает более широкое понятие, чем просто «семья», то есть нечто большее, чем родственные узы (ср. Ин. 4:53). На самом деле, это слово употреблялось даже в случаях отсутствия самой семьи; одинокий человек мог иметь «домашних», т.е. прислугу, что могло иметь место в любом из случаев в Новом Завете, который мы здесь рассматриваем, поскольку ни в одном из них не упоминается семейное положение «главы» дома. Поэтому эти отрывки дают более чем достаточное число аргументов сторонникам позиции крещения младенцев!

Если понимать так, что «глава» дома автоматически делает доступным завет благодати для всего своего «дома», тогда это должно касаться и его родителей, и родителей его родителей, его домашних, слуг и работников, занятых в семейном деле. Это можно назвать спасением по благодати, но это спасение без веры! Бессмысленно говорить о том, что дети могли быть освобожденными от того, чтобы иметь веру, а взрослые нет; такие различия отсутствуют в тексте. Обетование «веруй в Господа Иисуса Христа, и спасешься ты и весь дом твой» (Деян. 16:31) требовало проявления веры со стороны как одного «главы» дома (например, темничного стража), так и каждого члена семейства. Языковые формы могут передавать любую из этих двух коннотаций, но они никоим образом не подразумевают, что вера требовалась от взрослых членов дома, а от детей нет!

На самом деле контекст подтверждает, что данное утверждение Павла нужно толковать как его призыв «веруй в Господа Иисуса Христа... и спасешься» более широкому кругу людей, то есть всем «домашним». Вопрос, который задает темничный страж, говорит о его сильном беспокойстве за свое будущее, но Павел воспользовался возможностью присоединить к нему и его домашних, предоставив им шанс разделить с ним радость спасения, веруя вместе с ним в Иисуса Христа. Правильность понимания этого момента подтверждает точное описание Лукой того, как они откликнулись на этот призыв. Слово было проповедано не только самому стражу, но и *всем* другим в его доме; они *все* крестились, и *все* они возрадовались по причине того, что *все* уверовали!

Тот же вывод может быть сделан и в отношении других случаев. «Весь» дом Корнилия услышал проповедь Евангелия, получил Духа Святого, они все заговорили на языках и пророчествовали. Эта группа людей охарактеризована как «родственники и близкие друзья» (Деян. 10:24). Все они были людьми благочестивыми и «боящимися Бога» и все ожидали такой проповеди, которая бы указала им путь к спасению «всего» их дома. Крисп со «всем домом своим» уверовал, и затем они крестились (Деян. 18:8). «Семейство» Стефана, которое «посвятило» себя на служение святым, было первым обращенным семейством в Ахаии (1 Кор. 16:15). Кого бы мы еще бы могли добавить к этому списку, все люди, которые входили в эти «дома», состояли *исключительно* из тех, кто был способен сам откликнуться на Евангелие. (Я лично участвовал в проведении таких «домашних крещений», где все, жившие под одной крышей, покаялись и уверовали приблизительно в одно и то же время, хотя сегодня в такие события вовлечено гораздо меньшее количество людей).

Несмотря на то, что мнение об исключении детей, в силу их пассивного положения, из процесса крещения целых домов нельзя считать неопровержимо обоснованным (!), бремя ответственности возлагается на тех, кто их причисляет к таковым (а также косвенным образом исключает взрослых членов этих домов, кто был способен уверовать, но не сделал этого). До сих пор мы разбирали только текстуальный материал, хотя также должен быть исследован более глубокий вопрос изучения богословского фона, на котором происходили события, описанные в этих отрывках, поскольку в этом и содержится истинная причина того, почему они требуют данного истолкования.

НОРМАЛЬНОЕ РОЖДЕНИЕ ХРИСТИАНИНА

Есть ряд веских возражений богословского характера в отношении практики крещения детей до времени их самостоятельного покаяния и уверования. Самый очевидный из них состоит в противоречивости применения смысла и значимости крещения в Новом Завете (см. Главу 4) к пассивному получателю, не способному откликнуться на спасительный призыв. В результате этого совершенно утрачивается идея того, что покаяние и вера достигают своего полного выражения и действенности лишь в акте крещения.

Прикладной характер языковых средств, который выражает суть крещения как осуществления того, что оно символизирует — фактического погребения и воскресения со Христом — открывает возможности для одной из следующих крайностей. Одни принимают позицию экстремального сакраментализма, веря в то, что одной только воды и слов достаточно, чтобы дать спасение ребенку (точка зрения, получившая точное название «возрождение через крещение»). Другие же становятся приверженцами крайнего символизма: само крещение производит незначительный, а то и вовсе не производит никакого эффекта, но служит «знаком», указывая на уже произошедшее событие в прошлом (вступление в завет посредством телесного рождения) или на то, что произойдет при положительном развитии событий в будущем (вхождение в Царство посредством духовного рождения).

Первый случай перегиба страдает излишней обрядовостью, а вторая позиция ее напрочь лишена! Обе позиции рассматривают крещение как незаконченное действие, требующее дополнительного акта «конфирмации» (т.е. подтверждения), когда человек достигает возраста, когда он способен принять ответственное решение. Немногие считают, что водное крещение должно быть завершено крещением Духом (хотя в богословии католической церкви признаются оба эти крещения таким образом, что Дух Святой принимается ребенком во время крещения водой).

Наиболее состоятельной позицией в защиту крещения детей является та, которая основана на понятии «завет».

И ВЕСЬ ДОМ ТВОЙ

Основываясь на той предпосылке, что во всей Библии имеется только один «завет благодати», который дается на различных этапах в различных формах, приверженцы этой позиции утверждают, что Бог заключает его с людьми в коллективном, а не индивидуальном смысле, так что Его благодать наследуется на физическом уровне, и вменяется — на духовном. Иными словами, Бог заключает завет с целым «народом», а не с отдельными людьми. Семья становится единицей, которая получает спасение, а отдельный человек рождается с духовным «статусом» своих родителей. Таким образом, крещение «домов» полностью соответствуют целям Божьим, если оно понимается как крещение «семей».

Основное предположение, лежащее в основе этого суждения, что существует только один «завет благодати», проходящий через всю Библию, подлежит опровержению. Сама данная формулировка никогда не встречается в Библии, равно как и сама концепция. Библия говорит о нескольких заветах (множественное число), проводя различие между ними в зависимости от его получателей, обетований и условий. Один Ветхий Завет содержит свидетельства о нескольких заветах, заключенных с Ноем (первое упоминание понятия завета), Авраамом, Моисеем и Давидом. Последние три были тесно связаны между собой, и все три касались физических потомков или их родственников, поэтому «общая» концепция «завета», безусловно, относится лишь к взаимоотношениям Бога с Израилем.

Однако Новый Завет упоминает «новый» завет, о котором пророчествовал в Ветхом Завете Иеремия, что это будет не такой завет, какой Бог заключил с Моисеем (Иер. 31:32). Он приведет к упразднению ветхого завета (Евр. 8:13). Следует исследовать те направления, в которых новый завет должен был отличаться от первого завета.

Одно важное отличие состоит в том, что он будет заключен с каждым отдельным человеком, а не с общностью людей. Об этом говорили пророки (Иер. 31:29-30, 34; Иез. 18:2;

Иоил. 2:32), но особенно ясно это следует из учения Иоанна Крестителя и Иисуса Христа, которые взяли на себя ответственность сказать о том, что физическая родословная утратила свое значение (Ин. 3:9; 8:39). Плоть может дать рождение только плоти, тогда как человек новозаветной эры должен пережить второе рождение от Духа Святого (Ин. 3:5-6). Поэтому здесь мы видим новый акцент на личную ответственность (которая подразумевает способность откликнуться на призыв!). Формулировка нового завета имеет чрезвычайно личный характер. Это подтверждается словами «всякий», «каждый» и «кто». Ударение делается на необходимость каждого человека лично откликнуться на призыв Бога («если кто» в Лк. 14:26-27; «всякий» в Ин. 3:16; «каждый из вас» в Деян. 2:38). Грядущий Суд будет судить каждого человека в отдельности (Рим. 2:6), также как и искупление от грядущего гнева дается лично для каждого человека.

Не существует двух путей, дающих возможность войти в Царство, один — для рожденных от плоти, а другой — для рожденных от Духа! Крещение принадлежит тем, которые рождены от Духа, а не плоти.

Итог этого состоит в том, что уже не семья является единицей Божьей спасительной работы. Без сомнения, Новый Завет указывает на то, что Евангелие может произвести разделение в «доме» и всей семье. Иисус говорил, что Он пришел принести «не мир, но меч», который разделит детей с их родителями, брата — с сестрой. К примеру, семья из пяти человек будет разбита на два и три человека (Лк. 12:51-53), единственные взаимоотношения, которым Иисус предвещает не быть нарушенными, это отношения между мужем и женой в «святом» браке (см. Главу 22).

Мы можем сделать вывод, что этот «новый» завет учреждается на совсем другом основании, чем завет «ветхий», и его признание должно иметь другое применение. Но какой именно завет мы должны подразумевать под «ветхим» заветом? Все ссылки в Новом Завете, которые содержат прилагательное «ветхий», имеют отношение к завету, заключенному с Израилем через Моисея, но не к тому, который был заключен Богом с Авраамом. На самом деле, в тексте Нового Завета верующие из язычников назывались «потомками Авраама», которые унаследовали благословения, обещанные ему. Поскольку завет между Авраамом был также унаследован его «потомками», разве это не касается также и потомков современных христиан? Разве крещение всего «дома» не явилось непосредственным замещением обрезания Авраамова?

Важно отметить, что в Новом Завете мы нигде не встречаем употребления слова «завет» при установлении связи между верующими христианами и Авраамом. Эта связь имеет духовный, а не физический смысл: по вере, а не по плоти. Они являются его «потомками» или «сыновьями» в том смысле, что разделяют с ним его веру; он есть «отец» верующих из многих национальностей (Рим. 4:16-17). Христиане не унаследовали всего, что было завещано Аврааму. К примеру, они не получили землю Ханаанскую, но они получили обещанного Духа (Гал. 3:14). Нам также следует помнить о том, что обрезание Авраама произошло *после* того, как он уверовал, и это могло быть «запечатлением» только его личной веры; это не могло быть «печатью» веры его потомков (Рим. 4:10-11). Он стал отцом тех, кто вначале уверовал, а затем уже был «запечатлен». Водное крещение вообще никогда не употреблялось в значении действия «запечатления»; в Новом Завете эта формулировка оставлена для крещения Духом. И единственный отрывок в Новом Завете, в котором водное крещение и обрезание упоминаются вместе в одном контексте, показывает довольно явственно, что физический ритуал обрезания вообще не имеется здесь в виду (Кол. 2:9-12 — см. Главу 25).

Связь между заветом Авраамовым и «новым» заключена в Самом Господе Иисусе Христе. С Его приходом «Ветхий» завет закончил свое существование. Его обрезание в восьмой день стало последним, которого требовал Бог, при этом Иисус был единственным «семенем», унаследовавшим благословение, данное Аврааму (Гал. 3:16). «Новый» завет берет свое начало от Него. Крещение Иисуса Христа в воде в тридцать лет и Его страдания и смерть в тридцать три года требовались для «инаугурации» нового пути унаследования благословения Авраама (Лк. 12:50; 22:20). Иисус не делал выбор при обрезании, но Он выбрал быть крещенным. В этом и заключается разгадка. Отличие состоит в разнице между жизнью по плоти и жизнью по Духу.

Происхождение, представлявшее большое значение для народа Божьего по «ветхому» завету, достигает своей кульминации и завершения в семейном древе Иисуса Христа (Мф. 1; Лк. 3); с того самого момента наследственность утратила свое значение. Новый завет формирует новый народ на новом основании. Унаследовав благословение Авраама по плоти, теперь Иисус Христос передает его другим исключительно посредством их веры (ср. Деян. 11:17 с Гал. 3:2-14).

После такого важного отступления, теперь мы можем вернуться к нашим отрывкам о случаях крещения всего «дома» и заявить с высокой степенью уверенности, что ни внутренние (текстуальные) свидетельства, ни внешние (богословские) доводы не позволяют им быть использованными в поддержку практики крещения младенцев. Даже с учетом имеющейся доли двусмысленности, мы можем настаивать, что аргументация в пользу этой практики должна выстраиваться без учета исследованных отрывков (если она вообще возможна!).

Я бы хотел завершить главу, приведя цитату из *Апологии Аристида*. (Аристид был христианским апологетом во времена императора Адриана, правившего с 117 по 138 гг. н.э.). Этот труд раскрывает позицию христиан, глав «семейств», в период непосредственно после написания Нового Завета: «Рабов же и рабынь, и детей, если их имеют, они, из любви к ним, убеждают сделаться христианами, и когда они становятся ими, они без различия называют их «братьями»». Таким образом, и слуги, и дети в христианских «домах» рассматривались как объекты благовестия; а ключом к их обращению была любовь, явленная им христианами, членами их семейства.

Глава 20

Ученики из Ефеса
(Деян. 19:1-6)

> Во время пребывания Аполлоса в Коринфе Павел, пройдя верхние страны, прибыл в Ефес и, найдя [там] некоторых учеников,
>
> сказал им: приняли ли вы Святого Духа, уверовавши? Они же сказали ему: мы даже и не слыхали, есть ли Дух Святой.
>
> Он сказал им: во что же вы крестились?
>
> Они отвечали: во Иоанново крещение.
>
> Павел сказал: Иоанн крестил крещением покаяния, говоря людям, чтобы веровали в Грядущего по нем, то есть во Христа Иисуса.
>
> Услышав это, они крестились во имя Господа Иисуса, и, когда Павел возложил на них руки, нисшел на них Дух Святый, и они стали говорить [иными] языками и пророчествовать. (Деян. 19:1-6)

Этот отрывок представляет собой классический случай того ущерба, который был нанесен разделением Слова Божьего на главы, не говоря уже о стихах! История миссионерского служения в Ефесе начинается в восемнадцатой главе. В Ефесе Павлу не пришлось «вспахивать целину», он был занят сбором плодов того, что было посеяно другими, а именно: Прискиллой и Акилой, и в большей степени, Аполлосом, иудеем из Египта. Разумеется, не случайно, что Аполлос и его ученики, которых находит Павел, «знали только крещение Иоанново» (Деян. 18:25; ср. с Деян. 19:3).

Если, а это кажется весьма вероятным, группа ефесян, которых встречает Павел, обязана своими духовными знаниями Аполлосу, то это в значительной степени облегчило бы объяснение, почему Лука называет их «учениками» без какой-либо оговорки, а также почему Павел полагал, что они были «верующими». Аполлос знал об Иисусе Христе достаточно много, чтобы суметь доказать на основании Писаний иудеев (т.е. Ветхого Завета), что Он был ожидаемым Мессией (на греческом: *Christos*). По всей видимости, он сопоставил пророчества с тем, что ему было известно о жизни, смерти и воскресении Иисуса Христа, подобно тому, как Иисус Сам рассказывал об этом путникам по дороге в Эммаус — Лк. 24:25-27.

Имеющаяся между этими людьми связь объясняет ту предусмотрительность, с долей подозрительности, которую проявляет Павел, когда спрашивает об их духовном состоянии. Причиной этому было то, что служения Аполлоса им было недостаточно. Его учение об Иисусе Христе было верным, но явно недостаточным для полного христианского посвящения. Аполлос оказался несведущим в том, что крещение теперь осуществлялось согласно повелению воскресшего Христа и имело большое значение именно как крещение «во» имя Его. Более того, Аполлос, скорее всего, не знал о последующем за этим событием излиянии Духа Святого, совершенного вознесенным Иисусом Христом. Без такого понимания «вера» рассматривалась Аполлосом главным образом как ментальное принятие очевидных истин (вера в *то*, что Иисус есть Христос), а не вступление в реальные взаимоотношения (вера *в* Иисуса Христа как личного Спасителя и Господа), ознаменованные посредством крещения в воде и Духе.

УЧЕНИКИ ИЗ ЕФЕСА

Супружеская пара, Прискилла и Акила, которые уже были сотрудниками Павла, признавали недостатки, имевшиеся у Аполлоса. Вместо того чтобы «съесть» проповедника на ужин, они пригласили его на жаркое! В частном порядке и неформальной обстановке они «точнее объяснили» Аполлосу полную суть Евангелия. Скорее всего, они также представили Аполлоса другой группе «братьев» (не тех, кого обучал он сам), поддержавших его в том, чтобы он благовествовал везде по Ахии, распространяя углубленное понимание, полученное им теперь.

Создается впечатление, что Аполлос был связан с двумя группами людей в Ефесе. Первая, имевшая отношение к собиравшимся в синагоге иудеям, приняла аргументацию Аполлоса, что Иисус был Мессией, обещанным в Писаниях. Второй группой людей, которой он был представлен Акилой и Прискиллой, были христиане, возможно, встречавшиеся по домам. Эти две группы людей, скорее всего, не были связаны друг с другом; при этом Акила и его супруга, которые увещевали Аполлоса, не проявили желания продолжать заботу о тех, кого он учил ранее.

Однако, ввиду того, что первичные связи Павла в городе в основном включали тех, кто посещал синагогу, они были первой группой, с которой он встречается. Их разговор, предметом которого был очень спорный и вполне противоречивый вопрос, становится понятным в свете тех объяснений, которые мы привели выше. Их ответ на «перекрестный допрос» Павла в точности отражает то учение, которому они были наставлены Аполлосом на более раннем этапе. Очевидно, что эта группа людей не получила положительных результатов от беседы Аполлоса с Акилой и Прискиллой.

Лука без колебаний называет их «учениками», самым распространенным титулом для христиан, встречаемым в Книге Деяний. Это слово употреблялось в отношении одного верующего (9:10, 36), нескольких верующих (9:19, 25), а также всех верующих (6:1, 7). Будь они только учениками

«Иоанна Крестителя», Лука, несомненно, так и назвал бы их, в своем стремлении быть точным (ср. Лк. 1:3). Отсутствие определенного артикля (англ. *the*) не играет большой роли в данном случае (ср. 9:10, 36). Лука воспринимал их как «учеников», потому что они уже следовали по «Пути Господнему» (отметьте, как часто эта важная для христианства истина используется в повествовании об учениках из Ефеса — 18:25, 26; 19:9, 23). Однако вопрос состоит в том, как далеко они прошли по этому «Пути»; Павел хотел услышать их ответ, прежде чем он мог далее послужить для них.

Для того, чтобы понять этот отрывок надлежащим образом, правильным отправным моментом нам здесь будет служить не духовное состояние или положение «учеников», а позиция апостола Павла. Данный отрывок дает более ясное представление об учении Павла о посвящении, чем любое из его Посланий. Это имеет место в большей степени за счет того, что его Послания были адресованы тем, которые уже были полностью посвященными христианами, и потому содержат редкие упоминания об их первых шагах в вере, в то время как в Деяниях Павел изображен в качестве наставника именно начинающих учеников. Мы видим, как он непосредственно участвует в процессе благовествования. Кропотливое исследование его разговора и его поведения в этом эпизоде дает бесценную возможность проникнуть в его суть и понять актуальные принципы.

Первый вопрос, который Павел задает «ученикам» требует тщательного разъяснения; в него можно вложить как слишком много смысла, так и ничтожно мало. Павел интересуется не их учением, а тем, что они испытали на своем опыте; тем не менее, он задает вопрос исходя из своих богословских взглядов.

Исходя из формулировки вопроса, мы можем судить о том, что Павел находит их духовное состояние далеко неудовлетворительным. Нам следует принимать слова Павла за чистую монету, т.е. как реальное отражение его первого

УЧЕНИКИ ИЗ ЕФЕСА

впечатления, даже, несмотря на то, что его дальнейшим изысканиям суждено было изменить его первоначальное мнение. В нескольких словах можно сказать, что вначале у Павла была уверенность, что они «уверовали» в Иисуса Христа, но он не был полностью уверен в том, что они «приняли Духа Святого» (и только позже мы видим, что у него появились сомнения и на счет их веры).

Что привело Павла к таким двойственным ощущениям? Должны были быть какие-то признаки того, что они «уверовали». Будучи научены Аполлосом, им должно было быть известно «христианское» толкование Священных книг Ветхого Завета, поэтому они могли охотно делиться своими знаниями об Иисусе, Который был Христом, — все это убеждало Павла в том, что они слышали слово проповеди и приняли верой Благую Весть. Однако при этом недоставало некоторых признаков, которые бы указывали на то, что они «приняли Духа». По всей видимости, проявлений даров Духа не наблюдалось. Используя другое выражение Павла, они не «имели Духа Христова» (Рим. 8:9 — см. Главу 21). Этот недостаток мог быть вызван одной из двух причин: либо они «приняли» Духа Святого, но с того времени начали «угашать» Его или «противиться» Его действию, либо они никогда так и не «приняли» Святого Духа. Вопрос Павла составлен с такой предусмотрительностью, чтобы узнать реальную причину их состояния и соответственно понять, какое действие будет правомочным для исправления ситуации.

Формулировка его вопроса имеет большое значение. Если перевести его буквально, вопрос Павла будет звучать таким образом: «Уверовав, приняли ли вы Святого Духа?» Глагол «верить» здесь стоит во времени аорист, что говорит о том, что это было одномоментным событием, с которого для верующего начинается жизнь веры (та же самая временная форма используется и в отношении глагола «принять» в текстах Ин. 7:39 и Деян. 11:17, причем контекст обоих идентичен нашему случаю).

НОРМАЛЬНОЕ РОЖДЕНИЕ ХРИСТИАНИНА

Имеет место большая дискуссия по поводу того, должен ли английский перевод фразы звучать как «*когда* вы уверовали», что получило большое одобрение тех, кто считает понятия «уверовать» и «принять Духа» синонимичными, а потому происходящими одновременно, или как «с тех пор, как вы уверовали», что отстаивают те, кто проповедует доктрину двухэтапного «второго благословения», которое следует после обращения. На самом деле, ни один из переводов нельзя считать полностью обоснованным! В сущности, Павел спрашивает: «Вы приняли Святого Духа тогда, когда уверовали, или нет?» (в тексте Деян. 10:44 они происходят одновременно, а в Деян. 8:17 следуют друг за другом!). Павел совершенно не беспокоится по поводу того, когда они «приняли Духа», но его очень волнует вопрос, приняли ли они Его.

При ответе на вопрос, произошли ли оба эти события одновременно, очевидно одно: *для Павла вера в Иисуса Христа и принятие Святого Духа не были одним и тем же событием.* По его мнению, вполне возможно, что в случае с ефесянами, они могли иметь одно без другого, как это случилось с новообращенными в Самарии, а также в жизни самого Павла в течение трех дней в Дамаске. Это состояние можно расценивать как находящееся «ниже нормы», но не как «отклонение от нормы».

Следующий момент, который следует подчеркнуть особо: Павел ожидал, что ученики должны знать, «приняли» ли они Духа Святого или нет. Они не были в состоянии вывести это «знание» логическим путем из книг Нового Завета, как многие пытаются сделать в наше время, поскольку тогда он еще не был написан! Их ответ мог исходить только из их собственного пережитого опыта, который был столь очевиден, что у них не должно быть никаких сомнений в том, произошло ли с ними это событие или нет.

Еще одно подтверждение того, что Павел обращается к их опыту, — это отсутствие определенного артикля перед словами «Святой Дух». Это, как правило, свидетельствует о желании подчеркнуть субъективный характер силы, а не объективный аспект Личности Духа Святого. Это случай типичного опущения определенного артикля, когда Святой Дух рассматривается как часть события, переживаемого человеком (см. Дополнение 2).

Разбирать ответ учеников на первый вопрос Павла также следует с особой осторожностью. При поверхностном прочтении (чем страдает большинство переводов) он воспринимается как признание ужасающего невежества со стороны учеников в отношении третьей Личности Троицы, заявляющих о том, что они никогда не слышали о Святом Духе! Такой полный пробел в знаниях маловероятен, поскольку учение Аполлоса наверняка включало в себя ветхозаветное обетование о том, что Мессия исполнит Свой замысел с помощью могущественного помазания Святым Духом (Ис. 61:1), что действительно и свершилось в жизни Иисуса Христа во время Его крещения Иоанном Крестителем в Иордане. Они также могли слышать об Иоанновом учении, что его крещение водой несравнимо с крещением Мессии Святым Духом, чему надлежало случиться.

Когда мы еще раз посмотрим на формулировку их ответа, то обнаружим, что он раскрывает их некоторую осведомленность, а не полное неведение по этому поводу, хотя эта осведомленность носила скорее интеллектуальный, чем эмпирический характер. Суть их ответа (в буквальном переводе) такова: «Но мы не слышали, что Святой Дух есть…». Отметив еще раз отсутствие определенного артикля (указывающее на силу, а не на Личность Духа Святого), следует посмотреть на это странное «незавершенное» предложение («Святой Дух «есть» что?). Некоторые полагают, что слово «есть» употребляется в смысле «существует», но это полностью меняет все предложение и делает Святой Дух дополнением, а не подлежащим глагольного сказуемого («Мы не слышали о том, что существует Святой Дух»). Надо сказать, что буквальный перевод с греческого просто требует, чтобы было добавлено еще одно слово для того, чтобы это предложение обрело законченную мысль.

НОРМАЛЬНОЕ РОЖДЕНИЕ ХРИСТИАНИНА

К счастью, есть прямая параллельная ссылка к этому стиху в других местах Писания (как часто это ведет к проблемам толкования!). В тексте Ин. 7:39 в буквальном переводе сказано: «Ибо еще не было Духа Святого, потому что Иисус еще не был прославлен». Как понимать, что Святой Дух еще не «был»? Если это понимать так, что Святой Дух еще не существовал, тогда это будет еретическим отрицанием вечно существующей Троицы! Для того чтобы не допустить подобной ошибки, во все английские переводы Библии — без исключения — введено дополнительное слово, которого нет в греческом оригинале: «ибо еще Святой Дух не был *дан»*, (т.е. Он еще не был проявлен в людях; в русском переводе: «ибо еще не было *на них* Духа Святого», — *прим. пер.*).

Данное решение имеет смысл и объясняет существующую связь с событиями Пятидесятницы, которые могли произойти только после смерти, воскресения и вознесения Иисуса Христа, Его «прославления». Как только мы вставим это важное дополнительное слово в такую же грамматическую конструкцию, содержащуюся в тексте Деян. 19:2, ответ учеников сразу же зазвучит совершенно иначе: «Мы даже и не слыхали, *что Дух Святой был дан*». (В западном типе оригинального текста Нового Завета это прочтение выражено еще более ясно как *Lambanousin tines*: при переводе которых получаем следующий текст: «Мы еще не слышали, чтобы кто-либо получил Святого Духа»). Говоря иначе, им было известно, что помазание Мессией будет доступно Его последователям, но они не знали, что это уже произошло. Их неведение касалось не Святого Духа как такового, а события дня Пятидесятницы и его значимости для последующих поколений верующих.

Это дало Павлу ту информацию, которую ему нужно было знать, поэтому он продолжает «опрос», возвращаясь к их посвящению, в частности, к водному крещению. Отметим, что Павел не сомневался в том, что все они приняли водное крещение, тем не менее, считает необходимым уточнить, надлежащим ли образом оно было совершено: в понимании Павла они были еще на этапе «уверовавших учеников». Если они

УЧЕНИКИ ИЗ ЕФЕСА

пребывали в совершенном неведении о событиях дня Пятидесятницы, то он начинает задаваться вопросом, насколько «христианским» было их водное крещение, а также как они сами понимали цель данного обряда.

По этой причине в тексте употребляется предлог «в (во)» (см. Главу 23, посвященную истинному значению этого предлога в связи с крещением). Любое крещение осуществляется «в» (какую-либо среду, в данном случае это вода), а английский предлог into (означает направление вовнутрь), передает значение или намеренную цель, которая достигается посредством этого действия. Говоря обычным языком, Павел спрашивает: «Что произошло с вами в связи с крещением, или что оно означает для вас?»

Перед тем как мы рассмотрим ответ учеников, необходимо остановиться и подумать о том, что этот вопрос говорит нам о суждениях Павла? Очевиден тот факт, что в его понимании существует связь между водным крещением и принятием Духа Святого. Несмотря на то, что Павел никогда фактически не дает определения этим двум понятиям, он явно устанавливает между ними связь в свете причинно-следственных отношений. Водное крещение представляет собой и «прелюдию» к крещению Духом, и его условие; на практике, одно ведет к другому.

По этой причине исполненное с недостатками водное крещение может быть причиной задержки принятия Духа Святого. Иначе говоря, Господь отвечает на надлежащим образом исполненное водное крещение тем, что являет Свое принятие раскаявшегося в грехах верующего тем, что изливает на него дар Духа. Поэтому дело состоит не только в том, какое значение крещение имеет для самого крещаемого, который принимает или откладывает принятие Духа; такое отлагательство вполне может означать, что Сам Господь заявляет, что по какой-то причине крещение не было исполнено надлежащим образом.

НОРМАЛЬНОЕ РОЖДЕНИЕ ХРИСТИАНИНА

Ответ, который ученики дают на второй вопрос Павла, полностью раскрывает их истинное положение и дает Павлу понимание того, что ему было нужно знать. Крещение этих учеников было подлинным выражением их покаяния перед Богом, но оно не было актом их личной веры в Господа Иисуса Христа. В силу того, что они не получили в свое время именно такого объяснения значения крещения, они не отождествляли его с Иисусом Христом в том, что Он умер, был погребен и воскрес (Рим. 6:3-4), что нашло бы свое выражение в получении ими нового имени через крещение «во» имя Его. Их крещение не было «христианским» крещением.

Это показывает, что вера этих людей не была такой, какой она должна быть. Только теперь Павел осознает, что он ошибался, полагая, что они действительно «уверовали», по крайней мере, в том смысле, какой он вкладывал в это слово. Фактически, из четырех элементов христианского посвящения, у них был только один — покаяние! Павел стремился продвинуть их вперед от этого состояния, обращая их внимание на то, что их наставник, Иоанн Креститель, полностью осознавал ограниченность своего служения и крещения и направлял своих учеников переориентировать свою зависимость от него к «Тому», для Кого он был только лишь предтечей. Его крещение в покаяние имело цель «приготовить путь» для веры в грядущего Царя, которым оказался его двоюродный брат, Иисус.

Важно отметить следующее: то, что Павел представил им Иисуса Христа в этот момент, не вызвало у учеников ни удивления, ни протеста по причине их невежества, типа следующего: «Мы даже не слыхали, есть ли Иисус Христос». Но вот загадка: имя «Иисуса» должно было быть им известно и использовалось в их среде, когда Павел «нашел» их. Иначе, Лука не называл бы их «учениками», а Павел не принял бы их за «верующих»? Тем не менее, Павел призывает их «веровать в» Иисуса Христа.

Объяснение этому мы можем найти опять в служении Аполлоса. Он учил их «о» (на греческом языке *peri* — 18:25)

УЧЕНИКИ ИЗ ЕФЕСА

Господе, благовествуя о том, что Иисус есть Христос, что было правильным учением, но этого было недостаточно. Это не было той полноценной спасительной верой, которая заключается в вере *в* Иисуса Христа (в действительности, Павел употребляет здесь греческий предлог *eis* = в (во), который указывает на направление вовнутрь. Спасительная вера имеет личное отношение, а не пропозициональное (т.е. имеющее отношение к суждению). Отсюда употребление имени «Иисус» становится столь выдающимся, будучи призываемо непосредственно и используемо в качестве влиятельного авторитета теми, кто становится Его «связными» или «представителями».

Тогда Павел должен был полностью объяснить им все вышесказанное и остальное. Ответ учеников на разъяснение учения Павлом состоял в чистосердечном желании вступить в личные взаимоотношения с Иисусом Христом. В этой связи, стремление идти дальше обычно служит признаком того, что человек уже находится на «Пути Господнем»; не очень положительным признаком является то, когда кто-то думает, что он получил все, что ему нужно! Итак, эти ученики из Ефеса с готовностью принимают водное крещение во имя Господа Иисуса Христа. Павел не совершает церемонию крещения сам, а оставляет это совершить своим сотрудникам, Тимофею и Ерасту (19:22), вероятно для того, чтобы избежать ассоциации его имени с крещением (1 Кор. 1:15).

Прежде чем мы продолжим, следует признать, что сам акт крещения в данном случае был тем, что многие назвали бы сегодня «повторным крещением». Во избежание неприятных последствий подобного рода, Кальвин в своем труде *Институты христианской веры* (4.15.18) отрицает, что в Ефесе было совершено крещение, настаивая на том, что Павел только совершил рукоположение «учеников». Павел без каких-либо колебаний призывает этих учеников принять водное крещение, равно как и Петр в день Пятидесятницы (см. Главу 15). Несмотря на то, что первое крещение этих людей сопровождалось подлинным покаянием, недостаток личной веры в Иисуса Христа означал, что они еще не приняли «христианское» водное крещение. Их крещение не было принято Господом как должное исполнение Его заповеди.

Павел не пытается «присоединить» аспект веры ретроспективно (т.е. «задним числом») к их первому крещению посредством некой выдуманной церемонии «конфирмации»; это свело бы крещение к простому упреждающему символу, чем оно никогда не должно было служить. Вода и формулировка, в которую включено имя Иисуса Христа, вряд ли могли бы убедить апостола в том, что имело место христианское крещение.

Не формулировка — употребление самого по себе имени Иисуса Христа — делают эту заповедь имеющей силу, а вера во имя Его, обращение к Его имени как человеком, принимающим крещение, так и теми, кто его осуществляет (Деян. 2:21; 3:16; 22:16). Не существует также никаких доказательств тому, что Павел мог считать приемлемым явление, когда покаяние или вера осуществлялись бы по чьему-то поручению, вместо личного отклика на Евангелие человека, принимающего крещение (см. предыдущую главу).

Каким бы ни было первоначальное состояние их веры, нет никакого сомнения в том, что эти ученики из Ефеса теперь стали истинно верующими людьми, покаявшимися в своих грехах, уверовавшими в Господа Иисуса Христа и совершившими дело до конца через водное крещение. Поэтому было бы несколько неуместным спорить об их духовном статусе, когда Павел впервые встретился с ними.

Очевидный факт состоит и в том, что, даже вышедши из воды, они *по-прежнему находились* в состоянии лишь уверовавших, но пока еще не принявших Святого Духа! Этот существенный момент полностью игнорируется как большинством современных евангелистов, которые до сих пор придерживаются мнения о том, что они приняли Духа, когда уверовали, несмотря на отсутствие каких-либо очевидных признаков новой жизни, так и большей частью нынешних приверженцев сакраментальной позиции, которые до сих пор придерживаются мнения, что они приняли Духа, когда крестились, несмотря на отсутствие каких-либо внешних признаков.

Будь эти взгляды истинными, Павлу не было бы нужды совершать *последующие* действия в отношении этой группы учеников. Апостол Павел не придерживался ни одного из этих двух взглядов. Его не удивило, что до сих пор ничего фактически не «произошло», что указывало бы на то, что Дух был им «дан». По всей видимости, Павел поступал, исходя из простого предположения, что эти «ученики» не совсем были готовы для «принятия Духа», поэтому его следующим естественным шагом было просить о том, чтобы Дух Святой им был ниспослан. Поэтому он и использует такую сильную и выразительную форму молитвы, которая известна под названием «возложение рук».

Служение возложения рук уже практиковалось другими апостолами (Деян. 8:15-17) и, на самом деле, это как раз было тем способом, посредством которого Павел сам принял Святого Духа после покаяния и уверования во Христа (Деян. 9:17). В отличие от водного крещения, это действие Павел осуществляет лично не потому, что для этого нужен был апостол (в его собственном случае, для этого было бы достаточно Анании), или потому, что он сам первый поднял вопрос о принятии Духа этими учениками, а потому что в его молитвенном прошении он со всей ясностью объявил, что в данном случае крещение совершалось не человеком, а Самим Иисусом Христом (слова молитвы были направлены к Нему, а не к крещаемому). То есть *каждого* верующего, без исключения, Сам Иисус Христос будет крестить Духом Святым, в то время как водное крещение они будут принимать посредством служения других учеников Христа, что свидетельствует о том, что в этом вопросе могут иметь место исключения.

И, наконец, исполнив все условия и разобравшись со всеми преградами, ученики из Ефеса приняли Святого Духа и теперь уже могли ответить на первоначальный вопрос Павла громогласно и утвердительно (им не обязательно было это делать, потому что принятие Духа всегда очевидно для присутствующих в этот момент других людей; Павел спрашивал их только потому, что не присутствовал вначале их посвящения). Теперь процесс посвящения этих учеников был *завершен*. Оно также теперь могло быть признано *настоящим*. Они покаялись и исповедали свою веру, затем приняли водное крещение, после чего приняли Святого Духа. Это та самая последовательность событий, которую переживали все те, кто откликнулся на Благую Весть в те времена.

Выбор времени их посвящения был несколько необычным, в том смысле, что потребовалось больше времени для того, чтобы их вера возымела силу спасительной. Промежуток времени между достижением ими полноценной веры и принятием Святого Духа был коротким, но объективно имевшим место (крещение произошло между этими двумя событиями). Вне зависимости от того, сколько времени может длиться этот промежуток — минуты как в данном случае, или дни как в случае с верующими в Самарии, этот «интервал» служит достаточным доказательством того, что «уверовать» и «принять Духа» — представляют собой, несомненно, два разных элемента посвящения.

Окончательный аргумент состоит в том, что в Ефесе, как в других местах и для всех других людей, принятие Духа Святого сопровождалось звуковыми и визуальными доказательствами подобно тем, которые происходили в день Пятидесятницы. В данном случае мы видим, что «они стали говорить [иными] языками и пророчествовать». И то, и другое являлось разновидностью *спонтанной* речи; первое проявление происходило на незнакомых им и непризнанных языках, а второе — на их родном языке. Содержание того, что они говорили и о чем пророчествовали, исходило скорее из их души, чем из ума, когда Дух Святой говорил им, что сказать.

Довольно примечателен тот факт, что какие бы «признаки» получения Духа Святого не упоминались, в него неизменно входит дар «языков». С другой стороны, когда упоминаются другие «знаки», нет четкого свидетельства в пользу того, что на языках говорили абсолютно *все*, а также использовали другие дары (такое «универсальное» свидетельство было сделано только о самом дне Пятидесятницы, когда языки стали единственным проявлением получения Духа — Деян. 2:4; см. Главу 14). Здесь же, в Ефесе, было так, что одни из учеников говорили на языках, а другие пророчествовали (наиболее здравый смысл этой формулировки). За исключением самой Пятидесятницы, мы не находим ни единого подтверждения тому, что каждый принявший Духа Святого говорил на языках, как не находим и апостольского учения о том, что это было обязательным явлением. То, что это было знаком внешнего проявления, легко находит подтверждение в Писании, но заявлять, что это единственное веское доказательство истинному обращению, означало бы выйти за рамки самого Писания.

Есть еще одно-два последних наблюдения, которыми мы завершим наше исследование. В тот факт, что было двенадцать «человек», с которыми произошли эти события, вероятно вложено немного смысла, за исключением того, что это подчеркивает скрупулёзность Луки в отражении данных событий. Кроме того, нельзя полностью исключать их жен и других уверовавших членов семьи. Следует отметить, что ученики приняли Духа Святого не одномоментно как единая группа людей. Самым значимым эпизодом в Новом Завете, когда это произошло, был день Пятидесятницы, но индивидуально, т.е. по одному, когда апостол возлагал на них поочередно руки (также как это было в Самарии — Деян. 8:17). Заявление о том, что в Новом завете содержатся случаи, когда Святого Духа принимали целыми группами, просто лишено истины.

Такое пристальное внимание было уделено этому отрывку по причине его уникальной важности в установлении непосредственной связи между учениями о Духе Святом, исповедуемыми Лукой и Павлом. В некоторых кругах стало модным ставить ударение на разнице между ними, после чего выбирается одно из них в качестве критерия для другого! Евангелисты тяготеют больше к системе взглядов апостола Павла, которые они используют для противодействия личностному аспекту у Луки, в то время как пятидесятники склонны к выбору позиции Луки для противодействия доктрине обобщенности у Павла. Девятнадцатая глава книги Деяния показывает, что понимание Павлом христианского посвящения совпадало с позицией других апостолов, а именно: это была та модель, которая последовательно отслеживается через всю книгу Луки, посвященную истолкованию истории Ранней Церкви. Неотъемлемые характеристики этого общего богословия перечислены нижеследующим:

1. Полное посвящение состоит из четырех элементов — покаяния перед Господом, веры в Иисуса Христа, водного крещения и принятия Святого Духа.

2. Христианское крещение требует покаяния в грехах и личной веры в Иисуса Христа как непременных условий.

3. Вера в Иисуса Христа и принятие Святого Духа — это не одно и то же понятие, поскольку они могут происходить с интервалом во времени.

4. Принятие Духа Святого является реальным событием с проявлением внешних признаков.

5. Если не достает одного из четырех элементов, необходимо предпринять соответствующие меры, чтобы устранить недостаток.

Разумеется, текст Деян. 19:1-6 — не единственный отрывок, на основании которого можно сделать такие выводы (см. напр. Главы 16 и 27); но он представляет собой один из самых понятных примеров в практике апостолов, из которого можно вывести апостольское учение. (Применение этих принципов для пасторского попечения будут рассматриваться далее в Главах с 32 по 35).

Епископ Лесли Ньюбигин в своей книге *Дом Божий* (*The Household of God* London: SCM Press, 1953), бросает вызов современным взглядам на данный вопрос. Его книга является одним из наиболее пророческих произведений о церкви на сегодняшний день государственным деятелем и миссионером, сродни Роланду Аллену:

> Апостол задает новообращенным Аполлоса один вопрос: «Приняли ли вы Святого Духа, уверовавши?» и получил простой ответ. Его современные преемники больше склонны задавать такой вопрос: «Вы полностью уверовали в то, чему мы учили?» или «Рукоположение над вами было совершено нашими служителями?», и если ответ на эти вопросы положительный, заверить новообращенных, что они получили Святого Духа, даже если они не осознают этого. Между этими двумя позициями существует огромная разница (стр. 95).

Глава 21

Лакмусовая бумажка или тест на подлинность
(Рим. 8:9)

> Но вы не по плоти живете, а по духу, если только Дух Божий живет в вас. Если же кто Духа Христова не имеет, тот [и] не Его. (Рим. 8:9)

Это одно из излюбленных мест Писания, приводимых в доказательство теми, кто считает, что человек «принимает» Святого Духа машинально, а подчас и бессознательно, в момент «уверования». Таким образом, любое дальнейшее доказательство или переживание, которое подтверждает, что этот «дар» был действительно принят, становится ненужным, а то и вводит в заблуждение.

Тем не менее, те, кто используют этот стих с такой целью, обращаются с ним довольно необычным образом. Они не только не принимают утверждения Павла как такового, а наоборот, дважды перекручивают его — вначале от отрицательного к положительному, а затем, наоборот! Более того, вводится слово «христианин», хотя в оригинале этот термин не встречается. В результате, некоторые «уловки» толкования успешно маскируются. Их аргументация выглядит следующим образом:

- всякий, кто не имеет Духа, тот не «христианин», следовательно:
- всякий, имеющий Духа, является «христианином», следовательно:
- всякий, кто является «христианином», обязательно имеет Духа.

Третье утверждение в этой цепи, таким образом, и есть то, как понимается ими это место Писания, и для неискушенного слушателя это может звучать как совершенно законный логический вывод. Но этот логический вывод содержит роковую ошибку, которую легче определить по одной перестановке:

- каждая собака имеет четыре лапы, следовательно:
- все, что имеет четыре лапы, должно быть собакой.

Поняв основное заблуждение, теперь мы можем вывести пример двойной перестановки:

- Всякий, кто не рожден от родителей британцев, тот не «британец», следовательно:
- всякий, кто рожден от родителей британцев, является «британцем», следовательно:
- каждый, кто является «британцем», у того родители обязательно британцы.

Можно воспринимать это как впечатляющий аргумент до того момента, пока значение слова «британец» может оказаться совсем другим; в третьем утверждении оно может включать тех, кто прошел легальный процесс усыновления или принятия гражданства. Точно таким же образом значение слова «христианин» в третьем утверждении может отличаться от значения в первом. В своем современном употреблении, слово «христианин» использовалось бы в случае с верующими из Самарии до того как они приняли Духа, если бы текст

ЛАКМУСОВАЯ БУМАЖКА ИЛИ ТЕСТ НА ПОДЛИННОСТЬ

Рим. 8:9 мог бы быть использован для доказательства того, что они получили Духа Святого! Если слово «христианин» употребляется в отношении каждого уверовавшего в Иисуса Христа, то такое понимание текста Рим. 8:9 делает вопрос Павла «ученикам» в Ефесе полной бессмыслицей, который теперь мог бы иметь такое прочтение: «Вы получили Духа Святого, когда вы стали христианами?»

Убрав с пути это широко распространенное неправильное толкование, мы можем перейти к новому пониманию, рассмотрев более широкий контекст и предложенную формулировку самого текста, после чего исследуем, какое отношение это имеет к учению апостола Павла о посвящении.

Павел написал римлянам свое послание с целью начать свое служение среди них (поскольку Рим был центром Римской империи) и за его пределами в качестве «плацдарма», откуда ему можно было бы достичь западных областей до Испании. Поскольку церковь в Риме была основана не Павлом и не являлась конечной целью его служения, он пишет свое собственное «одобрительное письмо» (ср. 2 Кор. 3:1-3). Это объясняет в качестве второстепенной особенности наличие столь большого количества приветствий в последней главе этого послания, так и в качестве основной его характеристики всестороннее изложение содержания Евангелия, которое он проповедовал (никогда раньше Павел не был настолько близок к изложению «систематического» богословия, чем в этой книге!). Римской церкви нужно было узнать о Павле как можно больше до его приезда, с тем чтобы встретиться с ним вскоре и проводить его на запад (Рим. 15:24).

Также важно осознавать, что Павел знает этих людей не лучше, чем они знают его. Несмотря на то, что он слышал множество хороших отзывов об их общей вере, он не принимает это как само собой разумеющееся. Поскольку Павел не благовествовал им лично, у него не было оснований полагать, что они находятся в должном состоянии. Временами он обращается к ним так, как будто они еще грешники, несмотря на то, что он говорит о них как «призванных святых» (Рим. 2:5; ср. с Рим. 1:7). В один момент он даже намекает, что они еще не крещены (Рим. 6:3). Павел предполагает, что им было бы полезно использовать больше «дарований духовных», чем у них есть (Рим. 1:11; ср. с 1 Кор. 1:7). Вполне резонно он полагает, что они очень нуждаются в помощи и попечительстве, как им жить благочестивой жизнью как вместе внутри церкви, так и по отдельности в мире (Рим. 12-15). Стих, который мы изучаем (Рим. 8:9) хорошо согласуется с общей «атмосферой», поскольку в нем есть намек на то, что в основе его учения лежит основная предпосылка о том, что они все «имеют» Духа; без этого предположения его выводы не имеют применения.

В первых восьми главах Послания к римлянам мы находим изложение Павлом Благой Вести, его «богословие» спасения; в следующих трех главах обсуждается вопрос взаимоотношений между иудеями и язычниками, что было насущной проблемой для римской церкви; заключительные главы касаются толкования нравственных вопросов, связанных с доктриной спасения. В первой части Послания (Рим. 1-8) имеются три четких раздела:

- необходимость в спасении (гнев Божий и грех человека);
- вступление на путь спасения (оправдание);
- продолжение пути спасения (освящение).

Текст Рим. 8:9 неизменно истолковывается так, как если бы он принадлежал ко второму разделу, хотя на самом деле он относится к третьему. Он относится не столько к *статусу* верующего перед Богом, что является вопросом оправдания, сколько к *положению* верующего в Боге, что является вопросом освящения. Вот почему будет совершенно ошибочным привносить в текст стиха определение того, как человек «становится» христианином» (еще одна иллюстрация афоризма «Текст вне контекста становится оправданием»).

ЛАКМУСОВАЯ БУМАЖКА ИЛИ ТЕСТ НА ПОДЛИННОСТЬ

Главы седьмая и восьмая Послания к римлянам соответствуют друг другу. Они служат актуальным фоном стиха 7:8, противопоставляя жизнь во «плоти» (до обращения в 7:7-13, и после обращения в 7:14-25) и жизнь в «Духе». Один образ жизни приводит к поражению, отчаянию и смерти; другой же — к победе, надежде и жизни. Проводить отличие между жизнью «по плоти» и жизнью «по духу» является излюбленным способом апостола Павла, используемым им в целях побуждения верующих искать святости (Гал. 5:16-23 является классическим примером такого противопоставления). Павел считает, что у верующего, в отличие от неверующего, есть выбор. Неверующий может жить только по плоти. Верующий же может жить либо во плоти и быть «плотским», вследствие чего его жизнь будет исполнена беспорядка и уныния, как это было и до его обращения, либо в Духе и быть «духовным».

По этой причине вполне естественно ожидать, в свете основного вопроса Павла и его взаимоотношений с римской церковью, что он должен был принять на веру то, что получатели его послания все «имеют» Духа. А если не так, то мир, сыновство, помощь через молитву, предопределенный контроль над обстоятельствами, победа над всеми противниками — все это было бы недостижимым для них. Все эти блага исходят непосредственно из того факта, что мы ходим в Духе, ведомы Духом, имеем свидетельство от Духа, Который и содействует осуществлению этих благ. Сила Святого Духа заставляет плоть «отступить». Потому что невозможно одновременно жить по плоти и по Духу. Верующий человек может иметь «свободу» ходить либо в плоти, либо в Духе, но никак ни в том и в другом одновременно (ср. Рим. 8:5 и Гал. 5:17).

Учитывая вышеизложенное, т.е., рассматривая контекст под правильным углом зрения, возвратимся, собственно, к изучению текста Рим. 8:9, начав с его буквального перевода с греческого: «Если кто не имеет Духа Христа, тот и не Его».

Самое поразительное в этом утверждении — это время, в котором употреблен глагол «иметь». В греческом языке настоящее время выражает продолженное действие («продолжать» делать что-либо) или настоящее состояние («иметь» что-либо). Общим для обоих значений является элемент продолжительности; обычно эта форма в английском языке называется настоящим продолженным временем.

Не будет лишним особо подчеркнуть, что Павел говорит о нынешнем состоянии читателей его Послания, а не об их прошлом обращении. Он говорит об их настоящем процессе освящения, а не о прошедшем этапе получения оправдания. Когда Павел хочет сказать об изначальном принятии Духа верующим человеком, он употребляет прошедшее время, или еще точнее, время аорист (указывающее на однократное действие). Мы встречаем это ранее в Послании, в разделе, касающемся темы оправдания, где Павел говорит о «Святом Духе, данном нам» (Рим. 5:5).

Отметим, что в пятой главе Послания к римлянам Павел выражает полную уверенность в том, что его читатели все «приняли Духа», в то время как в восьмой главе он привносит ноту сомнения относительно того, что все «имеют Духа». Это указывает на то, что существует фундаментальное отличие между этими утверждениями в понимании их Павлом. «Принять Духа» и «иметь Духа» не являются синонимичными понятиями, хотя первое ведет к последнему. Когда оказывается, что ученики не «имеют» Духа, первое, что необходимо узнать, — «приняли» ли они Духа? Это было как раз в случае с учениками в Ефесе, что побудило Павла опросить их по этому поводу (см. Главу 20). Несмотря на то, что Павел обнаружил, что ученики в Ефесе никогда не пережили «принятие» Духа, форма его вопроса говорит в пользу того, что он был открыт к альтернативной возможности: они «приняли», но еще не «имели» Духа Святого.

Подтверждение такого понимания «принятия» и «обладания» опирается на текст Септуагинты, греческого перевода книг Ветхого Завета, который чаще всего цитирует Павел. Именно в нем он находит эту фразу «иметь Святого Духа», и именно там она используется в настоящем времени, когда говорится о таких мужах как Иосиф и Иисус Навин при описании их продолжающегося состояния духовной зрелости (Быт. 41:38; Числ. 27:18). Павел также использует это выражение, говоря о себе (1 Кор. 7:40).

Другими словами, «иметь Духа» должно пониматься в свете непрерывных и практических условий, относящихся к оправданию. Дополнительным указателем для такого понимания может быть факт умышленного опущения определенного артикля, что подчеркивает «субъективный» аспект существования Святого Духа в верующем, по сравнению с «объективным» пребыванием Личности Святого Духа в нем (см. Дополнение 2).

Это полностью согласуется в первой половиной текста Рим. 8:9, который буквально звучит так: «Вы не в плоти, но в Духе, если Дух Святой действительно продолжает жить в вас». И здесь мы находим те же грамматические особенности: глагол в настоящем продолженном времени, отсутствие определенного артикля и т.д. В действительности, обе части утверждения звучат как стих из еврейской поэзии, основанной на т.н. «параллелизме» (повторении той же мысли различными словами); весьма возможно, что эти стихи принадлежат перу «еврея от евреев» (Флп. 3:5).

Но самым примечательным является то, что оба утверждения начинаются с ключевого слова «если», при этом первый из них усилен наречием «только». Это явно выражает условность ситуации, так как не может человек непроизвольно «иметь» Духа или же Дух таким же образом «пребывать» в человеке. Может произойти так, что человек начал с «принятия» Духа, но не продолжил начатое дело, чтобы «иметь» Духа.

Что же теряют те, кто не продолжает «иметь» Духа? Поскольку данное утверждение находится в восьмой, а не в пятой главе Послания к римлянам, то первый ответ такой:

они утрачивают свое освящение, хотя не обязательно, что и оправдание также. Они не могут обладать ни одним из благословений «жизни» в Духе. Такие люди снова обнаружат себя «в плоти», живя «плотской» жизнью (1 Кор. 3:1). Закон греха, живущий в их членах, будет преобладать над законами Божьими, пребывающими в их сердцах. Короче говоря, они так и останутся в состоянии, описанном в Рим. 7! Оно может производить только духовную смерть.

Но может ли это состояние закончиться вечной смертью? Может ли человек утратить, кроме освящения, также и оправдание? Что значат последние слова стиха «тот и не Его»?

Во-первых, необходимо решить, к кому относится слово «Его». В этом стихе упоминаются все три Личности Святой Троицы: Отец, Иисус Христос и Святой Дух. Однако вряд ли «Его» можно относить ко всем трем Личностям. Обычно понимается, что это слово относится к Иисусу Христу, поскольку это местоимение идет вслед за последним упоминанием Его имени. Такой точки зрения, в частности, придерживаются те, кто истолковывает весь этот стих в свете оправдания, а не освящения. Тогда вся фраза означает «тот вовсе и не христианин» (парафраз в переводе Living Bible), кроме того, в большинстве случаев подразумевая, что «он и никогда им не был»!

Такое толкование, несмотря на его возможное широкое признание, разбивает целостность аргументации Павла, превращая текст Рим. 8:9 в «отступление» от основного хода его мысли (тогда он должен стоять в кавычках, как здесь приведено слово «отступление»!). Этот стих становится чем-то вроде «возврата» к более раннему изложению Павла, т.е. более подходящим к части, следующей сразу после текста Рим. 5:5, оказываясь в разделе об оправдании, где он должен говорить о принятии дара Святого Духа, когда человек «становится христианином». Но в восьмой главе, где, как справедливо считается, говорится о кульминации христианской жизни в отличие от ее начала, кажется странным, что Павел вдруг прерывает ход своих размышлений внезапным замеча-

ЛАКМУСОВАЯ БУМАЖКА ИЛИ ТЕСТ НА ПОДЛИННОСТЬ

нием подобно следующему: «Разумеется, что ничто из этого не имеет отношения к вам, если вы даже еще не христианин»!

Это противоречие разрешимо, если мы будем придерживаться контекстуального подхода. Дело не только в том, что основная мысль восьмой главы Послания к римлянам касается исключительно освящения. Личностью, которая главным образом имеется здесь в виду, является *Святой Дух*. Через все Послание мы видим, как автор делает ударение на следующую последовательность — от гнева Божьего, через искупление Христа, к жизни в Духе.

В тексте Рим. 8:9 Святой Дух находится в центре описания, получая различные описания как «Духа Божьего» и «Духа Христова», тем самым тесно связывая Его с остальными Личностями Триединого Бога, отражая картину здравого учения. Оба имени дополняют друг друга и подчеркивают более ярко поэтический параллелизм обоих предложений стиха. Порядок фраз может меняться, как в Псалмах, но их перестановка поможет лучше понять аналогию:

Дух Божий + пребывание = в Духе

Дух Христов + обладание = в Нем.

Оборот «в Нем», присутствующий во второй фразе, синонимичен понятию «в Духе» из первого выражения, обе фразы имеют отношение к Святому Духу, но последнее упоминание «Его» относится не к Иисусу Христу, а к Духу Христа. Другая существующая параллель на внутреннем уровне к каждому из этих утверждений может быть выражена следующим образом:

Если Дух живет в вас, то вы в Нем;

Если вы не имеете Духа, то и вы не Его.

Павел подчеркивает особую важность этой мысли, выразив ее вначале в положительной, а затем в негативной форме, и все это в поэтическом стиле. Он говорит скорее о постоянном действии Святого Духа в верующем, а не о Его пребывании в нем. Весь стих относится к практическому опыту, а не к доктрине; он касается больше вопроса нашего «спасения» в этом мире, а не в грядущем, нашего освящения, а не оправдания. Павел здесь не говорит о том, кто «Христов» (его обычное определение христианина как того, кто «во Христе»); он говорит о том, кто «от Духа».

Поэтому нет необходимости обсуждать отношение этого стиха к проблеме «спасен однажды, спасен навсегда» (см. Главу 36). Потеря освящения в этой жизни имеет явное отличие от утраты оправдания в вечности. Именно первую проблему Павел раскрывает в восьмой главе Послания к Римлянам.

Стиль текста Рим. 8:9 реалистичен, сохраняя тонкий баланс между изрядной долей оптимизма, присутствующего в строфе с положительной формой, и легким оттенком пессимизма, наличествующего в строфе с отрицательной формой. Этот стих представляет собой искусное сочетание предупреждения, представленного в виде безличного предположения о «каждом», кто «не сможет продолжать иметь» Святого Духа, и твердой уверенности, адресованной лично к «вам». Это предостережение вряд ли было необходимо римским верующим, поскольку они были не в плоти, но в Духе (и поэтому могут применить всю восьмую главу Послания к римлянам к себе). Такое же сочетание предупреждения общего характера и ободрения для каждого индивидуально мы находим в других книгах апостолов (Евр. 6:9 является хорошим примером в этой связи — см. Главу 27).

Подводя итоги, следует сказать, что для Павла «Святой Дух» был не столько здравым учением, сколько духовной движущей силой. Он заботился о том, чтобы новообращенные, сначала «принявшие» Духа (Гал. 3:2 — время аорист, т.е. однократное действие), «продолжали» бы «обеспечиваться» Духом (Гал. 3:5 — настоящее продолженное время). Полное спасение будет испытано только теми, кто *«все еще* имеет» Духа; не достаточно будет только *«однажды* иметь» Его.

ЛАКМУСОВАЯ БУМАЖКА ИЛИ ТЕСТ НА ПОДЛИННОСТЬ

Решение проблемы, связанной с этим различием, как никогда более актуально в наши дни. Крещение в Духе Святом — это только начало спасения. Быть исполненным Духом — это одно дело; оставаться же наполненным — это задача другого порядка. «Принять» Духа является жизненно важным шагом; «иметь» Духа — это победоносное хождение верующего. В этом суть восьмой главы Послания к римлянам, в которой стих 9 служит лакмусовой бумажкой в испытании на истинность.

Глава 22

Освященная семья
(1 Кор. 7:14)

> Ибо неверующий муж освящается женою верующею, и жена неверующая освящается мужем верующим. Иначе дети ваши были бы нечисты, а теперь святы. (1Кор. 7:14)

Этот стих представляет собой еще одно место Писания, приводимое для оправдания позиции крещения младенцев без их на то согласия или их содействия. Этот стих часто связывают с крещением «всего дома» (см. Главу 19), хотя в тех случаях крещение принимал «глава» (т. е. *муж*) дома, чья вера должна была спасти всех его домашних, в то время как в данном случае утверждается, что спасение будет равным образом достигнуто и верующей *женой*.

В действительности этот стих не имеет вообще никакого отношения к вопросам посвящения, да и спасения как такового. Контекстом является обсуждение вопросов брака и проблем, которые возникают между двумя верующими; более того, между верующим и неверующим супругом. Может ли верующий избежать давления со стороны такого «неравного ярма»? Разумеется, что верующий никогда не должен был оказаться в такой ситуации (2 Кор. 6:14), поэтому Павел наверняка рассматривает случай, когда один из супругов стал верующим *после* заключения брака.

Павел не мог приводить подробные слова Иисуса Христа, которые бы подходили к каждому такому случаю, но, тем не менее, считал, что его «апостольское» наставление имеет полномочия «повеления» (1 Кор. 7:10). Однако главный принцип, лежащий в основе его наставления, имеет прецедент наставления Господа: развод не рассматривается как вариант. Если раздельное жительство супругов является единственным выходом из создавшейся невыносимой ситуации в семье, тогда верующий должен оставаться одиноким или примириться со своим супругом (но не вступать в брак опять, поскольку первый брак не расторгнут, а попросту находится в неопределенном состоянии).

Читая между строк, становится очевидным тот факт, что некоторые верующие делали попытки оправдать развод, или даже просто раздельное жительство супругов, на том единственном основании, что их партнер был неверующим. Такое неравное бремя признавалось безнравственными взаимоотношениями, которые должны быть разорваны; быть в браке с «грешником» рассматривалось как духовная порочность «святого». Более вероятно, что это использовалось в качестве оправдания, чтобы избавиться от раздражающего партнера!

В действительности, согласно тому, чему учит здесь Павел, влияние должно происходить в обратном порядке. Отнюдь не верующий становится запятнанным, но «освящается» неверующий. Но что именно это значит? Это определенно не может иметь отношение к нравственному и духовному очищению, которое следует после оправдания, так как Павел далее утверждает, что неверующий супруг(-а) все еще не «спасены» (1 Кор. 7:16). Павел здесь использует выражение освящения, в особом, основанном на законе и почти ритуальном смысле как «быть отделенным для Господа» (первоначальное значение в Ветхом Завете). «Святой» брак определил таких неверующих в другую категорию, делая ненужным требование «выйдите из среды их и отделитесь» (2 Кор. 6:17). Налаживание отношений несет с собой Божье одобрение и благословение; а то, что имеет одобрение от Бога, должно быть поддержано и верующим.

Павел решает этот спор, обращая внимание на то, что если неверующего супруга(-у) считать слишком «нечистым», чтобы жить с ним (то есть, из-за их неверия, а не из-за их грехов), то тот же принцип должен был бы применяться также и к детям, и верующий член семьи должен был бы оставить их (либо потому, что они дети от неверующего супруга (-и), и потому «загрязнены», либо потому что они еще сами не уверовали). Но это совсем не обязательно, так как «святость» семьи как единицы относит детей также в категорию «освященных» объектов, с которыми верующий должен бережно обходиться. Опять же очевидно, что Павел употребляет слово «освященный» в объективном и «законном» смысле (как «отсутствие осквернения»); только идеалист, у которого никогда не было личных взаимоотношений с детьми, может поверить, что наличие одного обращенного родителя дает гарантию «праведного» поведения и характера у их отпрысков!

Использование такого применения «святости» к детям в качестве оправдания для крещения детей, по меньшей мере, безосновательно. Равным образом можно было бы доказывать, что такие «освященные» дети не нуждаются *ни в каком* обряде очищения (подобно ритуалу крещения иудеев-прозелитов, когда имеющиеся дети «обращенных» родителей включались в их число, но все последующие потомки признавались «освященными» и не требовали прохождения ритуального очищения). Далее можно было бы требовать, что «освященный», но не уверовавший супруг имел право принимать крещение так же, как и его «освященные» дети!

Было бы разумным, если бы все достигли согласия, выработав мораторий на применение этого места Писания в любых дискуссиях по поводу христианского посвящения. Этот отрывок довольно труден для применения к вопросам его основной темы, т.е. темы развода и брака, не вовлекая его в чуждый ему контекст крещения! Этот вопрос разбирается только здесь, потому что слишком часто к нему прибегают для поддержки случаев, когда между крещением и другими элементами посвящения христианина проходит большой период времени.

Дети одного верующего супруга в браке уже являются «освященными», когда они рождаются в этой семье. Крещение не способно сделать их еще более освященными, чем они есть, и применять это действие просто в качестве признания того, кем они уже являются, значит грубо искажать значение этой заповеди, как о ней учит Новый Завет.

Глава 23

Многосоставное Тело
(1 Кор. 12:13)

> Ибо все мы одним Духом крестились в одно тело, Иудеи или Еллины, рабы или свободные, и все напоены одним Духом. (1 Кор. 12:13)

Как и в большинстве своих Посланий, здесь Павел имеет дело с проблемами в церкви, которую он основал. Некоторые из этих проблем имеют доктринальный характер (коринфская церковь была несколько неутвержденной в понимании вопросов воскресения), некоторые относились к нравственным вопросам (включая проблемы кровосмешения и невоздержанности в употреблении вина во время Вечери Господней), а также некоторые проблемы социального плана (касающиеся образования различных кланов в церкви во главе с некоторыми проповедниками). Двумя самыми серьезными проблемами, вызывавшими обеспокоенность Павла, были незрелость христиан коринфской церкви (они были больше «плотскими», чем «духовными»), и их разобщенность (их интересовали больше духовные «дары», нежели «плоды»).

Непосредственный контекст рассматриваемого нами стиха находится в разделе, состоящем из трех глав, «касающихся духовных даров» (по-гречески: *charismata*). Двенадцатая глава Первого послания к коринфянам имеет дело с различными дарами, которые может иметь Церковь; тринадцатая глава показывает, что дары, если они применяются *без любви*, могут причинить вред Телу Христову; четырнадцатая глава озвучивает принципы «более совершенного пути» применения даров *с любовью* для созидания Тела. Вызывает большое сожаление небогодухновенное разделение книги на главы, что нарушает «ход» мысли Павла, позволяя читателям «слизать варенье», то есть стихи о любви, из всего «бутерброда» о дарах Духа, о которых здесь говорится.

Павел реагирует на ситуацию, создавшуюся в церкви Коринфа, отвечая либо на их непосредственные вопросы по поводу духовных даров, либо, что более вероятно, на получаемые им отчеты о нарушениях, которые имели место в их среде. Однако его основное беспокойство было связано с единством Тела, без которого дары представляют собой не более чем бесполезные игрушки в лучшем случае, или опасное оружие, в худшем. Вот почему основное ударение Павел делает на «любовь» (греческое слово *agape*, что предполагает скорее значение «заботиться», чем просто «нравиться»). Такое отношение говорит о стремлении наставить других, а не выразить или проявить собственное «я».

Лейтмотив двенадцатой главы данного Послания можно выразить словами «многообразие в единстве», а основной призыв, который проходит через всю главу, обращен к испытанию церковью Коринфа влияния Святого Духа, Который движет ими, когда они собираются воедино. Павел начинает с того, что напоминает им, что не всякое самопроизвольное говорение происходит от Святого Духа; здесь может иметь место языческое влияние, связанное с их прошлым. Содержание таких восклицаний указывает на источник, от которого они исходят. Возможно, Павел начинает с этой проблемы, потому что большинство перечисленных позднее духовных даров, принимают форму одухотворенной сверхъестественным образом речи.

МНОГОСОСТАВНОЕ ТЕЛО

Церковь Коринфа обладала полным спектром духовных даров, за которые Павел приносит благодарность Богу (1 Кор. 1:7). Однако теперь возникает проблема по причине такого разнообразия даров. Некоторые из них являются более яркими, усиливая репутацию тех, кто их использует. Необходимость в некоторых дарах была преувеличена, необходимость же в других была недооценена. В среде этих незрелых христиан Коринфа таились такие проблемы, как зависть, гордость, нетерпимость, злоба и грубость, и обретение даров Духа вывело наружу эти пороки. Эгоистическое употребление даров приводило к разделениям в Теле.

Вот почему Павел делает ударение на единство даров, лежащее в основе этого разнообразия. В основе всех этих разнообразных видов даров Духа Святого, в Его служении и действии стоит тот же Бог — Отец, Сын и Святой Дух, все непосредственно участвующие в проявлении духовных даров. На самом деле Сама Троица представляет Собой совершенный и первоначальный пример разнообразия, действующего в единстве, и это отражается во всей божественной деятельности Церкви на земле.

Увещание из двенадцатой главы Первого послания к коринфянам, начиная с двенадцатого стиха, вращается вокруг сравнения с физическим телом.

Текст 1 Кор. 12:13 следует внимательно исследовать в данном контексте. Неудивительно, что ключевым здесь является слово «одним»; мы встречаем его здесь трижды в сочетании со словами «все» и «Духом», которые указаны дважды, стоящие на втором плане. «Все — одним — Духом» подводит итог всего стиха и идеально подходит в качестве общей аргументации.

Будем помнить, что общий призыв этой главы был направлен к *переживанию на своем опыте проявлений Духа* коринфянами, а не к их богословию. У них могло быть много различных переживаний от проявления разнообразных даров, которые Духом даны «каждому»; однако у «всех» был один и тот же опыт вхождения в использование даров в Теле, то есть в Церкви. Эта общая для них «отправная точка» в их переживании проявлений даров Духа Святого обеспечивает основное единство, лежащее в основе разнообразия даров, которые следуют после этого. У всех их было одно и то же воспоминание об определенном датируемом опыте посвящения в «жизнь в Духе». Это было также «двойное» переживание, которое лучше всего описывают два глагола — «крестились» и «напоены». Рассмотрим две эти части текста 1 Кор. 12:13 отдельно.

«… ОДНИМ ДУХОМ КРЕСТИЛИСЬ В ОДНО ТЕЛО …»

Помимо замены прилагательного «Святым» на «одним», что полностью объяснимо с точки зрения контекста и цели данного отрывка, как указано выше, эта фраза ничем не отличается от тех, которые употребляются в других местах Нового Завета: «крестить Духом Святым» (Мф. 3:11; Мк. 1:8; Лк. 3:16; Ин. 1:33; Деян. 1:5; 11:16). После глагола (по-гречески: *baptizein*) идет предлог (в греческом: *en*) и «Духом» в дательном падеже (на греческом: *pneumati*). Вот почему у Павла эта фраза должна, несомненно, нести то же самое значение, что и в других местах. Поэтому предлог должен быть переведен, как положено, т.е. «в» (а не посредством творительного падежа, как это стоит во многих переводах, включая NIV версию). Святой Дух выступает в роли не действующей силы, «посредством» которой отправляется крещение, а той среды, «в» которой происходит крещение. Если воспринимать это выражение в творительном падеже, это будет единственным стихом во всем Новом Завете, где Третьей Личности Троицы приписывается роль «крестителя» (т.е. крестящего)!

Точно так же как верующие Коринфа были крещены «в воде» (по-гречески: *en hudati*), они были крещены «в Духе» (по-гречески: *en pneumati*). Глагол «крещены», стоящий во времени аорист, указывает на единственный единичный случай, однажды произошедший со всеми коринфскими верующими, хотя очевидно это произошло отнюдь не одновременно, поскольку маловероятно, чтобы все они присоединились к церкви в один и тот же день.

Но все ли они *пережили* это «крещение» в Духе? Осознавали ли они в тот момент, что это происходит? Было ли это реальным воспоминанием? Понимали ли они, о чем говорит Павел, или это было «новое» откровение для них, так что они в действительности были крещены в Духе, не осознавая этого? Такие вопросы, столь обычные для нашего времени, скорее всего, очень удивили бы как Павла, так и коринфян. Однако эти вопросы необходимо решать, принимая во внимание общее толкование евангелистами этого стиха, которые трактуют его как разъяснение Павлом вопросов доктрины, а не реального переживания коринфян. Слишком высок риск: все ли христиане сегодня входят в число тех, кто здесь назван «все мы» или нет? Другими словами, все ли живущие в наше время верующие были «крещены одним Духом», даже без какого-либо сознательного понимания произошедшего? Неимоверные последствия в деле пасторского служения!

Ключ к такому глубокому расхождению во мнениях лежит в толковании фразы «в одно Тело». На первый взгляд кажется, что здесь говорится о первичном вхождении верующего в церковь Христа.

Сакраментальная позиция понимает водное крещение как веху вхождения в церковь, поэтому католики заявляют, что крещение Духом является внутренней реальностью внешнего церемониала. Святой Дух принимается посредством этого таинства, даже применительно к младенцам, и любое последующее переживание проявления Духа считается, в разрез с Писанием, «выходом» Духа изнутри.

Согласно точке зрения евангелистов считается, что моментом вхождения в церковь является вера, отсюда следует утверждение, что крещение Духом — это то же самое, что оправдание или возрождение. Святой Дух «принимается» в момент, когда человек уверовал, и любое последующее переживание проявления Духа относится к «полноте» (еще одно небиблейское слово) Духа.

Ни для одной из этих двух позиций вовсе не приемлемо выражение «крещение Духом», которое редко, если вообще когда-либо используется ими, при этом первые предпочитают говорить о водном крещении, а другие склонны упоминать «рождение свыше» от Духа. Такое игнорирование вызывает удивление, учитывая пророчество Иоанна Крестителя о том, что это будет выдающимся признаком служения Иисуса Христа как Мессии. Как это ни странно, евангелисты, в частности, остаются несведущими относительно того факта, что фраза «крещены Духом» и «рожден свыше» встречаются в Новом Завете практически с одинаковой частотой, или, правильнее сказать, одинаково редко!

В довершение к сказанному добавим, что пятидесятническая точка зрения, довольно свободно использующая это выражение, в тексте 1 Кор. 12:13 не признает тот факт, что речь в данном случае идет о крещении Духом. «Крещение», о котором здесь сказано, понимается ими просто как акт воплощения, а не наделения силой; несмотря на осуществление этого крещения Духом Святым, это не имеет никакого отношения к крещению в Духе или Духом, или к крещению в воде. На деле эта позиция очень близка к подходу евангелистов, несмотря на поправку об убеждении пятидесятников в том, что крещение Духом является «вторым благословением» на более позднем этапе. Приверженцы либерального подхода относятся, по всей видимости, с осторожностью к употреблению выражений «рожденный свыше» или «крещенный в Духе», и склонны верить, что Дух Святой работает во всех людях, которые находятся в человеческом «теле».

Подход в этом вопросе, признанный католиками, евангелистами и пятидесятниками, свидетельствует о том, что предлог «в» в греческом имеет то же значение, что и в английском

МНОГОСОСТАВНОЕ ТЕЛО

языке. Они полагают, что он указывает на самую первую ступень вхождения в новую ситуацию. Поскольку в английском его значение распространяется и на другие этапы христианского «пути», необходимо добавить уточняющие слова, то есть «только в» (Духе), «далее в» (Духе) и «непосредственно в» (Духе). Греческое слово (*eis*) может передавать любое из этих значений, не нуждаясь ни в каких уточняющих словах. Оно может относиться как к начальному этапу пути, так и к его середине, а также к окончанию, к отправной точке или пункту назначения. Только контекст может показать, какой из аспектов превалирует.

Когда этот предлог употребляется с глаголом «крестить», он неизменно означает «непосредственно в», а не «только в», указывая на завершение, а не начало процесса, т.е. приведение чего-либо к полному выражению, практическому действию или достижению высшей точки. К примеру, фраза «крестились в Моисея» (1 Кор. 10:2) не означает того, что Моисей не был лидером иудеев-невольников до того, как они пересекли Чермное Море. Напротив, она означает, что данное событие привело их к подчинению ему и вызвало доверие к нему до полной приверженности, как знак того, что произошел окончательный разрыв с властью фараона. После этого «крещения» возврат к прошлому невозможен, поэтому оно было окончательным.

Выражение «во Христа крестившиеся» (Гал. 3:27, предположительно относится к водному крещению, что вполне вероятно ввиду того, что здесь говорится об «облачении» в новые «одежды» Христа), несет такое же значение. Оно не подразумевает того, что до крещения у них не было веры во Христа или взаимоотношений с Ним, но говорит о том, что теперь их вера и эти отношения доведены до своего надлежащего завершения. Самым ярким примером такого употребления служит утверждение, сделанное Иоанном Крестителем: «Я крещу вас в [на греческом: *en*] воде в [на греческом: *eis*] покаяние» (Мф. 3:11). Тем не менее, он уже тогда говорил о необходимости принесения Богу достойного плода покаяния перед крещением (Мф. 3:8)! Людям необходимо было подтвердить, что они уже находились *в* состоянии покаяния до того, как Иоанн будет крестить их *в* покаяние.

Это полностью противоречит нормальному функционированию английского языка, в котором действие *into* («во внутрь») является результатом действия *in* «в». Но если смысл предлога *into* «во внутрь» (греческое: *eis*) вместе со словом «крестить» означает «непосредственно в», то все становится на свои места. Так пловец опускает ногу в воду, чтобы узнать ее температуру, перед тем как окунуться в нее с головой. Другой пример из Писания мы находим, когда Петр объявил в день Пятидесятницы о том, что крещение осуществляется «во» прощение грехов (Деян. 2:38; в русском Синодальном переводе: «для прощения грехов», – *прим. пер.*); оно приносит свободу от прошлого, доводя ее до кульминации и завершения, точно так же как переход через Чермное море принес свободу еврейскому народу от египетского рабства, доведя ее до логического завершения, несмотря на то, что фактически они оставили свои оковы за несколько дней до этого события.

Применив такую точку зрения к тексту 1 Кор. 12:13, мы узнаем, что состояние «крещенного в Духе» переносит человека «непосредственно в» Тело Христово посредством помазания его силой для служения этому Телу через различные дары. Павел понимает «членство» в Теле (т.е. в Церкви) исключительно как функциональное. Это касается не столько вхождения в состав, сколько исполнения своего предназначения! Это и есть «крещение Духом», посредством которого осуществляется эффективное функционирование каждой части Тела.

Однако важно отметить, что такое толкование стиха не допускает негативного умозаключения о том, что те, кто не «крещен в Духе», должны быть «вне» Тела. Они могут находиться на пути вхождения *в* Тело, пока еще не достигнув той точки, когда они находятся непосредственно *на* том месте и в том назначении, для чего их приготовил Бог. Во многом это похоже на ситуацию с покаявшимися верующими, которые еще не приняли водного крещения, хотя и идут к этому, но еще не исполнили главного требования ученичества (Мф. 28:19). Таковые, конечно же, не должны рассматриваться как находящиеся «вне» Тела, однако, они не могут также признаваться и находящимися «непосредственно в» Нем (их духовный статус более полно обсуждается в Главе 36).

Такое понимание также позволяет выражению «крещены (одним) Духом» иметь полностью субъективное и эмпирическое значение, как в других местах Нового Завета, несмотря на то, что в этом конкретном стихе это значение не было раскрыто, или описано (Павел полагает, что коринфяне отлично понимают, о чем он говорит). Это представляет собой всегда осознанное *переживание*, сопровождаемое слышимыми и видимыми *доказательствами*.

Все это будет невозможно, если крещение Духом будет отождествляться с оправданием, с одной стороны, и с водным крещением, с другой, что только добавляет сомнений по поводу каждого из данных мнений. «Пропитывание» в Духе (это как раз то, что означает слово «крестить») было наверняка тем же, что и «излияние» Духа, которое испытал на себе каждый верующий, живущий во времена Нового Завета (см. Главы 16, 18 и 26). Ударение на субъективный аспект подчеркивается во второй половине нашего стиха, к которому мы сейчас и обратимся.

«...ВСЕ НАПОЕНЫ ОДНИМ ДУХОМ...»

Последователи сакраментализма, которые, как мы уже рассматривали выше, связывают первую часть стиха с водным крещением, относя его вторую часть к Святому Причастию! Евангелисты, которые отождествляют первую часть с оправданием, склонны видеть во второй части стиха связь с длительным процессом усвоения Духа Святого, который ведет к освящению. Оба толкования кажутся логически обоснованными, пока мы не посмотрим внимательно на время, в котором стоит рассматриваемый нами глагол «напоены». Он употреблен во времени аорист, что говорит об одном, однократном, неповторяемом событии! Поэтому его нельзя относить к продолжительному процессу «впитывания» Духа, будь оно по природе духовным или имеющим отношение к совершению таинства. Здесь говорится о том самом «глотке» Святого Духа, с которого начинают течь «реки воды живой» (см. Главу 11).

Так что же это за «глоток», и какое отношение два события, упомянутые в этом стихе, имеют друг к другу? Лишь очень немногие богословы считают, что между ними нет совершенно никакой связи. Это они делают частично по той причине, что между двумя частями стиха стоит союз «и», но в большей мере из-за того, что этот стих имеет признаки «еврейского параллелизма», которым насыщена поэзия Псалмов, и которые вполне естественно могли иметь место в произведениях бывшего иудейского учителя! Но мнения разделились в отношении того, какой «вид» параллелизма использован автором в этом стихе — *синонимический* (говорящий об одном и том же двумя различными способами) или *синтетический* (дополняющий первую часть стиха информацией, содержащейся во второй).

Некоторые смотрят на это двустишие как на синонимическое, несмотря на то, что «пропитаться» (т.е. «креститься») и «напиться» вряд ли может быть одним и тем же действием! Для защиты этой точки зрения прибегают к альтернативному значению второго глагола, а именно: «поливать» или «насыщать». В таком случае эти глаголы становятся альтернативным способом выражения той мысли, что «мы все были наполнены Духом». Это можно рассматривать как вероятность, однако, она не оправдывается остальным контекстом Писания, особенно в эпизоде, когда Иисус Христос Сам предлагает «пить воду» самарянке и во время событий праздника Кущей (см. Главу 11).

МНОГОСОСТАВНОЕ ТЕЛО

Наиболее логичным представляется понимание этого двустишия как синтетического параллелизма. Одно и то же событие или переживание описывается под двумя различными углами зрения. Будет наиболее подходящим сказать, что первая фраза указывает на объективный аспект, а вторая — на субъективный. И все же, такое современное разграничение кажется несвойственным авторам Нового Завета, несмотря на их неизменное увещевание «быть самими собой», то есть позволить своему субъективному состоянию отражать объективный статус, чтобы наше освящение выражало наше оправдание.

Мы уже ранее отметили, что слово «крещены» содержит сильный субъективный компонент. Более подходящим может показаться взгляд на первое утверждение как на внешнюю сторону вопроса, а второй — на его внутренний аспект. Действие «пропитывания» подразумевает нечто изливаемое на нас, и поэтому происходящее вне нас самих; состояние же, передаваемое словом «напоены», подразумевает нечто вливаемое в нас и поступающее непосредственно внутрь нас. Подтверждением такого разграничения может служить форма залога, в котором стоят указанные глаголы: «крещены» (т.е. «пропитаны») стоит в *страдательном* залоге, что подразумевает действие только со стороны того, кто крестит, в то время, как «напоены» стоит в *медиальном (среднем) залоге*, подразумевая наличие взаимодействия между крестящим и крещаемым.

Оба слова берут начало от Иисуса Христа (Ин. 4:13; 7:37-39; Деян. 1:5-8). Необычным образом они были соединены в день Пятидесятницы, когда ученики были «крещены» в Духе, а наблюдавший за ними народ изумлялся, не «напились» ли они вина (Деян. 2:13-15). Павел увещевал верующих не «пить» вина, но «исполняться Духом» (Еф. 5:18). Оба события происходят естественным образом так, как это случается в природе. Когда на землю сходит дождь, почва «пропитывается» влагой, «поглощая» ее (Евр. 6:7).

Итак, переживания, о которых здесь говорит Павел, представляют собой сочетание пассивного «пропитывания» в Духе и активного действия «испития» Духа (отметьте вовлечение уст на этапе совместного участия Духа и человека). Воедино они создают то действие, которое апостолы называют «принятием» Духа. Сказать во времена Ранней Церкви, что человек может быть «пропитан» (т.е. «крещен») и «напоен» Духом, чтобы при этом он или кто-либо другой пребывали в полном неведении об этом, кажется абсурдным! Именно это осознанное переживание позволяет верующему пользоваться духовными дарами, которые Павел перечисляет непосредственно перед этим утверждением (языки и пророчества указаны одними из первых), таким образом становясь полноценно функциональным «членом» Тела, т.е. Церкви.

Можно к этому добавить пару слов по поводу общего применения этого стиха к современной ситуации (хотя более основательно мы будем говорить об этом в Главе 35). Выражение «мы все» используется в отношении верующих коринфской церкви вполне обоснованно. Поскольку ее основал Павел, который настаивал на том, чтобы обращенные им верующие «приняли» Духа, а также «уверовали» в Иисуса Христа, он мог справедливо полагать, что этот опыт был частью их посвящения, основывая свое доказательство на том, что они разделяли общее воспоминание об этом событии. Но это не дает основания полагать, что *все* верующие сегодня «погреблись со Христом в крещении» (Рим. 6:4; 1 Кор. 1:13; Гал. 3:27; Кол. 2:12, все ссылки предполагают это). Увы, в наши дни существует так много верующих, которые не испытали крещения водой или крещения Духом, либо обоих этих событий.

Последний упомянутый факт может всецело служить объяснением того, почему имеется недостаток, а во многих случаях и отсутствие тех «духовных даров», которые перечислены в двенадцатой главе Первого послания к коринфянам. В таком случае Церкви приходится зависеть от данных ей «естественных» даров (то есть, полученных *до* того, как верующие стали христианами, и которые они продолжают использовать после); поскольку такие дары распределены крайне неравномерно, в служении народ Божий делится на активное меньшинство и пассивное большинство!

Если описанные в тексте 1 Кор. 12:13 состояния не являются частью нашего опыта, то стихи 7-11 также не имеют к нам отношения! Даже писатели-евангелисты, которые не любят или не используют выражение «крещение Духом», искренне признают, что духовные дары появляются регулярно и часто только там, где уверенно проповедуется эта формулировка (см., например, выдержку из книги Майкла Грина *Прорванные Винные Мехи (Bursting the Wineskins,* Hodder and Stoughton, 1983), стр. 261-262.) Практическое наблюдение способно дополнить это готовое изложение взглядов!

В заключение нам остается сделать вывод о том, что христианское посвящение не может быть завершенным без «наполнения» Святым Духом, которое сочетает в себе процесс «пропитывания» и «насыщения», именно это переживание и есть та жизненно важная составляющая единства Церкви. Поистине, без этого невозможно «сохранять единство духа в союзе мира» (Еф. 4:3). Это может объяснять большое разочарование в экуменических кругах, а также появление некоторых неожиданных «побочных продуктов» харизматического движения, как говорится, когда вода поднимается выше ворот, утки начинают плыть вместе!

Глава 24

Крестящиеся для мертвых
(1 Кор. 15:29)

> Иначе, что делают крестящиеся для мертвых? Если мертвые совсем не воскресают, то для чего и крестятся для мертвых? (1 Кор. 15:29)

В Новом Завете есть единственное упоминание о крещении по «доверенности», когда один человек проходит церемонию вместо другого, кто, тем не менее, остается «выгодоприобретателем».

Некоторые рассматривают это как практику христиан самого раннего периода, которая была создана как гарантия безопасности умерших родственников до того, как полное спасение, ставшее возможным после первой Пасхи и дня Пятидесятницы, стало доступным. Как таковая, эта практика была одним из тех обычаев, которые неминуемо должны были бы отмереть через несколько первых поколений (поскольку лишь немногих заботит вечный удел их дальних предков).

Другие, в особенности мормоны, говорят, что эта практика продлится вплоть до «последних дней», поскольку в этом стихе она получила полное библейское и апостольское утверждение.

НОРМАЛЬНОЕ РОЖДЕНИЕ ХРИСТИАНИНА

Однако существуют веские возражения против того, чтобы считать ее вообще «христианской». Такая возможность весьма противоречила бы нескольким основным принципам Писания.

В первую очередь, это идет в разрез с общим смыслом учения Нового Завета о том, что после смерти человека морального выбора не существует. За пределами этой жизни существует «великая пропасть», которую никто не может преодолеть (Лк. 16:26). Для нашего вечного удела определяющее значение имеют решения, которые мы принимаем при жизни (Лк. 12:20). Доктрина «второго шанса» спасения в потустороннем мире не находит своего обоснования в апостольском учении. Единственное исключение касается только *одного* поколения, а именно: тех, кто погиб во время потопа в дни Ноя (1 Пет. 3:19 — см. Главу 29).

Во-вторых, это представляло бы собой четко сформулированную доктрину «возрождения через крещение», точка зрения, согласно которой вода и определенные слова производят спасение сами по себе, даже при отсутствии покаяния и веры в тех, кто получает благословение через крещение. Техническим термином этой механической, даже магической, теории крещения является фраза на латыни *ex opere operato* (что значит, «в силу содеянного»).

В-третьих, такое понимание полагается на замещающий вид веры, веры, которая осуществляется от имени другого человека (как при согласии, так и без него), а также в отсутствие взаимодействия с его стороны. На самом деле в Евангелиях есть несколько подобных примеров, хотя они всегда были связаны с исцелением от болезни или изгнанием демонов. Но при этом нет ни единого случая кого-либо, кто бы действовал как «заместитель» таким образом, когда это касалось вопросов личного и вечного спасения. Следует отметить, к примеру, особое ударение на необходимости *личного* отклика человека в апостольском благовествовании («Покайтесь и да крестится каждый из вас...» — Деян. 2:38; см. Главу 15).

КРЕСТЯЩИЕСЯ ДЛЯ МЕРТВЫХ

Несмотря на имеющиеся случаи выражения общей ответственности за грехи всего народа в Ветхом Завете (мы находим такие примеры в книгах Неемии 1 и Даниила 9), в Новом Завете нет ни одного случая замещающего покаяния. Действительно, признаком наступления Нового Завета должно было стать то, что каждый человек будет нести ответственность только за свои личные грехи (Иер. 31:29-30; Иез. 18:2).

Помимо вышеприведенных проблем общего характера, в самом тексте мы находим признаки того, что Павел здесь не говорит о христианской традиции. Он говорит обо всех участниках данной церемонии в третьем лице. Вместо того чтобы спросить «Для чего мы...?» или «Для чего вы...?», он спрашивает «Для чего (они)...?» Помимо этой необычной (и судя по всему тщательно выбранной) формулировки есть ряд существенных пробелов. Мы не встречаем здесь упоминания о покаянии и вере, даже заместительного характера, несмотря на то, что Павел рассматривал их как неотъемлемые предпосылки крещения. Также Павел не указывает цель или эффективность этой практики.

Единственный момент, который Павел отмечает в этом стихе, состоит в том, что те, кто участвует в этом физическом обряде в целях поручительства за умерших, делают это, потому что верят в некое телесное загробное существование (в отличие от характерной для греков теории о тленности тела и бессмертии души, в случае чего «материальный» обряд был бы совершенно неуместным). Убежденность в их «суеверии» лежит в заметном отличии скептического отношения христиан коринфской церкви, которые очевидно испытывали недоверие к учению о телесном воскресении, что было присуще греческой философии (ср. Деян. 17:32).

Очевиден факт, что Павел использует то, что называется *«аргументум ад хоминем»*, то есть аргумент (обращенный) к человеку (рассчитанный на восприятие и особенности убеждаемого): он использует пример языческого верования, чтобы пристыдить своих скептически настроенных читателей и заставить их иметь твердую веру. Павел здесь вовсе не одобряет их практики, в отличие от Иисуса Христа, когда Он использовал аналогичный призыв к догадливости нечестного мошенника; увы, часто получается, что «сыны века сего догадливее [или проявляют большую прозорливость] сынов света в своем роде» (Лк. 16:8).

У меня есть фотография, снятая в Сингапуре, макета машины в натуральную величину, которая была сконструирована из бамбукового тростника и тонкой папиросной бумаги. Она была приобретена для сожжения на погребальном костре, чтобы создать удобную транспортировку усопшего в следующий мир. (Было смешно видеть, что на колпаках бумажных колес этой «машины» был логотип фирмы «Mercedes-Benz», видимо, предполагалось, что она обеспечит «пробег» расстоянием в вечность!). Если бы Павел жил сегодня, он бы нашел этому наивному верованию в «материальность» загробной жизни удачное сравнение с отрицанием радикального богословия «телесного» воскресения, чтобы показать, что первые имеют больше веры, чем последние! Также многих христиан, цель которых иметь «Mercedes» в этом мире, эта практика китайцев может заставить научиться тому, как «собирать себе сокровища на небесах», правильно распоряжаясь деньгами и материальными благами (Мф. 6:19-21; Лк. 16:9).

Некоторые из затронутых выше проблем также поднимают вопросы, связанные с правомерностью и целесообразностью крещения младенцев, понимается ли это с позиций сакраментализма («*ex opera operato*», т.е. в силу содеянного) или по-лютерански (в зависимости от наличия заместительного покаяния и веры у «гаранта»: родителей, крестных родителей, и/или членов церкви). Что мы видим из исследуемого стиха, — это то, что если крещение по поручению умершего не было в практике ни Павла, ни коринфян, это место не представляет собой прецедент для полномочных обещаний, совершенных от лица новорожденных младенцев.

Глава 25

Новое обрезание
(Кол. 2:9-12)

> Ибо в Нем обитает вся полнота Божества телесно, и вы имеете полноту в Нем, Который есть глава всякого начальства и власти. В Нем вы и обрезаны обрезанием нерукотворенным, совлечением греховного тела плоти, обрезанием Христовым; бывши погребены с Ним в крещении, в Нем вы и совоскресли верою в силу Бога, Который воскресил Его из мертвых. (Кол. 2:9-12)

Изучение Посланий в Новом Завете напоминает прослушивание телефонного разговора на одном конце провода. Чтобы понять, о чем говорит другой участник диалога, нужно догадываться, делая логические выводы (см. книгу *Как читать Библию, чтобы понять всю ее ценность* Гордон Д. Фи и Дуглас Стюарт (Scripture Union, 1983), глава 4. На мой взгляд, книга Фи и Стюарта является одним из самых лучших пособий по изучению Библии).

Чтобы оценить, насколько трудным может быть процесс прослушивания и восстановления ответов, приглашаю вас воспользоваться воображением и догадаться, о чем идет речь в следующем диалоге (где даются слова только одного участника разговора):

«Мои поздравления! Какой вес?»

(Пауза).

«А какой цвет?»

(Пауза).

«А сколько галлонов в час он ест?»

(Пауза).

«А твой старый инвентарь подойдет?»

(Пауза).

Как быстро вы догадались, что фермер купил новый трактор?

Стоимость и сложность пересылки писем во времена Нового Завета говорят о том, что все письма были написаны только по очень важному поводу, обычно реагируя на какую-то конкретную ситуацию, возникшую у тех, кому они были адресованы. Вот почему так важно «читать между строк», чтобы понять ту особую нужду в совете или исправлении, которая была у получателя послания.

В случае с церковью в Колоссах, очевиден тот факт, что в их учение прокралась ересь, что конечно отрицательно отразилось на поведении этих верующих, в частности на их личных взаимоотношениях. Лжеучение оказалось смесью философии гностицизма и обрядности иудаизма. Именно последнее подчеркивает суть стихов, которые мы здесь исследуем. Для Павла такие «празднества», как кошерная еда, субботний день и ежегодные праздники, относились к миру «теней»; они могут иметь правильную «форму» (до некоторой степени), но они лишены реального содержания.

НОВОЕ ОБРЕЗАНИЕ

Несмотря на то, что Павел не включает обрезание в свод ненужных обычаев, оно наверняка было у него на уме. Стихи 9-10 можно перефразировать следующим образом: «Во Христе у вас есть все, в чем вы могли бы когда-либо нуждаться, включая любое обрезание, если оно вам понадобилось бы». Требование для христиан совершать обрезание было ошибкой, идущей из иудаизма, которая мешала Павлу в его благовествовании язычникам (см. Рим. 2:26; 1 Кор. 7:19; Гал. 5:2; Еф. 2:11; Флп. 3:2). Физический обряд как таковой становится отжившей традицией и утрачивает актуальность для нового народа Божьего во Христе (Кол. 3:11).

Обряд обрезания был дан Аврааму как «печать» его праведности по вере (Рим. 4:11 — обратите внимание, что это установление он получил *после* того, как уверовал; если бы *можно было* провести параллель между обрезанием и крещением, то последнее должно было бы также следовать в том же порядке!). Это постановление переходило на всех сынов и слуг «дома» Авраама в качестве «знака» (который указывает на то, что находится впереди, в то время как «печать» указывает на прошлое) того, что Божье обетование распространяется на «семя» Авраамово, одного потомка мужского пола, который унаследует его (Гал. 3:16).

Когда этот наследник пришел в лице Иисуса Христа, этот знак достиг своего исполнения, и Его обрезание было последним, которого требовал Бог. Следует отметить, что когда этот «знак» передавался от поколения к поколению, его практический «эффект» ничего не значил. Его совершение ничего практически не меняло в ребенке (кроме обрезания крайней плоти); это было не более чем признанием того, что мальчик уже принадлежал к потомкам Авраама по рождению. Тем не менее, несоблюдение обрезания могло возыметь серьезные последствия, когда ребенок исключался из числа наследников рода; несоблюдение обрезания рассматривалось как нарушение завета Авраамова (Быт. 17:14).

НОРМАЛЬНОЕ РОЖДЕНИЕ ХРИСТИАНИНА

Позднее, обряд обрезания также связывал проходившего его человека обязательством соблюдать весь закон Моисея, оставленный потомкам Авраама при исходе из Египта. Именно по этой последней причине, Павел так категорично выступает против применения обрезания в среде обращенных им язычников, хотя признает его как часть существующей социальной практики, не несущей никакого духовного смысла (он даже пошел дальше, обрезав Тимофея, чтобы он мог благовествовать иудеям — Деян. 16:3). Тем не менее, Павел считал, что как религиозный обряд, обрезание было ликвидировано (1 Кор. 7:19).

И все же сегодня многие говорят, что обрезание реализовано, а не ликвидировано, т.е. что оно было трансформировано в другой вещественный церемониал — христианское крещение. Одно вытеснило другое, став ритуалом посвящения в членство народа Божьего. На «преемственности» между этими двумя ритуалами особенно настаивают приверженцы идеи о том, что крещение детей при условии, что они принадлежат христианской семье, является правомерным увековечиванием предыдущей практики обрезания младенцев.

Богословское оправдание этой позиции они берут из толкования Писания, основанного на понимании «завета», когда все заветы в Писании смешиваются в один «завет благодати», тем самым признавая условия и применение этого завета неизменными на протяжении всего Ветхого и Нового Заветов. (Для более подробного обсуждения этих вопросов см. Главу 34 и Дополнение 1). Текстуальное оправдание такого отождествления крещения с обрезанием можно найти и в исследуемом нами отрывке из Послания к колоссянам (хотя это единственное место в Новом Завете, где эти две темы упоминаются вместе).

Следует признать, что слова «обрезание» и «крещение» тесно связаны, и на первый взгляд сравниваются друг с другом. Однако внимательное изучение позволяет увидеть, что они все же противопоставляются друг другу. Если бы Павел сказал просто «у вас нет необходимости в обрезании, потому что вы уже были крещены», то к этому уже ничего не нужно было бы добавлять. Если бы он понимал это именно таким образом, то он бы, наверное, уберег себя от участия в Иерусалимском Соборе или от необходимости писать Послание к галатам! Но ни он, ни кто другой из апостолов никогда не приходили к такой упрощенной формулировке: ход его мыслей намного более сложный и требует более внимательного рассмотрения.

В основе аргументации Павла лежит четкое разделение между физическим обрезанием телесного характера, которое осуществляли иудеи, и духовным обрезанием, происходящим в сердце христианина. Ключевая фраза здесь — «нерукотворенный», что явно не может быть характеристикой при описании крещения! Существует очевидная связь между этим обрезанием сердца и крещением, однако, не до полного отождествления этих двух аспектов.

Писание имеет прецедент, где слово «обрезание» употребляется больше в духовном, чем физическом смысле. Несмотря на то, что в Ветхом Завете обычно оно означало определенное хирургическое действие, которое отличало потомков Авраама, пророки Израиля были едины в настойчивом требовании, чтобы этот физический обряд соответствовал нравственной чистоте, что получило название «обрезание сердца» (см. Втор. 10:16; Иер. 4:4; 9:26). Иноплеменникам не позволялось входить в храм, потому что они были необрезанные сердцем и плотью (Иез. 44:7). В большинстве случаев такое обрезание сердца считалось делом рук человеческих, точно так же как и обрезания плоти, однако было дано обетование, что однажды Господь Сам совершит такого рода обрезание (Втор. 30:6).

Павел, безусловно, был хорошо осведомлен об этой особенности пророческого учения об обрезании, но получатели его послания в Колоссах, возможно, не помнили, а может, и не знали об этом. Но им и не нужно было этого делать.

НОРМАЛЬНОЕ РОЖДЕНИЕ ХРИСТИАНИНА

Аргументация Павла опиралась не на двойственность аспектов обрезания, а на двойственность значения слова «плоть» (по-гречески: *sarx*). Несмотря на то, что это слово относилось к физическому телу, апостол Павел употреблял его намного чаще для обозначения греховной природы человека, которую он унаследовал вместе с физической жизнью. Во время обрезания у евреев отрезалась только небольшая часть физической «плоти», в то время как христианское обрезание «совлекает» все греховное «тело плоти».

Это осуществляется посредством «обрезания Христова» (стих 11). Что примечательно в отношении родительного падежа, выражает ли он субъективный или объективный аспект, а также показывает ли он, что обрезание осуществляется в отношении Христа или посредством Христа? Говорит ли здесь Павел б одномоментном событии, имевшем место лишь в жизни Иисуса Христа, или о повторяемом событии, проявляющемся в жизни каждого верующего? Иначе говоря, когда это «обрезание Христово» произошло или произойдет?

Предположим, что это относится к обрезанию Самого Христа, и посмотрим, куда это нас приведет. Проще всего будет предположить, что это могло относиться к еврейскому обычаю, который Иисус прошел на восьмой день после Своего рождения (Лк. 2:21). Но Павел здесь говорит о «совлечении тела», то есть не части, а всего тела. Поэтому более вероятным видится предположение, что здесь говорится в переносном смысле о Его смерти на кресте. «В подобии плоти греховной» (Рим. 8:3), «не знавшего греха Он сделал для нас [жертвою за] грех» (2 Кор. 5:21), «Он умер однажды для греха» (Рим. 6:10). Он не просто «сбросил смертный прах», но снял с Себя то, что стало «телом греховным». Это была окончательная смерть для плоти, в обоих смыслах этого слова. В этом совлечении плоти, будучи Агнцем Божьим, на Голгофе Христос «взял [на Себя] грех мира» (Ин. 1:29).

Такое понимание хорошо согласуется с контекстом, хотя и производит прямую связь между «объективным» и «субъективным» значениями. То, что было совершено *со* Христом на кресте, также совершено *Христом* в верующем. В богословии Павла занимает существенное место следующая концепция: то, что было исторически достигнуто смертью, погребением и воскресением Господа Иисуса Христа (1 Кор. 15:3-4), должен в реальности присвоить себе индивидуально каждый верующий, который должен сораспяться, быть погребенным и совоскреснуть со Христом для того, чтобы и для него стало возможным «совлечь плоть» (и в этот раз значение этой фразы несет полностью духовный смысл, имеющий отношение к его унаследованной греховной природе; при этом не требуется никакого хирургического телесного воздействия).

Отождествление с «обрезанием Христовым», которое отделяет христианина от его греховной плоти, начинается с его покаяния и веры, а завершается актом крещения. Крещение осуществляется «в Его смерть» (Рим. 6:3). Погружение в воду относится к Его погребению; появление из воды относится к Его воскресению (отметьте, что верующий «погребен» и «воскрешен» *со* Христом).

Здесь заслуживают внимания два момента в формулировке Павла. Во-первых, его формулировка имеет больше характер таинства, чем символа; церемониал является скорее вспомогательным средством, а не «учебным пособием»! Во-вторых, в Послании к колоссянам мы неожиданно находим отсутствие прямой связи между крещением и смертью Иисуса Христа; упоминается только погребение и воскресение (хотя это может быть не так существенно).

Обнаруживается глубокий парадокс, проходящий через весь этот раздел. Если плоть жива, человек продолжает находиться в состоянии необрезанной смерти (Кол. 2:13), даже если его тело прошло обряд обрезания! Когда плоть распята и погребена посредством крещения, начинается настоящая жизнь! Та же «сила», что воскресила Иисуса Христа из мертвых, действует посредством крещения с целью того, чтобы вызвать верующего к новой жизни. Так как эта «сила» в других местах Писания определена как Святой Дух (Рим. 8:11),

Павел здесь, возможно, говорит о крещении Духом, которое, согласно апостольскому учению, обычно происходит сразу же после водного крещения. Другие отрывки Нового Завета таким же образом связывают крещение с воскресением (Рим. 6:4; 1 Пет. 3:21).

Такое «высокое» понимание крещения, в котором Бог принимает более активное участие, чем человек, защищено от того механического, и даже сверхъестественного воздействия, когда особое ударение делается на веру (обратите внимание на фразу «вы... верою» в стихе 12). Именно посредством крещения верующего достигается то самое эффективное отождествление с Христовой «смертью плоти».

Поэтому есть два довода, почему этот отрывок не поддерживает практику крещения младенцев. Во-первых, при отсутствии веры крещаемого, сам ритуал перерастает в церемониал, по сути своей являющийся не более чем суеверием или символом; в любом случае, утрачивается библейское равновесие. Во-вторых, Павел вообще не говорит явственно о *телесном* обрезании (хотя это, возможно, тот вопрос, который служил предпосылкой для написания этого Послания). Через весь этот отрывок проходит мысль об «обрезании» *сердца*, том нерукотворном обрезании, которое осуществляет Христос в христианах.

Если бы Павел утверждал или хотя бы намекал о непосредственной преемственности, существующей между этими двумя обрядами обрезания и крещения, как последовательных этапов посвящения в рамках одного «завета благодати», то странно, почему он не применил такую аргументацию на Иерусалимском Соборе (Деяния 15) или в его Послании к галатам, где вопрос обрезания был главной темой, а также во всех других случаях, когда «иудействующие» вызывали волнение среди новообращенных Павлом верующих? Также не объясняет это и то, почему он выступал только против обрезания верующих из язычников; если крещение «вытеснило» обрезание, то он должен был бы препятствовать этой практике и среди верующих иудеев!

Толкование понятия крещения, которое мы видим здесь, ставит ударение на различии между этими двумя действиями. Телесное обрезание являлось признанием (видимым образом посредством удаления части тела) того, что человек по своему физическому происхождению вошел в завет Авраама. Актом же крещения посредством «погребения» и «воскресения» всего тела признается то, что человек был рожден от Духа Святого, чтобы стать новообращенным, который умер для «плоти». Одно требует физической принадлежности с Авраамом, другое — отождествления по вере с Иисусом Христом. Первое было предназначено только для мужчин; в другом же нет «мужеского пола ни женского» (Гал. 3:27-28).

То, что Павел не рассматривал крещение и обрезание как равноценные действия посвящения, убедительно доказал на основании отрывка Кол. 2:9-12 Епископ Лесли Ньюбигин. В своей книге *«Дом Божий» (The Household of God,* London: SCM Press, 1953), на стр. 36 и далее, он справедливо заметил, что «в самый разгар ужасного конфликта по поводу того, должны или не должны обращенные из язычников проходить ритуал обрезания, ни в Деяниях, ни в Посланиях к галатам или к римлянам нет ни одного намека на уравнивание новозаветного крещения с ветхозаветным обрезанием». Наоборот, он заключает, что «эта страшная борьба вокруг обрезания не была битвой по поводу двух взаимоисключающих ритуалов посвящения вхождения в число народа Божьего. Это была борьба вокруг фундаментальных принципов, на которых этот народ был основан».

Глава 26

БАНЯ ВОЗРОЖДЕНИЯ
(Тит. 3:5-6)

> Он спас нас не по делам праведности, которые бы мы сотворили, а по Своей милости, банею возрождения и обновления Святым Духом, Которого излил на нас обильно... (Тит. 3:5-6)

Цель написания данного Послания весьма практична: для того чтобы показать, что здоровое учение охватывает вопросы поведения и убеждений христианина. То спасение, которое Бог совершил в наших сердцах, должно практиковаться и в наших жизнях (ср. Флп. 2:12-13).

Одним из стимулов к святости является постоянное воспоминание о том, сколько положительных изменений уже произошло. Полезно вспоминать и то, какими мы были раньше, и что Бог использовал, чтобы изменить нас. Непосредственный контекст рассматриваемого нами стиха является ярким напоминанием того, какой жизнью жили получатели Послания, Кто спас их от неправедной жизни и как Он это совершил.

Глагол «спас» стоит во времени аорист, выражая событие, совершенное в прошлом, а не длительный процесс. Это событие освободило их от прошлых грехов: глупости, непокорности, рабства «похотей», злобы, зависти, ненависти. Прежняя концепция «делать добро» никогда не сможет разорвать эти цепи пагубных привычек; им уже ничего не могло помочь справиться с этим «своими силами», разве что взлететь, натянув на свои ноги сандалии! С этим может справиться только благодать и человеколюбие «Спасителя нашего Бога» (стих 4, скорее всего, здесь говорится об Отце; хотя слово «явилась» включает в себя и воплощение Сына, маловероятно, чтобы Павел здесь делал заявление христологического плана).

Но каким точно образом происходит это «освобождение» в человеческой жизни? Какие *средства* используются для осуществления этого спасения? Что на самом деле происходит, когда ломаются эти отвратительные модели поведения? Ответ прост: водное крещение и крещение Духом (и хотя слово «крещение» не используется здесь, мы понимаем, что оно явно подразумевается). Мы «спасены» благодаря событию двойного характера:

1. Мы спасены «банею возрождения» (в NIV версии «водою возрождения»). Слово «возрождение» (греческое слово: *palingenesia*) состоит из слова «рождение» или «начало» (по-гречески: *genesia*, так называется первая книга Библии) и приставки «снова» (по-гречески: *palin*). Итак, первая часть этого события «спасения» состоит из «принятия омовения», посредством которого человек может «начать (что-либо делать) снова» или «быть рожденным снова».

Некоторые станут отрицать, что эта фраза имеет какое-либо отношение к водному крещению. В таком случае слово «баня» должно относиться исключительно к «духовному» очищению, которое происходит внутри человека в момент, когда он «рождается свыше» (см. Главу 6, где опровергается точка зрения, что возрождение происходит мгновенно). Такой подход, как правило, принимается по причинам доктринального характера; а именно — нежелания придавать обряду крещения характеристику действенности таинства. Следующие доводы доказывают несостоятельность этой точки зрения.

Отглагольная форма существительного «баня» (буквально «омовение») в других местах употребляется в качестве физического действия крещения (см. Деян. 22:16; Еф. 5:26; Евр. 10:22 — ср. также 1 Кор. 6:11; 1 Пет. 3:21). Само существительное может относиться к названию резервуара, в котором содержится вода (как в предложении «В ванной комнате стоит литая чугунная ванна»), или к действию пребывания в воде (как в предложении «Я собираюсь принять ванну»). Последнее значение больше всего подходит в данном случае. Большинство комментаторов Библии понимают это место как ссылающееся на водное крещение.

Тогда в каком смысле оно может быть «банею возрождения»? Как физическое действие, которое совершает человек, или как акт спасения, осуществляемый Богом? Какая существует между ними связь? Этот вопрос уже обсуждался (в Главе 4), однако, здесь нам следует добавить несколько пояснений.

Основной эффект, который производит крещение, имеет отношение к прошлому. Оно представляет собой и осуществляет окончательный разрыв с прошлой греховной жизнью. Это похороны — погребение жизни, которая теперь мертва. Значение события перехода Чермного (Красного) моря для еврейского народа по отношению к фараону — то же самое, что и для христианина событие крещения в отношении к сатане. Оно является знаком кончины прошлого рабского существования и начала новой свободной жизни. Это похороны, ведущие к воскресению, или смерть, ведущая к жизни.

Однако для новой жизни нужно больше, чем разрыв с прошлым. Это не просто новое начало жизни, в котором мы нуждаемся; это новая жизнь, с которой мы начинаем! Отрицательный разрыв с прошлым нуждается в положительном ускорении нашего движения в будущее! В этом и заключается второй аспект, который является частью процесса «спасения».

2. Мы спасены посредством «обновления Святым Духом, Которого (Бог) излил на нас обильно (или в изобилии)». Это не имеет отношения к длительному процессу, поскольку глагол опять стоит во времени аорист, указывая на проявления Святого Духа, которое в других местах описано как «принятие Духа», «исполнение Духом» или «крещение Духом». На самом деле, в точности то же слово «излил» встречается при описании событий дня Пятидесятницы (Деян. 2:17, 33) и случая обращения Корнилия (Деян. 10:45). Это служит еще одним подтверждением того, что принятие Духа в день Пятидесятницы было обычным событием, которое происходило в жизни *всех* верующих Нового Завета. Наречие «обильно» указывает, что излитие Духа напоминало скорее пропитывание, а не окропление, что так близко к слову «крещенный» или «промокший насквозь».

Также и слово «обновление» (в греческом это слово *anakainosis*, состоящее из *ana* = снова и *kainos* = новый) имеет много общего со словом «возрождение». Оба говорят о восстановлении до первоначального состояния (ср. Мф. 19:28).

Оба действия осуществляются Богом. Однако первое событие делает ударение на начале, а второе — на продолжении процесса восстановления. Кроме того, даже длительное «обновление» (ср. Рим. 12:2; 2 Кор. 4:16; Кол. 3:10) имеет определенную отправную точку в «излиянии Духа». Крещение в воде завершает прошлую жизнь и начинает новую; крещение Духом обеспечивает продолжение новой жизни, пока не будет полностью восстановлен в ней настоящий образ Божий.

Большинство исследователей Библии отмечают заметную параллель, существующую между текстами Тит. 3:5 и Ин. 3:5. Оба отрывка касаются предмета «рождение свыше» (хотя, к нашему удивлению, относительно редко встречаемого в книгах Нового Завета) и оба содержат упоминания «воды» и «Духа».

БАНЯ ВОЗРОЖДЕНИЯ

Трудно не увидеть связь слов Павла со словами, сказанными Иисусом Христом. Главное отличие между ними состоит в употреблении разных предлогов. В то время как Иисус Христос говорит, что человеку должно родиться «от» (в греческом: *ek*) воды и Духа (т.е. от совершения двух крещений), Павел утверждает, что человек спасен «посредством» (в греческом: *dia*) этих двух событий. Человек может быть возрожден и спасен только через посредство «Спасителя нашего, Бога».

Глава 27

Начатки учения
(Евр. 6:1-6)

> Посему, оставив начатки учения Христова, поспешим к совершенству; и не станем снова полагать основание обращению от мертвых дел и вере в Бога, учению о крещениях, о возложении рук, о воскресении мертвых и о суде вечном. И это сделаем, если Бог позволит.
>
> Ибо невозможно — однажды просвещенных, и вкусивших дара небесного, и соделавшихся причастниками Духа Святого, и вкусивших благого глагола Божия и сил будущего века, и отпадших, опять обновлять покаянием, когда они снова распинают в себе Сына Божия и ругаются [Ему]. (Евр. 6:1-6)

Установить авторство этого «короткого» Послания (13:22) почти невозможно, но не так трудно понять цель его написания. Читая между строк, получатели Послания, верующие из иудеев (живущие, по-видимому, в Риме — 13:24) находились в смертельной духовной опасности после наступления первой волны гонений на «христиан». Им уже довелось испытать расхищение их имущества и утрату близких, тюремное заключение и публичное «поношение» (10:33-34). Но им еще не доводилось умирать за их веру (12:4); однако давление постепенно нарастало и совсем скоро должно было придти и время мученической смерти.

Ключ к пониманию этого Послания состоит в осознании того, что гонения были направлены против христиан, а не иудеев. Иудаизм был «законной» религией (*religio licita*), а «Путь Господень», как вначале называли христианство, был объявлен «нелегальной» религией (*religio illicita*). В обществах с тоталитарными режимами в наши дни сохраняется такое же разделение.

Итак, «евреи», к которым обращается автор Послания, сталкивались не более чем с трудностями социального характера, когда соблюдали иудейские требования. Но по мере их прихода к вере в Иисуса Христа как Мессии, в их жизни начинались реальные проблемы. Сначала они оставались верными в том, в чем они были однажды «просвещены» (10:32). Когда новизна вскоре прошла, а трудности возросли, они, конечно, стали задаваться вопросом, стоило ли это того, чтобы страдать (и они не последние, кто столкнулся с такого рода сомнениями!).

Окончательная разгадка в понимании того затруднительного положения, в котором они оказались, состоит в том, что у них был готовый путь к отступлению. Оставив церковь и вернувшись в синагоги, они могли избежать дальнейших гонений. Однако для того чтобы быть принятыми назад их соотечественниками иудеями, они должны были отречься веры в Иисуса Христа как Сына Божьего. Несомненно, что они могли дать объяснение своей позиции, убеждая себя самих в том, что они по-прежнему будут поклоняться тому же Богу и могут продолжать быть «тайными» верующими в Иисуса Христа!

Учитывая вышеуказанные предпосылки, буквально каждое предложение в Послании к евреям в полной мере укладывается в общую цель его написания. Автор использует каждый возможный довод, чтобы убедить верующих иудеев не делать этого шага назад, а продолжать идти по христианскому «Пути». Автор не собирается их обманывать, что так будет легче, но ободряет их, чтобы они подражали стойкости, проявленной героями веры из Ветхого Завета, а также их новыми христианскими лидерами, и прежде всего, Самим Иисусом Христом.

Главный упор в Послании делается на точном толковании вопроса о превосходстве (слово «лучшее» является ключевым) христианства над иудейством, несмотря на то, что одно вышло из другого. Вернуться назад было бы подобно тому, как поменять шикарный Роллс-Ройс на «Ти»-модель Форда! Тем не менее, выбор имел более серьезные последствия, чем такой обмен: решив избежать физических временных страданий, они были подвержены навлечь на себя духовные последствия, относящиеся к вечности.

Итак, общее изложение содержания Послания постоянно прерывается конкретными увещеваниями, напрямую обращенными лично к его читателям в самой категоричной форме (2:1-4; 3:1; 6; 12-14; 19; 4:14; 5:11-6:12; 10:19-39; 12:1-13:25). К концу Послания эти увещевания становятся все длиннее и сильнее, переходя от благожелательного ободрения и сильных укоров до строгого предостережения.

Отрывок, который мы рассматриваем (6:1-6), представляет собой центральную часть одного из таких длинных увещеваний (5:11-6:12). Этот раздел начинается со слов, выражающих состояние разочарования автора; он осознает, что сложные сравнительные обороты, используемые в его изложении, находятся за пределами понимания его читателей! Это была твердая пища, пригодная для зрелых людей, а не молоко, предназначенное для младенцев. Но к этому времени они не только должны были быть готовы принять это учение; они также должны были быть способны передать его другим.

НОРМАЛЬНОЕ РОЖДЕНИЕ ХРИСТИАНИНА

Он призывает верующих евреев «оставить» те «начатки учения», которые они узнали, ставши «христианами», и «поспешили», т.е. «продолжали двигаться» (излюбленная мысль автора) «к совершенству», которое он определяет как духовную проницательность, а не умственное восприятие. Далее он приступает к перечислению тех «начатков учения», которые увещевает им оставить. Вспоминая об «истоках», он применяет их в качестве основания самого устрашающего предупреждения.

Посредством этого приема автора, мы получаем неоценимую возможность проникнуть в суть понимания автором Послания христианского *посвящения*. Это единственное место во всем Новом Завете, где систематически четко изложены все *четыре* элемента инициации христианина. Здесь они рассматриваются как четыре краеугольных камня, каковыми они и являются, надлежащим образом заложенного основания для христианской жизни. Кроме того, мы встречаемся с некоторыми исключительными способами выражения, которые необходимо прокомментировать.

Первое из них — это «обращение от мертвых дел». Предлог «от» (в греческом: *apo*) играет важную роль. Многие раскаиваются «в» своих греховных действиях или «из-за», но не обращаются «от» них! За делами греха должны следовать *дела* покаяния — отречение, исправление, восстановление и примирение (этот ряд был изложен в Главе 2, а по поводу его применения мы поговорим в Главе 32).

Вторая фраза — это «вера в Бога». Удивляет тот факт, что автор предписывает здесь иметь веру в Бога Отца, а не в Сына. Будучи иудеями, они уже имели «веру в Бога». Однако это может быть не столь существенным, поскольку это был скорее «сокращенный» список указаний, а не обучающее пособие. Нет сомнений, что во время их обращения он был расширен до значения «веры во все, что Бог совершил через Сына Своего Иисуса Христа».

Третье выражение — «учение о крещениях». Две особенности в этом выражении озадачили комментаторов Библии. Употребление относительно редкой формы слова для описания «крещения», что представляется нелогичным (в греческом это слово *baptismos*, используемое в других местах только в значении обычного «омовения» — Мк. 7:4; Евр. 9:10; здесь оно приведено вместо *baptisma*, употребляемого обычно для совершения обряда посвящения). Возможно, нам следует помнить о том, что ни одно слово еще пока не носило формального наименования таинства, какое имеет сегодня «крещение», поэтому оно утратило свое оригинальное значение «погружение». Слова, употреблявшиеся в те времена, имели описательный, а не определительный характер. Другие слова, обозначавшие «омовение», использовались для описания крещения (к примеру, *apolouo* и *lountron*).

Однако не стоит обращать внимание на использованную лексику. Больше беспокоит другое — *множественное число*, в котором оно употреблено; о каких «крещениях» здесь говорится? Есть, по меньшей мере, пять возможных версий, объясняющих этот факт (которые я расположил в убывающем порядке по их правдоподобию):

1. Это просто значит, что в каждом случае обычно крестилось несколько человек.

2. Крещение во имя Троицы требует тройного погружения (в наши дни применяемое в греческой православной церкви).

3. Крещение — это «двойное» омовение, тела и души.

4. Новообращенный должен знать и о водном крещении, и о крещении Духом, так как оба они важны.

5. «Евреям» следовало рассказать о разнице, существующей между христианским крещением и омовениями у левитов, крещением прозелитов и, возможно, крещением Иоанна Крестителя; несмотря на похожесть внешнюю в исполнении, они отличаются по внутренней своей сути и значению.

Фраза «учение о» ближе к последней из версий. Их следовало «научить», то есть дать знания о многих разных видах крещения, несмотря на то, что им было преподано лишь одно на стадии их христианского посвящения (10:22).

Четвертое выражение — «возложение рук» — вне всякого сомнения, говорит об усиленной молитве о том, чтобы дар Святого Духа был принят раскаявшимся крещенным верующим. Стих 4 говорит о результатах такой молитвы. Параллельные места, где встречается практика возложения рук, мы находим в книге Деяний Апостолов (8:17; 9:17; 19:6) и других Посланиях (напр., 2 Тим. 1:6-7).

Что здесь кажется неожиданным, так это подтекст, что возложение рук было обычным необходимым элементом посвящения христианина, использовавшимся каждый раз для «передачи» Святого Духа новообращенному. Здесь, пожалуй, следует напомнить, что имеется только два места в Писании, когда Святой Дух был дан *без* возложения рук, но с четкими признаками, почему так произошло. В день Пятидесятницы (Деян. 2:2-4) еще не было никого, кто бы уже «получил Духа» и мог бы возложить руки на них, поэтому Сам Бог возложил на них «пламенные персты». В случае с Корнилием и всем домом его (Деян. 10:44), Бог также Сам сделал это, так как никто другой не сделал бы этого для этих язычников.

Поскольку оба случая имеют разумное объяснение, мы можем воспринимать как «норму» то, что с самого начала дар Духа всегда принимался через возложение рук, хотя это и противоречит мнению некоторых богословов, убежденных в том, что Послание к евреям отражает более поздний период в истории церкви, когда сформировался обряд «конфирмации». Этот физический акт не только соединил посредничество с отождествлением; он также включал в себя понятие передачи силы от одного, кто уже имел ее, к тому, кто в ней нуждался (ср. Числ. 27:18-20 с Втор. 34:9). Та же идея «перехода» лежит в основе возложения рук для исцеления.

НАЧАТКИ УЧЕНИЯ

За этим следует неожиданное дополнение к этим четырем основным христианским истинам, которые касаются настоящего времени. Автор вводит еще два фундаментальных принципа в отношении будущего: «о воскресении мертвых» и «о суде вечном». Они наводят на странное умозаключение. Почему воскресение из мертвых, в отличие от воскресения Иисуса Христа, имеет такую значимость для начала христианской жизни? И разве не говорилось о «грядущем суде» изначально в проповеди Евангелия, которую они услышали до того, как приступили к «начаткам учения»?

Проблемы возникают, только если мы воспринимаем эти шесть вопросов как исчерпывающую учебную программу для «начинающего» уровня по изучению основ христианства (которую некоторые преподаватели имеют искушение выстроить на основании этого отрывка). Но автор только что сказал, что он *не собирается* заставлять их проходить этот курс еще раз! Тем не менее, он собирается напомнить им о тех вещах, которые они познали в прошлом, и которые помогут ему в его доводах и обращении к ним теперь. Иными словами, это был «эксклюзивный» список конкретных вопросов первоначальных наставлений, которые большинству из них следует вспомнить в связи с их теперешней ситуацией.

Эти шесть избранных вопросов удобно разделяются на две группы. С одной стороны, им следовало помнить четыре решающих шага, которые суть покаяние, вера, крещение и принятие Святого Духа, все они предпринимаются на добровольной основе и, как мы увидим, безвозвратно. С другой стороны, им следовало помнить два факта, касающиеся их будущего: однажды они воскреснут из мертвых и будут отвечать на суде за то, как они следовали этим наставлениям от начала (как в тексте 2 Кор. 5:10). Они должны были сопоставить свою настоящую ситуацию с их прошлым посвящением и грядущим испытанием, чтобы увидеть все в правильном свете. Предстоящие страдания видятся совсем иначе, если на них смотреть с точки зрения эсхатологии, а не перспективы, относящейся к настоящей реальности (ср. Рим. 8:18).

НОРМАЛЬНОЕ РОЖДЕНИЕ ХРИСТИАНИНА

Объективный характер наставления стал субъективным переживанием получателей Послания; они познали его реалистичность в их собственной жизни. Они были просвещены, они вкусили небесного дара, стали причастниками Святого Духа и изведали благости Божьего Слова и сил грядущего века. Заявить о том, что они могли это все испытать, не став христианами, значило бы, что все, сказанное здесь, лишено смысла. Зачастую это делается в интересах кальвинистской позиции, которая имеет личный интерес в том, чтобы утверждать, что они не были «рождены свыше», принимая во внимание последующее предупреждение. Но зададим себе вопрос: «Зачем автор хочет, чтобы они «поспешили» к зрелости, если они даже не стали еще младенцами»?

Кто-то, возможно, ожидал более благосклонного обращения к ним, которое бы последовало после такого напоминания, например: «Испробовав вкус благой жизни, вы готовы отказаться от этого всего?» Вместо этого мы обнаруживаем самое жесткое из всех предупреждений во всем Послании: «Если вы откажетесь от всего этого, вы больше никогда не получите его обратно!» Печально то, что этот отрывок обычно обсуждается в контексте вопроса «спасен однажды — спасен навсегда», который фактически отвлекает внимание от реальной проблемы. Автор не обсуждает здесь то, возможна ли утрата христианином дара спасения; он принимает как само собой разумеющееся то, что такое может произойти! Но он идет далее, говоря, что если это и происходит, то в таком случае будет невозможно для «бывшего христианина» восстановить свое спасение, поскольку будет невозможно само покаяние!

Есть грехи, покаяние за которые невозможно, включая публичное отречение от Христа во времена гонений. Совершить такое — значит разделять вину тех, кто унижал и распинал Иисуса Христа, потому что они отвергли Его слова о том, что Он есть Сын Божий. То, что Петр предлагал прощение тем, которые были соучастниками этого поступка, не меняет данного принципа, поскольку они действовали по «неведению» (Деян. 3:17), чего не может сделать христианин. Другие места Писания подтверждают всю серьезность такого отречения (напр. Мф. 10:33 и 2 Тим. 2:12).

Оставив без внимания такое суровое предупреждение о реальной опасности отпадения от веры во Христа путем заявления о том, что оно имеет лишь гипотетический характер, было бы лишением этого предупреждения его действенности, хотя автор убеждает читателей в своем оптимистическом, а не пессимистическом отношении касательно их случая (6:9-12). Несмотря на то, что этот страшный удел *мог бы* оказаться их реальностью, он все же ожидает, что такого с ними не случится. У него есть реальная вера в укрепляющую силу Святого Духа. Сам Бог на их стороне и желает, чтобы они преуспели в этой борьбе. Однако победоносный исход не будет чем-то неизбежным. Они должны оставаться усердными, долготерпеливыми и верными «до конца», чтобы эта надежда об унаследовании всех обетований в будущем могла осуществиться.

Получатели Послания хорошо начали в своем хождении, но этого было недостаточно, чтобы выиграть «забег». Настолько же важен и хороший финал. После перечисления ветхозаветных героев веры, автор говорит им: «Все сии умерли в вере» (Евр. 11:13). Он увещевает своих читателей с терпением проходить предлежащее им «поприще», взирая на Иисуса Христа, «начальника и совершителя» их веры, Который сделал возможным для них и начало, и конец их хождения. Христианство — это образ жизни с Христом и образ смерти для греха!

Глава 28

Вера из дел
(Иак. 2:14-26)

> Что пользы, братия мои, если кто говорит, что он имеет веру, а дел не имеет? может ли эта вера спасти его? Если брат или сестра наги и не имеют дневного пропитания, а кто-нибудь из вас скажет им: «Идите с миром, грейтесь и питайтесь», но не даст им потребного для тела: что пользы? Так и вера, если не имеет дел, мертва сама по себе.
>
> Но скажет кто-нибудь: «Ты имеешь веру, а я имею дела: покажи мне веру твою без дел твоих, а я покажу тебе веру мою из дел моих».
>
> Ты веруешь, что Бог един: хорошо делаешь; и бесы веруют, и трепещут.
>
> Но хочешь ли знать, неосновательный человек, что вера без дел мертва? Не делами ли оправдался Авраам, отец наш, возложив на жертвенник Исаака, сына своего? Видишь ли, что вера содействовала делам его, и делами вера достигла совершенства? И исполнилось слово Писания: «Веровал Авраам Богу, и это вменилось ему в праведность, и он наре-

чен другом Божиим». Видите ли, что человек оправдывается делами, а не верою только?

Подобно и Раав блудница не делами ли оправдалась, приняв соглядатаев и отпустив их другим путем? Ибо, как тело без духа мертво, так и вера без дел мертва. (Иак. 2:14-26)

Большинство евангелистов игнорируют этот отрывок, когда проповедуют Евангелие. Несмотря на признание того, что он содержит необходимые замечания для наставления благодушных верующих, они не видят значимости этого отрывка в деле благовестия неверующим. Говоря кратко, они считают, что этот отрывок не имеет никакого отношения к христианскому посвящению. Тем не менее, Иаков ясно говорит здесь о вере, которая может «спасти» (стих 14), которая, несомненно, лежит в основе Евангелия.

Некоторые идут даже дальше и подвергают сомнению, должно ли это короткое Послание вообще быть частью канонических книг Писания! Всем известное исключение Мартином Лютером из канона Библии этого «просто соломенного послания» не было единичным случаем такого отношения. Невысокое мнение относительно богословской ценности данного Послания, по-видимому, может спокойно уживаться в одном ряду с мнением о его богодухновенности!

К этой «проблеме» Послания Иакова в большей мере чувствительны те, кто воспринимает учение Павла о спасении как полную систему вероучения, по которой должен оцениваться вклад, внесенный в Новый Завет другими апостолами. Такая произвольная необъективность позволяет чинить такое же «правосудие» по отношению к другим важным размышлениям.

С позиций такого предубеждения Иакова можно (что, собственно, часто и происходит) обвинить в открытом противостоянии позиции Павла. Таким образом, его утверждение, что «человек оправдывается делами, а не верою только» (стих 24) рассматривается как прямое противоречие таким утверждениям Павла, как «человек оправдывается не делами закона, а только верою» (Гал 2:16). Не удивительно, что во время Реформации в споре за принцип оправдания «только по вере» со ссылкой на исключительный авторитет Писания, Послание Иакова оказалось несколько обескураживающим документом!

Разумеется, это противоречие разрешимо, если мы попытаемся извлечь пользу из того существенного вклада, который Иаков внес в наше понимание «спасительной веры». Дух Святой ведал, что Он совершает, когда направлял Раннюю Церковь к признанию этого Послания, написанного братом нашего Господа, как богодухновенного библейского текста, пронеся его авторитет, равный апостольскому, через столетия для всей Церкви.

Очевидное противоречие в отношении основополагающего догмата веры может быть преодолено посредством внимательного изучения доводов, приводимых Иаковом.

Ключ к пониманию лежит в употреблении им слова «дела». Иаков не имеет в виду «дела закона». Павел же постоянно использовал это слово в этом смысле, как соблюдение заповедей для того, чтобы «заработать», или, по крайней мере, «заслужить» спасение у Бога. Сама мысль о том, что человек может сделать что-то для содействия своему спасению, совершенно несвойственно Евангелию, акцентирующему наше внимание на исключительности божественной благодати в деле спасения. По этой причине Павел называет свои добрые дела не более чем «сором» (Флп. 3:8-9; здесь употреблено очень грубое слово, означавшее человеческие экскременты). Одно и то же сердце не может вмещать самоправедность и праведность Божью.

Иаков чистосердечно согласился бы с этими словами; но он решительно осудил бы вывод о том, что человек всего лишь пассивный получатель спасения. Иаков делает ударение на том, что вера является активным действием человека, присваивающим божественную праведность. И в этом Павел всецело согласился бы с Иаковом!

Ни Павел, ни Иаков не учили тому, что «вера» заключается в достижении нравственных стандартов собственными усилиями. Главный недостаток человеческой природы заключается именно в ее невозможности соблюдать Божьи заповеди (даже ревностный Савл из Тарса мог соблюсти лишь девять из Десяти заповедей ветхозаветного закона — ср. Флп. 3:6 с Рим. 7:8). Для урегулирования этого абсолютного различия между «верой» и «делами закона», необходимо всего лишь обратить внимание на то, что оба примера или «модели» веры, которые приводит Иаков, нарушали заповеди Божьи: блудница, получающая одобрение за лжесвидетельство, и отец, пытавшийся убить своего собственного сына.

Однако Иаков не говорит здесь и о «делах любви». Это более тонкий момент для понимания. На первый взгляд может показаться, что именно это он и имеет в виду (стихи 15-17), и такое толкование было принято, как возможное основание для примирения его принципов с позицией Павла, который также говорил о вере, «действующей любовью» (Гал. 5:6). Однако подразумевать, что вера должна дополняться добрыми делами по отношению к нуждающимся, на самом деле мало чем отличается от того, чтобы сказать, что ее нужно дополнять делами морали. И то, и другое высказывание подрывает основы учения о благодати, как незаслуженной милости.

Нам следует понять, что тот краткий эпизод о добрососедских отношениях, записанный в стихах 15-17, не предназначался для того, чтобы служить конкретным примером проявления «дел веры». Он был лишь общей иллюстрацией принципа, суть которого состояла в том, что заверение в своей любви без конкретных действий бесполезно в любой сфере жизни, в данном случае, с нуждающимся братом. Сочувствие к страждущим, как и вера в Бога, находит проявление не в наших словах, а в наших делах. Обратите внимание, что Иаков обладал той способностью, что и его Брат, Иисус, доносить глубокие истины на примере обыденных ситуаций.

Итак, Иаков говорит здесь не том, что вера без дел любви бесполезна, хотя это бы и одобрили поборники либерального богословия, но о том, что вера без дел настолько же бесполезна, как и любовь без дел. Другими словами, для Иакова слово «дела» означает буквально *«действия»*, а не все то, что может нарисовать воображение евангелиста, увлекшегося учением Павла! Многие современные переводы Библии признали необходимость в употреблении другого равнозначного слова без такой активной коннотации, некоторые используют слово «деяния», но общее и более подходящее значение выражает слово «действия».

Тогда что же Иаков подразумевает под «деяниями веры»? Поскольку он не имеет в виду это, когда говорит о том, чтобы накормить голодного брата, он обращается к двум реальным ситуациям из Ветхого Завета (в отличие от допускаемого примера в стихе 15). Он хотел продемонстрировать «веру в действии» или «веру действующую». Как будто бы желая подчеркнуть, что он не говорит здесь о нравственности, Иаков выбирает в качестве примера блудницу и добродетельного человека. Как бы подчеркивая, что не говорит здесь о благосостоянии, он использует один пример о поступке, спасающем жизни нескольким людям, а другой случай, в котором мог лишиться жизни человек. Тогда, что же было общего в деяниях Раав и Авраама? Они оба подвергли риску их существующее положение, но проявили доверие Богу в том, что Он побеспокоится об их будущем. Идти на такой риск — это как раз и есть суть веры. Это значит быть достаточно уверенным, чтобы действовать согласно своим убеждениям, в особенности, если они утверждены на откровении Самого Бога.

Такая вера резко контрастирует с тем, чем ее обычно считают. Сегодня часто можно слышать о людях, которые стали христианами, приняли крещение и вошли в число членов поместной церкви лишь на основании «исповедания веры», то есть того, что они *произнесли* словами. Иаков не мог с этим смириться: только практическое обладание верой могло его удовлетворить. Свидетельство этого обладания должно быть скорее видимым, чем слышимым; чем-то таким, что можно понять, судя по тому, что человек сделал, а не тому, что он сказал (стих 18).

Используя сильный сатирический прием, Иаков отмечает, что повторение символа веры безупречного учения ничем не лучше того, что могут делать демоны, при этом все они явные последователи монотеизма. По крайней мере, их «исповедание» веры имеет какое-то эмоциональное содержание. Они трепещут в страхе, но у них нет подлинной веры. Иаков, возможно, намекает на то, что прошло какое-то время с тех пор, как читатели его Послания, хотя бы так отреагировали на удивительный факт, что только Бог обладает монополией власти.

Прочитав начало второй главы до стиха 14, может сложиться впечатление, что апостольское христианство уже начало перерастать в респектабельное «церковнианство» к тому времени, когда было написано это Послание. При таких условиях вера имеет тенденцию превратиться в «окаменевшее» повторение слов; верующие могут поклоняться Богу недели, месяцы и даже годы, так никогда и не проявив веру, которую они регулярно исповедуют в церкви. Она может быть правильной с точки зрения богословия, но она утратила свою активность и смелость. Примеры такой веры далеко не редкие.

Иаков хотел удостовериться, что мы осознаем, что «вера» — это не просто провозглашение здорового учения. Речь идет не столько о том, чтобы *принимать* истины Божьего Слова, сколько *действовать* согласно этому Слову. Исповедание веры без ее практического осуществления настолько же бесполезно для нас, как и сопереживание без оказания помощи другим. Такая вера не может «спасти». Она настолько же «мертва», как покойник в морге!

Глава 29

Спасенные от потопа
(1 Пет. 3:18-22)

> Потому что и Христос, чтобы привести нас к Богу, однажды пострадал за грехи наши, праведник за неправедных, быв умерщвлен по плоти, но ожив духом, которым Он и находящимся в темнице духам, сойдя, проповедал, некогда непокорным ожидавшему их Божию долготерпению, во дни Ноя, во время строения ковчега, в котором немногие, то есть восемь душ, спаслись от воды. Так и нас ныне подобное сему образу крещение, не плотской нечистоты омытие, но обещание Богу доброй совести, спасает воскресением Иисуса Христа, Который, восшед на небо, пребывает одесную Бога и Которому покорились Ангелы и Власти и Силы. (1 Пет. 3:18-22)

Некоторые богословы считают, что все это Послание является неким «трактатом по крещению», что-то вроде «катехизиса для крещаемых». Безусловно, данное Послание является прекрасным материалом для изучения Библии новообращенными, так как охватывает много вопросов, которые должен знать и исполнять начинающий христианин.

НОРМАЛЬНОЕ РОЖДЕНИЕ ХРИСТИАНИНА

Но здесь также очень много сказано для зрелых верующих. На самом деле, Петр был, пожалуй, одним из тех редких христиан, которые равноценно успешны и в служении евангелизации, и в служении пресвитерском. Не зря же Иисус Христос призвал его быть «ловцом человеков» и пастырем (Мк. 1:17; Ин. 21:15-17)!

И новообращенному и зрелому верующему необходимо знать, что в христианской жизни будут страдания и скорби. Павел был также честным в этом вопросе, как и Петр, открыто говоря об этом (ср. Деян. 14:22); и они оба следовали в этом примеру Иисуса Христа (Ин. 16:33).

Красной нитью через все это Послание проходит тема страданий. Возможно, написанное на фоне первой волны гонений, имевших место при правлении Нерона, оно отражает одно из главных намерений автора — помочь «пастве», разбросанной по всей Малой Азии (ныне Турция) сохранить свою моральную целостность перед лицом гонений, предпринятых со стороны не только широких масс, но еще и государственной власти. Петр предчувствует, что вскоре это распространится от Рима по всей империи — см. 1:1; 4:12; 5:13.

Трудности существования в условиях враждебного режима постоянно упоминаются в этом Послании. Последователь Иисуса Христа должен жить безупречной жизнью, хотя постоянно сталкивается с тем, что его могут обвинить в преступлении. Он должен быть законопослушным гражданином, но при этом его могут обвинить в предательстве. Он должен быть открытым и честным, но при этом он может стать предметом злословия.

Страдать за совершенные проступки приемлемо для человеческой натуры (ср. Лк. 23:41), но стать невинной жертвой несправедливого обвинения — это серьезное испытание. Такое испытание стало общим опытом для христиан двух последующих столетий. Петр станет одним из многих, кто умрет мученической смертью.

СПАСЕННЫЕ ОТ ПОТОПА

Находясь под таким давлением, несложно прийти к предположению, что «праведность доставляет еще больше неприятностей» (Пс. 72:1-22 — классический пример), искушая человека вернуться к «путям мира». Противодействовать этому можно, держась перспективы вечности (эта истина содержится в тексте Пс. 72:23-28). То, что происходит с нашим телом, представляется не таким уж важным; сохранение жизни духа — вот жизненно важная цель.

Таким образом, эти события являются фоном исследуемого нами отрывка, который содержит необычную ассоциацию идей вместе с одним уникальным откровением. Стиль написания можно назвать скорее бессвязным, чем логическим; нить повествования, связывающая все вместе, является больше выражением общего беспокойства, чем прямолинейной аргументацией. Это можно скорее назвать картиной, чем фотографией.

После того как автор делает веское замечание о том, что более нравственным является страдать за то, что праведно, чем неправедно, он, естественно, прибегает к иллюстрации этого момента, говоря о страданиях Иисуса Христа на кресте, вопреки самой великой несправедливости из всех существовавших. Он уже обращал на это особое внимание (в 2:21-23), но на этот раз ход его мыслей уводит его в неожиданном направлении. Теперь он отмечает, что смерть Иисуса телесная была освобождением Его духа (с маленькой буквы; Петр здесь говорит о человеческом духе, а не божественном Духе). Его смерть отнюдь не уменьшила служение Иисуса Христа, а наоборот, расширила его!

С одной точки зрения, (в греческом: *men*) Иисус Христос был «умерщвлен по плоти»; но с другой, (в греческом: *de*) — был оживлен в духе. Здесь речь идет не о Его воскресении, которое произошло три дня спустя и представляло собой оживление Его тела. Здесь говорится о Его состоянии в течение этих трех дней между телесным умерщвлением и возвращением к жизни. То, что Иисус Христос был в сознании и действовал в течение этого периода, нигде больше не упоминается в Новом Завете, хотя слова Иисуса к разбойнику на кресте явно подразумевают это (Лк. 23:43).

За этим поразительным наблюдением сразу же идет сообщение чрезвычайного характера. Во время этого трехдневного периода Иисус Христос посещает место пребывания усопших (в еврейском: *sheol*; в греческом: *hades*). В этом состоит истинное значение утверждения «сошедшего в ад», записанного в Апостольском символе веры. Это *не было* местом вечных мучений, куда будут помещены только после окончательного Суда. Здесь Христос проповедовал «находящимся в темнице духам», то есть тем, кто удерживается «под арестом» до дня Великого Суда (ср. 2 Пет. 2:4 и Иуды 6). Эта особая группа людей, к которой обращался Христос, была тем поколением, которое погибло во время потопа в дни Ноя. Это событие произошло между смертью Иисуса Христа и Его воскресением.

Петр оказался единственным из авторов книг Нового Завета, кто рассказал нам об этом событии (хотя в одном Евангелии упоминается еще один эффект, который возымела смерть Христа на мир усопших, а именно: многие тела усопших «святых» были выпущены из ада, вернулись на улицы Иерусалима и явились многим — Мф. 27:52-53). Но откуда Петр узнал об этом? Разумеется, из незаписанного в Евангелиях разговора с воскресшим Христом в первый день после Пасхи (1 Кор 15:5).

Задаваться вопросом, зачем Иисус это сделал, будет означать заходить в сферу догадок, поскольку Писание не дает нам никакого обоснования. Было ли это сделано, чтобы известить, что самый суровый акт Божьего наказания был теперь приведен в равновесие посредством решительного вмешательства Его милосердия? Но провозглашение этого без предложения слушавшим возможности спасения было бы мучительным страданием, что совершенно не свойственно Господу. Мы можем только предполагать, что это было сделано с намерением, чтобы они покаялись. Но почему эта особая группа людей получила уникальную привилегию «второго шанса» на спасение после смерти? Предположительно потому, что они были единственным поколением людей, переживших настолько полное и окончательное божественное наказание до того дня, когда все человечество предстанет перед судом, и потому могли ходатайствовать о несправедливом обращении, потому что Бог обещал, что никогда больше не сделает того же ни одному другому поколению людей. Бог никогда не даст никому шанса обвинить Его в несправедливости (ср. Быт. 18:25).

Нежелание принять изложенное Петром «за чистую монету» обычно происходит из-за богословских оговорок. Этот инцидент рассматривается как находящийся в противоречии с общим библейским учением о том, что место нашего пребывания в вечности определяется в момент смерти (Лк. 16:26). Дверь спасения будет открыта верящим в то, что у них будет «второй шанс» принять спасение в загробной жизни, наивно предполагая, что вкусившие ада по-настоящему захотят попасть на небеса. Опасения касательно того, что такое убеждение может уничтожить моральную и духовную мотивацию к покаянию в этом мире, обоснованы, но они могут быть развеяны, если обратить внимание на то, что слова Петра касались только поколения Ноя и никакого другого. Поэтому это единственное исключение не компрометирует общее правило.

Упоминание о потопе напоминает Петру о подходящем примере, который являла собой семья Ноя. Это были люди, сохранившие свою моральную целостность в морально разложившемся обществе, и пережившие посланное на него наказание. Ковчег был их спасением в водах потопа; они были «спасены от воды» (в греческом: предлог *dia* = посредством чего-то). По поводу точного значения этой фразы можно спорить. Она говорит о чем-то большем, чем о спасении утопающего. Некоторые полагают, что здесь говорится о том, что та же вода, в которой утонули остальные, в действительности «удерживала» ковчег и буквально была средством их спасения. Самым приемлемым предположением является то, что потоп фактически «переправил» их из порочного мира греха в чистый мир праведности.

Значение потопа как омовения и освобождения естественно приводит Петра к размышлениям о христианском крещении. Эти два события (одно универсального характера, а другое — индивидуального) можно рассматривать как «образ» и «прообраз», один из которых символизирует второй, а второй служит прототипом первому. Так же как воды потопа «спасли» Ноя и его семью (все они были взрослыми людьми, детей среди них не было!), так и вода крещения «спасает» верующего.

Мы встречаем дважды ссылку на крещение (в стихе 21) и это заявление является, пожалуй, самой сильной *определительной* формулировкой крещения в Новом Завете (хотя в текстах Мк. 16:16 и Тит. 3:5 также используется слово «спасен» в связи с темой крещения — см. Главы 8 и 26). Те, кто испытывает фобию в отношении концепции «возрождение через крещение», испытывают трудности с принятием этого утверждения и стараются игнорировать его (так же, как они поступают со словом «от воды» в тексте Ин. 3:5). Апостол Петр, возможно, предвосхищая такое более позднее неверное толкование, не медлит объяснить смысл слова «спасает». Крещение имело смысл очищения в моральной, а не физической сфере, т.е. очищение совести, а не «плотской нечистоты омытие».

В этот ключевой момент высказывание Петра на греческом языке, к сожалению, допускает двойное толкование! Фраза буквально звучит так: «принятие Богом доброй совести» или «запрос у Бога доброй совести». Но кто принимает/запрашивает: человек или Бог? Современные переводы допускают оба возможных варианта ответа:

1) «обещание доброй совести Богу»;
2) «просьба о доброй совести у Бога».

Такие толкования ведут к различным точкам зрения по поводу крещения, хотя это не затрагивает глубоко общую суть отрывка.

Вариант первой трактовки как «обещания» являет собой просто обещание жить добропорядочной жизнью в будущем, принимая, что теперь человек должен жить в послушании Богу (*sacramentum* было вначале присягой на верность, которую приносил новобранец в Римской армии как обещание повиновения Цезарю). Но почему такое решение должно было приниматься в воде, и какая здесь может быть параллель между крещением и потопом Ноя? Прежде всего, такое толкование лишает слово «спасает» всякого значения искупления.

Вариант толкования как «просьбы» более удачно соответствует непосредственному контексту. Крещение необходимо не для внешнего омовения тела, но для внутренней очистки совести. Так же, как все зло древнего мира было смыто потопом, так и раскаявшийся верующий будет «омыт» от всей его вины и стыда. Как Ной вышел из ковчега в безгрешный мир, так и верующий может пользоваться свободой «чистой» жизни. Такой действенный взгляд на крещение полностью совместим с другими апостольскими трудами (Деян. 22:16; Еф. 5:26; Евр. 10:22; примечательно, что в последней ссылке между словами «совесть» и «вода» также имеется связь).

Прежде чем выбрать один из этих вариантов, следует упомянуть третью возможность, лежащую где-то посредине между двумя первыми и представляющую собой более проницательную версию. Ной был праведником до потопа (Быт. 6:19), и когда он вошел в ковчег, он доверил Господу оправдать его добрую совесть, проведя его благополучно через потоп. Подобным же образом, как можно предположить, раскаявшийся верующий просит Бога подтвердить, что он «праведен» (в данном случае оправдан по вере) в Его глазах тем, что Он не дает ему погибнуть в воде крещения! Это не такая уж бредовая идея, какой она может показаться, если мы задумаемся над тем, что участие в Вечере Господней недостойно может приводить к болезням и даже смерти (1 Кор. 11:30). Тем не менее, это свело бы божественное участие в этом таинстве до негативного предназначения наказания, в то время как стиль изложения подразумевает положительный характер замысла спасения. Также есть и практическое возражение, состоящее в следующем: несмотря на то, что такого удела мы могли быть достойны во многих случаях, Бог не использует этот обряд для этой цели, насколько мне известно!

Какой бы из переводов/толкований мы бы не предпочли, хотя лично я поддерживаю вторую точку зрения, из них всех явствует одно: крещение существует для тех, кто имеет либо добрую совесть, либо стремящуюся получить оправдание, либо нечистую, но ищущую очищения. Вот почему крещение — это действие сознательное и ответственное, принимаемое добровольно. Применение его к младенцам, без понимания ими того, какая совесть, добрая или нечистая, разумеется, совершенно неприемлемо. Майкл Грин, обсуждая этот отрывок в своей книге *Я Верю в Святого Духа* (I believe in the Holy Spirit, London: Hodder & Stoughton, 1957), на стр. 128, дает следующий комментарий:

Слово, переведенное как «обещание», истолковывают по-разному... Но в любом случае оно отражает подлинную приверженность Богу со стороны человека. А упоминание о вознесшемся Иисусе Христе и пребывающем одесную Отца наводит на мысль о той силе, которая входит в жизнь крещенного верующего, когда он не просто проходит церемониальное омовение, но обращается в покорном покаянии и вере к Иисусу Христу. Такое крещение спасает нас.

Итак, крещение является сочетанием человеческого и божественного участия. Принимающий крещение человек обращается с просьбой к Богу, когда он погружается в воду (в тексте Деян. 22:16 это описано как «призвав имя Господа

Иисуса»). Бог использует возможность для совершения внутреннего очищения, которое освобождает человека от прошлой вины (в тексте Деян. 22:16 это выражено с помощью фразы «омой грехи свои»). Это место встречи действующей благодати и действующей веры. И та, и другая необходимы для «эффективного» крещения.

И наконец, «освобождение», которое производит крещение, становится возможным только благодаря тому, что Иисус Христос Сам воскрес из мертвых и вознесся на небеса, что дало Ему полный контроль над всеми сверхъестественными силами, как добрыми, так и злыми. Также как потоп в дни Ноя омыл мир от извращенных отношений и насилия, которые вошли в мир со злодеяниями от демонических сил (Быт. 6:1-6), так и вода крещения освобождает нас от «господства» этих сил (Рим. 6:3-14). Крещение является таинством как раз потому, что оно имеет сверхъестественный характер.

Глава 30

ЗАКРЫТАЯ ДВЕРЬ
(Откр. 3:20)

> Се, стою у двери и стучу: если кто услышит голос Мой и отворит дверь, войду к нему, и буду вечерять с ним, и он со Мною. (Откр. 3:20)

«Текст вне контекста становится оправданием». Если этот афоризм и был когда-либо правдивым, то он справедлив в отношении того, как употребляется данный стих в проповедях евангелистов и в их практике душепопечения!

Картина Холмана Ханта «Светоч Мира» представляет собой причину и следствие широко распространенного неверного толкования и, как результат, неправильного применения этого места Писания. Не говоря о женоподобном изображении Христа (художник использовал девушек в качестве натуры для Его тела и головы), церковных одежд, главным несоответствием является изображенная на картине дверь, в которую стучится Христос. Она должна быть дверью в церковь (там изображена амбарная дверь, которую художник нашел в деревенском саду в окрестностях Ивелла, графство Сюррей).

НОРМАЛЬНОЕ РОЖДЕНИЕ ХРИСТИАНИНА

Слова Откр. 3:20 обращены не к неверующим людям, а к верующим; они обращены не к отдельным верующим, а к церковной общине верующих города Лаодикия.

Иисус Христос стучится в дверь одной из Его церквей! Он находится вне церкви, хотя в представлении людей Он по-прежнему пребывает внутри нее. Мысль о том, что церковь может продолжать свое существование без Христа действует отрезвляюще, даже если эта церковь процветает и успешна, но не видит своей духовной нищеты.

Для Главы Церкви равнодушное состояние («не холоден и не горяч») более оскорбительно, чем состояние безразличия! Дух Христа говорит им: «Мне претит видеть церковь «теплой». Эта фраза, которую в полной мере можно осознать только в свете следующего факта: когда вода горячих источников в пределах Лаодикии охладевала, достигая городских коммуникаций, насыщенная солями, она вызывала сильное рвотное действие.

Реальной проблемой этой церкви был их самообман. Тот, кто был настолько «реальным», как был реален Иисус Христос, т.е. тот «Аминь» (то есть «верно», «истинно», «правда»), «Свидетель верный и истинный» (в греческом языке слова «истинный» и «реальный» — это одно и то же слово), не может чувствовать Себя «как дома» в такой нереальной среде и самообмане. Быть холодным к истине означает открыто отвергать ее, а быть горячим к ней — значит искренне принимать ее; прохладное же отношение к истине глубоко оскорбительно. Притворство в религии суть лицемерие, и ничто более не вызывало гнев Иисуса Христа, чем такое отношение.

Хорошей новостью является то, что для того, чтобы Христос вошел опять в церковь, достаточно одному члену ее подняться и открыть дверь! Выражение «услышит голос Мой» означает принять тот «диагноз» Христа об истинном состоянии церкви. «Отворить дверь» означает признать свою причастность к этому болезненному состоянию и искать исцеление. Церковь как целостный организм нельзя исправить, пока ее отдельные члены не захотят восстановить искренние взаимоотношения с Иисусом Христом. Любой человек в церкви, кто желает этого, заново откроет для себя радость обновленных взаимоотношений с Господом, какая бывает у друзей, собравшихся за одним обеденным столом. Толкователи Писания не так уж безосновательны в том, что видят здесь указание на Вечерю Господню, или во всяком случае, на более раннюю практику Вечери любви или «Агапе»-вечери. Здесь говорится о том, что даже один член церкви может испытать на таких собраниях снова реальное присутствие Иисуса Христа, хотя для остальных людей это будет по-прежнему формальной церемонией, хотя и пышно обставленной!

Эти слова в целом являются настолько актуальными, и зачастую отчаянно необходимыми для многих церквей, возможно, даже больше для тех, которые успешны, чем для тех, которые находятся в борьбе и испытаниях; для церквей, находящихся в «теплом» состоянии даже больше, чем полностью охладевших! В любом случае, эта проблема не имеет никакого отношения к вопросам обращения или христианского посвящения.

Использование этого места Писания с целью евангелизации неминуемо приводит к слишком упрощенному пониманию вопроса посвящения. Оно сужается до момента, когда человек должен просто попросить Иисуса Христа войти в его жизнь или принять Иисуса в сердце, или, другими словами, открыть дверь и впустить Его. Такие эвфемизмы, смягчающие суть проблемы, чужды учению Нового Завета. Картину Иисуса Христа, ищущего возможности, чтобы войти, вы не найдете больше нигде. Реальность же противоположна этой картине! Именно грешник стучит с другой стороны двери, ища возможности войти в Царство Небесное (Лк. 11:9). Вопрос состоит не в том: «Впустить ли мне *Его*?», но «Впустит ли Он *меня*?»

(Мф. 25:10-12). По сути, Иисус Христос Сам есть дверь спасения; мы можем войти только через Него (Ин. 10:7-9).

Лишь изредка в Новом Завете говорится о том, что «Христос (пребывает) в нас» (Кол. 1:27 — одно из немногих мест, где мы находим это выражение). Намного чаще мы встречаем, когда в Новом Завете говорится о нас, как о тех, кто пребывает «во Христе». «Обращение» означает не столько то, что Христос пребывает в нас, сколько то, что мы пребываем в Нем. Мы крещены в воде во Христа (Деян. 19:5; Гал. 3:27); мы также крещены Духом в Его Тело (1 Кор. 12:13 — см. Главу 23).

Будучи еще неверующими, мы уже находимся «в Боге» (Деян. 17:28). Как раскаявшиеся крещенные верующие, мы находимся «во Христе». Но реальная перемена происходит только тогда, когда мы приходим к пониманию наших взаимоотношений со Святым Духом. После событий дня Пятидесятницы, именно Его мы принимаем, не Иисуса Христа (см. Главу 5), и именно Он живет теперь в нас. Мы пребываем «в Духе», а Дух пребывает «в нас»; но опять же, именно последний аспект чаще упоминается в Новом Завете (к примеру, в тексте Рим. 8:9-11 трижды упоминается о «живущем» в нас Святом Духе).

Вот почему, наверное, в молитвах мы обычно обращаемся к Отцу и Сыну, сущих на небесах, а не к Духу Святому, который пребывает в нашем сердце, то есть «внутри» нас. С точки зрения психологии, нам проще молиться вслух (что и ожидает от нас Иисус Христос, даже если мы находимся наедине с собой — Лк. 11:2; ср. Мф. 6:6-13) к тому, кого мы можем представить «вне» нас самих. Молиться же тому, кто находится внутри нас, выглядело бы странным и более сродни восточным техникам медитации. Библейское понимание должного состояния в молитве характеризуется «возвышением» голоса, «воздеванием» рук и «возведением» глаз (ср. Ин. 17:1; Деян. 7:55-59; 1 Тим. 2:8 и др.).

Ввиду возможной непоследовательности и путаницы, будет лучше, если этот стих вообще не будет использован в контексте христианского посвящения. Возможны возражения, состоящие в том, что Бог «благословил» недолжное использование этого стиха для спасения многих. Но Божья милость находится всецело во власти Его выбора (Мф. 20:15; Рим. 9:15); и если бы Он ожидал, пока наше толкование станет совершенным, кто бы тогда вообще был спасен? Но это Его свобода, не наша. Наша святая обязанность — изучать Его Слово настолько внимательно, чтобы нам не оказаться такими делателями, которым будет стыдно за их некачественный и нерадивый труд, но остаться «верно преподающими слово истины» (2 Тим. 2:15).

Выразительная айзегеза, (т.е. привнесение в текст того, чего в нем нет), не может служить заменой точной экзегезы, т.е. толкования, основанного на самом содержании текста! Выражаясь более практическими терминами, как только мы приходим к пониманию того, о чем действительно говорится в библейском тексте, мы должны прекратить проповедовать то, что мы думали по поводу того, что он означает, как бы обильно ни благословил нас Бог дотоле в нашей наивности и невежестве. Проповедник Евангелия должен разделять то же пылкое отношение к истине, что было присуще нашему Господу: «А если бы не так, Я сказал бы вам» (Ин. 14:2).

Опасность в применении этого места Писания для того, чтобы «привести кого-то к Христу», состоит в том, что при этом игнорируются важнейшие элементы посвящения христианина. Здесь нет упоминания о покаянии в грехе, о водном крещении и принятии Духа Святого. Было бы намного правильнее цитировать тот текст, который говорит о том, что человеку, желающему стать христианином, следует сделать более конкретно (как, например, в Деян. 2:38). К сожалению, часто случается так, что «простота» изложения текста Откр. 3:20 в самом деле привлекает некоторых людей тем, что, благодаря ему, душепопечитель экономит много времени и избегает проблем, с которыми нужно разбираться на других этапах, которые сопряжены с этим процессом.

В действительности, во время объединенных евангелизационных кампаний, которые зависят от поддержки широкого круга церквей, этот стих может часто использоваться во избежание таких «противоречивых» тем, как водное крещение и крещение Духом! Однако такое уклонение от цели всего Нового Завета приносит больше вреда, чем пользы в первом приближении жизни «новообращенного», а в перспективе и качеству служения самой Церкви. Этой теме и посвящена следующая глава книги.

Я полностью отдаю себе отчет в том, что эта глава, возможно, лишила некоторых проповедников их излюбленной евангелизационной проповеди! Я бы хотел, чтобы таковые нашли некоторое утешение в том, что благовествование апостольского периода было довольно эффективным и без обращения к этому стиху. Этот стих не был даже еще написан до того времени, пока почти все из Двенадцати апостолов не ушли в вечность! Мы будем получать на наши проповеди больший отклик как количественно, так и качественно, если решим твердо держаться апостольского учения о посвящении и призывать людей совершать полноценный ответ на Благую Весть. И если мы будем толковать данный стих в его истинном контексте, мы сможем обнаружить тему даже для более яркой проповеди, чем раньше. На этот раз это будет проповедь о пророческих событиях для церкви, а не евангелизационное обращение к миру.

Часть третья

СОВРЕМЕННОЕ СТАНДАРТНОЕ РЕШЕНИЕ

Аспект пасторского попечения

Глава 31

Одно стандартное решение

После разбора отрывков из Писания, содержащих «надлежащие» образцы посвящения в прошлом, перейдем к «обычным» примерам дня сегодняшнего. Под словом «надлежащие» я имею в виду то, как это должно быть, а под выражением «обычным» я имею в виду то, что происходит на самом деле. Во времена Нового Завета и то, и другое составляло один и тот же процесс — все происходило так, как и должно было происходить! Принимая за стандарт апостольское евангельское учение, мы можем вывести обратное утверждение: то, что происходило тогда, должно происходить и в наше время. Но, к сожалению, зачастую это далеко не так.

В первой главе мы рассмотрели, что различные направления христианской мысли придают особое значение разным аспектам посвящения: либеральное направление делает акцент на покаянии, евангелисты и лютеране — на аспекте веры, приверженцы сакраментализма делают упор на водном крещении, а пятидесятники — на Святом Духе. Чрезмерное выделение одного элемента посвящения может снижать и даже искажать суть остальных. Вместе с расхождениями во мнениях по поводу того, на каком элементе акцентировать больше внимания, пришли и разногласия по поводу значимости каждого из них, особенно при рассмотрении каждого элемента вне остальных, и это коснулось в частности водного крещения и крещения Духом.

Трагические последствия полученной в результате этого путаницы всплывают, когда различные течения пытаются проводить объединенные евангелизационные проекты. В таких случаях берет верх фактор «наименьшего общего знаменателя». Полное Евангелие в Новом Завете и, в частности, полный отклик на это Евангелие, претерпевает сокращение из-за сведе́ния его до тех элементов, по которым пришли к согласию участвующие в этом мероприятии церкви. И Евангелие, и то, как на него нужно откликаться, получают определение в минимальном объеме этих общих терминов. Большинство евангелистов идет на принятие такого компромиссного решения ради более широкой спонсорской поддержки и бо́льших возможностей достичь людей. В таком случае «старые» христиане оказывают поддержку, чтобы приобрести «новых» христиан!

Однако именно эти новые христиане больше всего и страдают от этого. Зачастую их «рождение» сопряжено с осложнениями, так как они либо останавливаются в своем росте или (в некоторых случаях) вообще не выживают. Правда, в последнее время все больше стали признавать ключевое значение надлежащего поддержания контакта с людьми, так что потери уменьшились. И, тем не менее, пока что нет полного осознания того, что само «принятие родов» настолько же важно, как и забота о «новорожденном» в послеродовой период. Хорошее начало в жизни такой же насущный вопрос, как и хороший старт в забеге (1 Кор. 9:24; Евр. 12:1).

Одной из причин небрежного духовного «родовспоможения» является нехватка времени. Как и при физических родах, «рождение» некоторых верующих происходит очень стремительно: тюремный страж в Филиппах — как раз такой случай, хотя для этого нужно было произойти землетрясению, чтобы вызвать «родовые схватки». Другие происходят намного дольше: в случае с Павлом это заняло три дня. Довольно

ОДНО СТАНДАРТНОЕ РЕШЕНИЕ

неразумно надеяться, что вам удастся завершить процесс за несколько минут в конце встречи, особенно, если при этом присутствуют ожидающие родственники и друзья.

Для того чтобы реагировать на такие непредвиденные обстоятельства, вся процедура сжимается до краткого резюме, которое представляет собой «абсолютный минимум», необходимый для находящегося при смерти человека (см. Главу 9 о разбойнике на кресте), но который вовсе не годится и совершенно не подходит для человека, который собирается жить! В результате получается довольно стандартная «формула», которая известна как «молитва грешника», получившая распространение как в проповедях, так и в широкой печати. Однако эта «молитва» была сформирована не только из-за нехватки времени. В основе этого лежит богословское понимание того, что она охватывает все аспекты, которые нужны человеку, чтобы «родиться свыше». Искреннее повторение этой молитвы рассматривается как достаточное для вечного спасения.

«МОЛИТВА ГРЕШНИКА»

Итак, рассмотрим более подробно «молитву грешника» (нижеследующий пример является версией молитвы покаяния Евангельской Ассоциации Билли Грэма, одной из наиболее широко использованных версий, и которая имеет некоторые отличия от других):

> Господь Иисус, я знаю, что я грешник. Я верю, что Ты умер за мои грехи. Прямо сейчас я отворачиваюсь от своих грехов и открываю дверь моего сердца и жизни для Тебя. Я принимаю Тебя, как моего личного Господа и Спасителя. Благодарю тебя за мое спасение. Аминь.

Мы попытаемся оценить эту молитву в свете наших «четырех духовных путей», суть которых мы уже очертили ранее в этой книге. Оценивая ее с этой позиции, мы приходим к выводу, что эта молитва не столько неправильная, сколько недостаточная. Можно полностью признавать, что в таком виде она служит реальным шагом в правильном направлении для многих людей, хотя нам не дано знать, какое количество людей использовали эту молитву, и она не произвела ни непосредственного, ни более длительного результата. Мы будем исследовать ее с той позиции, что ее считают содержащей все, что нужно человеку для вхождения в Царство Божье.

Покаяние

В Новом Завете мы находим, что призыв к покаянию был дан Самим Богом-Отцом, и само покаяние человек совершает перед Ним, а не перед Иисусом Христом. Иисус умер, чтобы вернуть нас к Богу, чтобы примирить нас с Богом. Мы согрешили именно перед Богом (см. Главу 2). И именно у Него мы должны просить прощения, а не у Иисуса Христа.

В этой молитве грешника нет конкретного упоминания отдельных грехов (множественное число). Основное слабое ее место и состоит в таком «общем» характере исповедания. В ней не представлено ничего определенного. Маловероятно, чтобы такое неопределенное, хотя и всеобъемлющее признание своих грехов, будет сопровождаться «деяниями» покаяния — отречением от прежней жизни, восстановлением, примирением, преобразованием, поскольку все эти действия берут начало из осознанного определения реальных неправильных поступков.

Вера

Мы уже исследовали в целом концепцию, суть которой состоит в «принятии» Иисуса Христа (см. Главу 5) и «открывании двери» Ему (см. Главу 30, посвященную анализу текста Откр. 3:20). Ни одна из частей этой концепции не является определением, которое бы соответствовало учению Нового Завета о том, что значит «верить в» Иисуса Христа. Грешник должен просить Спасителя открыть ему дверь и «принять» его!

ОДНО СТАНДАРТНОЕ РЕШЕНИЕ

Вызывает также сомнение, соответствует ли повторение чужих слов тому, что Новый Завет называет «призвать имя Господне». Мы будем рассматривать (в Главе 33), что более целесообразно, если в покаянии человек будет обращаться непосредственно к Господу своими словами, которые в таком случае будут исходить из его сердца, а не головы.

Однако главный недостаток этой молитвы в аспекте веры состоит в том, что здесь делается больше ударение на словах веры, чем на действиях веры (см. Главы 3 и 28). В этой молитве отсутствует упоминание каких-либо «действий», но вера без действий «мертва» и не может спасать (Иак. 2:14, 26). Также отсутствует какое-либо упоминание о необходимости «продолжать» верить.

Кроме того, вряд ли слова благодарения уместны на этом этапе. Если водное крещение совершается «для прощения грехов» (Деян. 2:38), а крещение Духом является первым «доказательством» того, что Бог принял раскаявшегося и уверовавшего человека, то на этапе совершения первого в жизни прошения о спасении более подходящими будут слова, выражающие просьбу.

Крещение

Это первое «деяние» веры, а также выражение нашего покаяния. Оно имеет существенное значение для того, чтобы стать учеником Христа (Мф. 28:19), для нашего спасения (Мк. 16:16), для рождения свыше (Ин. 3:5), для прощения грехов (Деян. 2:38) и для очищения нашей совести (1 Пет. 3:21).

Однако в «молитве грешника» мы никогда не найдем упоминания о крещении, также как и в устных беседах или печатных материалах по душепопечительству, которые сопровождают этот процесс! Это происходит потому, что молитва покаяния больше не воспринимается как отклик на призыв Евангелия, а как церковный обряд, который может быть передан на ответственность той деноминации, к которой пожелает присоединиться «обращенный».

НОРМАЛЬНОЕ РОЖДЕНИЕ ХРИСТИАНИНА

Принятие Святого Духа

На этом этапе редко упоминается Святой Дух. Точно так же, как из этой «молитвы» исключается Первая Личность Троицы, она игнорирует упоминание и Третьей Личности. Молитва фактически получается «унитарной», что ведет к усеченным взаимоотношениям и опыту, которому не хватает полного апостольского благовествования, основанного на учении Троицы («покаяние перед Богом, вера в Господа Иисуса и принятие Святого Духа).

Даже когда есть упоминание о Святом Духе, предполагается, что Он будет дан автоматически. Не нужно будет ничего говорить, а еще меньше «продолжать просить» (как в Лк. 11:13), или что-то делать, наподобие возложения рук (как в Деян. 9:17; 19:6; 2 Тим. 1:6; Евр. 6:2).

И поскольку обычно ничего не «происходит» после того, как человек повторил слова молитвы грешника, подразумевается, что принятие Духа Святого обычно происходит непроизвольно. На самом деле, во многих буклетах под названием «Как стать христианином» предусматривается, что новообращенный человек может ничего «не почувствовать»; а некоторые даже говорят о том, что не следует «ожидать» чего-то вообще! Трудно представить что-то более противоречащее подходу к душепопечению, который дается в Новом Завете. Если бы в те времена «ничего не происходило», то в каждом случае предполагалось бы, что Святой Дух вообще не был получен (см. Главу 16), однако в реальности тогда, когда в Новом Завете «что-то происходило», было невозможно отрицать факт принятия Духа (см. Главу 18).

Итак, молитва грешника хороша, пока все идет хорошо, но проблема в том, что она не способна продвинуть нас далеко. В ней есть упущения и искажения. Если ее произнести целиком и медленно, то на это уйдет не больше полминуты! При более тщательном выборе формулировки, она может послужить началом отклика человека на Евангелие; но опасное

ОДНО СТАНДАРТНОЕ РЕШЕНИЕ

заблуждение состоит в том, что она считается полным ответом, охватывающим все необходимое для того, чтобы «стать христианином». Ее можно использовать только после того, как человек полностью пришел к покаянию в мыслях, словах и делах (см. Главу 2), и перед тем, как направить его к принятию водного крещения и крещения Духом. Молитва должна быть избавлена от намеков, что все на этом заканчивается. В приведенном выше примере предполагается, что одним этим покаянием к концу произнесения данной молитвы, человек считается «спасенным», что противоречит Писанию (см. Мк. 16:16; Деян. 2:38; 22:16; Тит. 3:5 и главу 36 книги).

Такое акцентирование внимания на исповедании веры, а не на обладание ею, а также излишнее упрощение процесса посвящения открывает путь для формулировок, не соответствующих Писанию. Вместо того чтобы сказать, что человек «покаялся», «уверовал», «был крещен» и «принял Святого Духа», поток эвфемизмов (смягчающих выражений) принимается в качестве заменителей формулировок Нового Завета. Обращенного увещевают «дать обещание», «отдать свою жизнь», «посвятить себя», «принять решение», «открыть свое сердце», «отдать себя», «разрешить Богу войти» и т.д. и т.п. Все они являются «поверхностными» фразами, которые превращают процесс посвящения в одно действие, что, вероятно, объясняет цель, стоящую за их изобретением. Но они совершенно чужды принципам апостольского евангелизма, который свободен от такой терминологии.

В результате такого подхода происходит то, что многие «христиане» остаются неправильно посвященными или, говоря проще, «рожденными с проблемами». Основание установлено без соблюдения необходимых норм; отсутствует один, а то и более, из четырех краеугольных камней. Используя другое сравнение, «двигатель» таких христиан не сможет работать на всех четырех цилиндрах, что возможно и не обнаружится до преодоления первого крутого подъема, который Джон Буньян назвал «Преградой». Разумеется, это замечание касается как тех миллионов, кто принял крещение без веры (как в случае с младенцами), так и тех, кто уверовал, не приняв крещения. Некоторые могут возражать, считая, что положение последних с точки зрения вечности намного «безопаснее», чем в первом случае. Но такой тип «оценивания» или противопоставления совершенно чужд позиции Нового Завета, исключающей рассмотрение этих элементов как альтернативных.

Для апостолов вера и крещение были внешней и внутренней составляющими одного и того же процесса. Было немыслимым для кого-то исповедовать веру без соблюдения самого первого повеления Господа креститься, также как и принятие крещения кого-либо до того, как они уверовали. По их убеждению, что только тот, «кто будет веровать и креститься, спасен будет» (Мк. 16:16; мы уже отмечали, что человек будет «осужден» за отсутствие веры, а не крещения). Тем не менее, можно было бы даже утверждать, что отсутствие осознанных взаимоотношений со Святым Духом представляет собой еще большее препятствие для молодого христианина, чем то, что он еще не совершил таинство крещения. Возможно, большинство сегодняшних христиан попробовали начать путь христианской жизни, так и не «приняв» Святого Духа, в понимании этого слова согласно Новому Завету как сознательного переживания Его «излияния».

РАБОТА С ХРИСТИАНАМИ, ПОСВЯЩЕНЫМИ НЕНАДЛЕЖАЩИМ ОБРАЗОМ

Эта книга в первую очередь написана для тех, чьим служением как раз и есть работа с такими новообращенными христианами. Она является ответом на их неотложный призыв дать им *полный* «пакет услуг», который им принадлежит во Христе в тот момент, когда они в нем больше всего нуждаются. Очевидно, что такое более подробное рассмотрение посвящения имеет смысл для пасторского и евангелизационного служения. На самом деле, один приходский священник, когда услышал об этом учении посвящения, отреагировал так: он согласился, что это истинно библейское учение, но при этом заявил, что он не намерен проповедовать об этом с кафедры, потому что у него и так предостаточно проблем с его прихожанами! Все эти моменты поднимают один деликатный вопрос применения этой концепции к христианам, с давней и зачастую хорошей репутацией, живущих верной и приносящей плод жизнью многие годы, но при этом без одного или более элементов посвящения, как этому учит Новый Завет. Если все четыре духовных пути надлежащим образом преподаются новообращенным, входящим в церковь, совсем скоро многие из тех, кто уже находится в церкви, начнут ощущать дискомфорт из-за сравнения, и даже могут почувствовать себя уязвимыми или ощущать угрозу.

Есть два возможных подхода к таким христианам, которые чувствуют такой дискомфорт и потому настроенных на оборону: ободрить их или «завершить» их посвящение.

Ободрение

Это более простое решение — убедить таких христиан, что Божьи благословения в их жизни служат доказательством того, что с ними все нормально, и что у них есть все необходимое. Конечно же, часто считается, что будет обидным отказом в любви предположение, что таким «святым» может чего-либо недоставать, поскольку способно нанести больше вреда, чем пользы их духовному миру и развитию.

Разбойник на кресте часто приводится в качестве примера в данном контексте; он был спасен без водного крещения и крещения Духом (см. Главу 9, где приводится критика такого довода). Но этот распятый разбойник получил больше утешения, чем он мог бы себе когда-либо представить! Его пример вдохновил многих, кто надеется пробраться на небеса с минимальным соответствием условиям вхождения туда. Более того, «великие» христиане также могут служить таким же «ободрением»: генералы Армии Спасения, ни один из которых не принял водного крещения, великие проповедники никогда не переживали необычных ощущений и т.д. Незрелых «баптистов» и «пятидесятников» неблагосклонно сравнивают с такими выдающимися «святыми», в связи с чем приходят к неправильным выводам относительно того, что «необходимо» для полного спасения.

Такие одиозные сравнения имеют один пагубный недостаток. Надлежащей реакцией было бы обратить внимание на то, насколько лучше были бы эти «великие» христиане, если бы они приняли все то, что Бог желает им дать. Насколько более действенными были бы имеющие плоды Духа, если бы они еще и получили дары Духа; и насколько более перспективными были бы имеющие дары Духа, если бы они имели еще и плоды Духа.

В долгосрочной перспективе, если духовно зрелым людям сказать, что им больше ничего не нужно для их дальнейшего роста, это может послужить препятствием, а не помощью. Предположение о том, что повеления в Новом Завете, обращенные к каждому верующему, на самом деле необязательны, совершенно недопустимо. Это было бы самым простым решением, но оно далеко не лучшее, да и вовсе неверное. Но этому имеется альтернатива, соответствующая апостольскому учению.

Завершение их посвящения

Надлежащий подход состоит в том, чтобы понять, какие элементы отсутствуют, после чего предпринять определенные шаги по восполнению недостающих из них. В книге Деяний мы находим, что апостолы Петр, Иоанн и Павел предпринимали такие меры (см. главы 16, 18 и 20). Они не тратили время на *обсуждение* духовных или непреходящих качеств тех, в посвящении которых были допущены те или иные пробелы; это была ситуация, которая требовала *действий*, а не просто обсуждений! Все, что было нужно для этого, должно было быть обеспечено как можно скорее.

ОДНО СТАНДАРТНОЕ РЕШЕНИЕ

Этот подход исполнен доброты и любви, поскольку он ищет лучшего для своего собрата; нельзя довольствоваться меньшим. Квинтэссенцией истинного пасторского (и евангельского) попечения является принцип, суть которого выражена такими словами: «дополнить, чего недоставало вере вашей» (1 Фес. 3:10).

Можно изучить другие недостатки ненадлежащего посвящения, которые возникают позднее: не сделанный соответствующий вывод в отношении прошлого; не доведенная до понимания необходимость проявлять доверие путем принятия на себя риска; «старая жизнь» так и не была «похоронена» так, как следует; сверхъестественная сила так никогда и не была испытана лично. Когда ситуация с этими упущениями оказывается исправленной, более поздние проблемы часто становятся менее значительными, а то и вовсе исчезают (следует обоснованно применять этот подход для выяснения в первую очередь вопросов, связанных с обращением человека, чтобы понять, было ли оно «завершенным»). По крайней мере, благодаря этому христианин бывает намного лучше подготовлен к решению проблем в христианской жизни, имея твердое основание веры.

Такое отступление от темы стало необходимо потому, что некоторых читателей больше заботит состояние «старых» христиан, чем обращение «новых»! Целью вышеизложенных замечаний не было привести в уныние таковых или лишить их привилегий, напротив, служить их ободрению и духовному обогащению! Тем не менее, боязнь расстроить «святых» не должно лишать «грешников» правильного старта новой жизни. Слишком часто евангельское душепопечительство «подгоняется» таким образом, чтобы не обидеть девяносто девять овец, которые уже в загоне (или, что более вероятно, их пастырей!). В результате каждый раз страдает потерянная овца. Даже если более полное понимание посвящения, как этого требует Новый Завет, создает проблемы для нас самих, это не дает нам право удерживать ни одну из частей посвящения для востребования другими людьми. Почему они вынуждены иметь неправильный «старт» в их новой жизни только потому, что многие из нас имели подобное начало?

Теперь пришло время посмотреть на вопросы практической помощи, призванной облегчить «ученикам» возможность пройти через эти «духовные пути» в Царство Божье на земле, вне зависимости от того, находятся ли они в начале их христианской жизни или уже какое-то время идут по «Пути Господнему». Лучшим способом для душепопечителя и новообращенного запомнить эти четыре элемента (на английском языке) является метод аллитерации — использование начальных согласных слов слова 'RuBBeR' = *R*epent, *B*elieve, be *B*aptised, *R*eceive the Spirit [что значит: *П*окаяние, *В*ера, *В*одное крещение и *П*ринятие Духа Святого]. Посмотрим же по очереди на каждый из них, рассматривая их на этот раз с практической, а не богословской точки зрения.

Глава 32

Как помочь ученикам покаяться

Требуется провести довольно много времени, чтобы удостовериться в том, что покаяние было настоящим. Поверхностное «извинение» не принесет пользы, и зачастую оставляет «пуповину», соединяющую с прошлым, нетронутой. Покаяние является первым шагом к вхождению в Царство Божье, и спешка здесь недопустима. Новообращенный нуждается в помощи в трех сферах: иметь серьезное отношение, быть конкретным и быть чувствительным. Душепопечитель, или духовный наставник, должен обладать определенными дарами Духа, в частности, даром слова мудрости, и прежде всего, способностью глубокого и быстрого понимания ситуации (даром проницательности).

СЕРЬЕЗНОЕ ОТНОШЕНИЕ

Человек может оказаться очень умным, состоятельным, привлекательным, одаренным и влиятельным, и вместе с тем, очень безрассудным! Настоящая мудрость проявляется не обязательно в огромном багаже накопленного опыта; она начинается с того, что человек просто *поступает* правильно. Обратиться от греха к Богу — это самый разумный поступок, когда-либо сделанный человеком. Но лишь немногие делают этот шаг, пока у них не будет мощного стимула для этого.

НОРМАЛЬНОЕ РОЖДЕНИЕ ХРИСТИАНИНА

«Начало мудрости — страх Господень» (Притч. 1:7). Маловероятно, чтобы кому-то удалось совершить настоящую нравственную перемену, пока не будет такого страха. Он появляется в результате осознания, какими будут окончательные последствия, если человек будет продолжать совершать «злодеяния» в своих мыслях, словах и поступках.

Видимой стороной Евангелия, суть которого состоит в том, что Царство Божье находится в процессе восстановления уже на земле, является то, что неизбежной кульминацией этого процесса будет переломный момент — Суд. Половина притч Иисуса Христа говорит о настоящем процессе распространения Царства, а вторая половина — о будущем моменте разделения овец от козлов (доброго семени и плевел, плохой и хорошей рыбы).

Суд будет произведен над каждым человеком отдельно, каждый будет давать отчет Господу за всю его или ее жизнь. Каждая мысль, слово и поступок — все в точности записывается. Но однажды книги откроются, и в отличие от телевизионного шоу *Это — Ваша жизнь*, обнаруженные сомнительные факты вашей жизни уже нельзя будет стереть. Судебное заседание не будет долгим, поскольку все факты будут полностью известны Судье, Который совершенно беспристрастен и абсолютно справедлив. Вынесенный приговор не будет подлежать апелляции, поскольку не будет инстанции высшей, чем этот Суд. Ни один человек не сможет объявить себя «невиновным», когда ему будет предъявлен действительный список дел.

Чтобы никто не подумал, что Бог не понимает тяжестей жизни человека в этом мире, Он делегировал ответственность для совершения Суда «предопределенному Им Мужу», Иисусу Христу (Деян. 17:31). Он же, Кто совершил все возможное, чтобы предупредить и приобрести нас, в конце отвергнет тех, кто слышал о Нем, но не принял, а это значит, что Пилат, Ирод и Иуда — все предстанут перед Судьей Иисусом Христом.

КАК ПОМОЧЬ УЧЕНИКАМ ПОКАЯТЬСЯ

Наказание за грех — «смерть». Это слово имеет в английском то же значение, что и в греческом. Это не прекращение существования, а разложение до такого состояния, когда изначальная цель, ради которой был создан человек, перестает быть возможной («погибший» человек настолько же бесполезен для Бога, как и «пробитая» покрышка для водителя). Ад — это мусоросжигательная печь Бога, куда отправляются испорченные «изделия» (ср. между собой выражения «весьма хорошо» из Быт. 1:21 и «будучи злы» из Лк. 11:13). Каждая катастрофа в мире служит напоминанием об этой страшной гибели (Лк. 13:5). Мы должны больше всего бояться не ракового заболевания, безработицы или ядерной катастрофы, а Того, Кто может уничтожить тело и душу в аду (Лк. 12:5).

Все, что мы знаем об аде, было рассказано Самим Иисусом Христом, как если бы Бог не мог доверить никому другому передать это страшное откровение. Было предпринято много попыток с целью поиска альтернативы избежать такой ужасающей перспективы: теория второго шанса, временные страдания (чистилище), условное бессмертие (полное исчезновение). Любую из них люди готовы предпочесть вечным мукам, но ни одно из них не соответствует описанию того предельного ужаса, который описан Иисусом Христом. Пожалуй, больше всего Он сделал ударение на такой характеристике ада, как такой, где будет «плач и скрежет зубов»: душевные муки от безвыходной безнадежности что-либо изменить (Мф. 25:30; Лк. 16:24). Остаться навечно в разделении с Богом и вечно пребывать среди полностью испорченных людей, а вернее, среди крайне извращенных «зверей», которые когда-то были людьми (Дан. 4:16), бесконечно осознавая, что нет никакой надежды избежать этого места, как окружающих лиц, так и условий пребывания там (Лк. 16:26) — это ад, и любая жертва в этой жизни стоит того, чтобы избежать «перспективы» попадания в это место.

Таковы некоторые из истин, которые необходимо разъяснить каждому, кто желает стать христианином. Выше приведенные параграфы являются иносказательным изложением призыва Иоанна Крестителя «бежать от будущего гнева» (Лк. 3:7). Он знал, что тот же Царь, который будет «крестить Святым Духом», однажды будет также судить «огнем», сжигая солому (Мф. 3:11-12), хотя эти два события не будут происходить одновременно, как может показаться (Лк. 7:19). Когда Павел благовествовал, он всегда начинал свою проповедь с того, что говорил о гневе Божьем, который «открывается» в настоящее время (Рим. 1:18-32), но однажды обрушится на нечестивых (Рим. 2:5-11). В тот день всем классам и типам людей, от самых высших до самых низших слоев, лучше будет погибнуть от обвала скал, чем увидеть в гневе Бога-Отца и Сына (Откр. 15:6-7).

Суть данного наказания состоит в том, что человек подотчетен и ответственен за свои собственные действия и характер. Психология поведения человека разрушила эту концепцию, представляя человека в виде собаки Павлова, которая не могла сдерживать «слюноотделение» при звуке колокольчика (всегда звонившего перед приемом ею пищи), вне зависимости от того, была ли она голодна, или нет. Нас учат тому, что мы — невинные жертвы, подчиненные законам наследственности и окружающей среды и потому неспособны помочь сами себе. Даже христианское мышление подверглось влиянию этой точки зрения, выражаясь, скорее, в стремлении достигнуть «внутреннего исцеления эмоций», чем в желании получить «прощение грехов». Но то, чем мы стали, произошло не от того, что с нами что-то сделали; то, что мы сделали с тем, что было дано нам, превратило нас в тех, кем мы стали. В этом мире никто не способен избежать несправедливых страданий; но мы предпочитаем реагировать на это ожесточением и обидой. Только Бог знает, с чем мы не можем справиться, как и то, на что мы способны, и потому будет судить нас за выбор, который мы совершаем по нашей воле.

Считать человека несущим ответственность за себя — значит воспринимать его полное человеческое достоинство. Допустить, что он сделал неверный выбор, — значит принять библейскую истину о человеческой греховности. Говорить о грядущем суде — значит напомнить людям о человеческом уделе. Вот насколько серьезен грех. Любого из нас грех может навсегда лишить наследства в будущем Царстве (1 Кор. 6:9-10; Гал. 5:19-21; отрезвляет мысль о том, что эти предупреждения были сказаны верующим людям, а не неверующим).

Учение о «вечном наказании» является неотъемлемой частью христианского посвящения (оно входит в перечень тех «начатков учения», о которых говорится в отрывке Евр. 6:1-2 — см. Главу 27). Поэтому оно является основой того покаяния, которое есть «обращение от мертвых дел».

БЫТЬ КОНКРЕТНЫМ

Мы уже разбирали с вами опасность «исповедания грехов в целом». Истинное покаяние делается для прощения не греха вообще, а конкретных грехов. По крайней мере, те грехи, от которых человек отрекается, должны быть озвучены. Как наставник может помочь человеку быть более точным? Есть минимум три способа, как это сделать.

Первый способ — это *целенаправленный разговор*. Он состоит в том, что душепопечитель в личной беседе с человеком твердо подводит его к тому, чтобы он смог перейти от неопределенных заявлений к более детальной личной информации. Задавать следует конкретные вопросы: «Почему ты хочешь стать христианином?», «От каких грехов тебе необходимо освободиться?», «Какие тайны ты скрываешь от других людей?», «Занимался ли ты когда-нибудь оккультизмом?» Эти вопросы не должны задаваться в духе нездорового любопытства, при этом человек, с которым вы беседуете, должен чувствовать уверенность в том, что конфиденциальность такой исповеди будет сохранена. Это должно быть сделано в атмосфере любви, поскольку признаваться в таких вещах часто является первым шагом к освобождению от царства тьмы. Исповедание скрытых грехов начинается с освобождения от их власти и уменьшения мук скрываемой вины.

НОРМАЛЬНОЕ РОЖДЕНИЕ ХРИСТИАНИНА

Второй способ заключается в использовании *подробного списка*. Сегодня некоторые душепопечители используют заготовленную «подборку» запретных вещей, которые они проверяют на «наличие» у будущего ученика. (В прекрасной книге Базилеи Шлинк *Победа христианина* (Basilea Schlink *The Christian's Victory*, Marshall, 1985) разбираются сорок пять наиболее часто совершаемых грехов, в особенности тех, которые задевают духовный мир человека, а не плоть). Применение таких перечней может быть действенным и эффективным, особенно в отношении пробуждения памяти. Увы, все больше приходится иметь дело с конкретными примерами оккультного влияния и сексуального извращения, поскольку они ведут к зависимости, от чего нужно получить освобождение через прощение.

При использовании таких «каталогов» есть искушение сосредоточиться на более явных и менее тяжелых пороках (воровство, блуд), а не на более трудных и коварных грехах (гордость, жадность); хотя последние нетрудно выявить посредством постановки более конкретных вопросов (коллекционирование антиквариата, игра на бирже и т.д.). Иоанн Креститель был тем, кто вносил такие практические предложения (Лк. 3:10-13, заметьте конкретность призыва: «Довольствуйтесь своим жалованием»!).

В Новом Завете содержатся такие перечни грехов: (Мф. 15:18-20; Мк. 7:21-23; Рим. 1:29-32; 13:13-14; 1 Кор. 5:9-11; 6:9-10; 2 Кор. 12:20-21; Гал. 5:19-21; Еф. 4:17-19; 4:25-31; 5:3-4; Кол. 3:5-6, 8-9; 1 Тим. 1:9-10; 2 Тим. 3:1-5; Тит. 3:3-5; 1 Пет. 2:1; 4:2-4; Откр. 21:8; 22:14). Двадцать один список, присутствующий в Новом Завете, содержит более ста различных грехов. Мудрый душепопечитель должен исследовать эти места Писания и быть способным держать в памяти «конспект» для того, чтобы обратиться к тому или иному из них в случае необходимости. Такая классификация может быть выполнена различными способами: грехи, допускаемые в мыслях, словах и делах; грехи против Бога, других людей, самого человека; грехи неделания и грехи делания; грехи с умыслом или грехи невольные.

Новый Завет не «классифицирует» грехи по категориям, например, «простительные» и «смертные» (хотя т.н. «грех непростительный» и «грех к смерти» являются, скорее всего, случаями безнадежного состояния человека — см. Мф. 12:32; 1 Ин. 5:16); так же как никакой грех не должен считаться более серьезным, чем другой, поскольку любой грех способен разрушить взаимоотношения с Богом.

Изучая эти перечисленные грехи в Новом Завете, читатель вскоре убеждается в том, что большинство из «Десяти Заповедей» в законе Моисея входят с более глубоким смыслом и более широким применением в «закон Христов». Исключением является Четвертая заповедь (о субботе), которая относилась лишь к верующим из иудеев, и которая «совершается» в жизни христиан совершенно другим способом (см. Рим. 14:5-6; Кол. 2:16-17; Евр. 4:9-11; см. также Д.А. Карсон (переизд.) *От Субботы до Дня Господня* (From Sabbath to Lord's Day, Zondervan, 1982). Закон Моисеев все еще может служить в качестве «учителя», с помощью которого мы можем прийти ко Христу (Гал. 3:24), «ибо законом познается грех» (Рим. 3:2; этот текст в изложении Дж. И. Филипса звучит так: «только прямолинейность Закона показывает нам, насколько мы «искривлены»).

Сравнение с добродетелями может быть настолько эффективным, как и сравнение с пороками. В частности, сравнение с совершенством уравновешенного характера, умения говорить и вести себя, как Господь Иисус Христос, может произвести глубокое обличение во грехе (Лк. 5:8). В глубине души каждый, слышавший о Нем, понимает, что именно такой жизнью должен жить человек, но к сожалению никто ею не живет. Глядя на Христа, мы понимаем, что «все согрешили и лишены славы Божьей» (Рим. 3:23).

И третий способ — это *непосредственное откровение*. Именно на этом уровне помощь Святого Духа в душепопечительстве неоценима, хотя предыдущие два метода должны применяться также под Его водительством.

С одной стороны, Святой Дух способен вывести «укоренившиеся» грехи из подсознательной памяти в сознание того, с кем вы проводите беседу. На самом деле человек не забывает ничего из того, о чем он когда-либо подумал, чувствовал или сделал (вспомните, как часто одного взгляда, звука или запаха достаточно, чтобы всплыли какие-то воспоминания), но мы испытываем трудность что-либо вспомнить, когда это необходимо. Именно в такие моменты Святой Дух может прийти на помощь (Ин. 14:26). Встречу можно начать с молитвы о Его помощи в этом вопросе.

С другой стороны, Святой Дух может дать наставнику дар «слова мудрости», который направит его к главной причине греха, который ваш подопечный может сознательно или подсознательно скрывать. Подобно тому, как Иисус Христос «знал, что в человеке» (Ин. 1:48; 2:25; 4:18) и мог точно определить реальную проблему (например, грех стяжательства у молодого богача, Мк. 10:17-22), так и Его Дух сегодня может давать такое же понимание. Я помню, как я пытался помочь девушке, которая отзывалась на каждый призыв к покаянию в течение полутора лет в надежде, что ее жизнь изменится, но ничего не изменялось; Святой Дух побудил меня задать ей вопрос: «С кем вы живете?» Это вскрыло ее основную проблему, но закончилось тем же, что и в случае с молодым богачом: она ушла «с печалью», так и не решившись оставить человека, который не собирался жениться на ней. Исполненная чувства огорчения, эта девушка не покаялась.

БЫТЬ ЧУВСТВИТЕЛЬНЫМ

В этом требовании есть два аспекта — это те эмоции, которые сопровождают процесс покаяния, и действия, которые должны следовать за ними.

КАК ПОМОЧЬ УЧЕНИКАМ ПОКАЯТЬСЯ

Как никогда ранее, возрастает необходимость в различении психологической вины (то, что мы думаем о себе) и нравственной вины (то, что Бог думает о нас). Первая из них часто обусловлена (воспитанием, темпераментом и т.д.), а также искусственна (самоненавистничество и жалость к себе — обе являются деструктивными, часто становясь препятствием к покаянию). Нравственная вина имеет больше объективный, чем субъективный характер, и представляет собой способность выйти за рамки собственного состояния и оценить грех в его реальном свете. Идеальным примером этого служит Притча о блудном сыне. Произошла смена чувств сына от огорчения и раскаяния до истинного покаяния, когда он осознал как любовь отца, так и чудовищность его неблагоразумия. Как легко наши эмоции искажают наши суждения:

> Однажды вскричал я в смятенье:
> «Господь! В грехе мое сердце,
> В грязи моя плоть!»
> Но ангел-хранитель
>
> Слетел и сказал:
> «Не будь же тщеславным,
> Уймись, человечек.
> Ты просто устал».

Этот стих подчеркивает опасность, которая таится в искаженных эмоциях, которые могут быть довольно самообманчивыми, ограждая человека от реальности: например, человека можно намного проще заставить осознать вину от совершения рукоблудия, чем убийства. Иногда те грехи, которые больше всего беспокоят человека, не являются на самом деле истинным препятствием, стоящим между ним и Богом. Огорчение по поводу одного может маскировать вину по поводу другого. Сердце хорошо знает, как обмануть самого себя. Быть одновременно и чувствительным, и благоразумным — значит иметь чувство гармонии, правильную шкалу ценностей. Это возможно в результате применения Писания к грешнику посредством Духа Святого.

Также важно быть реалистичным в отношении действий и эмоций, проявляемых в случае покаяния. Есть такие грехи, которые невозможно исправить. В случае с другими было бы даже неразумно пытаться их исправить; копание в прошлом может, несомненно, нанести вред. Это как раз та ситуация, где использование дара Духа Святого, называемого «дар слова мудрости», будет особенно приемлемым. Один человек признался мне в прелюбодеянии, но при этом не знал, должен ли он в этом сознаться также и его жене, которая находилась на постоянном лечении в психиатрической клинике; и Господь дал мне такие слова мудрости, чтобы сказать этому человеку: «Она сейчас как ребенок, говорит Господь, а такие вещи не говорят детям» (муж тогда полностью освободился от чувства вины и теперь живет правильно, любя свою жену, как подобает).

Наиболее трудными ситуациями для исправления являются те, которые связаны с разводом и повторным браком. Что Иисус Христос повелел сделать самарянке у колодца в ее ситуации? Выйти замуж за ее последнего «мужа»? Вернуться к ее пятому мужу? Или четвертому, третьему, второму или первому? Оставаться одной всю оставшуюся жизнь? Если бы мы только могли знать это! Будет неуместным сейчас разбираться в этой сложной проблеме (для этого нужно написать отдельную книгу). Тем не менее, я всегда считаю, что прежде чем разбираться в индивидуальных обстоятельствах супругов, разумно убедиться, что обе стороны ясно понимают следующие два момента.

Во-первых, прощение не отменяет всех предыдущих соглашений — от ипотечного договора до брачного контракта (представьте, как это будет выглядеть, если сказать в кредитной организации, что все долги по кредитной карте были уплачены на Голгофе!); возрождение не «обращает» женатого или разведенного человека опять в холостяка или замужнюю женщину — в девушку!

Во-вторых, *правило* же Господа очень понятно: повторный брак в глазах Господа — это прелюбодеяние. Человек, которому даровано прощение за грех прелюбодеяния, не может продолжать жить так же, как раньше (Ин. 8:11). Для многих «достойным плодом покаяния» будет оставаться одному или примириться с бывшим партнером (1 Кор. 7:11).

Как только эти два принципа искренне принимаются, тогда можно просить Божьей мудрости для нахождения лучшего выхода из положения, особенно, если в дело вовлечены дети, о которых Бог заботится особо (Мф. 18:10; Лк. 17:2).

Однако большинство «деяний покаяния» намного легче определить, чем исполнить. Очень важно быть настроенным положительно и исправить то, что должно быть исправлено. Можно заплатить долги, принести извинения, сознаться в преступлениях полиции. Я знал одного новообращенного, который так и сделал, затем получил самое легкое наказание, которое только возможно, его прозвали сокамерники «Епископом» за его энтузиазм в свидетельстве им об Иисусе Христе, и говорили, что он был единственным евангелистом в Британии, получавшим полное финансирование Ее Величества Королевы Англии! Делать добро тем, кто принес кому-то вред, является чрезвычайно эффективным методом в избавлении от горечи и чувства обиды.

Поощряя действия исправления, восстановления и примирения, необходимо внести ясность: это вовсе не означает, что таким образом совершается «покаяние» в смысле самоискупления прошлых грехов, даже если эти действия помогают очистить совесть и облегчить чувство вины. Делами покаяния невозможно «заработать» божественную благодать. Они должны рассматриваться, как выражение искреннего желания быть спасенными от грехов и глубокой благодарности за чудо прощения. Мы спасаемся не посредством нашего покаяния, а по вере, хотя и то, и другое одновременно является как даром Божьим, так и действием человека.

Покаяние начинает процесс посвящения христианина, но он на этом не заканчивается. Его можно описать как «жизненный путь». На самом деле, после «обращения», как правило, мы также каемся, хотя покаяние должно состояться до него. Одним из признаков того, что человек становится «святым», — это когда он все больше и больше осознает, что он «грешник». Продолжение покаяния является неотъемлемой частью процесса освящения. По мере того, как в процессе зрелости будет расти навык «различения добра и зла» (Евр. 5:14), необходимость в покаянии будет только расти, а не уменьшаться. Самые кающиеся люди обычно оказываются самыми праведными людьми. Итак, наше покаяние длится всю оставшуюся жизнь.

Покаяние продолжается в течение всей жизни человека. По мере духовной зрелости христианин начинает сознавать то, что зло может иметь отношение к обществу, группе людей, а также может иметь личный и частный характер. Он учится определять грехи, имеющие место в церкви и в мире, чтобы сопереживать их вине и выражать раскаяние за них. Он развивает в себе «общественное сознание», оно будет побуждать его к деяниям покаяния через ходатайственную молитву, которая будет вторить молитве Иисуса: «Отче! прости им, ибо не знают, что делают» (Лк. 23:34).

Однако такой двойственный характер покаяния «продолжающегося» и на оставшуюся жизнь христианина, говорит о принадлежности его к жизни в Царстве Небесном, хотя знакомить с этими понятиями на этапе посвящения нереально, да и неуместно. В то время, как совершенно приемлемо и необходимо требовать от приближающегося к Богу человека доказательств истинности его покаяния, недопустимо требовать от него «полного» покаяния (т.е. прекращения делать каждый грех, когда-либо совершенный). Это будет значить, что мы рассчитываем на освящение до оправдания (что является основным заблуждением всех других религий, включая иудаизм). Соответствующим образом, хотя грешник должен быть готов нести ответственность за свои собственные грехи, совершенные к моменту его вхождения в Царство, его могут занимать проблемы пороков и преступлений коллективного характера только за его личное участие в них, если таковые имеют место. В известном смысле, человек соглашается предстать перед судом Божьим до наступления дня Великого Суда, признает себя виновным и получает оправдание во имя Иисуса Христа.

Для того чтобы получить такое решение суда, за покаянием должно следовать исповедание веры. Когда покаяние представляется как исключительный или первостепенный элемент посвящения, к чему тяготеет «либеральная» позиция, то в результате оно может опасно приблизиться к концепции спасения по делам, которое импонирует веку, предлагающему принцип DIY «Сделай сам». Тогда ударение делается на том, что человек делает для Бога, а не на том, что Бог совершает для человека. Мы не оправдываемся делами закона или делами покаяния! Мы должны помочь людям покаяться; и мы должны также помочь им верить.

Глава 33

Как помочь ученикам уверовать

В мире есть поговорка «Пока не увижу, не поверю». Библия же говорит: «Вера от слышания» (Рим. 10:17). По этой причине широко бытует мнение, что только «слепую» веру можно считать настоящей; и что Евангелие должно достигать человеческую душу через слуховое, а не зрительное восприятие.

На самом деле, вера проникает за пределы видимого (Евр. 11:1, 27); «блаженны невидевшие, но уверовавшие» в то, что Иисус Христос жив (Ин. 20:29; отметьте, что Фома был «скептиком» не более, чем остальные десять апостолов, или женщины у гроба, см. Мк. 16:9-14). Но полная ли истина присутствует в этом? Просит ли мир, желающий видеть какое-то доказательство правдивости Евангелия, того, чего ему не нужно давать и, как некоторые бы добавили, невозможно дать? Был ли так уж неправ Ницше, когда говорил, что он хотел бы спастись, если бы христиане были больше похожи на спасенных?

СЛОВА, ДЕЛА И ЗНАМЕНИЯ

Мы можем начать разбираться с этими вопросами, посмотрев, как часто в четырех Евангелиях знамения приводили к вере. В жизни тех иудеев, которые «приняли» Иисуса, «уверовали в Его имя» и «родились от Бога», это происходило так часто, потому что они видели Его знамения. Высшей кульминационной точкой такого видимого знамения был случай воскрешения Лазаря из мертвых (Ин. 11:45). Вот почему Евангелие от Иоанна объясняет чудеса как знамения, вещественные события столь неестественного характера, что они заостряют внимание на том, что находится вне самих этих событий: на сверхъестественную действительность. Иисус никогда не препятствовал тем, кто приходил к вере в Него таким путем. Однако Он был крайне требователен к тем, кто ожидал только вещественных результатов Его служения, а не духовных благословений, лежащих в основе этих чудес (Ин. 6:26), отношение, которое так характерно для нашего меркантильного века. Иисус Христос также отказывался являть чудеса, чтобы удовлетворить любопытство неприязненных скептиков (Мф. 16:1-4), хотя и обещал им «знамение Ионы». Нам следует не забывать, что если бы никто не *видел* Христа воскресшего, то не было бы и такой религии как христианство (ср. Лк. 24:24): Иисуса Христа почитали бы просто за пророка (как, собственно, считается в иудаизме и исламе).

Петр без колебания использовал в качестве свидетельства воскресения и вознесения Иисуса Христа (а также, что эти события доказывают то, что Он теперь «*Господь* Иисус Христос») тот факт, что Он «излил то, что вы ныне видите и слышите» (Деян. 2:33). Позднее Петр и Иоанн воспользовались возможностью через исцеление хромого, просившего милостыню у храма, чтобы привести множество народа к вере; эти люди увидели чудо и услышали проповедь (Деян. 3:9-10; 4:4). «Знамения и чудеса» были явно одним из важных факторов невероятного роста Ранней Церкви (Деян. 5:12-16).

Павел также смотрел на сообщение людям Благой Вести в таком же свете. На самом деле он ссылается на три аспекта: слово, дело и знамение (некоторые предпочитают вариант с аллитерацией: слова, дела, чудеса, в английском все начинаются с одной и той же буквы 'w'). В своем сообщении римской церкви о методах благовествования среди язычников, до того как посетить столицу, он пишет: «ибо не осмелюсь сказать что-нибудь такое, чего не совершил Христос через меня, в покорении язычников [вере], словом и делом, силою знамений и чудес, силою Духа Божия, так что благовествование Христово распространено мною от Иерусалима и окрестности до Иллирика» (Рим. 15:18-19; ср. 1 Фес. 1:5).

Удивляет в этом описании Павлом его способа благовествования то, что два аспекта касаются зрительного восприятия и один — слухового. Истинность сказанного подтверждается увиденным: человеческих деяний и божественных знамений. «Деяния» человеческие не обязательно должны быть делами социального характера или политического давления, какими бы необходимыми они ни были для доведения Евангелия до конца. Определение добрых дел, оставленное Иисусом Христом, понимается в свете более высокого «стандарта жизни», больше в нравственном, чем материальном смысле; Он произнес это в Своей Нагорной проповеди: не гневаться, не испытывать вожделения, не разводиться, не клясться, не мстить, не вести себя набожно на людях, не беспокоиться о своих житейских нуждах, и пр. (см. Мф. 5:16 и целиком 5-7 главы Евангелия от Матфея). Божественные «знамения» заключались, в основном, в исцелении болезней и освобождении от демонических сил (Мф. 9:1), но они не ограничиваются таковыми (ср. ослепление Павлом волхва на Кипре, что было повторением его собственного опыта по дороге в Дамаск, и приведшего к вере Проконсула, Деян. 9:9; 13:11).

Все это имеет тесную связь с Евангелием *Царства*. Благая Весть состоит в том, что Царство Божье (в смысле Его «правления», а не «пределов правления») восстанавливается на земле с приходом Царя. Сейчас Он вознесен на трон Вселенной, в то время как Его подданные, которые уже пользуются привилегиями Его правления, подготавливают всех верующих к полному и окончательному установлению Царства, которое наступит после возвращения Царя на эту землю. Поистине «невероятный» план, выходящий за рамки человеческого опыта или воображения (Ис. 64:4, процитированный в тексте 1 Кор. 2:9). Царство, которое «там и тогда» является Царством, которое «здесь и сейчас» (половина притч Иисуса Христа указывают на грядущий переломный момент в установлении Царства на земле; вторая половина указывает на процесс, протекающий в настоящем времени). Является ли необоснованным ожидание людьми некоторых видимых признаков того, что Царство уже здесь, на земле? Первые ученики могли заявить, что Иисус Христос уже является Царем, указывая на божественные знамения; они также уже являлись Его подданными, на что указывали их человеческие деяния. Царство может и должно быть явственно видимым, а также должно провозглашаться (Лк. 10:9). Как раз это имел в виду Павел, когда говорил о своей проповеди в Коринфе, которая была «в явлении духа и силы» (1 Кор. 2:4; ср. Деян. 14:3).

НУЖНЫ ЛИ СВЕРХЪЕСТЕСТВЕННЫЕ «ЗНАКИ» СЕГОДНЯ?

В большинстве случаев общепризнано, что апостольская проповедь Евангелия была «освидетельствована» при помощи сверхъестественных «знамений» или знаков (2 Кор. 12:12), хотя часто слышны возражения, что это не было моделью благовествования на протяжении всей истории Церкви. Суть разногласия состоит в том, что, поскольку апостольское учение было полностью составлено и изложено в письменном виде, такое чудотворное удостоверение подлинности проповедуемого Слова стало не нужным. Тогда получается, что вера должна была быть верой в прошлые (и невидимые) чудеса как доказательство истинности проповеди! Тогда видимое зафиксированное в письменном виде учение рассматривается приемлемой заменой очевидной силы! Ни Писание, ни история Церкви не поддерживают точку зрения, что Бог отнял сверхъестественное подтверждение Его слова, когда оно перешло из устной в письменную форму. (Например, письмо Джона Уэсли от 4 января 1749 года скептически настроенному Др. Коньерсу Миддлтону о дарах пророчества, языках и исцелении является типичным оправданием продолжающегося характера сверхъестественных даров. См. *Письма* (*Letters*, Epworth, 1931), том. 2, стр. 312 f.)

В Писании есть одно место, которое очевидным образом опровергает точку зрения о том, что Бог приостановил явление сверхъестественных «знамений», хотя это не соответствует оригинальному тексту, а именно: Мк. 16:15-20. Даже если этот отрывок был позднее добавлен к этому Евангелию неизвестным автором времен Ранней Церкви, он служит лучшим свидетельством мировоззрения постапостольского периода! Он представляет собой миссионерское поручение, данное Христом Его церкви по «всему миру» и «до скончания века». Обетование состоит в том, что чудотворные знамения будут сопровождать всех «уверовавших», а не только апостолов, когда бы и где бы ни проповедовалось Евангелие. Иное интерпретирование этих «будущих знаков» как «большое количество обращенных» или «измененные жизни» является неправильным употреблением данной терминологии и служит прикрытием отсутствия предсказанных знамений.

Бремя доказательства лежит на тех, кто отстаивает точку зрения об отбирании Богом «знамений и чудес». Одну только вещь они не могут отрицать: Дух Святой не был отобран. Пока не будут представлены явные библейские и исторические основания в пользу радикального изменения в «принципе действия», демонстрация силы Святого Духа и «раздаяние» Его даров остаются неотъемлемой частью и убедительными признаками полноценной проповеди Евангелия (Евр. 2:4). Следует добавить, что напечатанное, и даже проповеданное слово, может распространяться без Святого Духа (например, неверующему могут платить за распространение брошюр, и некоторые в результате этого спасутся!). Но человеческие дела и знамения Божьи не могут производиться без Его присутствия (возможно, поэтому Иисус Христос повелел Своим ученикам ждать в Иерусалиме, пока они не «примут силу»). Даже «библейских» знаний о Его смерти, воскресении и вознесении, по-видимому, недостаточно, чтобы быть Его «свидетелем» (ср. Лк. 24:27 и Деян. 1:8).

НОРМАЛЬНОЕ РОЖДЕНИЕ ХРИСТИАНИНА

ЗНАЧЕНИЕ РАЦИОНАЛЬНОГО ДОКАЗАТЕЛЬСТВА

Помогая другим уверовать, необходимо иметь в виду еще один вид «доказательств» в пользу истинности Евангелия. Обратимся к роли «апологетики», занимающейся вопросами необходимости и возможности предоставления «рациональных доказательств» веры. Было бы полуправдой утверждать, что не было ни одного человека, которого бы когда-либо не убеждали войти в Царство Божье (в поддержку этой точки зрения часто приводится место Писания, как Агриппа реагировал на аргументацию Павла; Деян. 26:28). Барьеры, стоящие на пути правды, могут быть сняты путем демонстрации того, что аргументы в пользу христианства имеют здравый смысл. (Например, труды Клайва С. Льюиса, Фрэнсиса Шеффера, Бернарда Рамма и Джоша Макдауэлла во многом поспособствовали этому; это великолепный «склад боеприпасов»!) Верить — не значит совершить интеллектуальное самоубийство. Вера и разум движутся вместе по пути к истине, хотя вера продвигается по этому пути намного быстрее. Разве не Авраам Линкольн сказал: «Разумом примите как можно больше из Библии, остальное возьмите верой; и вы проживете жизнь, умерши более счастливым человеком»?

С одной стороны, существует постоянно увеличивающаяся совокупность доказательств в пользу исторической точности Библии, особенно в области археологии. Далее, есть закономерная достоверность самих Писаний; детального изложения обстоятельств воскресения было бы достаточно, чтобы убедить любой суд присяжных, что это событие имело место. Многие из так называемых «противоречий» оказываются поверхностными, а то и просто кажущимися. История распространения самого библейского текста содействует возрастанию убежденности. Тот факт, что почти шестьсот отдельных пророчеств сбылись (остальная пятая часть пророчеств почти полностью касается событий конца света), является намного более впечатляющим, чем основанные на суевериях астрология и научная футурология. Обычный неверующий человек достаточно не сведущ в том, как много совокупных данных свидетельствует в пользу истинности Слова Божьего.

С другой стороны, эффективная апологетика должна разработать общую философскую точку зрения Библии вплоть до тонких исторических деталей. Разумеется, что Писания не учат *атеизму* (убеждение о том, что «Бога *нет*», принятие которого требует сильной веры!), *агностицизму* («Я не знаю, есть Бог или нет»), *пантеизму* («все суть Бог»), *гуманизму* («человек есть Бог, достигший совершенного возраста») или *деизму* («Бог создал мир, но не желает контролировать его»). Истинная библейская философия — это *теизм* («Бог создал и контролирует этот мир»), система взглядов, которая лучше всего понимает смысл природы и истории.

Представляя конкретные доказательства или руководствуясь здравым смыслом, мы соблюдаем следующее библейское «[будьте] всегда готовы всякому, требующему у вас отчета в вашем уповании, дать ответ с кротостью и благоговением» (1 Пет. 3:15). Однако этот «отчет» имеет как объективный, так и субъективный аспекты, и должен включать как опыт, так и факты.

Этот раздел стоит завершить двумя предупреждениями. Во-первых, необходимо различать, имеет ли человек, с которым вы беседуете, реальные трудности, которые он желает разрешить или он просто выставляет броню вокруг своего непреклонного скептицизма (хотя в последнем случае многие проблемы успешно решены, дальше будет больше!). Во-вторых, в то время как существование реальных ментальных препятствий необходимо признать, следует отметить, что основные проблемы, которые удерживают людей от веры в Бога — это проблемы нравственного плана (самая глубокая их потребность состоит в прощении, а не в просвещении).

КАК ПОМОЧЬ ЛЮДЯМ ИМЕТЬ ДЕЙСТВЕННУЮ ВЕРУ

Донеся до сердца и ума людей суть Евангелия словом, делом и знамениями через слышание и зрительно, и удостоверившись, что истина была полностью принята, следующий шаг состоит в том, чтобы помочь человеку действовать согласно вере, потому что вера, прежде всего, касается воли, она должна действовать (см. Главу 3). Есть два практических шага, которые необходимо совершить.

Во-первых, вера должна быть выражена словами. Как негативный вариант, не будет пользы, если дать человеку готовый вариант вероисповедания, будь-то один из Символов веры, или «молитву грешника». Новообращенный может больше осознавать присутствие человека, чьи слова он повторяет, чем Того, к Кому они обращены. Прежде всего, уровень искренности будет варьироваться пропорционально соответствию «ритуала» эмоциям и мыслям говорящего. В качестве положительного примера, намного лучше будет дать человеку обратиться к Господу непосредственно самому, своими словами, какими бы простыми и запинающимися они ни были.

Проницательный душепопечитель, внимательно слушающий недосказанное вместе со сказанным, поймет, в какой последующей помощи нуждается человек, а также насколько искренне он или она «призвали имя Господа». Новообращенных необходимо побуждать на этом этапе использовать имя «Спаситель», а, когда они поймут смысл этого слова, называть Иисуса «Господом». В частности, следует обратить внимание на личные местоимения, и их отсутствие; чтобы было не просто сказано «Я верю, что Ты умер и воскрес», но «Я верю, что Ты умер, чтобы *я* получила прощение моих грехов, и воскрес, чтобы помочь *мне* жить настоящей жизнью». Возможно, может понадобиться побудить человека помолиться несколько раз, в коротких молитвах, перемежаемых объяснениями наставника, чтобы был выражен каждый аспект веры по мере его осознания новообращенным.

КАК ПОМОЧЬ УЧЕНИКАМ УВЕРОВАТЬ

Во-вторых, вера должна выражаться делами. Очень важно помочь человеку начать жить по вере, и продолжать это делать до конца его жизни. Лучшим способом достичь этого будет определить какую-то особую нужду или ситуацию в его жизни, которая требует немедленной помощи Господа. Тогда ее необходимо обсудить; также необходимо четко разъяснить, что вера — это не просто убеждение в том, что Бог *может* помочь, а то, что Он непременно *поможет*. Существенным моментом является выяснение уровня веры у человека перед тем, как вы будете молиться вместе с ним. Лучше всего будет предложить различные пути, которыми Господь может ответить на его ситуацию (от небольшого до полного изменения обстоятельств в этой ситуации), и спросить новообращенного, в осуществление какого из возможных вариантов он верит. Иногда может быть полезным предложить конкретное время, когда можно рассчитывать на получение конкретного ответа.

Мой собственный «метод» для выяснения уровня веры заключается в прямом вызове («Вы действительно верите, что Господь пошлет Вам к концу месяца двадцать фунтов, правда?»), но вместо того, чтобы выслушивать ответ, я прямо смотрю в глаза человеку! Глаза — это «светильник телу», и сомнения обычно выражаются в «бегающем» взгляде; только если человек остается твердым и открыто смотрит мне в глаза, тогда я готов молиться с уверенностью, что обетование Иисуса Христа о том, что «если двое согласятся на земле», будет исполнено (Мф. 18:19). Часто приходится «сокращать» объем молитвы до уровня веры новообращенного верующего; больше пользы будет, если молиться о чем-то меньшем, что реально происходит, чем о чем-то нереальном! Это не только даст им дар веры, но и поможет их вере развиваться и расти.

Разумеется, мы полагаем, что хороший душепопечитель скажет ученику, что самым первым практическим выражением и применением веры будет «погребение» его бывшей «ветхой» жизни и смывание всего «грязного», что в ней было, в воде крещения. Если человек действительно доверяет Иисусу Христу в ответ на Его прощение, он с готовностью и в послушании Ему предоставит себя для соблюдения этой заповеди очищения (Деян. 2:38).

Глава 34

Как помочь ученикам принять крещение

Это возможно самая короткая и простая глава во всей книге! Есть всего две вещи, которые необходимо сделать в связи с крещением.

Во-первых, крайне важно убедиться, что крещаемый искренне покаялся и действительно уверовал (см. Главы 2,3, 32, 33), помня о том, что вербальное (словесное) исповедание веры не является гарантией того, что человек имеет действенную веру. Как только эти два условия удовлетворены, нет необходимости откладывать момент крещения на более позднее время.

Во-вторых, необходимо найти место, где есть много воды (Ин. 3:23). Погружение в воду стало способом крещения, который начал применяться в Новом Завете (само слово и его употребление указывают на это), а также, несомненно, передает значение, присвоенное ему Новым Заветом (сочетание «бани» и «погребения»). В Англии найти такие места довольно просто: все больше зданий церквей (в том числе англиканских) имеют установленные баптистерии, многие общины пользуются бассейнами в центрах отдыха, и кроме того, наша страна имеет много рек и озер, не говоря уже о том, что вся страна окружена морем. В России, во льду на замерзшем озере выбивается полынья, а крещенные смогут согреться потом! Иногда в тех местах, где часто случается засуха, выкапывается яма, которая застилается тканью, куда «хоронят» крещаемого, а столь драгоценную воду брызгают на саван, пока он не намокнет. Было бы желание, а возможность найдется!

ПРАКТИКА КРЕЩЕНИЯ

Эффективность этого акта не зависит от точно использованного количества воды, поскольку здесь важно не омовение тела (1 Пет. 3:21). Но чем ближе крещение символизирует две его стороны, «бани» и «погребения», тем более значительно это будет для крещаемого. Прошедшие обряд «окропления» уже верующими, часто чувствуют себя «обманутыми». По-видимому, нет никакой реальной причины, почему их крещение не могло быть «совершено» посредством погружения, тем самым добавив аспект «погребения» к «бане» (формулировка, использованная в то время, соответственно изменилась).

Также эффективность этого акта не зависит от духовного состояния или положения человека, который совершает крещение. Хотя Иоанн Креститель не был сам крещен, Иисус Христос все же принял крещение из его рук (Мф. 3:14). В наше время некоторые могут не совсем удобно чувствовать себя, если их крестит тот, кто сам еще не приготовлен к крещению. Также и в Новом Завете нигде не говорится о том, что крещение должно совершаться как какое-то особое «служение» (в Писании мы не найдем никакого указания на «рукоположенное» служение, функции которого связаны исключительно с совершением обрядов и таинств). На самом деле, апостолы, следуя примеру Иисуса Христа, оставляли совершение крещения своим помощникам (ср. Ин. 4:2 и Деян. 10:48 и 1 Кор. 1:13-17). Павел сам был крещен «обычным» братом Ананией (Деян. 9:17-18). Существенным элементом здесь является подчинение себя другому, в чем Господь Сам

КАК ПОМОЧЬ УЧЕНИКАМ ПРИНЯТЬ КРЕЩЕНИЕ

явил совершенный пример. Омовение и погребение совершается *для нас*, но не *нами*; «тело» не участвует в похоронах самого себя!

Тем не менее, «все должно быть благопристойно и чинно» (1 Кор. 14:40). Если есть зрелые христиане, лидеры церкви, будет правильно просить их совершить крещение. Во благо другим, а также самого крещаемого, желательно совершать церемонию крещения не частным, а открытым для общественности образом. Такое публичное «свидетельство» становится тем же, что Павел сказал Тимофею, напомнив о его «добром исповедании перед многими свидетелями» (1 Тим. 6:12). И все же следует сделать ударение, что это свидетельство «погружения в воду» не является истинной целью крещения, какое бы глубокое впечатление не произвело оно на присутствующих.

Есть, безусловно, обоснованное библейское ожидание того, что крещаемый примет в церемонии участие слышимым образом, но, прежде всего, его обращение будет направлено на Самого Господа, исповедовав совершенные им грехи (Мф. 3:6) и призвав «имя» Иисуса Христа (Деян. 22:16) для прощения этих грехов (Деян. 2:38). Служа выражением покаяния и веры, обращение к Господу таким способом является более важным, чем предоставление краткой истории чьего-то «обращения» очевидцам; последнее может быть полезным дополнением, но бесполезной заменой первого.

Сразу же после того как крещаемый был «погружен» и «появился» из воды, необходимо возложить на него руки с горячей молитвой о принятии Духа Святого, если Он еще не был им принят (ср. Деян. 10:47 с 19:5-6); см. также следующую главу книги). В этот момент, будет полезным, если остальные присутствующие переключат свое внимание от процедуры крещения на Господа, участвуя вместе в искреннем прославлении и поклонении; в такой атмосфере крещенному будет намного легче принять «излияние» Духа.

Память об этом событии (пережитом опыте) остается источником вдохновения и ободрения на всю оставшуюся жизнь человека. Вне зависимости от того, пришел ли он к покаянию и исповеданию веры медленно или быстро (Новый Завет совершенно беспристрастен к скорости в этом вопросе!), теперь он может установить дату окончания своей прежней жизни и наступление новой, как сказал один пресвитер своим крещаемым: «Это ваши похороны; наслаждайтесь моментом!» Крещение для ученичества — это то же самое, что свадьба для брака.

И в крещении, и в браке полный смысл сказанного и сделанного может не быть осознан в момент совершения самих крещения и свадьбы (кто из венчающихся любящих пар до конца понимает смысл слов «в радости, и в горе; в богатстве, и в бедности; в болезни, и в здравии; пока смерть не разлучит нас...»?). Это не так важно. С годами они увидят всю многозначительность и более глубокий смысл этих слов. Большая часть учения о крещении в Новом Завете была дана в более поздний период (ср. Рим. 6:3-4). Церемонию крещения следует часто вспоминать, но ее невозможно повторить. Супружеская пара вступает в брак лишь однажды, так и христианин принимает крещение только один раз в своей жизни.

Это подводит нас к трудной проблеме «*повторного крещения*».

ПОВТОРНОЕ КРЕЩЕНИЕ – УМЕСТНО ЛИ ОНО?

В Европе, в особенности в Великобритании, многие, если не большинство людей, в младенческом возрасте прошли церемонию «крещения», что, по мнению проводящих такие церемонии церквей, было полноценным христианским крещением этих людей. Хотя человек не может сознательно помнить это событие, не получая от него никакого постоянного вдохновения и не видит никакой связи между этим событием и его более поздним «обращением», ему, тем не менее, запрещается рассматривать возможность «повторного крещения».

КАК ПОМОЧЬ УЧЕНИКАМ ПРИНЯТЬ КРЕЩЕНИЕ

Умерев для прошлой греховной жизни, ему отказано в похоронах! Когда бы этот человек ни читал о том, как крещение происходило в Новом Завете, каково его значение и важность, он будет ощущать, что его родители и церковь лишили его «настоящего» христианского рождения.

Христианские служители, убежденные в обоснованности крещения младенцев, будут стараться помочь новообращенному христианину «приписать» его крещению в детском возрасте смысл полноценного христианского крещения, хотя осуществление этой цели сопряжено с реальными трудностями, без того, чтобы не придать первоначальному событию чисто символический или практически сакраментальный смысл. Многие признают, что значение крещения для ребенка должно отличаться от его смысла, существующего для взрослого верующего.

Другие стараются поставить во главу угла другие моменты, концентрируя внимание, например, на «конфирмации» как «завершающем» элементе детского крещения. Они настаивают на том, что покаяние и вера настолько же естественно могут следовать за крещением, как и предшествовать ему, (хотя это отделяет эффект крещения от самого этого таинства обычно, не менее, чем на десять лет!). В последнее время появилось странное предложение проводить «конфирмации путем погружения»; те, кто совершает этот смешанный обряд, убеждают себя в том, что это — не крещение, но принявшие его в большой мере считают, что это было крещение!

Воспринимающие официальным глашатаем Господа Церковь могут принять эти уловки, но зачастую с чувством сожаления. Те, кто считают Библию официальным глашатаем Господа, примут это с гораздо меньшей готовностью. Поскольку эту книгу, скорее всего, будут читать последние, мы решительно приступаем к решению этой проблемы.

Тот, кто находится в таком затруднительном положении, должен быть готов потратить время и поразмыслить над тем, как получить убедительный ответ на вопрос: *«Крещен ли я в глазах Господа?»* Ответ приходит из Писания и через Святого Духа, хотя часть поиска состоит из того, чтобы послушать то, что скажут об этом предмете другие.

Я бы посоветовал следующий подход. Первое, исследуйте все отрывки в Новом Завете по этому вопросу (есть более тридцати мест Писания, которые для удобства были расположены для 30-ти дневного курса чтения Библии Стефаном Винвордом в его книге *Учение Нового Завета о Крещении*, опубликованного Баптистским Союзом). По мере изучения этой темы, задавайте себе вопрос: «Это относится ко мне? Могу я то же самое сказать о себе?» Второе, поговорите с христианами, которые имеют различные мнения, при этом следуя принципу: если один человек может нас убедить в чем-то, другой может нас разубедить; но если Бог убеждает нас в чем-либо, то что бы ни сказал человек, это только еще больше убедит нас! Третье, разберитесь, зачем и как церковь начала и продолжает совершать практику крещения детей (с этой целью в эту книгу включено Дополнение 1, хотя я не сомневаюсь в том, что приверженцы доктрины крещения младенцев посчитают мою точку зрения предвзятой; наряду с моими выводами они могут предложить для обсуждения свое собственное видение). Четвертое, проводите время наедине с Господом, поделитесь с Ним тем пониманием, которое есть у вас, попросите Его дать мир в выборе того варианта, который Он желает использовать для вас, и чтобы Он удалил беспокойство по поводу любых других. Пятое, испытайте это решение временем: человеческие побуждения развеются, а Божье водительство будет укрепляться, пока не останется никакого другого выбора, кроме как последовать Его выбору или ослушаться его.

Если этот процесс приведет к решению верующего принять крещение, то он/она должен в первую очередь поговорить с руководством его или ее общины с целью найти там, по крайней мере, благословение, даже если они посчитают, что не смогут поддержать это решение или одобрить его. На этом этапе очень важно выяснить, готово ли руководство общины

КАК ПОМОЧЬ УЧЕНИКАМ ПРИНЯТЬ КРЕЩЕНИЕ

продолжать исполнять свои пасторские обязанности в других вопросах; должен ли человек принять крещение в другом месте. Если полученный ответ будет отрицательным, тогда необходимо рассмотреть вопрос, какое Тело Иисуса Христа станет в дальнейшем духовным домом для этого верующего, чтобы ему обратиться к его «новому» руководству для осуществления крещения.

И последнее, я бы хотел искренне обратиться с призывом к священнослужителям, последователям доктрины крещения детей, чтобы в своей заботе о людях они старались уважать их смелость. Добрый пастырь не тот, который в первую очередь заботится о подчинении самому себе или вверенной ему части Тела, но тот, кто печется о подчинении Христу, как Главе Церкви, и Его Отцу, Который есть все во всем. И если овцы убеждены в том, что должны быть послушны Пастыреначальнику в каком-то деле, это нужно только приветствовать, если образ действия в этом деле явно не запрещен Писанием. Верующим нужно дать возможность следовать своей совести и убеждениям.

К повторному крещению нельзя относиться как к непростительному греху. Разумеется, это не должно быть причиной того, чтобы ставить человека на замечание, и еще меньше, причиной его отлучения. В конце концов, этот «грех» мотивирован послушанием Господу во всем, для исполнения «всякой правды» (Мф. 3:15). Едва ли правильно будет наказывать за это! И, кроме того, в Новом Завете есть прецедент для «повторного крещения». Павел не сомневался, что это нужно было сделать, когда предыдущему крещению, хоть и в покаяние, не доставало спасительной веры в Господа Иисуса Христа (Деян. 19:1-6; см. Главу 20). Петр, по-видимому, сделал то же самое в день Пятидесятницы, поскольку маловероятно, чтобы никто из трех тысяч не был крещен Иоанновым крещением в Иордане. Но главный вопрос вот в чем: Что делает крещение христианским — правильная формулировка или твердая вера, подходящий «креститель» или соответствующий крещаемый?

НОРМАЛЬНОЕ РОЖДЕНИЕ ХРИСТИАНИНА

Разумеется, повторное крещение может рассматриваться как «грех» против церкви. Быть крещенным «снова», будучи верующим, является отречением от крещения человека в детском возрасте. Речь идет о том, что Церковь и духовенство совершили ошибку в совершении этого обряда. Оно подвергает сомнению многовековую традицию, хотя это была не единственная традиция. Но с какого времени убеждение в непогрешимости Церкви стало частью христианской веры? Авторитет Церкви зависит от того, насколько она едина, свята, всеобъемлюща и, прежде всего, насколько она апостольская (в смысле «продолжения твердого следования учению апостолов). Когда Церковь отступает от учения Нового Завета, она не может рассчитывать на послушание, равно как не должна усматривать обиду в случае непослушания.

Печально то, что новообращенные христиане так быстро вынуждены вовлекаться в эту полемику. Еще печальнее то, что так многим должно быть отказано в таинстве, в котором они так нуждаются на этапе их «обращения». Крещение требует восстановления до его должного контекста, будучи в большей степени откликом на Евангелие, чем церковным обрядом. Оно является намного более уместным выражением принятия евангельского Слова, чем отклик на призыв «выйти вперед», «подписать карточку принятия решения» или «получение подтверждения». Это единственный отклик, который был учрежден, и даже поручен нам, самим Господом Иисусом Христом (см. Главу 7 по вопросу Великого Поручения). Его важнейшей функцией является дать ученику «чистое начало» новой жизни, произведя «полный разрыв» с его прошлым. Как долго Церковь будет продолжать лишать своих обращенных этого важнейшего события?

Однако самого по себе крещения недостаточно. Водное крещение помогает сделать правильные выводы по поводу нашего прошлого, но при этом оно в норме должно стать прелюдией крещения Духом, являя надлежащее введение в будущую жизнь. Те, кто родился дважды, должны быть и дважды крещены!

Глава 35

Как помочь ученикам принять Духа Святого

Как в случае с водным крещением, этой главе предстояло быть короткой и несложной, но некоторые недоразумения в исследуемом нами вопросе в наши дни во многом усложнили его.

НЕДОРАЗУМЕНИЯ ПО ПОВОДУ ПРИНЯТИЯ ДУХА СВЯТОГО

Во времена апостолов, обычно сразу после принятия крещения, совершалась молитва с возложением рук; Господь посылал Святого Духа, а раскаявшийся крещенный верующий принимал Его, что сопровождалось внешними доказательствами. Как мы уже видели, есть только два записанных случая, когда Святой Дух был дан и принят без исполнения такого «служения», при этом существуют понятные причины тому, чтобы считать их «исключениями» (см. Главы 14 и 18). Тогда обычной процедурой было то, что уже принявшие Духа Святого «содействовали» другим желающим принять Его. Также нет ни одного свидетельства, что кого-либо обошли в этом их желании. По-видимому, жизнь в те времена была намного проще, как в духовном, так и материальном плане (Деян. 3:6)!

НОРМАЛЬНОЕ РОЖДЕНИЕ ХРИСТИАНИНА

Давайте посмотрим, какие изменения претерпела церковь сегодня. «Либеральное» направление, похоже, игнорирует необходимость принятия Святого Духа, поскольку Он считается уже пребывающим в человеке, в мире, а также в Церкви, и, как некоторые сказали бы, больше в мире, чем в Церкви. «Евангельское» направление редко упоминает тему «принятия» Духа Святого, полагая, что это происходит механически и, как правило, неосознанно, когда человек «принимает Иисуса Христа в свою жизнь». Направление «сакраментализма» верит, что Дух Святой принимается во время крещения, совершенного в младенчестве, или конфирмации, имеющей место в подростковом возрасте, но мнения разделяются в отношении того, во время какого из этих двух событий это достигается практически. «Пятидесятническое» направление склоняется к доктрине о двух этапах в принятии Духа Святого. Первое происходит на подсознательном уровне и служит к спасению, поэтому происходит при обращении. Второе принятие Духа происходит сознательным образом и дается для служения. Оно происходит после обращения (зачастую, много времени спустя), иногда называясь «вторым благословением». Первое считается принятием Духа Святого как Личности, во втором — Духа Святого как силы (это различие трудно установить на основании Нового Завета — см. Главу 13 и Дополнение 2).

Ни один из этих взглядов не является истинным согласно полному учению Нового Завета, что мы попытались показать ранее в этой книге. В отношении «либеральной» позиции, Новый Завет четко говорит, что мир не может принять Духа Святого (Ин. 14:17); Он дается только ученикам Иисуса Христа. В противовес позиции «евангелистов», Новый Завет проводит четкую границу между «уверованием» и «принятием Духа», поэтому может иметь место одного без другого (см. Главы 16 и 20); более того, «принятие Духа» является полностью сознательным процессом, сопровождающимся явственными доказательствами. В отличие от позиции «санкраменталистов», Новый Завет четко различает водное крещение и крещение Духом, хотя они тесно связаны; кроме того, Новый Завет не воспринял бы «обряд конфирмации» как надлежащее доказательство принятия Духа Святого, хотя признает тех, кто осуществляет возложение рук! Точке зрения «пятидесятников» Новый Завет противопоставляет утверждение, что существует одно «принятие» Святого Духа как для спасения, так и для служения, как Личности, так и силы, являющееся неотъемлемым элементом «первого» посвящения.

Такие недоразумения в этом вопросе привели к разительному нежеланию применять новозаветные формулировки этих понятий в их первоначальном значении. «Принятие» присваивается не Третьей Личности Троицы, а Второй («принять Иисуса Христа»). «Запечатление» Духом Святым истолковывается как внутреннее и духовное событие, о происшествии которого другие люди остаются в неведении. Выражение «помазанный» не используется вообще, за исключением материального елея. «Исполнение» Духом Святым выпало из употребления, в пользу используемого позднее слова «полнота». «Крещен» Духом Святым употребляется только в богословских дискуссиях, но о котором никогда не говорится ни в общих проповедях, ни при обучении Слову (кроме того, игнорируется его значение в смысле «пропитанный, облитый, погруженный»). «Излияние» Духа Святого не употребляется вовсе. Выражение «взывать во всеуслышание» было заменено на безмолвное «внутреннее свидетельство». Говорить о «сошествии» Духа предпочитается лишь для редких периодов «возрождения». Очевидный факт состоит в том, что такая терминология просто не «вписывается» в современную практику и опыт, переживаемый церковью!

В связи с этим, создается впечатление, что была достигнута взаимная договоренность поддерживать «заговор» молчания в отношении дара Духа Святого, особенно в экуменическом евангелизме. «Обращенные» предоставлены самим себе в вопросе открытия для себя Третьей Личности Святой Троицы во время более позднего периода их ученичества (некоторые находят, что это происходит гораздо позже, но многие так никогда и не открывают Его для себя). Такая задержка неизменно затрудняет введение верующего в Царство Божье. Самый лучший момент для молитвы о сошествии Святого Духа — это момент, непосредственно следующий после его покаяния, исповедания веры и водного крещения. Чем дольше этого не происходит, тем сделать это становится труднее!

Однако есть одна положительная особенность, появившаяся на современной арене — «харизматическое возрождение», которое затрагивает все направления, существующие внутри Церкви. Многие из них испытывают сейчас почти то же, что было в Ранней Церкви. Сравнительно большая свобода в осуществлении поклонения, более глубокое общение между людьми, реализация даров, уверенность в Писании и радость о том, что Господь вновь все обновил, вызывают у некоторых удовлетворение и огорчение у остальных! Но богословие не может угнаться за опытом, особенно в вопросе посвящения. В целом, основные деноминации неохотно приветствуют опыт, а упорно сохраняют свое прежнее богословие и практику, пытаясь влить новое вино в старые винные мехи. Одним из признаков этого отклонения является возникновение эвфемизмов (более мягких формулировок) при передаче переживаний христианина, с целью подменить терминологию Нового Завета. Посредством таких выражений, как «реализация Духа» (излюбленных представителями Римо-Католической и частично Англиканской церкви) и «актуализация ранее полученных даров через возможности», предпринимались попытки создать новые категории для описания старых переживаний; а термин «возрождение» сам по себе можно считать многозначным словом. Для тех, кто решался пересмотреть свою доктрину посвящения, как правило, все заканчивалось созданием новых общин или «домашних церквей», большинство из которых практиковало также и крещение по вере.

Все это может показаться скорее академическим отступлением в исследовании такой практической темы как «содействие в принятии учениками Святого Духа». Обоснованность такого отступления простая: первое требование для «оказания помощи» касается «помощников»! Они должны быть отчетливо убеждены на основе Писаний и их собственного опыта в необходимости «принятия» Духа в дополнении к покаянию, вере и водному крещению. Такие помощники должны быть искренни в совершении молитвы с возложением рук и проявлении твердой веры в ожидании, что Господь «пропитает» учеников Своих Святым Духом. Как неуверенность и сомнения вероятно имеют отрицательный эффект на служение (словом и делом), так ясность и уверенность оказывают положительное воздействие на него. Твердая вера основывается на ясном понимании веры; сама Пятидесятница покоится на вере в «обетование» (Лк. 24:49; Деян. 2:33, 39; Гал. 3:14). Душепопечитель обязан быть абсолютно уверен в обетовании и его исполнении для каждого отдельного человека.

РЕШЕНИЕ СИТУАЦИЙ, КОГДА ДУХ НЕ БЫЛ ПРИНЯТ

Теперь мы можем приступить к рассмотрению возможных сдерживающих факторов в жизни тех, кому оказывается помощь. Другими словами, если человек помолился о принятии Духа Святого, но «ничего не происходит», какие слова здесь понадобятся и что делать дальше?

Самым бесполезным подходом будет уверять учеников в том, что они получили Духа Святого, хотя ничего не произошло в реальности! Вызывает тревогу, как часто материалы по душепопечительству стали включать подобную формулировку: «Не беспокойтесь, если вы не почувствуете ничего нового», или даже такие: «Не ждите, что вы почувствуете себя как-то иначе» (такое ожидание скорее всего оправдается!). Иногда привлекаются такие отрывки Писания, которые подразумевают, что вера должна быть уверена в чем-то до того, как оно будет дано, к примеру, слова Самого Иисуса Христа: «Потому говорю вам: все, чего ни будете просить в молитве, верьте, что получите, — и будет вам» (Мк. 11:24; ср. Евр. 11:1).

НОРМАЛЬНОЕ РОЖДЕНИЕ ХРИСТИАНИНА

Есть целое учение о вере, основанное на этом стихе, и которое неверно побуждает свидетельствовать без подтверждающих доказательств («Я знаю, что исцелен, хотя я до сих пор хромаю»). Такие заявления могут служить самообманом и ведут к разочарованиям и обманутым надеждам. Время, в котором употреблены в этом стихе глаголы, имеет существенное значение: «верьте, что получите [время аорист = один раз и навсегда], — и будет вам [будущее время, то есть не должно пониматься, как «уже полученное»]». Другими словами, молитва, произнесенная с уверенностью, что прошение будет принято в принципе, будет исполнена на практике.

Я произносил молитву о принятии Духа Святого над многими людьми, после чего не наступало немедленного результата. Но я ощущал себя способным в Духе заверить их, что молитва была услышана, и просил их сообщить мне, как только принятие этого дара фактически произойдет, побуждая их позвонить и поделиться об этом волнующем событии, что обычно и происходило в течение первых нескольких часов. Есть огромная разница между верой в то, что это произойдет без каких-либо признаков, и верой в то, что это произойдет с доказательствами. В последнем случае мы имеем дело с верой, которая дополнилась «принятием Святого Духа».

Но что, если ничего не происходит после молитвы с такой верой, что тогда? Мы имеем место Писания, побуждающее продолжать молиться, пока этого не произойдет! Глагол, стоящий в настоящем продолженном времени в греческом языке, не всегда переводится тем же временем на английский, т.е. «продолжать» делать что-либо. Поэтому мы лишены понимания этой особенности, когда это звучало бы как «*продолжайте* просить, и дано будет вам; *продолжайте* искать, и найдете; *продолжайте* стучать, и отворят вам» (Лк. 11:9), слова, непосредственно предваряющие заверение Иисуса Христа о том, что «тем более Отец Небесный даст Духа Святого, *продолжающим* просить у Него» (Лк. 11:13).

КАК ПОМОЧЬ УЧЕНИКАМ ПРИНЯТЬ ДУХА СВЯТОГО

Это не может относиться к неверующим, поскольку они не могут «принять Духа»; это служит ободрением верующим: следует упорно молиться о получении дара Духа Святого. В конце концов, человек, попросивший Бога один раз и прекративший молиться об этом, в случае, когда не было немедленного результата, был, прежде всего, несерьезен в своем прошении. Такой человек вряд ли столь легко сдался бы, если бы речь шла о какой-то другой нужде, цели или приоритете в жизни! Когда у человека имеется нечто, чего он достаточно сильно желает получить, обычно он упорно добивается этого, пока не получит.

Последовательное непринятие Духа говорит о том, что могут быть другие факторы, которые следует выявить и исправить. Это могут быть довольно принципиальные вещи (Павел, например, усмотрел их у учеников в вопросе водного крещения; Деян. 19:3). Одним из наиболее часто встречаемых препятствий является опущенное покаяние, в особенности, что касается вовлечения человека в оккультизм или зависимость (масонство и астрология). Может потребоваться проверить и прояснить состояние веры. Будет разумным следовать предыдущему опыту апостолов и проверить эти основные моменты, прежде чем искать другие «проблемы». Но что еще может воспрепятствовать принятию Духа Святого?

Некоторые люди просто не знают, чего им следует ожидать, и как это «принять Духа». Им нужен пример и объяснение. Если кто-либо никогда не слышал или не видел, что происходит, когда Святой Дух «сходит» на человека, он находится в невыгодном положении. Сто двадцать человек в день Пятидесятницы были иудеями, и даже их история оставила нам некоторые примеры (ср. Числ. 11:25; 1 Цар. 10:6); три тысячи человек видели и слышали, что произошло со ста двадцатью учениками (Деян. 2:33). Принятие Духа не *зависит* от засвидетельствования этого события другими людьми (как показал эпизод с Корнилием и его домом; Деян. 10:44), но это может оказать огромную помощь. Видение и вера не обязательно есть вещи, противоречащие друг другу, как мы это уже видели (в Главе 33).

Обычная церковь в наши дни, проявляющая очень мало слышимых и видимых доказательств присутствия силы Духа Святого, вряд ли может ускорить стремление к принятию или упованию на это у новых верующих! Намного проще принять Духа Святого в окружении исполненной Духом группы верующих. Говоря о совсем практических вещах, более целесообразным будет, если группа «помощников» будет сама «молиться в Духе» (1 Кор. 14:15; Еф. 6:18), а не просто наблюдать за тем, что происходит. Только что крещенный Святым Духом новообращенный, таким образом, становится частью «общения в Духе» (греческое слово *koinonia* = общий, совместный). Это поможет ему сразу осознать аспект общности того, что только что произошло («одним Духом крестились в одно Тело»; см. Главу 23, посвященную изучению текста 1 Кор. 12:13).

Может понадобиться осторожное разъяснение активной составляющей «принятия Духа». Многие стараются оставаться пассивными, полагая, что это и есть правильное положение. Таким людям необходимо объяснить, что мы не становимся механическими роботами! Святой Дух не принуждает никого принимать Его, но с помощью их сотрудничества позволяет им произносить и совершать сверхъестественные дела. Следует подчеркнуть, что во время событий первой Пятидесятницы «все, то есть *они* [не Он, Святой Дух] начали говорить на иных языках» (Деян. 2:4). Дух Святой сказал, что им нужно говорить, но слова произносили сами ученики. Так же и с другими дарами Духа. Он возбуждает их действие (буквальное значение слова в Кор. 12:6), но воспользоваться ими должны мы. Если Дух Святой настолько «переполняет» нас, что мы «не можем не» сделать чего-то, то это будет напрямую противоречить Его собственному «плоду» — «воздержанию». Сила Святого Духа реализуется тогда, когда наша воля соединяется с Его волей, и мы отвечаем на Его наполнение нашим добровольным «исполнением» Духом.

КАК ПОМОЧЬ УЧЕНИКАМ ПРИНЯТЬ ДУХА СВЯТОГО

Увы, есть много желающих исполниться Духа Святого (внутри и про себя), но кое-кто не хочет быть «исполненным» Им (внешне и открыто). Когда темперамент человека-интроверта соединяется с национальными культурными особенностями, эмоциональный барьер достигает гигантских размеров! Возможно, это одна из причин, объясняющих, почему движение «Пятидесятничество» растет быстрее в «Новом Мире», чем в Европе, и в Южной Америке, по сравнению с Северной. Религия в Британии настолько интровертирована, что совместное поклонение с представителями различных движений считается анафемой. Демонстрация чувств и достойное поклонение считаются абсолютно несовместимыми! Восклицание «Аллилуйя» можно высказать во время служения или спеть в песнопениях, но только не произносить его непроизвольно в молитве! Человека уважают за «сдерживание эмоций» и презирают за «выпуск» этих эмоций. Но такое репрессивное отношение может иметь крайне разрушительный характер, например, для того, кто лишился близких.

Даже «евангельская» позиция поставила знак равенства между «внутренним» и «духовным», в отличие от «пятидесятников», которые часто считают, что шум — это проявление силы! Многие никогда не молятся вслух, даже когда они остаются наедине с собой, несмотря на наставление Иисуса Христа «Когда молитесь, *говорите* ...» (Лк. 11:2). В результате, многие могут выразить себя духовно через слова только в том случае, когда их побуждают к этому со стороны (как при объявлении гимна), и никогда не испытали побуждения излить свое духовное состояние наружу. Другие люди привыкли молиться только разумом, тщательно подбирая слова, прежде чем произнести их; они никогда не испытывали, и даже не рассматривали эту возможность, как это молиться духом (см. 1 Кор. 14:14-15, где говорится о разнице между этими переживаниями). Когда Павел говорит о самопроизвольном взывании (точное значение слова *kraizen* на греческом — Рим. 8:15; ср. Мф. 14:26, 30) к имени «Авва», это относится к «внутреннему свидетельству» и должно пониматься больше как «восприятие», чем «вопль».

Давление социального характера также является серьезным сдерживающим фактором, что касается исполненности Духом. Боязнь поставить себя в глупое положение перед другими людьми вполне реальна. Во время первой Пятидесятницы быстро распространились слухи о том, что ученики «напились вина» из-за их несдержанного поведения на людях, что дало возможность Петру начать свою проповедь эффектным образом: «Что? В девять утра? Еще не открыто ни одно питейное заведение!» Павел сравнивает алкогольное опьянение с исполнением Духом как средством для хорошей вечеринки, но противопоставляет результаты, которые бывают на утро после шумного веселья (Еф. 5:18)! События Пятидесятницы также демонстрируют тот факт, что намного легче пренебрегать социальными факторами сдерживания, что еще раз служит основанием в пользу того, чтобы окружить человека, желающего принять Духа Святого, группой молящихся и прославляющих в Духе.

Некоторые наставники поощряют «многословие» в качестве первого шага. Маловероятно, что это может причинить какой-то ущерб в духовном плане. В некоторых случаях это помогало преодолевать психологическую привычку тщательно обдумывать все, что мы произносим, в результате чего люди осваивались с необычным опытом слышать себя произносящими слова, значение которых они не понимают (что происходит так же, как если бы они слышали себя говорящими на иностранном языке). Однако такое «многословие» ни в коем случае не должно отождествляться с настоящим даром языков, в которых есть грамматический строй и синтаксическая основа, независимо от того, признанные это языки или нет.

Я предпочитаю побуждать людей преодолевать их психологические комплексы посредством уединения и учиться «петь с восклицанием» Господу (о чем так часто говорится в Псалмах) громким голосом, танцуя и прыгая от радости при мысли

КАК ПОМОЧЬ УЧЕНИКАМ ПРИНЯТЬ ДУХА СВЯТОГО

о полной благодати и милости, которую они получили, пока они не достигнут того момента, когда им будет неважно, кто их видит или слышит! Испробовавшие на себе этот метод нашли, что они почти незаметно привыкли к состоянию исполнения Духом, без осознания ими, что они используют новый для них язык, пока они не останавливались, чтобы подумать, что происходит.

Увы, некоторые страхи взращиваются неправильным учением. Если человек какое-то время уже был в церкви, в его ум могут быть посеяны серьезные сомнения через лжеучение, которое человек получает. И это препятствует искреннему достижению в вере. Такое «двоедушие» имеет парализующее действие (Иак. 1:7). Два примера такого лжеучения относятся к утверждениям «диспенсационалистского» и «демонического» толка.

Во-первых, некоторые услышат, что сверхъестественный опыт «крещения в Духе» и проявления «даров» Духа Святого имел отношение только к апостольскому веку, а после окончания написания Нового Завета является отжившим. Якобы эти события были даны только для подтверждения слов апостолов до того времени, как это все было окончательно сформулировано в письменном виде, таким образом, позволив Ранней Церкви признать их подлинность и авторитет. Это искусная теория, но она лишена какого-либо реального основания в самом Писании. Верующий, взращенный на таком учении, будет иметь неполноценную веру, и здесь нужно с терпением открыть человеку, что такие проявления были даны для «последних дней» (Иоил. 2:28; процитированный в тексте Деян. 2:17), что охватывает полный период истории Церкви от первого прихода на землю Иисуса Христа до Его Второго Пришествия. Таким образом, все эти дары «упразднятся» лишь тогда, когда «настанет совершенное», т.е. когда мы увидим Господа «лицем к лицу» (1 Кор. 13:8-12).

Во-вторых, некоторых будут часто предупреждать остерегаться «сатанинского обмана», так что разумная осторожность превратится в парализующую фобию! Это часто касается того учения, о котором только что упоминалось: считающие, что «дары» Духа даны не для сегодняшнего времени, будут видеть во всех таких проявлениях бесовское влияние. Они не в состоянии провести отличие между божественным, плотским и сатанинским языками (существует такие же три вида «исцеления веры»). У каждого подлинного дара Божьего есть плотской заменитель или сатанинская подделка. Пока это не будет четко осознано, будет оставаться реальный страх попросить истинного дара, в случае, если принят был не тот дух! К счастью, Иисус Христос предвидел эту проблему. В том же контексте о прошении Духа Святого, Он учил, что если сын попросит чего-либо доброго у отца, то может рассчитывать, что никогда не получит ничего ненужного, пагубного или опасного (Лк. 11:11-13). Единственное обстоятельство, при котором сатанинская подделка может быть принята человеком, имеет место, когда человек не отрекся полностью от участия в оккультных практиках. В остальном Небесному Отцу можно полностью доверять в том, что Он даст нам только то, что мы у Него и попросим.

КОНКРЕТНАЯ ПРОБЛЕМА: ВЕРУЮЩИЕ СТАРШЕГО ПОКОЛЕНИЯ, КОТОРЫЕ НЕ ПРИНЯЛИ ДУХА

Осталось рассмотреть последнюю проблему. Как быть в случае верующего, который покаялся, уверовал и принял водное крещение, продолжал жить христианской жизнью многие годы, возрастая в благодати и святости, созревая в доверии и послушании, оставаясь верным и приносящим плод в служении, являясь преданным и надежным по характеру, но все же не пережившим событие, которое можно назвать «крещение в Духе»? Должны ли таковые, так сказать, «начинать сначала»? Чего им недостает? Является ли их спасение незавершенным, а служение неэффективным? Здесь следует сделать два замечания.

КАК ПОМОЧЬ УЧЕНИКАМ ПРИНЯТЬ ДУХА СВЯТОГО

С одной стороны, будет весьма несправедливо недооценивать что-либо из их прошлой или настоящей жизни. Все это было работой Святого Духа. Он прошел «с» ними через все эти годы, осознавали они это или нет (см. Главу 12). Даже прежде чем они покаялись и уверовали, Он обличал их в грехе, доводил до осознания праведности и Суда (Ин. 16:8-11). Все, что они узнали о духовных ценностях, было результатом Его учения как непосредственно, так и через других людей. Он уже не был «незнакомым» для них, каким был для учеников до дня Пятидесятницы. Они, как и ученики, время от времени могли совершать сверхъестественные деяния, хотя ни одно из них не являлось тем, что Новый Завет называет выражением «принять Духа».

С другой стороны, будет также несправедливо полагать, что больше нет ничего доступного или того, чего бы хотел иметь верующий человек. Довольно нелогично сравнивать зрелого «не-харизматичного» верующего с незрелым верующим, «исполненным Духа»! Настоящее сравнение состоит в том, каким каждый из них был бы, если бы имел больше, больше даров Духа Святого в первом случае, и больше Его плодов — во втором! Предполагается, что верующий будет иметь сознательные и длительные взаимоотношения с Третьей Личностью так же, как с Первой и Второй Личностями Троицы, и быть полностью сведущим касательно сверхъестественных ресурсов, находящихся в его распоряжении посредством этих взаимоотношений (отметьте, что «дерзновение», которое было у ранних христиан, было совершенно не связано с преимуществами в плане образованности — Деян. 4:13, 31). Печально, когда настоящие «святые» знают Святое Писание намного лучше, чем Святого Духа. Когда Новый Завет говорит о «пребывающем» Духе Святом, то это относится к активному состоянию, а не статическому положению (см. Главу 21 по Рим. 8:9). После «принятия» Духа Бог продолжает «подавать Духа» и «совершать чудеса» (Гал. 3:2, 5).

НОРМАЛЬНОЕ РОЖДЕНИЕ ХРИСТИАНИНА

Существует множество свидетельств о новых сторонах жизни христианина, даже в более поздний ее период, которыми он пользуется после получения им Духа Святого путем, которому учит Новый Завет. Открываются новые служения Господу, в особенности в прославлении и молитве, в исцелении больных, а также в служении сочувствия и поддержки, в пророчестве и проповеди, а также в общем руководстве. Кроме этого, возможно, самое удивительное — это служение для себя (первоначальной целью «языков» является «назидание» себя самого, что будет бесполезно для других людей, если не будет сопутствующего дара толкования).

Единственное сожаление, которое испытывают такие «опытные» верующие, это о том, что они не открыли для себя такие потрясающие стороны служения много лет назад. Теперь они осознают, что «полнота» Духа является не венцом за преданное служение в конце, а оснащение, которое дается для плодотворного служения в начале пути. Я ясно помню одного евангелиста из Уэльса, который обратил на это внимание, напоминая собранию, что о событиях Пятидесятницы написано во второй главе Деяний, а не в двадцать восьмой! Все согласятся со старой поговоркой: «лучше позже, чем никогда», но лучше никогда не опаздывать!

Говоря о времени, то чем ближе крещение Духом стоит к времени совершения водного крещения, тем лучше; и чем ближе водное крещение находится к моменту покаяния и уверования, тем лучше, потому что четыре элемента посвящения связаны друг с другом и принимают свой смысл друг у друга. «Что Бог сочетал, того человек да не разлучает»!

Глава 36

Окончательно спасен

К этому моменту большинство читателей будут сгорать от нетерпения, чтобы задать следующий вопрос: В какой момент в «процессе» возрождения можно будет сказать, что человек «спасен»? Иногда вопрос напрямую связан с одним из четырех элементов посвящения. Нужно ли принять водное крещение, чтобы быть «спасенным»? Должен ли человек говорить на «языках», чтобы «спастись»? Немного протестантов можно найти, которые спросят, нужна ли вера для спасения!

Мы намеренно откладывали рассмотрение этого аспекта темы на конец книги, большей частью потому, что предвзятое понимание смысла «спасен» могло затмить общий тезис четырех составляющих процесса посвящения. Теперь мы должны перейти непосредственно к решению этого вопроса!

Мы могли бы начать с целого ряда ссылок на Писание, где говорится о «спасении». Это слово никогда не было напрямую связано с таким элементом посвящения, как покаяние, хотя слова «погибнуть» и «прощение» имеют такую связь (Лк. 13:3; 24:47). Слово «спасение» встречается в связи с аспектами веры (Деян. 16:30-31; Рим. 10:10), водного крещения (Мк. 16:16; 1 Пет. 3:21) и крещения Духом (Тит. 3:5). Поэтому достаточно просто показать, что в Новом Завете понятие «спасение» затрагивает все четыре элемента. Но это только усугубляет, а не снимает беспокойство, которое может возникнуть у того, кого волнует этот вопрос! Значит ли это, что если упущен один и более элементов из четырех, человек все еще «не спасен»? А в плане богословия, как это согласуется с доктриной «оправдания только верой»?

СМЫСЛ ПОНЯТИЯ «БЫТЬ СПАСЕННЫМ»

Разумеется, что первым делом нам необходимо установить, от *чего* же именно «спасен» человек. Большинство сказали бы, что мы спасены от вечного наказания (т.е. ада).

Чрезмерно упрощенное учение евангелистов создало впечатление, нашедшее широкое распространение, что Евангелие по существу представляет собой страховой полис на жизнь в следующем мире. Проповедник обращается к аудитории с вопросом: «Если вы умрете сегодня, где вы окажетесь, в раю или аду?» Это может вызвать страх перед адом, но совсем необязательно страх перед Господом, который назван «началом мудрости» (отметьте, что в тексте Откр. 6:16-17 говорится о том, что страх предстать перед Богом больше страха погибнуть под обвалом камней в горах; Иисус Христос предостерегал слушавших Его бояться Того, Кто может погубить, но Которого нельзя погубить; везде внимание сосредоточено на личном страхе, а не на обезличенной гибели — Лк. 3:7; Рим. 2:5).

Апостольское наставление имело отношение как к миру этому, так и к грядущему. Царство Небесное восстанавливается уже на земле. В него можно войти еще при жизни, а не в момент смерти; отметьте удивительное утверждение Иисуса Христа о том, что Сын Божий, Который спустился с небес, все еще пребывает на небесах — Ин. 3:13. Некоторые переписчики новозаветных рукописей не могли справиться с таким парадоксальным утверждением, поэтому в некоторых манускриптах вторая часть стиха отсутствует. Жизнь вечная начинается здесь и сейчас (Ин. 3:36). По всей видимости, апостолы смутили своих слушателей вопросом: Если вы завтра будете еще живы, будете ли вы жить в царстве сатаны или Царстве Бога и «возлюбленного Сына Его» (Кол. 1:13)? Они заботились больше о том, чтобы их слушатели стали на «Путь Господень» (Деян. 18:25; 19:9, 23; 24:14,22), а не о «мире ином»; апостолы меньше говорили о «рождении свыше», а больше о полноценной жизни.

Говоря иными словами, быть «спасенным» — значит «быть спасенным от грехов», а не быть «защищенным от ада». Последнее является результатом первого. Иисус не получил Свое имя за то, что Он пришел спасти людей от ада, но потому, что Он пришел спасти их от грехов их (Мф. 1:21). Многим людям хочется спастись от мук ада; немногие хотят быть спасенными от своих грехов. Большинству хочется наслаждаться грехом и избежать наказания. Полное посвящение, состоящее из четырех элементов, существует для тех, кто хочет покинуть греховную жизнь, кто действительно познал Евангелие (предлагающее свободу жить праведно) и действительно желает оказаться в числе «спасенных» к праведности. Несмотря на то, что водное крещение и крещение Духом имеют некоторое значение для будущего (отметьте слова «наследники» и «упование» в тексте Тит. 3:7), в первую очередь они относятся к святой жизни здесь и сейчас, очищенной от прошлого и имеющей право на настоящее.

Поэтому термин «спасение» в Новом Завете описывает не столько спасение до какого-то момента, за которым будет «безопасно», сколько непрерывный *процесс,* посредством которого человек «спасается» (это слово ближе по значению к спасению судна или имущества, чем к слову «безопасность»). Есть классический пример, когда одна девушка из Армии Спасения спросила Епископа Уэсткотта, спасен ли он. Будучи специалистом в области греческого языка, этот богослов ответил вопросом на вопрос: «Что Вы имели в виду: *sotheis, sesosmenos* или *sozomenos*?» (в переводе: «Что Вы имели в виду: спасен ли я, нахожусь ли я в процессе спасения или буду ли я спасен?»)! Он мягко упрекнул ее за неведение о использовании в Новом Завете глагола «спасать» в прошлом, настоящем и будущем временах (Рим. 8:24; 1 Кор. 15:2; Рим. 5:9). Ни для одного верующего процесс спасения еще не завершен в полном смысле этого слова. Насколько человек уверен в его завершении — это уже другой вопрос, о чем мы поговорим немного позже.

СВЯЗЬ МЕЖДУ ОПРАВДАНИЕМ, ОСВЯЩЕНИЕМ И ПРОСЛАВЛЕНИЕМ

Прошлое, настоящее и будущее времена глагола «спасать» в какой-то мере аналогичны трем существительным: «оправданию», «освящению» и «прославлению». Вместе все три аспекта составляют полное спасение, полное искупление. Посредством них человек освобождается от наказания, власти и наличия греха. Два вопроса, которые нам необходимо решить, следующие: 1) «Когда происходит оправдание?» 2) «Может ли оправдание гарантировать прославление без освящения?» Перефразируем эти вопросы в соответствии с формулировкой известного штампа «спасен однажды, спасен навсегда»: «Когда происходит этот момент «спасен однажды», и означает ли, что «спасен навсегда» следует за ним автоматически?»

Оправдание и четыре элемента посвящения

«Оправдание» — это совершенно неблагозвучное слово, выражающее суть удивительного события. Это латинизированное английское слово необходимо «англизировать», прежде чем дать ему возможность пройти путь от ума к сердцу. Переведя его на «пиджин» английский, оно будет выражать следующее: «Бог сказал, что я в порядке»! Изначально слово «в порядке» (или О.К.) служило юридическим термином в судебной практике, когда объявлялось решение судьи об оправдании по причине невиновности (но *не* помилования виновного). Когда мы говорим о том, когда Бог оправдывает грешника, то такое выражение было бы совершенной юридической фикцией, если бы только за грех не было уже внесено возмещение в глазах закона. А мы знаем, что Божий Сын действительно «понес наказание» за наши грехи (здесь текст Рим. 3:21-26 является ключевым отрывком). «Оправдание» означает, что святой Бог может «принять» сотворившего зло человека, «усыновить» его и назвать его «святым»!

Единственное условие, которое требуется от грешника, это «вера» в то, что Божий Сын умер, был погребен и воскрес. Тем не менее, упрощенное представление «веры» привело к смягченному пониманию «посвящения» как инициации (вхождения) в христианскую веру.

Например, чрезмерное придание особого значения оправданию «только верой» может привести человека к выводу, что покаяние за грех необязательно, или, во всяком случае, не так существенно в начале. Возможно, есть правда в том, что сравнительно большое раскаяние приходит именно после уверования, но однозначно ошибочно считать, что необязательно каяться, перед тем, как уверовать! Покаяние рассматривается, собственно, как выражение веры; кто может обратиться от своих грехов к Богу, если у него не будет веры в Его существование, Его характер и власть? Возможно, поэтому Петр признал, что Бог уже «принял» Корнилия в семью спасенных людей (Деян. 10:34-35). По этой же причине Иисус Христос сказал, что мытарь «пошел оправданным в дом свой» (Лк. 18:14). И наоборот, Симон уверовал и крестился, но его «сердце было неправо пред Богом», потому что он не покаялся (Деян. 8:21).

Водное крещение, безусловно, также является выражением «веры», будучи первым «деянием веры» (см. Главу 28 по поводу текста Иак. 2:14-26), первый шаг в намерении верующего «покориться благовествованию» (2 Фес. 1:8). Примечательно то, что Павел ставит слово «омылись» на первое место перед «оправдались» (в 1 Кор. 6:11; хотя в том контексте перед «оправдались» стоит даже «освятились»!). Но больше всего удивляет то, что Павел подкрепляет свое описание процесса «спасения» посредством водного крещения и крещения Духом Святым итоговой фразой «оправдавшись Его благодатью...» (Тит. 3:4-7).

Вот почему очень вероятно, что апостолы рассматривали покаяние и крещение неотъемлемой частью той «веры», посредством которой Бог оправдывает грешника (отметьте, что Петр описывает покаяние и крещение как важную часть того, что служит для прощения грехов — Деян. 2:38). При этом апостолы никогда не считали, что человек своими «делами» может стать «достойным» Божьего одобрения.

Крещение Духом представляет собой не столько важное обоснование оправдания, сколько его необходимое доказательство! Как человек может иметь абсолютную уверенность в том, что его покаяние, вера и водное крещение были достаточными? Сегодня часто считают, что ответ на этот вопрос можно получить путем толкования текста Писания («Бог сказал это в Своем слове, я верю в это своим сердцем, и это откладывается в моем уме»). Такая «уверенность» не была доступна для обращенных времен Нового Завета, поскольку Новый Завет еще не был написан! Подлинную «гарантию» можно было найти не в логике, а в жизни, не путем дедуктивной трактовки, а посредством активного переживания, а именно: через «излияние» Духа. Дар Духа Святого был основой этой уверенности (Рим. 8:15-16; 1 Ин. 3:24; 4:13). Когда человек «принимал» этот дар как внутреннее переживание с внешними доказательствами (см. Главу 5), это и было его уверенностью в том, что он был принят Богом (Деян. 15:8), и поэтому Им оправданным. Этот дар был подтверждением со стороны Бога, Его печатью, скрепляющей «документ о сделке»; он был Его «залогом», предусматривающим все то, что понадобится в дальнейшем.

Итак, вера, нашедшая свое выражение в покаянии и водном крещении, является важным условием для оправдания, а дар Духа Святого его необходимым подтверждением. Именно в этот момент кто-нибудь всегда задает вопрос: А как на счет разбойника на кресте? Предполагают, что этот случай перечеркивает все учение Нового Завета о посвящении! Ответ (полное разъяснение можно найти в Главе 9) состоит в том, что этот человек сделал все, что было возможно в исключительных условиях, в которых он находился; водное крещение и крещение Духом были вне его досягаемости, но его покаяние могло быть выражено в словах, а не в делах. Случай с разбойником на кресте никак не может служить прецедентом для тех, у кого есть возможность получить полное христианское посвящение. Самое большее — эта ситуация может быть применена к умирающему человеку, но она совершенно не подходит для живущего. Однако если человек не по своей вине и не по причине собственной нерешительности был лишен возможности завершить нормальный процесс посвящения, один пример разбойника на кресте уже сможет стать его надеждой на вхождение в Царство Божье.

Тем, у кого есть возможность получить весь «комплект» посвящения, не может быть оправдания. Крайне трудно ссылаться на то, что «У меня особый случай» в свете того факта, что Сам Иисус Христос проявил смирение, был крещен и непосредственно после этого принял Духа Святого. Есть определенно что-то неправильное в отношении к этим вопросам, когда люди интересуются, а каковы минимальные требования для спасения; истинное покаяние стремится получить доступ к максимальным ресурсам, которые Бог приготовил для человека, чтобы ему жить праведной жизнью.

Освящение и стойкость святых

Как бы мы ни считали, нужны ли все четыре элемента посвящения для оправдания или нет (я полагаю, что нужны, по крайней мере, три первых элемента), все они крайне необходимы для освящения. Но в какой мере освящение необходимо для прославления? Поразительно, как много людей считают, что оправдание абсолютно обязательно, в то время как освящение рассматривается только как относительно желательное! Начало христианской жизни понимается как таковое, что гарантирует ее окончание, вне зависимости от того, что происходит между этими двумя вехами.

Но авторы Нового Завета настойчиво призывают его читателей «Старайтесь иметь... святость, без которой никто не увидит Господа» (Евр. 12:14). Иисус Христос рассказал притчу о человеке, принявшем приглашение царя на свадебный пир, но не позаботившемся о том, чтобы явиться в приемлемой одежде (Мф. 22:1-4). Весь ее смысл состоит в том, что избрание зависит от чего-то большего, чем просто ответить на приглашение.

Какие гарантии дает положение «спасенного»? Является ли оправдание гарантией нашего освящения? Неизбежно ли то, что я «спасен навсегда», если я был «однажды спасен»? Вполне возможно, что напряжение, которое вызывает у некоторых дискуссия о взаимосвязи между оправданием и четырьмя элементами посвящения, может возникнуть из-за их обеспокоенности по поводу того, как скоро человек может быть абсолютно уверенным в том, что он окажется в раю, если умрет. Такое впечатление, что людей больше волнует вопрос о том, что минимально необходимо, чтобы спастись, чем насколько много они могут иметь, став спасенными. Не слишком ли большое ударение ставится на оправдание и слишком незначительное на освящение, когда проповедуется Благая Весть? Неужели обеспечить себе место на небесах это более важно, чем приобрести святость?

Ответить на такие вопросы не обязательно значит попасть в ловушку выбора между оправданием по вере или освящением по делам, хотя это и очень опасно. И оправдание, и освящение являются результатами работы благодати и участия Бога. Евангелие — это не только предложение оправдания и не только требование освящения; истинным Евангелием, которое твердо основано в «правде Божией» (Рим. 3:21; 10:3) предлагается и то, и другое вместе. И оба эти аспекта должны быть усвоены и применены человеком в своей жизни. Если полагать, что благодать преодолима (Деян. 7:51), каково тогда положение человека, получившего благодать оправдания, но отказывающегося от благодати освящения?

Я не горю желанием заходить на столь спорную территорию! Боюсь, что определенные богословские школы (в особенности, «кальвинисты» и «реформаты») используют мои комментарии здесь, чтобы отвергнуть всю книгу, хотя мой главный тезис не оспаривает и не поддерживает эту тему. Важность этой проблемы для дискуссии в целом состоит в том, что те, кто проповедует, что «вечная безопасность» зависит всего от одного шага веры, поддерживает приглашение и посвящение типа «только верь». Кальвинистская формулировка «*Однажды* поверь и будешь спасен» чрезмерно усилила призыв «*Только* верь и будешь спасен». Тогда водное крещение и крещение Духом утрачивают свое преимущество, и им незаметно отводится второстепенное место, превращая их, в худшем случае, в просто необязательные дополнения.

Вопрос о том, осуществляется ли оправдание исключительно через веру или через веру, которой предшествовало покаяние, реализованное в водном крещении и подтвержденное крещением Духом, не является здесь главной проблемой. Реальная проблема состоит в том, ведет ли путь (будь-то короткий или длинный) неизбежно и без дальнейшего развития к славе.

Большая часть учения Нового Завета по этой теме поддерживает убеждение в *«стойкости святых»*: Господь может сохранить то, что было вверено Ему (1 Тим. 1:12), «соблюсти нас от падения» (Иуды 24) и совершить начатое в нас «доброе дело» (Флп. 1:6); никто не похитит Его овец из руки Его (Ин. 10:28-29); ничто не может отлучить нас от любви Божьей (Рим. 8:38-39). И все подобные утверждения трудно перечислить.

НОРМАЛЬНОЕ РОЖДЕНИЕ ХРИСТИАНИНА

Однако в Новом Завете есть также немало увещеваний, которые содержат другую доктрину: «о *верности святых*», выражающую предупреждение о том, что верность Богу ни в коем случае не может быть процессом автоматическим или неизбежным. Мы уже отмечали, что Новый Завет придает особое значение необходимости иметь непрерывную веру (см. Главу 3). В Новом Завете также содержатся примеры неверности (в еврейском и греческом языках слово «верность» вмещает в себя значение «вера» и «верность»). Притчи о злом рабе, неразумных девах и лукавом рабе (Мф. 24:45-25:30), чей удел может быть понят только в свете существования ада. Мы встречаем притчу, где зерно Слова Божьего либо не проросло, либо выросло, но не достигло зрелости и потому не принесло плода (Мк. 4:16-19).

Мы находим утверждение «претерпевший же до конца спасется» (Мк. 13:13; ср. Лк. 21:19). «Ветви, не приносящие плода, будут отрезаны и брошены в огонь» (Ин. 15:6). Христиане находятся в такой же опасности быть отверженными, как и иудеи, если они не «пребудут в благости Божьей» (Рим. 11:22; это место особенно важно рассматривать в таком контексте темы предопределения, как фрагмент Рим. 9-11). Неверность большинства евреев, спасенных из египетского рабства кровью Пасхального Агнца и крещенных в водах Чермного моря, которые не вошли в землю обетованную и в покой Божий, используется как серьезное предупреждение для христиан, высказанное тремя апостолами (1 Кор. 10:1-5; Евр. 4:1-11; Иуды 5). Сказать, что такая опасность носит гипотетический характер, значит устранить саму опасность. Все Послание к евреям представляет собой увещевание «претерпевать», т.е. быть стойкими, и содержит самое серьезное предупреждение из всех, существующих в Новом Завете, о последствиях отступничества, что особенно важно подчеркнуть на фоне единственного полного описания посвящения, которое можно найти во всех новозаветных посланиях (Евр. 6:1-6). Также есть указание, что те, кто не «преодолеет» грех и неверие или не окажется «побеждающим», находятся в опасности быть стертыми из книги жизни (Откр. 3:5).

ОКОНЧАТЕЛЬНО СПАСЕН

К этим отрывкам в Писании следует очень внимательно отнестись. В Новом Завете имеется превосходный баланс между нашей ответственностью «сохранить себя в любви Божьей» (Иуд. 21) и Божьей силой «соблюсти нас от падения» (Иуды 24). (По моему мнению, книга И. Ховарда Маршалла *Сохраненные Силой Божьей* (*Kept by the Power of God*, Bethany Fellowship, 1969) является одной из самых удачных книг, представляющих взвешенное мнение по этому предмету).

И в заключение, мне кажется, что слово «безопасность» лучше оставить для завершения нашего христианского пути, когда мы доберемся туда, а использовать фразу «в процессе спасения» в то время, пока мы идем туда! В конце концов, в самом начале христианское учение имело подходящее название «Путь Господень» (Деян. 18:25, 26; 19:9, 23). Целесообразнее было бы представить спасение в виде горизонтальной линии, вдоль которой человек движется от прошлого (оправдание) через настоящее (освящение) в будущее (прославление), а не в виде вертикальной линии, когда человек идет от состояния «неспасенного» к «спасенному».

Тогда «обращение» будет рассматриваться как отправная точка, а не пункт прибытия, скорее начало, чем окончание. Джон Буньян рассказал в своей книге *Путешествие Пилигрима* о том, как пилигрим увидел, что в конце пути был «путь в ад, начинавшийся прямо у ворот рая».

Вне зависимости от веры человека в возможность или невозможность христианину потерять спасение, различие, сделанное ранее между понятиями «быть в безопасности» и «быть спасенным», по-прежнему обоснованно и важно. Доказать это можно иначе, задав вопрос: «Возможно ли принять Иисуса Христа как Спасителя (для оправдания), не принимая Его как Господа (для освящения)?» Или: «Возможно ли доверять Христу, не повинуясь Ему?» Одно из самых действенных призывов к единому Евангелию, куда входят оба эти элемента, можно найти в книге Джона Макартура *Евангелие от Иисуса Христа* (Academic Books, Zondervan, 1988).

НОРМАЛЬНОЕ РОЖДЕНИЕ ХРИСТИАНИНА

В конечном итоге, рождение — это только прелюдия к жизни. Хорошее начало — это одно; хорошее окончание — совсем другое. Терпеливые пасторы столь же востребованы, как и исполненные энтузиазма евангелисты. Решение о принятии Христа должно стать решением быть учеником Христа. Когда работа «вспомогателей» при рождении завершена, работа «родителей» только начинается!

Эпилог

Слово к «семье»

При благополучном исходе человек рождается в семье, как в первом, физическом рождении, так и во втором, духовном рождении. Тем не менее, существует поразительная разница между всеми творениями и человеческими особями, как в физическом смысле (*homo sapiens* — «ветхий человек» в Адаме), так и в духовном (*homo novus* — «новый человек» в Иисусе Христе). Человек нуждается в значительно большем времени для взросления и больше, чем другие живые существа требует к себе внимания в этом процессе. Сама сложность человеческой природы, его близость как к земле, так и к небесам, делает его еще более уязвимым в процессе его «возрастания».

ВАЖНОСТЬ УЧЕНИЧЕСТВА

Рождение — это все-таки только начало жизни, но оно не приносит с собой гарантию продолжения ее существования, не говоря уже о развитии. Детей оставляют. Борьба с детской смертностью будет существовать всегда. Очень важным аспектом является послеродовой уход. Говоря языком современного благовествования, крайне важно дальнейшее поддержание отношений. Здесь потребуется изменить соотношение сил. Ввиду акцента на том, чтобы быть «спасенным от ада» вместо «спасения от грехов», излишнее ударение ставится на необходимости быть «рожденным свыше», а не на потребности развития и обеспечения условий «здоровой жизни».

Возврат к концепции «приобретения учеников», вместо «принятия решения», исправит это отклонение от нормы. После рождения ребенка должно следовать его обучение (см. Главу 7 по отрывку Мф. 28:19-20). Однако в Новом Завете понятие «учить» имеет значение обучения больше «физического», а не «интеллектуального» характера. Оно связано и с практическими навыками, и с теоретическими знаниями. Слово «ученик» ближе по смыслу к слову «подмастерье, практикант», чем к слову «учащийся» (см. книгу Филиппа Вогеля *Идите и приобретайте подмастерьев* (*Philip Vogel Go and Make Apprentices,* Kingsway, 1987) для более глубокого изучения такого понимания слова «ученик»).

Вместо того чтобы определять вновь обращенного христианина в один «класс» с другими «новыми» христианами, или зачислить их на «курс» для начинающих, мы должны поместить их в одну среду с более опытными и более зрелыми христианами (одного пола, чтобы «не давать место дьяволу»!). И опять, в процессе обучения зрительный канал воздействия будет более эффективным, чем слуховой. Хороший ученик Христа будет подражать Господу, и призывать других учеников «пойти и посмотреть» (Ин. 1:39, 46). В действительности, в ученичестве аспект подражания играет важнейшую роль (1 Кор. 4:16; 1 Фес. 1:6; 2:14; Евр. 6:12; 13:7). Личные близкие отношения с настоящим святым могут научить святости больше, чем все книги по освящению, вместе взятые!

ПОИСК ДУХОВНОГО ДОМА

Жизнь во времена Нового Завета была намного проще, в частности в вопросах, касающихся церкви. Проповедь Евангелия и основание церквей были двумя сторонами одной медали. Как правило, в каждом селении была одна церковь; обращение христиан происходило через эту церковь и для той же самой общины. Поэтому в Новом Завете отсутствует увещевание «присоединиться к церкви», а только «не оставлять» ее (Евр. 10:25). Быть рожденным во Христе — значило быть рожденным в церкви; быть крещенным вместе с Главой Церкви — значило быть крещенным в Его Тело. Не было такого, чтобы «новорожденному» подыскивали «подходящий» духовный дом. Посвящение христианина и его вхождение в Тело было одним и тем же процессом.

Необходимость «вхождения в церковь» в наше время была вызвана развитием двух факторов. Во-первых, рост деноминаций (каждая со своими традициями) привел к многообразию местных церквей (в Англии человек с машиной имеет выбор поехать как минимум в одну из двадцати церквей, которые расположены поблизости!). Во-вторых, увеличение количества больших евангелизационных мероприятий и других организованных проектов благовестия, которые носят межконфессиональный характер, а то и надконфессиональный, приведшее к тому, что люди «приходили ко Христу» вне попечения со стороны поместной церкви, что выдвинуло на первое место проблему «усыновления» духовных детей.

Какую же церковь выбрать в качестве потенциальной поместной церкви для новообращенного ученика? Дипломатический подход, который используют существующие христианские деноминации, не способствует достижению ясности в этой проблеме. Простая забота о еще одном «ребенке» упрощает поиски: где же найти самое лучшее место для «послеродового» ухода? Церковь, в которой царит жизнь и любовь, будет самым лучшим местом, неважно, какая вывеска висит на ее здании.

Поиск новых учеников следует дополнить пасторским попечением; то есть это должно быть сделано евангелистом и пастором. Первый из них — это человек, который заботится о количественном росте паствы, и занят тем, чтобы появилось как можно больше людей, начавших духовную жизнь; другой — заботится о качественном росте паствы, беспокоясь о том, чтобы она дошла до конца, неважно, как много будет дошедших. Эти две функции редко совмещаются в одном человеке, хотя Петр был призван на оба эти служения (Мк. 1:17; Ин. 21:15-17). В здоровой церкви обязательно должны быть представлены обе функции, осуществляемые как руководством, так и членами общины. Там, где это есть, не будет проблем найти семью, которая будет заботиться о «новорожденном». Увы, более часто благовестники работают вне церкви, а пасторы — внутри ее, без тесной связи между собой.

КРИТЕРИЙ ДЛЯ ЧЛЕНСТВА В ЦЕРКВИ

Членство в Ранней Церкви носило не формальный (регистрация в церковной книге членского учета), а функциональный характер (регистрация в Теле Христовом). Единственными условиями для полного членства являются как раз те четыре элемента, которые обсуждались в этой книге: покаяние, вера, водное крещение и крещение Духом. Из этих четырех, последний элемент был самым важным для членства в церкви; для того чтобы функционировать в Теле, было необходимо быть «крещенным Духом Святым» (см. Главу 21 по тексту Рим. 8:9 и главу 23 по тексту 1 Кор. 12:13). Имеется два практических вывода по вопросу церковного членства в наше время.

Во-первых, для того чтобы стать членом поместной церкви нет необходимости требовать ничего *сверх* вышеуказанных четырех условий. Как часто новообращенному верующему навязываются другие условия: дополнительная церемония (напр., конфирмация епископа), определенное «обязательство» (напр., десятина), дополнительные правила (напр., бросить курить или пить, играть в азартные игры, оставить танцы, не пользоваться косметикой). Все эти вопросы должны разбираться после того, как человек стал членом церкви, а не до того. Принятие в Тело должно служить началом обучения, а не его окончанием, вопреки общепринятому мнению. Верующий принимается в члены церкви, потому что он был оправдан (Рим. 15:7), а не отвергается по той причине, что еще недостаточно освящен для церкви, которая считает себя «чистой». Лестничный пролет должен находиться внутри от входной двери, а не снаружи!

Каждый, надлежащим образом рожденный, будет испытывать жажду к знаниям, и часто они проявляют ошеломляющие успехи в обучении! Разумеется, позднее, может, понадобиться применение дисциплинарных мер, если в жизни верующего будут сохраняться вольные прегрешения, что может доходить даже до временного исключения из церкви — 1 Кор. 5:1-13. Отметьте, что отлучение происходило с согласия большинства членов церкви, что далее приводило к покаянию упорствовавшего человека и возвращению его в церковь — 2 Кор. 2:6-7. Возможно, за нашей неприязнью к последнему из дисциплинарных действий скрывается более высокий допустимый порог допуска в члены церкви: сделав более трудным это вхождение, вряд ли у нас будет необходимость «выбрасывать» их! Но такое понимание ошибочно! Церковь — это «ясли» для тех, кто решил перестать грешить, а не «пансион» для тех, кто достигнул «почетного возраста» святости!

Во-вторых, ничего *меньшего*, чем эти четыре элемента, не должно требоваться от всех членов поместной церкви. Занятия, перед тем как принять в члены церкви, должны основательно покрывать все четыре аспекта, проверяя, чтобы каждый из них был испытан на личном опыте, а не просто был обучаемым предметом. Необходимо помнить о двух группах людей в этой связи.

Бывают такие обращенные, кто начал свое посвящение в другой ситуации (они могли быть теми, кто вышел после призыва к покаянию во время большой евангелизации, и их имена передали в поместную церковь); очень важно завершить посвящение таких людей до того, как они будут приняты в члены церкви, несмотря на то, что им сказал об этом душепопечитель, и что бы он ни думал по поводу их решения.

Существует и другая группа людей — это желающие перейти из другой поместной церкви, где не настаивали на этих четырех элементах, а, в некоторых случаях, даже и не подозревали об этой необходимости. Это более деликатная ситуация, которая требует решительного внимания, но вместе с тем проявленного с любовью. Таким людям необходимо дать всецелое объяснение (основываясь на библейском учении) о твердом убеждении церкви, что эти четыре элемента суть воплощение основы для жизни церкви как общины, и для жизни отдельно взятого христианина. Без них жизнь будет, скорее, неполноценной, чем здоровой. Если у них не будет желания искать такой «целостности», необходимо поставить под сомнение, стоит ли одобрить их перевод в церковь. Каждая поместная церковь ответственна непосредственно перед Главой Церкви за соблюдение надлежащих стандартов, что бы ни происходило в других местах (см. Откр. 2-3, где Иисус Христос отдельно разбирает ситуации семи церквей, которые были расположены в одном регионе). Ситуацию не изменить повсеместно, пока это не будет исправлено в одном месте. Один родильный дом с хорошей репутацией лучше, чем ни одного! Много таких хороших домов вскоре снизят процент смертности.

Хочу повториться, что «нормальное христианское рождение» — это только начало, а не конец; отправная точка, а не пункт прибытия; старт, а не финиш. Доброе начало может все изменить, если продолжить правильно идти до конца. Полноценное рождение в счастливой семье является замыслом Бога для каждого человека, которого Он сотворил и возлюбил. В это трудно поверить, но Бог поручил ответственность за рождение и воспитание Его детей как в физическом, так и в духовном плане, нам, человеческим существам. Это огромное доверие.

В завершение своих проповедей я практически всегда нахожу подходящий стих Чарльза Уэсли — и эта книга не исключение! Пусть мой читатель сделает сам выводы из этого исследования, процитировав (или пропев) вслух эти строки:

>Дана забота мне:
>Чтоб Бога прославлять
>И душу грешную
>К спасенью направлять.

Дополнение I

Крещение младенцев

Практически все признают крещение как неотъемлемую часть посвящения. В Европе в подавляющем большинстве осуществляется крещение младенцев. В Англии две трети населения были «крещены» подобным образом (несмотря на то, что деноминации, проводящие крещение детей, в целом находятся в состоянии упадка, в то время как церкви, которые проводят крещение взрослых верующих, укрепляют свои позиции или возрастают). В странах третьего мира в большинстве случаев осуществляется крещение взрослых верующих. Ситуация в Америке смещается от европейской модели к модели стран третьего мира, при этом основной рост наблюдается в церквах баптистской и пятидесятнической деноминаций. Поскольку христианство все в большей степени превращается в подвергающееся преследованиям меньшинство на миссионерской арене среди языческих народов, всеобщая тенденция в этом вопросе состоит в переходе от крещения младенцев к крещению взрослых верующих.

ИСТОРИЧЕСКИЕ ПРЕДПОСЫЛКИ

Как и когда началось «крещение младенцев»? Почему эта практика получила продолжение в наше время? Как это согласовывается с принципами Нового Завета о посвящении? В чем заключается его смысл или эффект, когда оно применяется к ребенку, неспособному покаяться или верить?

В поисках ответов на эти вопросы мы будем использовать термин «дети», а не двусмысленное слово «младенцы» (в церквах Южной Баптистской Конвенции в США часто крестят «младенцев» семи и менее лет!). Кроме того, мы будем подходить к этому вопросу с исторической точки зрения, указывая на определенные принципы в практическом свете на разных этапах их развития. Как и другие многочисленные традиции церкви, крещение детей началось по одной причине, но получило продолжение по совершенно другим мотивам (а то и вовсе без причин, т.е. по причине, которая подвигла на покорение вершины Эверест, «потому что она там есть»!). Этот ритуал получил точное название «практики поиска богословия».

Большинство богословов признают, что в Новом Завете отсутствуют прямые ссылки на эту практику. Некоторые утверждают, что ими найдены косвенные ссылки, однако доказательства в лучшем случае носят случайный характер (см. Главу 15, где освещается тема «обетований вам и детям вашим», Главу 19, где идет рассуждение о теме крещения «всего дома» и Главу 22 по теме «святости детей»). Существование практики крещения детей можно установить из Писания, опираясь только на общие богословские принципы (см. ниже), а не на конкретные текстуальные доказательства (ни Иисус Христос, ни апостолы никогда не давали такого повеления).

Суть того, что в действительности происходило с этим вопросом в течение тысячелетий, состоит в том, что истины учения, вполне применимые к конкретным ситуациям, были отторгнуты от других мест Писания и присоединены к практике крещения, неизменно искажая значение этого таинства и применяясь к тем, для кого оно никогда не было предназначено. Так был открыт путь для догадок, допущений и предрассудков.

КРЕЩЕНИЕ МЛАДЕНЦЕВ

Первое точное упоминание о случае крещения детей относится приблизительно к концу второго века нашей эры. К тому времени крещение начинало обретать более значимое место в деле спасения, чем когда-либо ранее. Происходят два довольно противоположных по своему характеру события, и по той же самой причине! С одной стороны, крещение откладывалось до физической смерти, из-за страха, что совершение греха после крещения приведет человека в ад. С другой стороны, крещение было перенесено на более ранний срок до момента физического рождения, из опасения, что ребенок может пойти в ад, несмотря на то, что он еще не успел согрешить (что понятно ввиду высокой смертности в те времена). В обоих случаях, крещение рассматривалось только как средство спасения.

Потом вечные муки ада посчитали слишком суровым приговором для детей, которые не согрешали, что распространилось даже на крещенных взрослых, которые согрешали. Это было отмечено появлением двух других традиций в церкви — *limbus infantum* (лимб) для некрещенных детей (менее неприятное место, чем ад, но все же постоянное) и «чистилище» для крещенных взрослых (почти настолько же страшное, как и ад, но не постоянное место пребывания). Что не ставилось под сомнение на протяжении целого тысячелетия, так это то, что крещение *спасает от ада*, снимая «первородный», т.е. унаследованный грех с ребенка, а в случае взрослого человека, «первородный» и реально совершенный грех.

Одновременно с тем, как началось совершение крещения детей (повсеместно оно не было введено в практику до того времени, как христианство не было «установлено» Константином в качестве официальной религии Римской империи), наблюдалась общая тенденция к движению церкви назад: от «сущности» «нового» завета к «тени» «ветхого» завета (духовенство, жертвенники, «скинии», ризы, ладан, и т.д.). Более того, структура церкви все больше приводилась в соответствие с устройством государственного управления империей (множество епископов в одной церкви в Новом Завете было заменено на одного епископа для многих церквей, при этом создавались региональная и центральная иерархии; все это достигло критической точки, когда епископ Рима принял императорский титул «Pontifex Maximus», т.е. Великий Понтифик и стал фигурой международного масштаба, духовным «отцом», «Папой» или Римским Папой).

«Христианский мир» — название, которое получило такое слияние церкви и государства — имел больше общего с народом Божьим времен Ветхого Завета и «теократией» Израиля, чем с Новозаветной церковью; название «цари и священники» опять стало относиться к государственным чиновникам, и перестало быть титулом, который был дан всем верующим (Откр. 1:6). Неудивительно, что стала проводиться параллель между крещением и обрезанием, оба из которых начали признаваться как свидетельство того, что человек рожден в среде людей «Божьих» как подданный Его Царства. Тем не менее, несмотря на такую параллель, следует отметить, что крещение по-прежнему считали актом искупления, что никогда не признавалось в отношении обрезания. Посредством него ребенок освобождался от «первородного» греха, был «рожден свыше» и, следовательно, был обретен для вечного спасения.

Существуют странные рассказы о том, как в Средние века (да и в наши дни) во время миссионерской экспансии священники «евангелизировали» вновь открытые территории посредством проведения обряда крещения детей тайным образом. Однако очевидно, что, несмотря на то, что крещение детей считалось достаточным условиям для вхождения ребенка в рай в случае его смерти, этого не было достаточно для того, чтобы он мог стать членом церкви! Имевшая место в Новом Завете практика возложения рук для принятия Духа Святого была также перенесена на детей («помазание» елеем, олицетворявшее Святой Дух, и очевидное отсутствие каких-либо внешних доказательств Его принятия).

Позднее этот обряд откладывался до возраста полового созревания, превратившись в церемонию «конфирмации»

КРЕЩЕНИЕ МЛАДЕНЦЕВ

(которая считалась моментом допуска к Святому Причастию и членству в церкви). Во всяком случае, в Западной Церкви (Православная Церковь оставалась более последовательной в этом вопросе, хотя и менее соответствующей библейской истине, отправляя обряды крещения, «помазания» и причащения в раннем детском возрасте). На протяжении периода Средних веков фокус в аспекте христианского посвящения сместился от крещения к конфирмации (в течение целых столетий «епископы» проводили крещение, а местные «священники» отправляли позднее ритуал «конфирмации»; но постепенно этот порядок поменял эти два ритуала местами, и сейчас преобладает епископальная конфирмация).

Христианский мир имел еще нечто общее с древним миром Израиля. Его больше устраивали цари и духовенство, чем пророки с их постоянным призывом уходить от традиции к истине, от обрядовости — к реальности, от изощренности — к простоте. Первый «протест» против расплывчатости границ между «церковью» и «миром» привел к образованию монашеских орденов, хотя они не выходили за рамки церковного устройства. Позднее начнут появляться много отделившихся групп, стремящихся к восстановлению образа поведения Ранней Церкви и делающих Новый Завет своей новой «нормой»; большинство этих фракций начинают восстанавливать практику крещения верующих. Безусловно, позднее на Вселенском Тридентском Соборе католический прелат вынужден был признать, что если бы эти движения «баптистов» не подавлялись самым жестоким образом на протяжении предыдущей тысячи лет, они бы стали проблемой намного большего масштаба, чем все реформаторы (протестанты) вместе взятые!

Самым большим фактором, повлиявшим на переход от небольших групп протеста, которые можно было подавить, к образованию огромных отделившихся «протестантских» церквей, без сомнения, было получившее широкое распространение повторное открытие Библии. Исследование еврейских и греческих манускриптов Эразмом Роттердамским, включая и их перевод на латынь, в сочетании с воззваниями Мартина Лютера и его переводом Библии на немецкий язык, а также открытие Гутенбергом книгопечатания позволили многим самостоятельно провести сравнения (хотя и не всегда уместные!) между Первоапостольской церковью и Церковью Средних веков.

Богословие, основанное только на Писаниях, вскоре привело к выводу, что спасение возможно только по благодати, а оправдание — только по вере. Концепция того, что прощение можно заработать, и тем более приобрести или продать (последней каплей для Лютера стал факт, когда «индульгенции», которые якобы могли уменьшить срок пребывания в чистилище умерших родственников, распространялись по всей Европе Тецелем лишь с целью финансирования постройки собора Св. Петра в Риме), стала новой «анафемой» (точное применение текста Гал. 1:9). Под знаменем «Праведный своею верою жив будет» (Авак. 2:4; см. Главу 3) были сметены средневековые наслоения, включая «жертвенный» характер Причастия, поклонение реликвиям и статуям, молитвы об умерших святых, паломничества к святым местам, церковный целибат и целый сонм религиозных обрядов, совершаемых без библейского обоснования.

При этом традиция крещения детей сохраняла свои позиции. Реформаторы вскоре осознали несовместимость спасения через крещение с оправданием по вере. Вначале все они ратовали за возврат к практике крещения по вере согласно учению Нового Завета. Ввиду того, что этот факт мало кому известен, и поэтому может быть подвергнут всеобщему сомнению, следует привести цитаты личных высказываний (за эти цитаты я признателен выдающейся книге Т.Е. Уотсона *Крещение не для детей — Baptism Not for Infants* (Walter, 1962), где автор доказывает версию крещения по вере, опираясь исключительно на цитаты из произведений приверженцев доктрины крещения детей!).

КРЕЩЕНИЕ МЛАДЕНЦЕВ

Сначала Лютер:

Без личной веры никто не должен быть крещен. В тех случаях, когда мы не можем быть уверены, что дети сами уверовали, и сами имеют веру, мой совет и мое мнение будет отложить их крещение, а еще лучше вообще прекратить крестить детей, чтобы такими неразумными поступками и уловками нам не осмеять и не оскорбить благословенное величие нашего Бога (Проповедь на Третье Воскресенье после Богоявления/Крещения Господня).

Затем Кальвин:

Поскольку Иисус Христос повелел учить перед крещением и желал, чтобы только верующие ученики допускались к крещению, получается, что крещение считается отправленным не надлежащим образом, пока ему не будет предшествовать вера (Согласование Евангелий, том 3, стр. 386, комментарии на 28 главу Евангелия от Матфея). Крещение, в первую очередь, является необходимой принадлежностью веры, и потому должно следовать за ней; и, во-вторых, если оно будет отправляться без веры, доказательством которой оно является, это будет преступной и грубейшей профанацией (Комментарии на книгу Деяний Святых Апостолов, том 1, стр. 362).

Цвингли также поддерживал мнение, что крещение находится в зависимости от веры и без нее не имеет смысла (*Богословские труды*, том 4, стр. 191), поэтому считал, что совершение его необходимо отсрочить до наступления времени сознательного возраста (Vadian II, стр. 231). Он писал: «Ничто так не расстраивает меня, как то, что в настоящее время я вынужден крестить детей, когда я знаю, что этого не следует делать» (Источники IV, стр. 184). К чести для него, он допускает: «Однако, если бы мне пришлось прекратить эту практику, то в таком случае, боюсь, я бы потерял свою пребенду [содержание]». Тем не менее, такое же понимание таинства крещения, как и таинства Вечери Господней, без сомнения носило символический характер и не несло значения «заповеди» или его действия, что позднее поспособствовало изменению взглядов Цвингли.

Тогда почему никто из реформаторов не приводил в действие то, что провозглашал? Очевидность ответа оставляет тревожное чувство. Они противопоставляли авторитету церковному авторитет Библии, но при этом надеялись и на помощь светских властей. Успех Реформации зиждется на этом союзе церкви с государством, хотя этот симбиоз приобрел отличительные особенности в контекстах Германии и Швейцарии. Неизбежным стало увековечивание смешения гражданства в государстве и членства в церкви. Невозможно сохранить «национальную» церковь без того, чтобы она не была принята всеми, кто рожден в пределах этой нации или государства. Крещение становится знаком завета гражданско-религиозного членства нации, которое будет считаться «новым Израилем», находящимся под властью Бога. (Эта концепция разъясняется в книге Иоханнеса Урнса *Крещение* (Paternoster Press, 1957), один из подзаголовков которой звучит как «Исследование изначальной практики христианского крещения, его истории и противоречий, отношения с государством и национальной церковью, а также его важность для настоящего времени»).

Это была «положительная» сторона аргументации, но имелся также и отрицательный ее аспект. То, что реформаторы проповедовали о крещении, стало применяться другими! Те, кто был крещен в детском возрасте без исповедания личной веры, стремились найти основание для «повторного крещения» их как верующих (они получили официальное прозвище «анабаптисты», от греческого слова *ana* = снова). Это было воспринято просто как измена церкви и тем, кто стремился реформировать ее изнутри (что происходит и по сей день!). Но когда пришло осознание того, что крещение верующих несет с собой понятие «соборной церкви» (в отличие от «национальной»), причем полностью отделенной от светских властей, то повторное крещение стало ассоциироваться с изменой этому государству, особенно в тех странах, которые стали «официально» протестантскими. Это привело к реакции против крещения верующих и преследованию тех, кто повторно принял крещение (казнь через утопление стала неизгладимым позором в истории реформаторов Швейцарии).

Итак, представление о крещении по вере было снова подавлено, хотя в этот раз не так успешно. Многие группы «анабаптистов» стали на путь экстремизма, будучи вынуждены изолироваться от общества, но они оказали очень стойкое влияние на ситуацию в целом. Понятие «соборной» церкви, независимой от государства, прочно укоренилось в Англии и странах Бенилюкс; попытки бороться с ней привели к тому, что отцы-пилигримы, первые английские колонисты принесли эту концепцию в «Новый Свет», что объясняет, почему в США никогда не было «государственной» религии, хотя она считает себя христианской нацией, а также тот факт, почему баптистские и пятидесятнические церкви имеют такую сильную позицию в этой стране и даже пользуются социальной поддержкой. Но мы слишком далеко ушли от нашей темы...

БОГОСЛОВСКИЕ ПРЕДПОСЫЛКИ

Каким образом могли великие реформаторы оправдать свой полный поворот назад в вопросе крещения либо перед самими собой, либо перед своими последователями? Разумеется, для этого им необходимо было найти какое-то библейское или богословское оправдание для сохранения средневековой практики. Лютер приводит довольно слабые аргументы, что якобы невозможно полностью утверждать, что дети не могут уверовать, но он так никогда и не разрешил эту дилемму.

Для Кальвина помощь оказалась близко. Преемник Цвингли в Цюрихе, Буллингер, предложил совершенно новую концепцию в богословии. Он взял большую часть заветов в

Библии (отметьте множественное число в тексте Рим. 9:4) и смешал их в один, назвав его «заветом благодати» (фраза, которая нигде не встречается в Библии). Неразрывной связи между «ветхим» и «новым» заветами придавалось настолько сильное значение, что существенные различия между ними были практически стерты. Но самым характерным было то, что способ вхождения в оба эти завета был по существу одним и тем же: обычно путем физической передачи по наследству от тех, кто уже находится в завете. Поэтому крещение стали рассматривать как прямое продолжение обряда обрезания, которое совершалось в детском возрасте. Разумеется, «оставаться» в завете требовало последующего проявления личной веры в Иисуса для христианских детей точно так же, как и последующее соблюдение закона требовалось от детей в иудаизме; но в обоих случаях дети уже были в завете по рождению, и поэтому имели право на его вещественный «знак и печать».

Поскольку такое богословие «завета» получило в наше время широкое распространение и часто используется для оправдания крещения детей в наши дни (например, всеми пресвитерианскими церквами и частично Англиканской церковью, большая часть из которых евангельские), следует провести определенное критическое оценивание, прежде чем мы рассмотрим некоторые другие отклонения в теории и практике совершения этой заповеди.

Богословие завета и связь между крещением детей и обрезанием

Самая большая проблема в богословском плане здесь состоит в библейском ударении на неразрывности между Ветхим и Новым Заветами, причем последний трактует первый как устаревший (текст Евр. 8:13 редко употребляется приверженцами богословия завета; отметьте также формулировку «не такой завет» в Иер. 31:32). В частности, Ветхий Завет носил коллективный, а Новый Завет — индивидуальный характер. О будущем радикальном переходе от одного к другому предрекалось пророками в самом Ветхом Завете (Иер.

КРЕЩЕНИЕ МЛАДЕНЦЕВ

31:29-30; Иез. 18:1-32; Иоил. 2:32), но об этом даже более явственно проповедовали апостолы в Новом Завете («каждый из вас» в тексте Деян. 2:38 одно из типичных указателей на это). В самом сердце Евангелия мы встречаем «всякий» (Ин. 3:16; Рим. 10:10-13). Иоанн Креститель, подобно Иисусу Христу, прошел свой путь, чтобы отказаться от своих наследственных прав в пользу обретения должного места в Царстве Божьем (Мф. 3:9; Ин. 8:39). Духовное рождение, а не физическое, теперь является условием вхождения в это Царство.

Крещение в Новом Завете никогда не отождествлялось с обрезанием, удивительным образом опускаемым с учетом всех споров, которые ранние христиане имели об этом иудейском обряде (Кол. 2:9-12 не исключение; см. Главу 25) и в свете того, что оба были «физическими» действиями. Если бы вообще не было ни одной аналогии, оставалась бы параллель с обрезанием Авраама, которое было осуществлено с ним *после* того, как он уверовал, как «запечатление» его веры, сделавшее его «отцом всех верующих», вне зависимости от того, были они обрезаны или нет (Рим. 4:9-12; отметьте, что в данном тексте нигде не говорится о том, что верующие были частью «завета», который был заключен с Авраамом). Последующее обрезание его потомков уже не было «запечатлением» их веры, совершаемым до того, как они уверовали, если бы они вообще уверовали; это было знаком обетования, которое однажды достигнет Одного из них (см. «Семя» Авраамово, в единственном числе). Христос, осуществив этот обетованный «путь», сделал этот обряд ненужным для духовных целей, хотя он может иногда оставаться целесообразным по социальным причинам (как в случае с Тимофеем, хотя он и был крещен — Деян. 16:3).

От тех, кто ратует за крещение детей согласно «завету», ожидается его исполнение! С одной стороны, практика совершения крещения по неизбирательному принципу должна быть отменена. Сами родители должны быть верующими, в особенности отец как глава семейства (замещение его «крестным отцом» с клятвой по доверенности не может удовлетворять требованиям завета). Более того, в свете исследуемой здесь темы, родители должны принять Святого Духа. С другой стороны, те случаи крещения, которые были совершены вне завета, когда родители являются неверующими, что действительно, пожалуй, для подавляющего большинства всех церемоний крещения в Британии, должны быть аннулированы и проведено повторное крещение. Получателям необходимо рассказать, что их крещение не было христианским крещением и что им необходимо креститься заново, что и должно быть совершено после этого. Я встречаю много священников, которые отговаривают неверующих родителей проводить обряд крещения их детей (и мало кто имеет смелость возразить этому), но крайне редко тех, кто осуществляет «повторное крещение» тех миллионов, кто «проскользнул мимо сети», тем самым демонстрируя, что эти священнослужители по-прежнему приемлют законность крещения по неизбирательному принципу, даже если они сами его не осуществляют.

Сбивающее с толку понимание реформаторами наследства, передаваемого через водное крещение, не могло не иметь отношения к тому, что они не смогли открыть заново понятие крещения Духом Святым, не говоря о более общих истинах, относящихся к Святому Духу. Их сильной стороной была вера в работу Второй Личности Троицы, но слабой — в отношении работы Третьей Личности (в труде Кальвина *Институты христианской веры* четыре страницы посвящены Святому Духу, и шестьдесят три — закону Моисея, возможно, это объясняет тот факт, что его последователи особенно привержены букве закона). Поскольку водное крещение и крещение Духом имеют тесную связь, хотя они никогда не отождествляются в Новом Завете (ср. Мф. 3:16; Деян. 19:2-3), неудивительно, что трактовка реформаторами одного ведет к тому, что другое становится для них белым пятном. Целостность христианского посвящения не была восстановлена, оставляя проблему крещения детей открытой для дальнейшего неправильного истолкования.

КРЕЩЕНИЕ МЛАДЕНЦЕВ

Предваряющая благодать и крещение детей

Последнее богословское обоснование, которое мы рассмотрим, появилось относительно недавно. На этот раз отправной точкой является аспект «предваряющей благодати», которая сама по себе суть драгоценная истина, подчеркивающая инициативу Бога в деле спасения, на чем Кальвин справедливо делал особое ударение. Бог любит нас до того, как мы возлюбили Его, взыскивает нас до того, как мы взыщем Его, призывает нас до того, как мы воззвали к Нему, и послал Своего Сына на землю для того, чтобы мы могли быть Его сыновьями на небесах. Иисус прекрасно подытожил это словами: «Никто не может придти ко Мне, если не привлечет его Отец, пославший Меня...» (Ин. 6:44).

Некоторые находят, что крещение стало превосходным выражением этой истины. Поэтому оно рассматривается как *более* подходящее для детей, чем для верующих, подчеркивая, что именно «когда мы были еще немощны» Христос умер за нас (хотя Павел, скорее всего, говорил больше о нравственной немощи, чем о физической — Рим. 5:6). Бог входит в нашу жизнь до того, как мы входим в Его жизнь. Описание благословения Иисусом детей является излюбленной ссылкой для тех, кто поддерживает эту точку зрения (хотя далеко не всегда обращается внимание на то, что дети, к которым Он обращался, не были младенцами или малыми детьми, потому что их «приводили» к Нему их отцы, а не матери — Мф. 19:13); это место Писания часто зачитывается, иногда как единственное место Писания, во время крещения детей.

Толкование, которое более распространено среди методистов (см. в частности, работу У.Ф. Флемингтона *Учение о крещении в Новом Завете* — W.F. Flemington, *The New Testament Doctrine of Baptism,* (SPCK, 1948)) и конгрегационалистов, особенно близко сторонникам универсализма, верование, что в конце концов все люди будут спасены, если не в этом, то в следующем мире. Крест рассматривается как «космическое» искупление, обладающее всеобщей эффективностью и достаточностью. Тогда Евангелие выглядит провозглашением того, что все человечество непременно будет «освобождено»; а крещение свидетельствует о том, что каждый рожденный через крещение имеет «право» воспользоваться этой свободой, что он теоретически и делает.

Главный недостаток такого подхода о «предваряющей благодати» состоит в том, что Новый Завет рассматривает крещение как символ *присвоенной (оправдывающей)* благодати, не предваряющей благодати, т.е. готовящей человека к получению спасения. Это тот момент, когда благодарный грешник принимает спасительную благодать путем добровольного и сознательного отклика (покаянием и верой) на Благую Весть, суть которой состоит в достаточности искупления, совершенного Христом. Это — акт *божественного* и *человеческого* участия, и поэтому не может быть совершен по доверенности другим человеком (см. Главу 24).

Разногласия по вопросу крещения детей

Таким образом, есть три основных богословских довода, которые приводятся в поддержку крещения детей: «первородный» грех, унаследование по завету и предваряющая благодать. Англиканская церковь сочетает в себе некую смесь (или как скажут некоторые, типичная английская «путаница») всех трёх. Тяготеющее к католицизму направление в Англиканской церкви, получившее название «Высокой Церкви», придерживается точки зрения католиков о «возрождении через крещение» (что отражено в литургии Общей Книги Молитв). «Широкая церковь» делает ударение на универсальности благодати и любви Божьей, приветствуя любое пополнение Его семьи. «Низкая церковь» — направление в Англиканской церкви, наиболее отрицательно относящееся к ритуальности — отражает принципы пуританско-пресвитерианского периода истории англиканской церкви, применяющей теорию «богословия завета» для оправдания евангельской составляющей в «государственной» церкви Британии.

КРЕЩЕНИЕ МЛАДЕНЦЕВ

Основная практическая проблема, с которой сталкивается евангельское крыло в Англиканской церкви, состоит в том, что две другие богословские позиции (католическая и либеральная) неизбежно стимулируют практику крещения по неизбирательному принципу, который они сами не принимают, но что находит широкую поддержку среди их высшего священноначалия. Для беспристрастного наблюдателя может показаться, что все разновидности Англиканской церкви сговорились между собой с целью защиты практики крещения детей, какой бы ни был найден довод для ее оправдания! И снова это, скорее, похоже на обоснование традиции, чем на обоснование истины. Как мы уже увидели, фактически невозможно сохранить «национальную» церковь посредством одного только крещения верующих, что может быть более реальным доказательством, чем рационалистическим.

Однако все три течения (католическое, либеральное и евангельское, как внутри, так и вне англиканства) подвергаются влиянию «харизматического возрождения». Повторное открытие крещения Духом ведет к переоценке смысла водного крещения (составив противоположность примеру Реформации в этом отношении). Личное переживание воздействия Святого Духа возрождает интерес к Писанию и возвращает уверенность в нем. В результате можно видеть широко распространенное стремление «восстановить» крещение в его первоначальном смысле, хотя, по понятным причинам, с большей готовностью на это идут прихожане, чем духовенство, чье призвание сконцентрировано на совершении таинств.

Основной вред, который приносит крещение по неизбирательному принципу, состоит в том, что он дает ложный смысл духовной безопасности его получателям, которые часто в дальнейшем становятся невосприимчивыми к призывам или испытаниям (как будто они получили прививку против Евангелия). Однако ущерб может быть нанесен также и «избирательным» крещением детей, в первую очередь тем, что искажается *смысл* этого события. Рассматривается ли оно как прощение «первородного» греха, как признание наследственной принадлежности к завету по рождению, или как откровение предваряющей благодати, крещение перестает нести смысл той заповеди, которой учит Новый Завет. Многие приверженцы концепции крещения детей открыто признают, что невозможно применять учение о крещении Нового Завета к крещению детей, не превращая его в исключительно символическое или откровенно магическое действо. Вместо того чтобы воспользоваться одним из тридцати отрывков из Нового Завета о крещении, они прибегают к любому другому месту Писания, преимущественно из Ветхого Завета, в котором даже не упоминается крещение.

Но есть даже более серьезные последствия: происходит искажение не только смысла и важности крещения. Такое крещение лишает детей возможности принять позднее в их жизни настоящее по его значению и важности крещение, которое предлагает Новый Завет, поскольку такие люди полагают, что церковь запрещает повторное крещение, которое обычно проводится официально, несмотря на то, что местные условия становятся менее церемониальными. Когда люди позднее приходят к Богу в покаянии и вере в Спасителя, им запрещается выразить свое желание очиститься от грехов посредством абсолютно естественного и совершенно обоснованного в Библии способа. В результате они не могут испытать на себе действия того божественного омовения, которое происходит посредством этого таинства в тот самый момент, когда это им больше всего необходимо. И все это из-за того, что их родители решили совершить над ними церемониальный обряд окропления водой с произнесенной формулировкой, во время которого они не могли принимать никакого участия.

Полное отделение крещения от желания главного участника этого события является, пожалуй, основным аспектом, который тревожит больше всего, в связи с изменением перспективы. На самом деле крещение детей лишает *любого* выбора! Некрещенный в детстве человек может позднее осознать, что ему следовало это сделать, но у лиц, крещенных в детстве, для этого нет никакой возможности или стимула! Такая дилемма никогда бы не возникла, если бы церковь твердо продолжала следовать апостольскому учению.

Ввиду всех приведенных доводов, в основной части этой книги вы не найдете попыток ввести крещение детей, которое Мартин Лютер открыто назвал «крещением «неверующих», в цельное учение христианского посвящения, хотя сама эта проблема не была проигнорирована (читатель в частности может обратиться к Главам 4, 19, 22, 24, 25 и 34). Надеемся, что читатели, которые являются приверженцами доктрины крещения детей, все же смогут найти для себя что-то полезное из учения о покаянии, вере и принятии Духа.

Мы также надеемся, что приверженцы этой доктрины тщательно изучат аргументацию тех, кто стоит на позиции крещения по вере. В дополнение к ранее упомянутым работам, следующие книги внесли существенный вклад в полемику на эту тему: *Karl Barth. The Teaching of the Church Regarding Baptism* (SCM Press, 1948); G.R. Beasley-Murray, *Baptism Today and Tomorrow* (Macmillan, 1966); A. Gilmore (ed.), *Christian Baptism* (Lutterworth, 1959); David Kingdon, *Children of Abraham* (Carey, 1973); R.E.O. White, *The Biblical Doctrine of Initiation* (Hodder & Stoughton, 1960).

Дополнение 2

«Святой Дух» без определенного артикля

В греческом тексте Нового Завета при упоминании Святого Духа не всегда употребляется определенный артикль. Например, когда говорится «дар Святого Духа» (Деян. 2:38) и «исполнились все Духа Святого» (Деян. 2:4).

Эдвард Дж. Янг (в предисловии к своему *Буквальному переводу Нового Завета*) обращает внимание на то, что наличие или отсутствие определенного артикля было само по себе важной особенностью богодухновенного Слова и должно отражаться в переводах Библии на английский язык. Поразительно, но после этого он игнорирует свой собственный принцип при переводе тех мест Писания, которые относятся к Святому Духу!

Главный вопрос здесь состоит в том, является ли наличие или отсутствие определенного артикля сугубо *грамматическим* или стилистическим аспектом, либо оно имеет *богословское* содержание, состоящее в придании конкретному библейскому термину особого значения или смысла.

Некоторые богословы находят обоснование этому различию в конструкции предложения. Например, в греческом языке наблюдается тенденция опускать артикль, следующий после предлога. Такая же тенденция ассоциируется с выражениями, в которых используется инструментальный дательный или управляющий родительный падежи.

Однако имеют место некоторые грамматические отклонения. Первое упоминание личного подлежащего или безличного подлежащего обычно идет без артикля, в то время как последующее его упоминание принимает артикль. Например: «Он купил какой-то (*неопределенный артикль*) Роллс-Ройс» и после этого «Он взял этот (*определенный артикль*) Роллс прокатиться по стране» или «Он разбил этот (*определенный артикль*) Роллс». Этот принцип опять и опять нарушается в Новом Завете, когда речь идет о Святом Духе с определенным артиклем.

На самом деле, как отметил Д. Дж. Данн в своей книге *Крещение в Святом Духе* (D.G. Dunn *Baptism in the Holy Spirit* (SCM Press, 1970), стр. 68), в девяти эпизодах, встречающихся в Евангелии от Луки и книге Деяний, употребляются обе формы для описания одного и того же события (напр., в тексте Деян. 1:5 читаем «будете крещены Духом Святым», а в Деян. 1:8 находим «... сойдет на вас (*определенный артикль*) Дух Святой»). Однако автор книги продолжает задаваться вопросом, могут ли на самом деле различные конструкции подчеркивать два различных аспекта одного и того же события.

Существует целая богатая история библейских толкователей, которые находили обоснование варьированию в содержании и в конструкции этих утверждений. То есть, наличие или отсутствие определенного артикля существенно как для смысла, так и для конструкции предложения!

В 1881 году епископ Б.Ф. Уэскотт переиздал свои *Примечания к Евангелию от Иоанна*, написанные первоначально как «Комментарии проповедника». Так он комментирует текст Ин. 7:39 («... ибо еще не было на них Духа Святого»):

«СВЯТОЙ ДУХ» БЕЗ ОПРЕДЕЛЕННОГО АРТИКЛЯ

Введенное слово «*дан*» (англ. given) выражает точную форму оригинала, в котором слово Дух Святой стоит без определенного артикля [*houpo hen pneuma*]. Когда данное выражение встречается в этой форме, то указывает на свершение работы Святого Духа, а не Его личного проявления, т.е. говорит о даре Духа Святого, но не о Его Личности. Ср. Ин. 1:33; 20:22; Мф. 1:18, 20; 3:11; 12:28; Лк. 1:15, 35, 41, 67; 2:25; 4:1. (*Gospel of St. John* (Murray, 1903), стр. 123; транслитерация моя).

В 1909 году в своей работе *Святой Дух в Новом Завете (The Holy Spirit in the New Testament* (Macmillan, 1909), стр. 395), Генри Барклай Свит посвятил этой проблеме целое Приложение. Он делает такое умозаключение: «Критерий Миддлтона кажется хорошо обоснованным; в то время как *to pneuma to hagion* или *hagoin pneuma* Святой Дух рассматривается как Божественная Личность, а *pneuma hagion* это дар или проявление Духа в применении к жизни человека» (транслитерация моя).

Др. С. Дж. Грин, в книге *Справочник по Грамматике в Новом Завете*, стр. 189, отмечает ту же самую точку зрения: «Имя Святого Духа требует артикля, когда говорится о Нем Самом; но когда делается ссылка на Его работу, дары или проявления в людях, определенный артикль почти всегда опускается».

Совсем недавно, Др. Питт Фрэнсиз написал статью под названием «Святой Дух — статистическое исследование» в *Expository Times*, том 96, выпуск № 5 (Февраль 1985), стр. 136. Сделав классификацию восьмидесяти девяти ссылок с упоминанием «Святого Духа» в Новом Завете, он пришел к выводу, «что в ссылках на «силу» Святого Духа (49) определенный артикль не употреблялся, в то время как в ссылках на Святой Дух как Личность (40) неизменно стоит определенный артикль». Он утверждает, что «критерий «хи квадрат» [известный статистический тест]... со степенью свободы до шестого пункта выдал весьма значительную величину в 85.228». Говоря языком дилетанта, это значит, что отсутствие или наличие определенного артикля, являющееся не больше, чем «случайностью», т.е. не имеющего какого-либо смысла или значения, встречается реже одного на тысячу!

Такое различие, с которым согласны многие богословы, между Святым Духом как «Личностью» и «Силой» в целом подкрепляется содержанием или контекстом отдельных мест Священного Писания.

Случаи употребления с определенным артиклем

Дух сошедший (частотность: 3 раза), излитый (3), падавший (2), посланный Отцом (2), почивший, данный. Дух говорит (19), назидает (2), свидетельствует (5), взыскивает, ведает. Духом сообщается, предсказывается через Него (2), говорится с Его помощью, открывается посредством Него. Люди получают, обличаются (2), гонимы, предупреждены, запрещаемы, помещены и пребывают в Духе. Может быть произнесена хула на Духа (4), о Нем было сказано, Его обманывают, совершают что-то вопреки, Он может быть искушаем, угашаем, Ему могут сопротивляться (2), испытывать жажду по Нему, в Него сеют, от Него пожинают, Ему угодно. Человек может быть запечатлен Духом, омыт Им, оправдан Им, освящен Им (2), укрепиться Духом и радоваться в Нем. Дух Святой воскресил Иисуса Христа, помогает в наших немощах и дышит, где хочет. Он есть Дух Божий, Его Сына, правды (3), Оно тот же Дух (3) и Господь есть Дух. Писание говорит об имени, силе, обетовании, даре (2), утешении, начатке, мышлении Духа, любви, всем, что от Него, о храме Духа Святого, о Его проявлении, о Его дарении, единстве Духа, плодах Духа, ревности о Духе (2) и об общении Духа Святого.

Случаи употребления без определенного артикля

Крещены в Духе (частотность: 7 раз), исполненные (10, в тексте Деян. 4:31 не употребляется определенный артикль,

«СВЯТОЙ ДУХ» БЕЗ ОПРЕДЕЛЕННОГО АРТИКЛЯ

где говорится о «всех»), наполненный (4), помазаны, имеют, не имеют, начали Духом, рожденные Духом, в Духе (3), Дух в них (2), пребывающий (3), любовь в Духе (2), знаки и чудеса в Духе, явление, свидетельствовать дарами Духа, изгоняемые демоны силой Духа, открыто Духом, говорить в Духе (2), молиться, поклоняться в Духе, назидать через Духа, объявить по Духу, «принес Себя Духом», написанное Духом Святым (2), обновляться Им, быть освященным Им, причастники Духа, живущий в, ходящие в Нем (2), ожидаем через Него, в надежде на силу Его, правда и мир и радость в Нем, гонимый, совесть, которая свидетельствует посредством Духа.

В обоих списках есть ряд исключений (всего семь мест, некоторые из них имеют сомнительную подлинность в составе древнейших рукописей); но общую картину они не меняют.

Обе формы свободно (и равноценно) встречаются в восьмой главе Послания к римлянам; их также можно классифицировать по этому же принципу. Всего случаев *с* определенным артиклем здесь встречается 9: когда ударение ставится на то, кем Дух Святой является, — закон Духа (стих 2), духовное (стих 5), помышления Духа (стихи 6, 27), начаток Духа (стих 23); и на то, что Дух Святой делает — воскресил из мертвых Иисуса Христа (стих 11), свидетельствует (стих 16), подкрепляет нас в наших немощах (стих 26), ходатайствует за нас (стих 26). Всего случаев *без* определенного артикля в данной главе встречается 8, когда ударение ставится на то, что мы имеем: мы живем по Духу (стих 9), Он живет в нас (стих 9), мы имеем/не имеем Его (стих 9), Он живущий в нас (стих 11); и на то, что мы можем с Ним жить по Духу (стих 4 и 5), Духом умерщвлять дела плотские (стих 13) и быть водимы Им (стих 14).

Заключение

Подводя итоги, следует сказать, что наличие определенного артикля акцентирует внимание на объективных признаках и работе Личности Святого Духа, «нисходящего» от Бога и действующего в людях; отсутствие определенного артикля акцентирует внимание на субъективных переживаниях проявления силы Духа, в «восходящем» направлении от людей к Богу. Различие состоит скорее в степени, чем виде, поэтому четкую линию здесь провести так скоро не удастся; тем не менее, данная тенденция явно прослеживается.

Неправильный вывод, который может быть сделан, исходя из этой тенденции, состоит в том, что может быть два «принятия» Духа. Пятидесятники и евангельские церкви уже попробовали пройти путь примирения в этом вопросе; и это могло бы дать им удобное решение по трениям, которые между ними существуют! Убеждение, что верующий получает Духа Святого как Личность Троицы при его «обращении» (то есть в момент проявления его личной веры) механически и обычно на подсознательном уровне, а затем получает силу Духа, что происходит позднее и уже сознательно (в момент, который пятидесятники называют «крещением Духом» с определенным артиклем, а «евангелисты» называют так же, но с неопределенным артиклем, что является еще одной ситуацией, где наличие или отсутствие определенного артикля важно с богословской точки зрения!) было бы слишком изящным решением. Некоторые попытались обосновать такое двойственное «принятие Духа», исходя из двух мест Писания, где упоминается принятие духа апостолами (в текстах Ин. 20:22 и Деян. 1:8); однако очень сомнительно, чтобы они приняли Духа в первом из этих событий (см. Главу 13).

Но факт остается фактом, что Новый Завет учит только об одном «принятии» Духа Святого — *Личности Троицы, обладающей силой*. В этой связи интересно отметить, что в выражении «крещен Духом Святым» в 100 % отсутствует артикль, выражение «исполнен Духом» в 92,8% встречается без определенного артикля и фраза «приняли Дух» в 71,5% употребляется без артикля. Явный акцент ставится на аспект субъективности восприятия верующим конкретного проявления Духа. Принятие Духа является событием, которое сопро-

«СВЯТОЙ ДУХ» БЕЗ ОПРЕДЕЛЕННОГО АРТИКЛЯ

вождается определенными доказательствами (см. Главу 5); хотя такое мнение не зависит от наличия или отсутствия определенного артикля, оно оправдано употреблением артикля.

Следовательно, целесообразно понимать двусмысленное, если не сказать парадоксальное, учение в Новом Завете по данному вопросу как чередование между «Святым Духом» (с определенным артиклем) как Личностью, Которая может думать, чувствовать, действовать и говорить, как мы, и «Святым Духом» (без определенного артикля) в качестве безличной силы, которая носится, как ветер, изливается, как вода, и течет, как елей. Вот почему понятие быть «крещеным Духом» больше похоже на вливание этой обезличенной энергии, чем на встречу с Духом как Личностью. В сфере, относящейся к реальному существованию, верующий в большей мере осознает вначале силу Духа Святого, а потом Его как Личность; в сфере же духовного наставления происходит обратный процесс!

Дополнение 3

Троица или Троебожие

Главные доктринальные возражения основной теме данной книги относятся к моему пониманию Троицы. В моем разделении понятий «уверовать в Иисуса Христа» и «принятие Духа» (как с точки зрения богословия, так и хронологии), усматривается подрыв учения о единстве Троицы и склонность к троебожию, т.е. к вере в существование трех Богов. Проще говоря, мои критики спрашивают о том, как возможно получить Одну Божественную Личность без Двух остальных, поскольку все Они находятся друг «в» друге?

Должен сказать, что апостолов можно было бы обвинить в том же самом, если моя книга правильно объясняет их учение (например, вопрос Павла к ученикам в Ефесе, присутствующий в тексте Деян. 19:2, — см. Главу 20).

Кроме того, является достоверным фактом то, что апостолы в разное время имели взаимоотношения с Тремя Божественными Личностями. Будучи иудеями, они знали Отца (хотя не осмеливались называть Его так); затем они встретили Его Сына (хотя вначале этого не осознавали); и наконец, они приняли Духа (несмотря на то, что Он пребывал «с» ними инкогнито — см. Главу 12). Был также период продолжительностью в десять дней, когда «с» ними не было ни Сына, ни

Духа Святого, имевший место между Вознесением Христа и днем Пятидесятницы. Но в эти дни они обращались в молитвах к Отцу (что, вероятно, согласуется со сказанным в тексте Лк. 11:13), скорее всего, молясь во имя Иисуса (Ин. 16:32), Который уже начал Свое служение Ходатая от их имени (Ин. 14:16, ср. Деян. 2:33, Евр. 7:25).

Но все это происходит до дня Пятидесятницы, и моя точка зрения состоит в том, что как норму следует рассматривать евангелизм лишь периода после Пятидесятницы. Также следует учитывать пророческие заявления нашего Господа, имевшие место до Его смерти и после Его воскресения. К примеру, Иисус говорит, что Он «уйдет» и пошлет кого-то другого вместо Себя (Ин. 16:7), при этом обещая, что Он будет находиться с ними постоянно (Мф. 28:20)! Он также сказал, что Дух будет пребывать в них (Ин. 14:17), и еще обещает, что вместе с Отцом Он будет совершать одни и те же дела (Ин. 14:23)! Действительно, утверждения Иисуса Христа о Его возвращении к ученикам можно было бы отнести и к Его воскресению, и ко дню Пятидесятницы, когда Он уже вознесся, и ко Второму Пришествию в конце времен (эта неоднозначность может быть исследована читателем в Ин. 14:18, 16:22).

Единственный способ разрешить этот парадокс — это верить, что, когда Дух сошел на учеников в день Пятидесятницы, одновременно с этим Отец и Сын также поселились в них, при этом одновременно находясь вне их. Такое сочетание имманентности и трансцендентности представляет сущность божественной природы Троицы.

Говоря проще, *когда Дух пришел, пришли также Сын и Отец*. В действительности, вся Троица пребывает в посвященном ученике, о котором можно сказать, что он имеет Духа (или пребывает «в Духе», что не так типично для Нового Завета), и что в нем живет Христос (Гал. 2:20; Кол. 1:27, отметьте в «вас»; однако обратите внимание, что довольно редко в Новом Завете можно встретить случаи, где бы апостолы говорили наоборот, что они пребывают «во Христе»), и что в них живет Отец (вместе и по отдельности верующие являют собой «храм Божий»).

Поскольку это то, во что я действительно верю, почему меня нужно подозревать в неортодоксальных, или, что еще хуже, в еретических, взглядах на Троицу? Потому что эти взгляды остаются очевидным расхождением во мнениях по поводу того этапа посвящения, когда в верующем «поселяется» Троица.

Традиционные евангельские церкви и классическое направление в пятидесятничестве упорно продолжают использовать (что, на мой взгляд, не имеет библейского основания) термин «принять Иисуса Христа» на *втором* этапе «уверования в Иисуса Христа» (на основании неверного толкования одного текста, Ин. 1:12, перенеся его применение из исторической канвы, когда Иисус был во плоти, в нынешнее Его состояние в Духе, см. соответствующие наши рассуждения, где опровергается эта ошибка). На этом основании, они обвиняют меня в проповедовании *двух* отдельных событий «принятия» Иисуса Христа и Духа Святого, который, как они справедливо говорят, настолько «Едины», что Один не может быть принят без Другого.

Я согласен с последним утверждением, но мы расходимся во мнениях по поводу момента, в который начинается это двойное (или скорее, тройное) «принятие». Вместо традиционного мнения о «принятии» Христа мы принимаем Духа; вернее сказать, наоборот: когда мы принимаем Святого Духа, мы принимаем и Христа вместе с Его Отцом. Этот момент входа Троицы составляет суть *четвертого* этапа посвящения, а не второго, но при этом сохраняя единство Троицы!

Это вовсе не софизм, поскольку в нем есть огромные последствия для пасторского служения (подумайте, какой вред можно нанести, сказав людям, что в них «живет Троица» до того, как это действительно произошло!). Некоторые читатели даже не будут рассматривать возможность пересмотреть свою позицию из-за страха последствий!

НОРМАЛЬНОЕ РОЖДЕНИЕ ХРИСТИАНИНА

Тем не менее, оказывается, что именно апостольское учение и практика побуждают новообращенных войти и развивать отношения с пребывающими в них Отцом, Сыном и Духом Святым путем «принятия» *Третьей* Личности Троицы в виде личного переживания данного события, сопровождаемого видимыми доказательствами, так же, как это произошло с самими апостолами в день Пятидесятницы (сомневающегося читателя приглашаю внимательно исследовать толкование этих событий в главах 7-30). Это было высшей точкой их «нового рождения», Божьим ответом для тех, кто откликнулся на призыв Евангелия посредством покаяния, веры и крещения.

ОБ АВТОРЕ

Дэвид ПОСОН признан одним из лучших современных толкователей Библии международного масштаба. Он является автором трудов с бескомпромиссной верностью Священному Писанию, а также эффективным оратором. Дэвид вносит ясность в учение и сообщает христианам об острой необходимости открыть сокровища, скрытые в Слове Божьем.

Копии его трудов были распространены среди миллионов людей в более чем 120 странах. Его наиболее известная работа «Открывая Библию...» является мировым бестселлером в печатном виде, аудио- и видеоформатах. Посона считают «самым влиятельным западным проповедником в Китае», благодаря телевизионным трансляциям его проповедей и ученичества в каждой провинции этой страны.

Бесчисленное количество верующих людей по всему миру извлекли для себя пользу благодаря щедрому решению Дэвида сделать доступным и бесплатным свой обширный аудио-/видеоматериал на сайте www.davidpawson.org.

Дэвид родился в Англии в 1930 году. После получения степени бакалавра Университета Дарем (Durham University) в области сельского хозяйства он должен был стать фермером, но в это время Бог вмешался в его жизнь и призвал его стать духовным служителем. Он получил степень магистра богословия в Кембриджском университете и в течение последующих трех лет нес служение капеллана в Королевских ВВС.

В этот период он принимает решение проповедовать Библию систематически, начиная с первой её страницы и заканчивая последней. Результаты среди военнослужащих произвели удивительное впечатление как на них, так и на него самого, и подтвердили убеждение в силе вдохновения Писания. С тех пор его проповедь принимает форму последовательного изучения Библии либо изучения отдельного отрывка, но основанного на детальном исследовании и контекстуальном анализе того, что говорит Библия.

НОРМАЛЬНОЕ РОЖДЕНИЕ ХРИСТИАНИНА

Затем Дэвид переходит к пасторскому служению в церквах, одна из которых — Millmead Center в городе Гилфорд, ставшая моделью и образцом для многих церковных лидеров Великобритании. Как толкователь Библии он получил признание среди евангельских и харизматических церквей.

В 1979 году Господь привёл его к международному служению. В настоящее время его служение, включая посещение различных регионов, преимущественно направлено на церковных лидеров. Он часто выступает как в Великобритании, так и во многих других частях мира, таких как Европа, Австралия, Новая Зеландия, Южная Африка, Нидерланды, Израиль, Юго-Восточная Азия и Соединенные Штаты Америки.

Дэвид Посон женат; вместе с женой Энид они проживают в Великобритании, недалеко от города Бейзингстоука в графстве Хэмпшир.

www.ingramcontent.com/pod-product-compliance
Lightning Source LLC
Chambersburg PA
CBHW071553080526
44588CB00010B/892